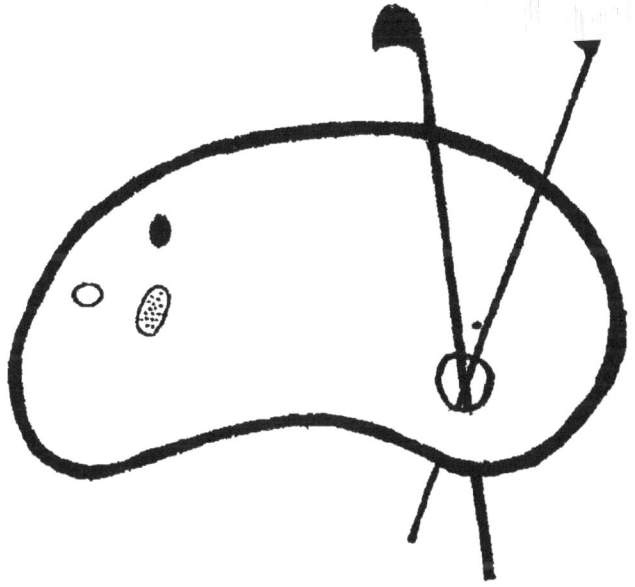

COUVERTURE SUPERIEURE ET INFERIEURE
EN COULEUR

RECTO ET VERSO

HISTOIRE

DES

BARONS DE MAULE

HISTOIRE
DES
BARONS DE MAULE

PAR

ÉMILE RÉAUX

Chevalier de la Légion d'honneur

Officier d'Académie

PARIS
THIVET-RAPIDE, IMPRIMEUR

8, rue Drouot, 8

AVANT-PROPOS

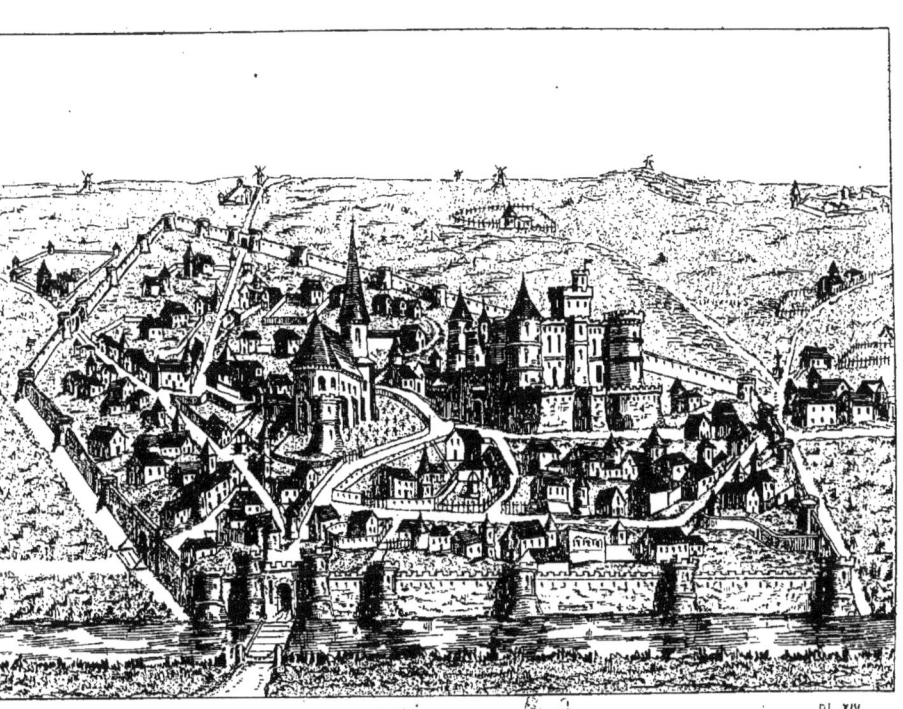

MAULE AU XIVᵉ SIÈCLE

HISTOIRE
DES
Barons de Maule

AVANT-PROPOS

En proclamant les « immortels principes de 1789 », en supprimant les « privilèges », en abolissant les « droits féodaux », la Révolution française ne prétendit point proscrire de notre histoire nationale les fastes du passé.

Tolbiac, Bouvines, Marignan, Denain, Fontenoy, appartiennent à la France au même titre que Jemmapes, Fleurus et Valmy.

Mais, si glorieux qu'il fût, ce passé avait été si dur pour la majorité de la nation que, lorsque celle-ci se trouva maîtresse de ses destinées, elle agit comme ce plaideur mal avisé qui crut assurer le gain de son procès en déchirant furtivement la page du code où se lisait sa condamnation, elle s'appliqua à faire disparaître tout ce qui, dans sa pensée, pouvait servir à la ramener un jour, vers un régime détesté : archives locales, titres seigneuriaux, monuments historiques, tombeaux mêmes des ancêtres furent saccagés, fouillés, dispersés avec un acharnement qu'on peut aujourd'hui qualifier d'inconscient.

Puis, le temps passa, l'apaisement se fit, et, peu à peu, dans l'esprit des générations nouvelles, se manifesta un vague besoin de savoir ce qu'avait été, ce qu'avait produit cette aristocratie dont le souvenir perçait les brumes du passé comme aux voûtes des églises se montraient, sous la couche de badigeon égalitaire, les écussons armoriés qui, dans leur langage mystique, racontaient naguère au siècle présent les hauts faits des siècles écoulés.

Certes, la tâche était ardue pour l'historien.

C'était souvent au loin, et, parfois, à l'obligeance des collectionneurs particuliers qu'il lui fallait demander les documents nécessaires à ses travaux de reconstitution. Ainsi, fis-je moi-même pour l'histoire du comté de Meulan et pour celle de la baronnie de Maule qu'il me fut donné d'écrire, grâce à la bienveillance de M. Filassier, de Maule, qui voulut bien mettre à ma disposition les nombreux matériaux recueillis par son père, ancien notaire du canton de Meulan.

Ces premiers essais, favorablement accueillis par le lecteur, allèrent grossir le nombre d'études, de notices, de monographies locales, parues, depuis un quart de siècle, et qui dépassent, aujourd'hui, quinze mille.

Et, à ce propos, M. Léon Cahun, le savant bibliothécaire de l'Institut, auteur lui-même de tant d'ouvrages estimés, écrivait il y a quelques années : « Ce chiffre donne une haute idée de
« l'activité historique de l'esprit français. Les pays les plus
« étudiés ont été ceux qui sont sur les confins de l'Ile de
« France, de la Normandie et de la Picardie. C'est tout naturel,
« cette région a été à la fois le noyau de la France territoriale
« et le point central où s'est formée la vraie nation sur laquelle
« le reste s'est modelé. Parmi les bons travaux qui viennent
« d'être publiés sur cette intéressante région, je citerai celui
« de M. Emile Réaux *(Histoire du Comté de Meulan)*. Ce livre
« est historiquement exact ; les documents sur lesquels il est
« fondé sont complets, choisis aux sources, et bien critiqués.
« Ce qui m'a frappé dans l'ouvrage, c'est l'absence de préjugés
« et la largeur d'esprit avec laquelle le sujet est traité ; l'au-
« teur a compris et rendu palpables les transformations par
« lesquelles a passé la société française, et l'état de santé et
« de vigueur dont elle a fait preuve dans chacune des phases
« de sa longue et glorieuse existence !...

« C'est une admirable chose, ajoute M. Léon Cahun, que
« nous soyons assez en République pour pouvoir rendre

« justice à la féodalité et à la monarchie. Quand d'autres ren-
« dront justice à la Révolution, l'esprit français aura pris son
« équilibre. Des livres comme celui de M. Emile Réaux,
« contribuent largement à ce résultat désiré, en nous appre-
« nant à connaître et à aimer la France et la nation dans
« toutes leurs parties, dans toutes leurs formes et à toutes les
« périodes de leur croissance !... Et, ma foi ! je me sens assez
« démocrate pour admirer tout haut le rôle magnifique qu'a
« joué dans notre histoire la noblesse française !... »

C'est bien dit.

Il nous faut, en effet, conserver précieusement nos fastes locaux, car c'est de leur collectivité que s'est formée notre gloire nationale.

Il est bon que le souvenir des vieilles familles, dont le concours a fait la grandeur et l'unité de la France moderne, demeure vivant, non seulement dans l'esprit de la génération présente, mais encore passe dans la mémoire des générations qui viendront après elle et leur montre que vaillance et grandeur d'âme ont toujours été et doivent rester vertus françaises : *Clementia et animis !...*

Cette devise était celle des barons de Maule ; et c'étaient de fiers soldats et de vaillants patriotes, ces barons.

Partout, en effet, où, pour l'honneur du pays et le service du roi, il y avait un coup de lance à donner ou un coup d'épée à recevoir, on était sûr d'y rencontrer un Maule, justifiant par son attitude la devise de sa maison — « *Dieu ayde au premier baron chrétien !* clamaient les Montmorency en s'élançant à l'ennemi. — *Nul avant les Maule !* ripostaient les fiers barons en réclamant la première place au combat. Et, de fait, c'était là « où les coups tombaient le plus drû, là, où la mêlée était la plus épaisse » que nos vieux chroniqueurs nous montrent les Maule... turbulents parfois, fidèles toujours.

C'est ainsi qu'aux côtés de Hugues Capet, luttant contre l'invasion germanique, apparaît le plus ancien membre connu de la famille, Garin *le Vieux ;* son fils Ansold, que les contemrains surnommèrent *le Magnifique,* était l'un des familiers du roi Robert et fut l'un des douze chevaliers qui, à travers cinquante lieues de pays révolté, couvrirent de leurs épées le roi Henri I{}^{er} chassé de sa capitale ; Pierre de Maule, entouré de ses fils et appuyé sur son château fort, ferma victorieusement le chemin de Paris au terrible Guillaume *le Roux*, roi d'Angleterre; Pierre de Maule, IIe du nom, jetant son cri de guerre à la bataille de Brennemule, fit, avec ses quarante chevaliers, reculer un instant le corps de bataille ennemi et empêcha le roi Louis VI de tomber prisonnier des Anglais : *Nul avant li Môle!...*

Les Maule! que de souvenirs évoque ce nom!

Pierre III était à Taillebourg avec le roi Louis IX, et Roger de Maule à la prise de Château-Gaillard avec Philippe-Auguste; Ansold de Maule était à la conquête de la Pouille avec Robert Guiscard, et Guarin de Maule à l'expédition d'Angleterre avec Guillaume le Conquérant ; Robert de Maule fut avec Bohémond à la croisade de 1106, et Grimold de Maule à Jérusalem avec le comte de Blois; Jehan de Maule partagea en Egypte la captivité de Saint-Louis, et Pierre V trouva la mort en défendant le domaine royal contre la rebellion de Charles le Mauvais; Robins de Maule fut tué par les Turcs à l'expédition de Hongrie; Simon, l'héritier de son nom et de ses armes, périt à la bataille d'Azincourt; et Nicolas, son arrière petit-fils, tomba, les armes à la main, au siège d'Ostende.

Quelle épopée que l'histoire de ces barons!

C'était un Maule qui, aux côtés de Pierre l'Ermite, portait la bannière de France à l'avant-garde de la première croisade et qui, le premier des soldats du Christ, toucha du pied cette Terre-Sainte où bientôt devait se creuser sa tombe avec celle de tant d'aventureux paladins; c'était aussi un Maule, cet audacieux chevalier qui, dans l'assemblée des princes croisés, s'alla fièrement asseoir à côté de l'empereur de Constantinople en jetant au cauteleux monarque cette rude apostrophe : *Il ne sera pas dit qu'un rustre se sera seul assis, quand tant de nobles hommes sont restés debout!...* C'était encore un Maule ce généreux patriote qui, pour venir en aide à son roi, « dont les coffres étaient vides et le pourpoint troué, » s'en fut mettre en gage, chez les juifs de Metz, le fameux diamant *le Sancy*, qui jamais plus ne rentra dans la famille; c'était aussi un Maule qui, résolument alla planter le drapeau français sur la côte du Brésil et y fonder la ville de Saint-Louis de Maranhão; c'est un digne continuateur des traditions de la famille, ce jeune officier de vingt-deux ans qui, comme son grand aïeul Garin, lutta contre les Allemands à Bazeilles, à Loigny, à Coulmiers, et sur la poitrine duquel le maréchal de Mac-Mahon attacha la croix de la Légion d'honneur: *Clementia et animis!...*

Et pendant que, sous le drapeau de la France, les Maule illustraient le nom qu'ils tenaient de leur fief, les fils de Guarin le Jeune, établis en Angleterre à la suite de Guillaume le Conquérant, transformaient ce nom en appellation patronymique et y adjoignaient les titres nobiliaires des seigneuries dont les souverains anglais et, plus tard, les rois d'Ecosse récompensèrent leurs services. Faut-il rappeler les exploits de Guillaume Maule de Soulis, à la fameuse bataille de l'Etendard ; de Pierre Maule de Panmure, dans la guerre du Westmoreland ; de sir Thomas Maule de Panmure, dans l'héroïque défense du château de Bréchin ; de Henri Maule d'Irleton, au fameux combat de Bannockburn ; de Thomas Maule de Panmure, IIe du nom, à la sanglante bataille de Harlaw ; de Robert Maule, de Panmure, au combat de Kirkliston et à l'assaut célèbre de la ville de Perth ; de « haut et puissant seigneur, Thomas Maule de Panmure IVe du nom, au camp fatal de Flodden ; de Thomas Maule de Panmure, V^e du nom, à la bataille de Hodden-Rigg et au sanglant combat de Pinkie-Clough ; de Georges Maule, comte de Panmure, à la bataille de Dumbar et à la néfaste journée de Worcester ; de Patrick Maule de Bréchin et de Navarr, aux combats de Newbury, d'Edgecoat et de Marston-Moor ; de Henri Maule de Kellie, à la bataille de Shèriff-Muir ; et de tous les descendants de l'aventureux Guarin, depuis Serlo de Maule, « qui fut baron d'Angleterre sous le règne du roi Jean », jusqu'à Jacques Maule de Balumbrie, comte de Panmure, seigneur de Bréchin et de Navarr, baron de Dounie, d'Innerpeffer et de Balumbie, connétable de la ville de Bréchin, bailli de Barry et justicier héréditaire de Southesk et de Northesk qui, vaincu à Preston avec le prétendant Jacques III, vit, par la perte de ses titres et la confiscation de tous ses biens, punir sa fidélité à la cause de ses rois légitimes ?... *Par la grandeur d'âme, nul avant les Maule!!!*

Le champ d'investigations est d'autant plus vaste que, si les exploits de ses seigneurs jetèrent sur le fief de Maule un éclat mérité, la ville qui donna son nom à ces grands chevaliers, possède également ses lettres de noblesse et son histoire particulière.

Celle-ci n'a pas toujours été recueillie par les chroniqueurs; mais, quand les documents écrits font défaut, elle nous est racontée par les épaves d'un passé qui remonte jusqu'aux temps bien lointains de l'indépendance gauloise.

Certes, le voyageur qui traverse le bourg de Maule, ne se doute guère, que ce coin de terre si calme, si reposé, a jadis possédé une vie des plus actives et que son nom, presque ignoré aujourd'hui, s'est trouvé mêlé à la plupart des grands évènements de la France féodale. C'est, qu'obéissant aux lois de transformation et de déplacement qui gouvernent l'humanité, Maule n'a pu conserver des témoins de son ancienne splendeur qu'une vieille église romane, admise, depuis quelques années, au nombre des monuments historiques, une belle tour carrée de l'époque de la Renaissance, un château de la fin du XVIe siècle et quelques pans de la muraille qui, jadis, enceignait la ville : portes fortifiées, donjon féodal, manoirs seigneuriaux, monastères florissants ont été sacrifiés aux exigences du progrès ou à l'indifférence des hommes.

Et, dans l'une ou l'autre voie, on ne sait pas ce qu'un siècle seul dévore et fait disparaître !...

Pour ne citer qu'un fait local, il y a cinquante ans à peine, se voyaient encore, dans le *Bois des Mesnues*, les restes d'un manoir considérable fondé au XIIe siècle par les moines de Saint-Evroult. Que reste-t-il aujourd'hui de cette vaste ferme, de ses dépendances et de sa pièce d'eau nommée *le Vivier* ?... Une source qui pleure goutte à goutte, un fossé qu'envahissent les herbes... et des ronces !

La nature a repris ses droits.

Que restera-t-il dans cinquante ans, des hameaux de Menuel, de Beaumont et du Val Durand, habités encore pendant la première moitié de ce siècle et que les possesseurs de ces héritages ont, peu à peu, délaissés pour émigrer vers les villes ? Les murs s'écroulent, les toitures se sont effondrées, et déjà, sur l'emplacement de Menuel, le visiteur, en foulant ce sol où sont nées et où ont vécu tant de générations, peut s'écrier comme le poète latin : *Etiam, periere ruinæ !*... Les ruines elles-mêmes ont péri.

Il faut y prendre garde : un pays guérit des maux que lui causent la guerre, la famine, les inondations; il meurt de l'apathie de ses habitants.

Que sont devenus le manoir des Granges, le château de Palmort, la ferme de la Bâte, le clos Prieur, l'hôpital de Beule, le prieuré de Saint-Léonard ? Avec le commerce qui se déplace, l'industrie qui se transforme, l'agriculture qui languit, sait-on si, dans un avenir plus ou moins éloigné, quelque touriste, égaré dans la vallée de la Maudre, ne heurtera pas du pied les débris d'une ville abandonnée, et si, en écartant les lierres, qui recouvriront ces ruines comme le manteau vert dont s'enveloppe aujourd'hui le vieux château-fort de Beynes, il ne lira ces mots, tracés par une main pieuse sur l'une des pierres de l'église écroulée : *Cy gît Manlia ?*...

La présente étude, en montrant le chemin parcouru avec les épaves demeurées sur les bords, est donc un cri d'alarme en même temps qu'un hommage filial.

Elle a pour but non seulement de faire revivre par la pensée les anciens seigneurs du pays, mais encore de reconstituer les monuments disparus et d'en perpétuer le souvenir, ainsi que celui des édifices actuels, au moyen de vues et de dessins dûs aux laborieuses et persévérantes recherches de mon fils et collaborateur, Georges Réaux, lieutenant de l'armée française et officier d'Académie.

L'histoire des barons de Maule sera précédée de celle de leur fief.

Emile RÉAUX.

LE

FIEF DE MAULE

DOLMEN ET AUTEL

PL.1

LE FIEF DE MAULE

I

LA CITÉ GALLO-ROMAINE

Aux confins du Parisis, sur la lisière sauvage de l'ancien pays Carnute, (1) il existait aux premiers siècles de notre ère une division territoriale dont le souvenir, un peu confus, nous a été conservé par quelques diplômes de l'époque mérovingienne.

C'était *le pagus Madriacus* qui, plus tard, entre la Seine et l'Eure, le Drouais et la cité de Paris, forma ce mystérieux *comté de Madrie,* dont la capitale est maintenant inconnue, et qui, morcelé, puis réuni au pays Vexin pour former l'ancien comté de Meullent, disparut, depuis la seconde moitié du Xe siècle, si complètement de la nomenclature des noms de lieux, que les érudits n'en savent aujourd'hui fixer nettement les limites; la rivière de *Maudre,* affluent de la Seine, partageait le Madrie en deux parties inégales ou le délimitait du

---

(1) Fortunat, évêque de Poitiers, écrivait plaisamment au VIe siècle : Il ne manque à la Beauce, pour être un charmant pays, que les six choses suivantes, des sources, des prés, des bois, des pierres, des arbres et des vignes.

côté du Parisis selon que les circonstances politiques ou les circonscriptions ecclésiastiques donnaient à ce *pagus* plus ou moins d'extension. (1)

Sur les bords de la rivière, au point de rencontre de plusieurs routes importantes, fut bâtie la cité qui donna son nom aux barons de Maule, après avoir été, suivant toute apparence, le *milieu sacré* d'une importante tribu celtique et, — au moins pendant l'occupation romaine — la capitale, tant cherchée jusqu'ici, du *pagus Madriacus*.

Elles sont nombreuses, en effet, les traces du séjour des Romains dans la vallée de la Maudre, et sur l'emplacement même qu'occupe aujourd'hui la ville de Maule, ainsi que dans les jardins qui l'entourent, la découverte d'une foule d'objets appartenant aux premiers siècles de l'ère chrétienne justifie pleinement à cette époque l'existence d'un centre de population très important, auquel le voisinage de l'un de ces *champs de pierres*, qui ont été, de tous temps, vénérés par les peuples primitifs, crée une antiquité dont il est impossible de mesurer l'étendue. (2)

Comme dans toutes les stations romaines ou préhistoriques, les objets retrouvés consistent en débris d'armes, fragments de poteries, restes d'habitations, ustensiles en fer ou en bronze, monnaies plus ou moins oxydées; mais, ce qui est plus caractéristique, c'est la constatation, faite lors de l'établissement de la route de Maule à Versailles, d'un champ de sépultures dont les tombes étaient non point éparses et rares, mais disposées en lignes régulières et en étages superposés, preuve évidente de la densité de population.

---

(1) Du Bouchet, dans ses « Origines de la maison de France » publiées en 1646, fixa le premier la position du Comté de Madrie; ses conclusions, un peu vagues et défectueuses, furent néanmoins adoptées par les historiens qui lui ont succédé. M. Guérard étudia cette question dans ses Prolégomènes du Polyptyque d'Irminon et lui fit faire un pas en avant sans réussir cependant à en dissiper toutes les obscurités. M. A. de Dion, dans une notice intitulée le « Comté de Madrie » a fait faire un nouveau pas vers la solution cherchée, tout en déclarant, qu'en raison de la rareté des textes et de la mobilité des noms de lieux, il ne considère pas son travail comme complet : voir « Mémoires et documents de la Société archéologique de Rambouillet. » — En thèse générale, tout le territoire situé sur la rive gauche de la Seine, depuis la rivière d'Eure jusqu'à la naissance de la forêt de Dreux, en revenant par Anet, Bû et Faverolles, vers Mitainville et les Vaux-de-Cernay, pour rejoindre la Seine aux environs de Meudon constituait dans l'origine « le pagus Madriacus. »

(2) Ce champ est nommé encore aujourd'hui « Pierrelue » par corruption de Pierre levée; « Pétralvi » en basse latinité : le champ de pierres.

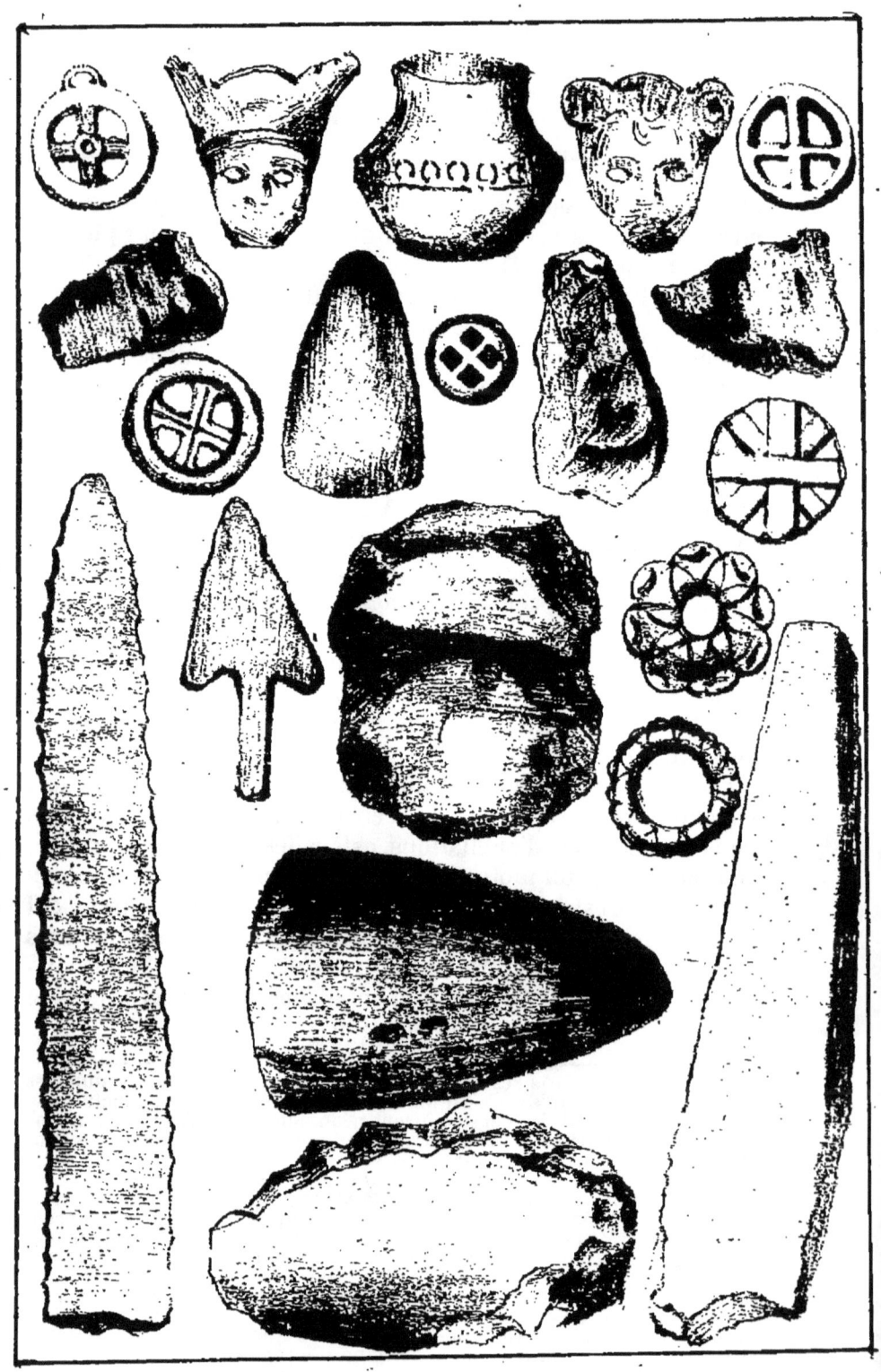

SILEX TRAVAILLÉS

Sur un espace de médiocre étendue, nous avons pu, nous-même, compter dernièrement jusqu'à cinquante de ces sépultures dont on retrouve les débris, chez les habitants, sous forme de grandes auges dans lesquelles s'abreuvent leurs bestiaux. (1)

Dans ces tombeaux de pierre ou de plâtre, il a été sommairement recueilli une hache et des pointes de flèche en silex, deux haches en fer, un couteau, dont la lame rongée par la rouille était seule restée, plusieurs boucles de ceinturon en bronze, des fers de lance de formes et de longueurs variées(2), puis des vases de terre tant entiers qu'en morceaux, de couleur rouge ou, plus généralement, formés d'une pâte noire assez fine, les uns affectant la forme de nos vases à panse d'un usage journalier, les autres, au contraire, à col allongé, et portant comme ornements des chevrons ou des oves en creux, parfois même des personnages et des animaux en relief rouge sur fond noir (3); tous présentant les signes indéniables des poteries importées en Gaule par les Romains, ou provenant de l'industrie gauloise d'après des modèles grecs ou étrusques, dont l'époque de fabrication, quoi qu'il en soit, est antérieure à l'invasion des Franks.

En face de ce cimetière, d'autres fouilles révélèrent, sous l'alluvion de la vallée, l'existence d'une muraille que son épaisseur, la solidité de sa construction et le développement de son périmètre firent reconnaître pour l'enceinte ruinée d'une ancienne cité. Cette muraille, dont les matériaux, — à n'en pas douter par l'identité, — proviennent d'une carrière voisine dans laquelle certaines monnaies recueillies prouvent que, dès l'époque gallo-romaine, l'exploitation en était commencée (4), partait d'un angle formé par un brusque détour

---

(1) Le père Dumoutier, notamment, cantonnier à Mareil-sur-Maudre, possède plusieurs de ces anciennes tombes, ainsi que des armes provenant de ces découvertes.

[2] Cette association des armes de pierres avec celles de fer se retrouve en beaucoup d'autres nécropoles ; les armes de silex ainsi déposées dans les tombeaux à l'époque du fer, avaient surtout un caractère votif; les chefs gaulois, même à l'époque de l'occupation romaine, attribuaient à ces pierres mystérieuses un grand rôle dans leur vie et le leur conservaient jusque dans la tombe. [Voir « les Instruments en pierre à l'époque des métaux » par le baron J. de Baye].

[3] Grâce à quelques croquis laissés par Mlle Pauline Beauchet, artiste peintre originaire de Mareil-sur-Maudre, nous pouvons donner la reproduction de quelques-uns des objets trouvés pendant le cours de ces travaux [Planches I et II.]

(4) Deux de ces monnaies, surtout, sont parfaitement conservées. Sur

de la rivière et suivait la direction de l'ancien chemin de Mareil à Maule, en élargissant l'espace compris entre son tracé et le cours d'eau au fur et à mesure que ce tracé se rapprochait de l'emplacement occupée par la ville actuelle; ce qui autorise à croire que la cité gallo-romaine occupait plus d'espace que le bourg du moyen-âge ou que, sous l'influence de causes inconnues, cette cité s'est déplacée pour se porter davantage vers l'ouest.

Plusieurs haches de fer et de bronze, des pointes de flèches et des fers de lance rongés par l'humidité, des vases dont la forme gracieuse accuse la fabrication du III° siècle, des monnaies d'Auguste, de Tibère, de Caligula, de Néron, de Marc-Aurèle, de Pertinax (1), un autel à libations (2), une tête en marbre blanc de la plus sûre et de la plus belle antiquité (3), des fondations de maisons, des âtres de feu avec leurs cendres et leurs charbons à demi consumés, ainsi qu'une foule de débris de poteries et d'ustensiles domestiques, ont été retrouvés sur l'emplacement de cette cité primitive (4), à laquelle Orderic Vital en son *Histoire ecclésiastique*, donne le nom bien caractéristique de *Manlia* et qui, suivant une tradition recueillie par les moines du prieuré de Maule, fut, vers la fin du V° siècle, ruinée par une invasion armée, puis délaissée par ses

---

la face, l'une représente l'empereur Auguste et, au revers, un magnifique taureau ; elle appartient à M. le marquis de Maule-Plainval. La seconde, bien gravée et bien frappée pour l'époque, est à l'effigie de l'empereur Constantin II avec cette inscription : « Constantin junior; » sur le revers, est écrit le mot VOTA avec le chiffre X et en exergue · « Cæsarum nostrorum, » c'est-à-dire « Vœux décennaux » (pour la santé) « de nos Empereurs. » Car ils étaient quatre qui s'étaient partagé l'Empire romain. Cette médaille appartient à M. de Saint-Clair, ancien notaire à Maule.

(1) Sur plusieurs de ces monnaies, on voit encore très distinctement la tête de l'Empereur romain couronné de lauriers, avec cette exergue : Cæsar AVG. IMP.., CAES TI. CLAD.., M. AVRELLII .. etc.

(2) Cet autel, en pierre un peu fruste, est déposé à la mairie de Maule. Il est divisé en vingt-quatre cellules creusées dans le bloc et communiquant toutes entre elles par un trou ménagé à la base de la cloison qui les sépare. On y voit encore très distinctement la trace du support, qui l'élevait de terre, ainsi que la figure des faunes ou des têtes de bélier qui dans des bassins disposés à cet effet, laissaient par leurs bouches ouvertes, couler le vin des libations. [Voir planche III.]

(3) Cette tête en marbre de Paros est aujourd'hui en la possession de M. le marquis de Maule - Plainval. La mairie de Maule et le musée gallo-romain de Saint-Germain-en-Laye possèdent chacun un moulage en plâtre de cette belle tête de consul romain. (Voir planche III.)

(4) M. le docteur Loncle, médecin à Maule depuis vingt-cinq ans, possède une fort belle collection d'objets trouvés sur l'emplacement et aux environs de cette vieille cité.

FOUILLES DE MAULE

habitants que l'on retrouve, au siècle suivant, partagés en deux tribus et établis au pied des deux coteaux voisins.

Laissons parler la chronique du monastère :

« La ville forte de Maule passait, par tradition, pour être de « fondation romaine et, dans l'origine, avoir été dénommée « *Manlia;* mais, en l'an de l'Incarnation 465, les Francs, en- « core barbares, venus des forêts germaniques jusque dans « le nord de la Gaule, voulurent étendre leurs conquêtes jus- « qu'à la Loire, et, conduits par Clovis, qui fut le premier roi « chrétien, renversèrent les murs de la cité, malgré la résis- « tance de ses défenseurs, et ne laissèrent derrière eux qu'un « monceau de ruines. » (1)

Une erreur chronologique ou une faute de copiste attribue à l'an 465 un fait d'armes qui n'a pu se produire que vingt années plus tard, puisque Clovis n'a commencé de régner sur le nord de la France qu'en 481 ; mais cette erreur chronologique, assez fréquente chez les vieux historiens, n'infirme aucunement le fait de la dévastation du pays par l'armée des Franks qui est, au contraire, conforme à l'histoire et à la tradition ; les termes mêmes dont se sert le chroniqueur du couvent sont absolument d'accord avec la situation, et se trouvent en tous points corroborés par les découvertes postérieures d'une foule d'objets ayant appartenu à la vieille cité.

A cet ensemble de faits, si l'on ajoute qu'aux portes de Maule, sur le plateau des Alluets qui domine toute la vallée de la Maudre, se retrouve l'emplacement d'un vaste camp d'observation, où les légions romaines abandonnèrent une grande quantité d'armes, de poteries, de monnaies en argent, en cuivre et en billon (2), on ne peut méconnaître que l'antique

---

(1) Collection Filassier, « Titres du prieuré de Maule » M. Filassier, ancien notaire à Maule, a pu réunir une grande quantité de documents relatifs à l'histoire du fief et des seigneurs de Maule, dans lesquels M. Léon Filassier, son fils, avec une libéralité des plus larges, nous a permis de puiser les principaux éléments de cet ouvrage.

(2) Pour ne citer que les trouvailles les plus récentes faites sur le plateau des Alluets, à la Croix des Treize-Voies en 1822, au Chêne-Ferré en 1837, au Calvaire d'Herbeville en 1858, des travaux de défrichement mirent à jour plusieurs grands vases en terre rouge, remplis de médailles romaines en argent et en billon avec quantité de monnaies en cuivre éparses, çà et là, parmi les débris d'armes et d'objets de campement. Beaucoup de ces médailles se trouvaient encore dans un très bon état de conservation ; telles étaient celles de CÆSAR ÆLIUS Adrianus Antonius (né en l'an 86, fils adoptif de l'empereur Adrien), de L. VERUS et d'Auré-

Manlia formait au cœur du pays de Madrie une place soigneusement gardée, à une époque où Mantes et Poissy, qui pourraient aujourd'hui, par leur importance, prétendre à ce titre d'ancienne capitale du *pagus Madriacus*, n'étaient encore que des bourgades sans grande notoriété (1).

La situation topographique de Maule lui donnait, d'ailleurs, une réelle suprématie comme point stratégique et comme cité commerçante.

Trois grandes voies venaient se croiser dans ses murs.

L'une remontait le cours de la Maudre et se greffait aux environs de Jouarre (probablement le *Diodurum* de l'itinéraire d'Antonin), sur la grande route de Paris à Chartres ; c'était le *chemin perré* de Pontchartrain à Evreux. L'autre gravissait la cavée de Maule, passait aux Quatre-Piliers et à Maulette, près de Houdan, pour se prolonger ensuite par Dreux et Argentan, jusqu'au fond de l'Avranchin ; c'est encore le *vieux chemin* de Paris à Dreux. Quant à la troisième, elle partait de Beauvais, coupait à travers le Vexin vers la station détruite de Pétromantalum, où elle rencontrait la *Chaussée de Jules César*, qui était la grande route de Paris à Rouen, puis, après avoir traversé la Seine à Meulan, sur un pont de bois dont on retrouvait encore les pilotis au siècle dernier, se dirigeait par Flins et les Monts-Boulets vers Chartres et Orléans, en franchissant la Maudre à gué entre le moulin de la *Chaussée*, dont le nom est resté comme un jalon, et la cité de Maule qu'elle traversait de part en part ; c'était la grande route du Beauvoisis qui, nommée encore sur la rive droite de la Seine *chaussée de Brunehaut*, a gardé sur le reste de son parcours

---

lius, ses fils, de Faustine, sa femme ; il en était aussi de Domitien et de l'empereur Honorius, mort en 423. Quelques-unes, de Domitien, portaient au revers, parfaitement frappée, la personnification de la déesse Monéta ; beaucoup d'autres se trouvaient tellement oxydées que la légende en était indéchiffrable.

(1) Poissy possédait bien une « Villa, » sorte d'exploitation agricole, dont les rois Mérovingiens firent parfois leur résidence champêtre, mais aucun monument ne constate son existence, ou au moins son importance avant les VIIe et VIIIe siècles de l'ère chrétienne ; Mantes n'acquit une certaine notoriété qu'à dater du XIe siècle ; une charte de Gauthier III, comte de Vexin, datée de l'an 1006, porte cette désignation « Un certain petit château vulgairement appelé Mante qui nous appartient entre autres biens. »

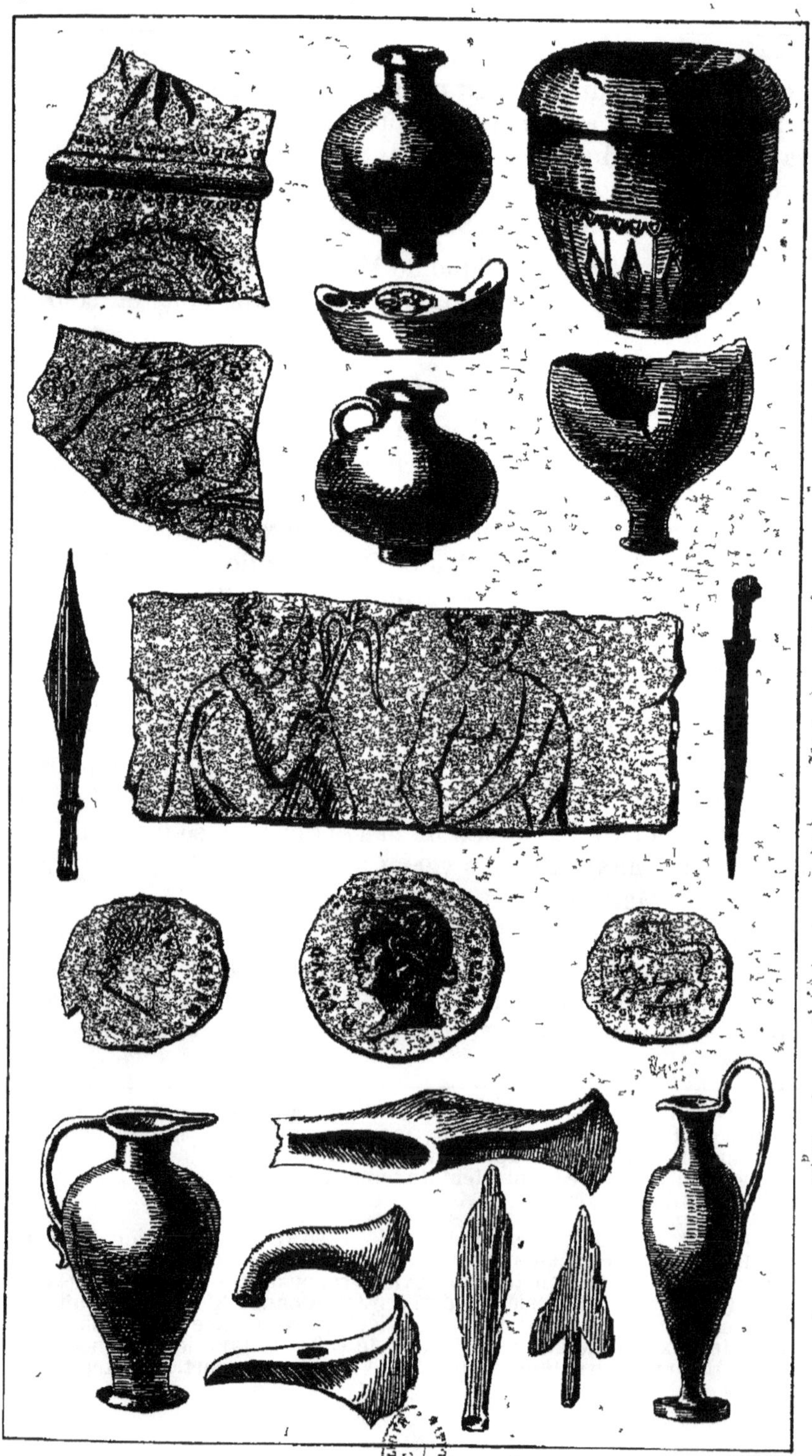

FOUILLES DE MAULE

l'appellation de *route d'Orléans,* qu'elle a laissée à l'une des rues du Maule actuel (1).

La vieille cité se trouvait ainsi en communication avec les principales villes du nord de la Gaule.

Ce fut sans doute à cette situation topographique qu'elle dût la catastrophe dont les traces sont parvenues jusqu'à nous, puis la reconstruction qui, bientôt, s'ensuivit.

II

LE BOURG MÉROVINGIEN

Moins d'un siècle, en effet, après la dévastation du pays de Madrie par l'armée des Franks, deux incidents rapportés par Fortunat, évêque de Poitiers, nous fournissent les preuves de l'existence de Maule à l'époque mérovingienne.

Ecoutons le pieux historien :

« Sur la grande réputation de sainteté que s'était acquise
« un vénérable solitaire des environs d'Avranches, le roi
« Childebert le fit prier de venir à la cour. Saint Paterne,
« pour se rendre aux désirs du monarque, quitta donc son
« ermitage et, voyageant à petites journées dans un chariot
« couvert, s'arrêta en un lieu nommé le bourg de Maule (*vicus*
« *Mantula*) où, par la grâce divine, il guérit un enfant qui
« avait été mordu d'un serpent; en témoignage de quoi, une
« basilique, en l'honneur du Christ, fut élevée sur le lieu même
« où le miracle s'était accompli. » (2)

---

(1) On retrouve encore entre Flins et Maule, depuis l'ancien « Chemin des Rouliers » jusqu'au sommet des Monts Boulets, un tronçon de cette ancienne chaussée, abandonnée depuis longtemps par la circulation. L'herbe a recouvert cette vieille route ; mais la solidité et le mode de sa construction ne permettent pas d'y méconnaître une voie romaine.

(2) Abrincat Sœ. Bened. II, t II, p. 1103... « ...ut ipsi glorioso Regi Childeberto Parisius, in carro cooperto reclusus occureret. Mantola Vico quidam puer à serpente percussus est... quo etiam in loco ad rerum testimonium in ejus nomine Christi Basilicam considerunt. »

Le même auteur, en la *Vie de Saint-Germain*, évêque de Paris, fait encore mention du *Vicus Mantula* dans les circonstances suivantes :

« Au bourg de Maule, la servante d'un nommé Vandulphe
« avait perdu la vue depuis neuf mois déjà, quand un songe
« l'avertit que, si elle obtenait la faveur de toucher seulement
« l'habit sacerdotal de saint Germain, elle recouvrerait la lu-
« mière. Pleine de foi, elle alla trouver l'évêque qui, ayant
« accueilli favorablement sa prière, lui oignit les yeux de
« l'huile sainte et, après lui avoir distribué le pain et le sel
« bénits, lui commanda de se retirer en l'hôtellerie où elle
« était descendue. Le matin, elle retourna auprès de l'évêque
« et lui annonça qu'un œil s'était déjà entr'ouvert. Le saint
« homme lui fit une nouvelle onction et, pendant la nuit sui-
« vante, l'autre œil s'ouvrit à la lumière. Après avoir été de
« nouveau remercier le saint homme, la servante revint chez
« son maître en chantant les louanges du Seigneur. » (1)

Or, saint Germain étant mort en l'an 576, et Childebert l'ayant précédé dans la tombe dès l'an 558, les événements, que nous venons de rapporter, assignent, pour date à la recons truction de l'ancienne capitale du Madrie, la première moitié du VI° siècle.

La vieille cité maulienne, en se portant davantage vers le confluent de la Maudre, s'était rebatie sur l'emplacement qu'elle occupe aujourd'hui ; mais, de même qu'aux temps modernes, Maule a pu s'orthographier indifféremment *Maulle*, *Meaule* ou *Meaulle* par la transformation de *Manlia* en *Maulia* ou *Maullia*, son nom primitif se trouvait, par suite de la déformation du langage, transformé, sous la plume de calligraphes fantaisistes, en *Manluia*, *Mantula* ou *Mantola* ; et ce nouveau centre de population avait reçu le titre de bourg... *Vicus Mantula* (2).

Cette qualification indique que, sans posséder peut-être toute l'importance de la cité primitive, la nouvelle ville en

---

(1) Bollandistes, mai, t. VI, p. 781... « Item de Vico Mantola, Valdulfi cujusdem ancilla, anno et novem mensibus gravi cæcitate percussa... »
— Fortunat, Vie de saint Germain, c. XXXI, p. 32,

(2) Cette transformation de Manlia en Mantula a même quelque peu égaré les recherches des historiens qui voyaient dans le nom de Mantula Vico, l'appellation primitive de la commune de Mantes-la-Ville.

FOUILLES DE MAULE (Pl. III.)

continuait néanmoins les traditions et que, déjà, le *marché*, dont nous trouvons les preuves historiques quelques siècles plus tard dans les titres de la baronnie (1), se tenait à Maule, chaque semaine, et n'était probablement que la continuation d'une coutume qui remontait à l'érection de la cité primitive, tant il est vrai que l'homme passe, que les villes se transforment, mais qu'une habitude contractée demeure.

Le nouveau bourg, suivant les titres du prieuré, possédait même un temple consacré à Jupiter... *Jovi optimo Deo magno paganorum* (2).

Cette assertion, qui se trouve corroborée par la découverte récente d'un autel à libations, enfoui à peu de distance de l'église paroissiale, n'a rien que de conforme aux mœurs de l'époque ; car, sous la domination romaine, la religion des Gaulois s'était peu à peu fondue avec celle de leurs vainqueurs, et le paganisme, ainsi que le prouvent plusieurs édits des rois mérovingiens, dominait encore dans les campagnes longtemps après l'établissement du christianisme dans les Gaules. C'est ainsi que les survivants du désastre infligé à l'antique Manlia avaient pu être amenés, en reconstruisant leur ville, à relever l'autel où ils avaient toujours vu leurs pères venir honorer la divinité.

Or, en tenant compte de cette remarque que les cultes, qui se sont succédé, ont changé d'objet, mais n'ont que rarement changé de place, il convient de rechercher l'emplacement du temple païen sur le lieu même où se trouve bâtie aujourd'hui l'église paroissiale de Maule. Il y a même tout lieu de croire que lorsque le roi Childebert, après la visite du vénérable solitaire d'Avranches, ordonna de faire disparaître tout ce qui restait en Gaule d'anciennes marques du paganisme, ce temple fut simplement transformé en une église où l'image du Christ prit la place de celle du « Maître des Dieux », car c'est en conservant les cérémonies anciennes sous des noms différents que les prêtres chrétiens facilitèrent au peuple l'acceptation

---

(1) Par son testament de l'an 1168, Pierre II, seigneur de Maule, confirma aux moines du prieuré la paisible possession du dixième marché, « depuis le matin du samedi jusqu'à la nuit du dimanche. » Collection Filassier, Titres du Prieuré.

(2) Collection Filassier « Titres du prieuré de Maule. »

de la religion nouvelle qui se fondait sur les ruines du paganisme (1).

Cette première église fut placée sous le patronage de Monseigneur saint Martin, et sous la juridiction de l'évêque de Chartres (2).

En même temps, s'élevait aux portes du bourg, sur le lieu où saint Paterne avait opéré la guérison de l'enfant mordu d'un serpent, un autre édifice religieux destiné à perpétuer le souvenir de ce « miracle »... *in ejus nomine Christi basilicam*.

Cette « basilique » se retrouve dans une vieille église que possédait l'un des faubourgs de Maule nommé Saint-Vincent, et en langage populaire, le *bout* ou le *bourg d'Haignou*. Déclassée en 1793, l'église de Saint-Vincent fut démolie en 1820 ; mais nos pères se la rappellent bien avec les colonnes courtes et massives de sa nef, son toit irrégulier, et le grand arceau roman de sa porte d'entrée qui, au-dessus de la clé de voûte, portait incrusté dans la pierre le chiffre 936 en caractères arabes (3).

Cette date était probablement celle de sa reconstruction, car l'église primitive, presque entièrement construite en bois comme beaucoup d'édifices d'alors, fut brûlée par les Normands à l'époque des grandes invasions scandinaves.

Les preuves historiques de son existence aux temps mérovingiens se rencontrent dans un document du plus haut intérêt, le *Polyptyque d'Irminon*, où, sous la même appellation de *Vicus Mantula*, la terre de Maule se trouve mentionnée avec des détails si précis que nous pouvons, avec une absolue certitude, en déterminer l'importance sous le règne des premiers rois carlovingiens et, par extension, sous celui des derniers fils de Clovis (4).

---

(1) Grégoire de Tours raconte naïvement que la reine Clotilde, afin d'attirer le roi Clovis, son époux, dans les temples chrétiens, faisait tendre ceux-ci de riches tapisseries dont les dessins amusaient le roi pendant la durée de l'office divin. [Greg. Tur. II, 29].

(2) Saint Martin était sous la première race le patron des Franks ; sa chape était portée aux armées comme le palladium de la patrie, l'étendard de la victoire : ce fut l'origine du drapeau français — L'évêché de Chartres possédait du côté de la Seine les mêmes limites que le Madric.

(3) Collection Filassier.— « Procès-verbal des monuments et antiquités de la ville de Maule » dressé en 1792 par les soins de la municipalité, conformément aux instructions reçues du District de Saint-Germain-en-Laye. Mss.

(4) Guérard, Polyptyque d'Irminon, XXI, II, p. 214.

Porte et Fenêtres de l'Eglise de St Vincent

III

LE MANSE ABBATIAL

On sait que le *polyptyque,* sorte de terrier dressé par l'abbé Irminon pendant qu'il gouvernait le monastère de Saint-Germain-des-Prés (1), constate non seulement les noms et l'étendue des domaines de cette abbaye, mais encore qu'il contient une foule de renseignements au moyen desquels on peut se rendre compte du genre de vie des colons et des serviteurs du monastère, des modes de culture et d'assolement, de la nature des instruments aratoires, alors en usage, et des différents produits que l'homme retirait de la terre à cette époque (2).

Le *Polyptyque,* dit M. Guérard en ses *Prolégomènes,* nous fait assister aux travaux des champs ; il nous dit de combien de personnes se composaient les familles, quelles obligations et quelles redevances étaient à leur charge, quel était, par rapport à la valeur de l'argent, le prix des choses nécessaires à la vie ; tous ces renseignements, combinés avec ceux qui se rapportent à l'état actuel, peuvent fournir les bases fort intéressantes d'une statistique comparée du même pays à plus de mille ans d'intervalle.

---

(1) L'abbaye de Saint-Germain-des-Prés, fondée à Paris, vers l'an 543, fut à l'origine placée sous l'invocation de saint Vincent et de la Sainte-Croix, à cause de deux reliques que le roi Childebert avait rapportées d'une expédition en Espagne et dont il gratifia ce monastère : c'étaient la tunique de saint Vincent, patron de la ville de Sarragosse, et une croix d'or, enrichie de pierres précieuses, qu'il avait enlevée de l'église de Tolède. L'abbaye était située aux portes de Paris, dans une vaste prairie d'où elle prit plus tard son surnom en s'adjoignant celui de saint Germain évêque de Paris. Sous le règne de Charlemagne l'abbaye atteignit son état le plus florissant ; ses religieux étaient nombreux et son abbé occupait le rang le plus élevé à la cour ; le moine Irminon fut nommé au gouvernement de ce monastère entre les années 798 et 826.

(2) Le Polyptyque nous apprend, parmi cent autres choses que, de son temps, on se servait déjà pour amender les terres de marne et de fumier.

C'est ce qu'il est facile de faire à l'égard de la terre de Maule, possédée presque entièrement par l'abbaye de Saint-Germain-des-Prés.

A l'aide du Polyptyque d'Irminon, rétablissons donc par la pensée le *Vicus Mantula* du IX⁰ siècle.

Le pays de Madrie, le Vexin et le Pincerais avaient été réunis sous la même administration par Charles Martel, en l'an 719, et la vieille place forte de Meulan, située au centre de ces trois *pagi*, dans une situation qui la rendait maîtresse des deux rives de la Seine, avait été choisie comme chef-lieu du nouveau comté qualifié du nom de son premier titulaire *Comté de Witram*, et postérieurement *Comté de Meullent* (1).

L'ancienne capitale du pays de Madrie avait néanmoins conservé une certaine importance. Un *centenier*, nommé par le comte de Meulan, y veillait à l'administration de la justice et à l'exécution des lois militaires. Son manoir occupait, selon toute probabilité, l'emplacement où se tient aujourd'hui le marché aux étalages; deux siècles plus tard, nous y verrons se dresser le château-fort des barons de Maule; dans les dépendances, se trouvaient le pressoir banal et le four seigneurial où les résidents du bourg étaient tenus d'aller cuire leur pain et porter leur vendange; l'un, construit sur la place actuelle du marché à la volaille; l'autre, occupant la maison qui, sur la place du marché aux étalages, fait face à la rue de Saint-Vincent. Entre l'église et le château s'élevait le prétoire où le *ratchimbourg*, élu par les habitants, rendait la justice sous la surveillance du centenier (2).

Dominées par le manoir seigneurial, les maisons du bourg s'étageaient des bords de la rivière aux flancs de la colline.

Ces habitations, couvertes en chaume, étaient construites en pans de bois et en pisé recouvert de planchettes légères; la grande quantité de lattes et de bardeaux, exigée comme

---

(1) Le dernier acte qui fasse mention du « pagus Madriacus » est un diplôme de Charles-le-Simple du 14 mars 918, par lequel ce monarque, à la prière de Robert-de-France, réunit à l'abbaye de Saint-Germain-des-Prés, tous les biens de l'abbaye de la Croix-Saint-Leuffroy, près la rivière d'Eure, qui n'avaient pas été cédés aux Normands. (Voir « le Comté de Madrie » par M. A. de Dion, p. 10 et 11, et notre « Histoire du Comté de Meulan, » tome I, page 35).

(2) Une amende de XV sous frappait celui qui négligeait de se rendre à l'assemblée où l'on nommait le ratchimbourg.

redevance annuelle par l'abbaye, démontre que l'on faisait de ces bois un emploi très usuel dans la construction des habitations de cette époque (1).

Autour de l'église paroissiale s'étendait le cimetière, ainsi que le prouverait l'inscription en langue romane d'une pierre tombale retrouvée, parmi quantité d'autres sépultures, près du mur méridional de cet édifice (2); des cours et des vergers, plus nombreux qu'aujourd'hui, isolaient chaque habitation; enfin un fossé, dont la crête était couronnée d'une palissade, enceignait complètement le bourg (3), moins pour défendre ses habitants contre les agressions armées que pour protéger, pendant la nuit, les animaux domestiques contre les fauves qui trouvaient de faciles repaires dans les grands bois environnants, car d'immenses solitudes, peuplées d'animaux sauvages, couvraient encore le Pincerais et le Madrie ; et l'antique forêt d'Iveline, dont les bois des Alluets, de Marly, de Rambouillet, de Meudon et de Saint-Léger ne sont que les débris, s'étendait des rives de la Seine jusqu'au-delà de Dourdan, dans l'Etampois et le pays Chartrain : l'ours, le taureau sauvage, le loup, le sanglier en disputaient à l'homme la possession.

A ce bourg, on peut, sans craindre de s'écarter beaucoup de la stricte exactitude, assigner les mêmes limites que celles de la ville fortifiée du moyen-âge qui nous ont été conservées par les titres de la baronnie de Maule, c'est-à-dire que, partant de la rivière, un peu au-dessus du *pont de la Bélique*, le fossé d'enceinte se dirigeait en droite ligne sur le chemin de Saint-Jacques en traversant la vieille route de Mareil où se trouvait la porte de ce nom ; inclinant brusquement à droite il arrivait sur les jardins des maisons du Buat, en traversant la route d'Orléans où l'on voyait encore, il y a une trentaine d'années

---

(1) L'usage de construire en bardeaux les toits et les parois des maisons était général et s'est même conservé jusqu'à nos temps en plusieurs endroits de la France ; beaucoup de clochers de village sont encore couverts en bardeaux ; l'église de Maule elle-même conserva sa voûte en bardeaux jusqu'au milieu du siècle présent.

(2) Collection Filassier. « Procès-verbal des antiquités relatives à la ville de Maule, Mss. »

(3) Il est facile de se rendre compte en examinant les fondations du mur de l'enceinte de Maule que le nom de « fossés, » conservé par le chemin militaire qui longe le pied de ces murailles, ne peut être appliqué à la fortification du XIIe siècle, et n'est qu'un traditionnel souvenir d'un système de défense beaucoup plus ancien.

la porte dite de Montfort; le fossé, retournant presque à angle droit, traversait ensuite la route de Dreux à un endroit nommé plus tard la porte du Buat et s'arrêtait sur les jardins de l'hôtellerie du Dauphin qu'il laissait en dehors de l'enceinte; puis, par un angle presque droit, revenait en traversant la rue de Saint-Vincent aboutir à la rivière qui formait le cinquième côté de ce pentagone irrégulier.

Aux portes mêmes du bourg, une vaste exploitation agricole s'était créée par les soins et sous la direction des religieux de Saint-Germain-des-Prés : c'était le *manse abbatial* de Maule.

Le nom de *manse* avait la même signification que possède aujourd'hui celui de *ferme* : il s'étendait tout à la fois à la maison d'habitation et aux terres qui lui étaient affectées. Pendant toute la période mérovingienne et jusqu'à la fin de la dynastie carlovingienne, le manse forma la principale base de la propriété rurale. Toute propriété un peu considérable se composait alors de deux parties distinctes : l'une réservée par le propriétaire, constituait le *domaine*; l'autre, distribuée entre des personnes plus ou moins dépendantes, formait les *tenures*. La première était *seigneuriale* à l'égard de la seconde qui était considérée comme *tributaire*; toutes deux recevaient le nom de « manses ».

Le manse seigneurial, c'est-à-dire la demeure du maître (*mansus dominicus*) comprenait la maison d'habitation, les bâtiments nécessaires à l'exploitation agricole, une vaste cuisine, une boulangerie, des chaumières pour les serviteurs du domaine, des ateliers pour la fabrication et la réparation des instruments aratoires, un pressoir, une basse-cour, un verger, le plant de vigne; autour de son enclos, s'étendaient les terres labourables, les pâturages; souvent même, une chapelle, un vivier et des moulins appartenaient aux chefs manses de l'abbaye. Aussi l'emplacement du château actuel de Maule, avec son vaste enclos, ses prairies, la pièce d'eau qu'il renferme, la rivière qui le traverse, les chaumières qui l'environnent et se groupaient naguère autour de la vieille église de Saint-Vincent, répond-il parfaitement à la description que le Polyptyque d'Irminon nous a laissée d'un manse seigneurial de cette époque, si l'on veut tenir compte, surtout, que ce domaine, passé aux mains des barons de Maule, ne devint leur résidence que sur la fin du XIVe siècle, et qu'ayant à l'origine de

PORTE DE MONTFORT (Pl. XVIII)

leur établissement « entouré d'une fortification de pierre », afin d'en faire le point principal de la défense du pays, l'ancien manoir du centenier, situé au milieu du bourg, les barons purent facilement conserver au manse seigneurial de Saint-Germain-des-Prés le caractère essentiellement agricole qu'il avait reçu de ses premiers possesseurs.

Les manses tributaires étaient épars dans la campagne, au milieu des terres qui en dépendaient. Le laboureur en retrouve parfois les vestiges sous le soc de sa charrue. Une foule d'habitations, aujourd'hui disparues, sont, en effet, mentionnées par les anciens titres de la baronnie, comme existant au *Val de Beule*, au *Fond de Raimbourg*, à la *Rollanderie*, au *Fossé des Barres*, aux *Mesnues*, à *Pierrelue*, à *Clairfontaine*, et parmi les noms de ces champtiers, il est facile de reconnaître certains noms des manses de Saint-Germain-des-Prés, qui nous sont légués par le Polyptyque, tels que ceux de *Petralvi*, de *Bola*, de *Pociolis*, de *Hostoldi-villa*, de *Hostursi-curte*. Ces habitations avaient chacune leur écurie, leur grange, et les autres constructions nécessaires aux travaux des champs; toutes possédaient une cour et un jardin défendus par une clôture faite d'un treillis de lattes et de pieux; souvent, un plant de vigne touchait le verger; et un assolement triennal, sagement combiné, régissait la culture de la portion de terre qui constituait la *tenure* de ces manses, dont sa superficie variait entre quarante et quarante-huit *journaux*.

Le journal équivalait à la quantité de terre qu'une charrue peut labourer en un jour, c'est-à-dire trente-trois ares environ; chaque manse de quarante-huit journaux possédait donc à peu près quinze hectares de culture (1).

Le *tenancier* de chacun de ces manses, aidé de sa famille, le cultivait de ses propres mains, et s'en appropriait les produits

---

(1) La contenance d'un manse se réglait moins cependant sur l'étendue que sur le produit; en moyenne, elle était de douze bonniers ou 48 journaux de chacun 33 ares environ, mais cette règle n'était pas absolue: ainsi par exemple la dot de l'église de Mareil-sur-Maudre était de 4 manses de chacun 8 bonniers de terre labourable, un demi-arpent de vigne et trois quartiers de pré, en totalité 8 bonniers 3/4, le bonnier équivalant à 128 ares 33 centiares et l'arpent à 51 ares 07 centiares. A Maule, 59 manses et demi contenaient 609 bonniers et 4 journaux de terre labourable, 41 arpents de vigne et 37 arpents de pré, c'est-à-dire un peu plus de 12 bonniers soit pour chaque manse, 15 hectares environ. (Guérard « Polyptyque d'Irminon. »

moyennant des *redevances* et des *services* réglés à l'avance envers l'abbaye. Les familles, quoique chargées d'enfants, paraissaient trouver dans ce travail une rémunération satisfaisante de leurs soins; car redevances et services étaient bien acquittés. Ces *redevances* consistaient en animaux de boucherie ou de basse-cour, en œufs, en vin, en miel, en bardeaux, lattes, pieux, et en une certaine somme d'argent payée à titre de *capitation*. Les *services* consistaient en un nombre déterminé de journées de travail, consacrées, sous la surveillance du *maire* ou du *doyen* de l'abbaye, à la culture des champs et aux soins à donner aux vignes, aux prairies et aux bois, que l'abbaye avait réservés pour son usage personnel, et dont la réunion constituait le manse seigneurial.

Les maires (en celtique *mayer*, intendant), participaient à la fois du juge et de l'intendant. Ils veillaient à l'entretien des bâtiments, des jardins et des clôtures, au soin des animaux domestiques, à l'aménagement des bois, à la plantation des vignes; ils avaient la surveillance du four banal, du pressoir, des moulins, des abeilles; comme leurs administrés, ils étaient tenanciers de l'abbaye, mais leur tenure était ordinairement plus forte que celle des tributaires, ce qui impliquerait que, tout en travaillant de leur personne à la culture des terres qui leur étaient dévolues, les maires s'adjoignaient un certain nombre de serviteurs; la tenure du maire de Maule se composait de deux manses (1).

Le doyen était chargé, sous l'autorité du maire, de la police des terres et des hommes du manse abbatial auquel il était préposé, ainsi que de l'acquittement des redevances et des services imposés à ceux-ci au profit de l'abbaye. Maule avait un doyen nommé Madalboldus; sa femme se nommait Ermentrudis; tous deux étaient de condition *colone*. Leurs enfants, au nombre de sept, étaient dénommés : Rainarius, Frudoldus, Gulfradus, Ermenoldus, Framneharius, Gisentrudis, Vulfrada. Ils tenaient de saint Germain un manse *ingenuile* composé de

---

(1) Adalramnus, major, colonus sancti Germani, et uxor ejus, quorum infantes non sunt sancti Germani. Manet in Altogilo. Tenet mansos II ingenuiles, habentes de terra arabili buniaria XXVIIII, de vinea aripennos III, de prato aripennos IIII, de silvula, quam nunc nutrit, bunuaria II. Solvunt aequaliter omne censum, sicut alii mansi ingenuiles. (Polypt. XXI, 3, p. 214).

dix bonniers en terre labourable, d'un arpent de vigne et de deux pièces de pré (1).

Le doyen résidait à Maule ; le maire habitait le village d'Auteuil, distant de quelques kilomètres.

Le manse seigneurial de Maule se composait de 270 bonniers de terre labourable, où l'on pouvait semer 500 muids de froment, de 44 arpents de vigne, où l'on pouvait récolter cent cinquante muids de vin, de 20 arpents de pré produisant en moyenne quarante voitures de foin, et de trois bois d'environ cent bonniers, qui fournissaient le chauffage et les matériaux de construction nécessaires à l'entretien du manse et, par extension, de l'abbaye, mais « ne donnaient pas de fruit », c'est-à-dire que, n'ayant pas de chênes pour la glandée, ni de hêtres pour la faîne, ils n'étaient pas soumis au droit de *paisson* qui consistait à conduire les porcs dans les bois pendant les mois d'octobre, novembre et décembre.

Au manse seigneurial de Maule, étaient attachés quatre-vingt-un manses tributaires et deux hostises qui comptaient pour un manse.

Les hostes étaient des sortes de fermiers occupant une petite habitation entourée de quelques pièces de terre. Ils n'avaient que *l'usufruit* du fonds qu'ils occupaient, et qui était désigné tantôt sous le nom *d'hostisia*, tantôt sous celui *d'hospitium*. Les hostes étaient donnés, vendus ou aliénés avec les fonds qu'ils occupaient ; néanmoins la personne même de l'hôte restait en dehors de cet acte, qui ne comprenait en réalité que la tenure des hôtes, — c'est-à-dire la maisonnette et la terre qui en dépendaient, — avec les droits et les services dus par eux en raison de leurs tenures.

L'étendue territoriale du manse abbatial de Maule égalait donc à peu près la superficie cadastrale du Maule actuel. Si l'on donne, en effet, à chacun des quatre-vingt-un manses tributaires attachés au manse seigneurial une exploitation de 12 bonniers ou 15 hectares, on obtient une superficie de 1215 hectares qui, ajoutée à celle des 2 hostises et aux 406 hectares

---

(1) Solvit ad hostem, aut III solidos, aut tertiam partem de bove, de vino modium I, pulla III, ova XV, arat ad hibernaticum perticas III, ad tranmisum II. In unaquaque ebdomada, per singulas sationes, curvadas II et diem I ; et quando curvadas non facit, facit dies III. Facit caropéra ubicumque et injungitur. Solvit pullum regalé. (Polyptyque XXI, 4. p. 214).

de terre, prés, vignes et bois formant le propre du manse seigneurial, donne un total de 1650 hectares productifs, à mettre en regard des 1,600 hectares en exploitation que comporte le territoire actuel.

IV

ETAT DES PERSONNES

Le Polyptyque d'Irminon reste muet sur l'origine du manse abbatial de Maule et sur l'époque de sa création.

La qualification de « basilique », donnée par Fortunat au monument commémoratif du miracle de saint Paterne, et qui est appliquée constamment par Grégoire de Tours et par les écrivains de son temps aux édifices religieux de fondation royale, autorise à penser que la terre de Maule, restée en grande partie déserte et inculte après le départ des Romains, tomba dans le domaine public comme la terre voisine des Alleux-le-Roi, et que, lors de la fondation par le roi Childebert du monastère de Saint-Germain-des-Prés, elle fut comprise dans la dotation que ce monarque constitua à l'abbaye.

Au lendemain de la conquête, les rois de France, tout en laissant les habitants maîtres de leurs possessions, pouvaient, en effet, disposer de domaines considérables, que le départ des troupes romaines laissait sans propriétaires; c'étaient les terres prétoriennes et légionnaires qui avaient été assignées aux soldats pour leur subsistance et les concessions territoriales faites aux grands officiers de l'Empire, aux gouverneurs des provinces et aux commandants des villes.

L'existence de ces terres, ainsi que de celles qui constituaient la dotation des empereurs, est prouvée par tous les historiens grecs et romains.

Or, tous ces domaines, dont la propriété ne reposait ni sur des titres primordiaux ni sur des droits de famille, furent considérés par les vainqueurs comme un légitime effet de la conquête ; et le meilleur emploi qu'en pouvaient faire les rois était d'en confier la mise en valeur, soit à certaines corporations civiles, comme celle des habitants du village des Alluets dont les privilèges ont traversé intacts toute la féodalité, soit à ces associations religieuses qui, sous l'inspiration généreusement pratique de saint Benoît, ont, par leurs grands travaux, mérité le surnom de « grands défricheurs de l'Europe ». Aussi, très peu de temps avant sa mort, le 23 décembre 558, Childebert, à la prière de saint Germain qui célébrait la dédicace de l'église de Saint-Vincent et de Sainte-Croix, ajouta de nouvelles libéralités à ses donations précédentes, et le monastère se trouva riche « d'un fonds considérable à mettre en exploitation », c'est-à-dire de vastes étendues de terrain restées depuis nombre d'années sans culture et presque dépourvues d'habitants.

Cette charte de donation, ainsi que celle qui exemptait l'église de Saint-Germain-des-Prés et ses propriétés de la juridiction épiscopale, a bien été, dans la suite, vigoureusement taxée de fausseté par certain docteur en Sorbonne ; mais à l'époque de Charlemagne, c'est-à-dire pendant la période qui s'étend de l'an 768 à l'année 814, le monastère était considéré comme incommutable propriétaire des immenses domaines qu'il était si savamment parvenu à mettre en état de production ; et, comme à cette époque, on retrouve en la possession de l'abbaye la plupart des biens qui lui avaient été donnés avant les confiscations de Charles-Martel, on en peut inférer que la terre de Maule se trouvait comprise dans l'une ou l'autre des deux donations faites par Childebert, et que le bourg lui-même devrait aux mêmes religieux en grande partie sa reconstruction.

A la fin de la liste des tenanciers du manse seigneurial, on voit, en effet, figurer les noms de trente chefs de famille qui paraissent être des habitants du bourg et, conséquemment, des commerçants ou des artisans, car ils payaient la *capitation* sans cultiver aucun manse, et l'on n'aperçoit pour eux du côté de l'abbaye aucun autre dédommagement que la faculté de résider sur sa terre (1).

---

(1) La capitation était un cens personnel, c'est-à-dire qui se percevait sur les personnes et non sur les choses. Quand le taux n'était pas fixé par un titre, il était de 4 deniers par tête ; le denier équivaudrait à environ 3 fr. de notre monnaie actuelle. (Prolégomènes p. 692).

A titre de curiosité linguistique, voici les noms de ces chefs de famille : Meroldus, Rantgarius, Rainaldus, Lantbertus, Gundoinus, Fredevertus, Gislemarus, Ercuinus, Gulfoinus, Ingalboldus, Valapo, Magenardus, Edelgerus, Arnaldus, Ercambertus, Landoidus, Godalgerus, Gauginus, Madalbertus, Rainardus, Raiboldus, Hinchertus, Airboldus, Odo, Blandalenus, Girveus, Adalgrimus, Altbertus, Ratbertus, Autbertus.

On trouve encore parmi les tenanciers des manses tributaires, les noms de Lisaviris, Flodericus, Genuvafa, Ymnedrudis, Beirulfus, Gulframnus, Leutrudis, Angalgarius, Gulfardus, Tutinus, etc., dont les origines germaniques sont dans une proportion dix fois plus nombreuse que les origines latines, ce qui indiquerait qu'à l'inverse des Romains qui n'avaient jamais pu que camper dans le nord de la Gaule, sans y coloniser, les Franks, en posant le pied sur le sol de leur nouvelle patrie, n'avaient pas voulu seulement faire acte de conquérants, mais bien de propriétaires. Aussi, parmi les cent soixante et onze chefs de famille qui cultivaient la terre de Maule, n'en rencontre-t-on que bien peu qui, d'après leurs appellations, n'appartinssent à la race conquérante.

Ces chefs de famille, tant mariés que veufs ou célibataires, formaient quatre-vingt-dix-huit ménages avec deux cent vingt-cinq enfants, ce qui fournissait avec les serviteurs et les vieillards une population agricole d'environ six cents personnes de conditions diverses, c'est-à-dire appartenant à l'une des quatre classes populaires de cette époque, et ayant contracté mariage soit entre gens de même condition, soit avec un membre d'une autre classe, car on distinguait, parmi la population agricole du manse abbatial de Maule, des *hommes libres*, des *colons*, des *lides* et des *serfs*.

L'*homme libre* était celui qui jouissait du droit d'habiter où bon lui semblait sans pouvoir être légalement réclamé par un maître ; les hommes libres de race se nommaient *ingénus* ; les hommes libres par affranchissement, *liberi*.

Le *colon* prenait sa place entre l'homme libre et le serf. Ce qui l'assimilait à l'homme libre, c'est que les lois le qualifiaient *d'ingénu* ; c'est qu'il contractait un véritable mariage, payait des impôts publics et pouvait posséder à titre de propriétaire, bien qu'il ne lui fût pas permis d'aliéner sa propriété. Il ressemblait au serf en ce qu'il était vendu avec le fonds qu'il occupait, qu'il ne pouvait aliéner son pécule sans le consentement de son patron, qu'il ne pouvait faire le service de guerre et que, si avec l'autorisation de son patron, il parvenait à entrer dans les ordres ecclésiastiques, il devait néanmoins continuer de cultiver ou de faire cultiver la terre à laquelle il était attaché. Comme le serf, il pouvait se racheter du colonat ou en être affranchi. Le colon pouvait acquérir pour son compte et disposer, dans certaines limites, de ce qui lui appartenait en propre, il héritait de ses parents et transmettait leurs biens à ses descendants ou à ses neveux ; il pouvait même posséder des serfs.

Les *lides* étaient d'une condition moins douce que les colons et moins dure que les serfs ; cette condition plaçait le lide entre le colon et le serf, et, ce qui mérite d'être remarqué dans le Polyptyque d'Irminon, c'est que les enfants d'un serf et d'une colone sont déclarés lides, de même que ceux qui ont pour père un colon et pour mère une lide. En général, les lides sont soumis aux mêmes redevances et aux mêmes services que les colons avec lesquels ils sont plus souvent en société qu'avec les serfs, même lorsque le fonds cultivé en commun est de condition servile ; leurs tenures paraissent être héréditaires comme celles des colons et, de même encore que les colons, les lides étaient aliénés avec les terres qu'ils cultivaient, et *non sans elles*. Ce qui distinguait surtout le colon du lide, c'est que le colon était en réalité l'esclave non de l'homme, mais de la glèbe, tandis que le lide était obligé au double service de la terre et de la personne du maître.

Le *serf* occupait la dernière place dans la hiérarchie sociale. Il n'avait pas la faculté d'établir sa demeure où il voulait, ni de quitter la terre de son maître pour passer sur une autre ; il était homme de suite et de poursuite. Le serf pouvait posséder, hériter même de ses parents ; mais il ne pouvait disposer de rien, ni se marier sans le consentement du maître ; s'il mourait sans postérité, son héritage était dévolu à son maître ; mais, s'il laissait des héritiers, son maître n'avait droit dans sa succession qu'au meilleur meuble, au meilleur *catel*. Le maître était civilement responsable des actions de ses serfs. Les hommes libres n'encouraient que des peines pécuniaires, et les serfs étaient exposés à des peines corporelles : les verges, le fouet, la marque, la torture, enfin la mort ; d'après un document du XII siècle, les verges pour battre les serfs devaient avoir une aune et une palme de longueur et la grosseur d'une broche à rôtir la viande. Il est vrai que trente coups de verge se rachetaient moyennant six deniers, soit un denier pour cinq coups.

Suivant les lois alors en usage, l'homme libre qui épousait une serve tombait dans la condition de sa femme, à moins que par grâce spéciale le seigneur de celle-ci ne le maintînt en liberté; mais les enfants issus du mariage étaient *serfs* comme leur mère, et lorsqu'un mariage était contracté entre les serfs de deux seigneuries différentes, les enfants se partageaien ordinairement entre les deux seigneurs.

Les lois étaient draconiennes, car beaucoup remontaient au temps de la conquête des Franks et se ressentaient du caractère barbare de l'époque; mais sous l'influence du christianisme, les mœurs s'étaient adoucies et la rigueur s'était peu à peu détendue. C'est ainsi que malgré la défense faite aux serfs, par les anciennes lois, d'épouser d'autres personnes que celles de leur condition, — lesquelles lois continuèrent d'obliger les serfs pendant tout le moyen-âge. — ceux-ci, dès l'époque d'Irminon, contractaient mariage non-seulement avec des lides, mais encore avec des colones et même avec des femmes libres.

Parmi les quatre-vingt-dix-huit ménages de la terre de Maule, on comptait quarante-trois ménages de colons et colonnes, deux de colons et de femmes libres, huit de serfs et de colones, un de colon et de serve, un de serf et de lide, deux de *serfs* et de *femmes libres*..., deux de serfs avec des femmes, qualifiées *advenæ*, c'est-à-dire qui n'étaient pas nées dans la terre où elles habitaient avec leur mari, et un seul de *serf* avec une *serve*.

Il y a tout lieu de croire aussi que la règle primitive avait dû être de concéder, à chacune des classes de la population agricole, des manses qui prirent, de la condition du *tenancier*, le nom sous lequel on les trouve indiquées dans le Polyptyque; mais cet accord s'était trouvé rompu par l'effet de cette tendance générale des siècles à rapprocher et à fondre les différentes classes de la société. Les manses tributaires du manse seigneurial de Maule se divisaient bien en trois ordres, *ingenuiles, lidiles* et *serviles*. Toutefois, le titre était réel et non personnel, c'est-à-dire qu'il était inhérent à la chose et non à la personne; en fait, les charges supportées par les manses déterminaient seules leur condition; les *ingenuiles* étaient soumises au tribut de guerre, qui était de trois sous chaque année, et à la redevance appelée *lignaritia* qui suppose toujours le droit d'usage dans les forêts; les *lidiles* supportaient les mêmes charges que les ingenuiles et ne payaient que deux sous pour le droit de guerre, mais ils étaient soumis à certaines redevances, telles que celles du vieux fer (1), de la moutarde, du houblon, qui n'étaient pas demandées aux ingenuiles; les *serviles* étaient presque toujours exempts de ces prestations, mais ils étaient astreints à la culture des vignes de l'abbaye et obligés de faire le guet pour la garde du manse seigneurial.

Les manses *ingenuiles* contenaient aussi un peu plus de terre que les manses *lidiles*, et ceux-ci que les *serviles*.

Il y avait aussi le *manse censile* (mansus censilis), mais ce serait à tort qu'on le mettrait sur la même ligne que ceux dont il vient d'être fait mention; le manse censile était soumis à des conditions particulières réglées entre le propriétaire et le tenancier, et qui pouvaient tout aussi bien s'appliquer aux manses ingenuiles qu'aux lidiles ou aux serviles, sans rien changer à la condition spéciale de chacune de ces désignations.

Ainsi, à la fin des tenures du manse seigneurial de Maule, on lit que les manses censiles sont au nombre de deux dans ce fisc, et qu'ils paient la somme de six sous; or, ces deux manses sont évidemment les deux tenures placées sous le titre commun de *De mansibus censilis* (pour de mansis censilibus) *qui sunt in Petralvi*, et dont la redevance en argent est taxée à un sou pour l'une et à cinq sous pour l'autre, en tout six sous d'argent. La première de ces tenures, occupée par le colon Gulfoinus, avait été la propriété de son père, mais Gulfoinus l'avait donnée à saint Germain, en s'en réservant l'usufruit pour lui et pour ses descendants à des conditions particulières, différentes des conditions qui avaient été imposées aux autres tenures et qui constituaient ce qu'on appelait *la loi de la terre*. C'est parce que cette tenure et le manse ingenuile, décrit après elle, sortaient de la loi commune des manses de la terre

---

(1) Ce vieux fer ou ferraille entrait dans les ateliers de l'abbaye et servait à la fabrication des outils et des instruments aratoires.

de Maule qu'ils sont appelés *manses censiles*, et non parce qu'ils payaient *un cens*, attendu que cette obligation leur était commune avec les autres manses(1). Le second, dont l'origine n'est pas indiquée, était soumis à des obligations du même genre.

V

REDEVANCES ET SERVICES

Les *redevances* annuelles des quatre-vingt-un manses tributaires du manse seigneurial de Maule, étaient de onze bœufs, trente-deux moutons, cinquante-six muids de vin, deux cent soixante-onze poulets et demi, onze cent vingt-cinq œufs, et huit cents bottes de bardeaux (2).

La taxe de *capitation* était de sept sous et huit deniers (3).

De plus, chaque manse ingenuile devait labourer six perches de terre et faire un jour de charroi par semaine, plus deux

---

(1) Gulfoinus colonus et uxor ejus colona, nomine Teodalgardis, homines sancti Germani. Isti sunt eorum Infantes : Gulfardus, Angalgarius, Tutinus, Gulfraninus, Leutrudis, manet in Mantula, Tenet proprietatem patris sui, quam partibus sancti Germani condonavit, habentem de terra arabili bunuaria XVI, de vinea aripennum I, de prato similiter. Solvit inde solidum I, pullos III et ova. Arat perticas IIII ad hibernaticum, et II ad tramisum, et bannos III in unaquaque satione. (Polyp. XXI, 78, p. 224).

(2) Le prix des choses nécessaires à la vie était comme aujourd'hui, variable suivant la production ; mais en moyenne un bœuf valait 8 sous qui feraient 288 francs en monnaie actuelle ; à raison de douze deniers de 3 francs par sou d'argent ; les moutons se cotaient proportionnellement beaucoup plus cher : il fallait donner huit moutons en échange d'un bœuf, ce qui remettrait chaque bête ovine à un sou ou 36 de nos francs ; quatre porcs pouvaient s'échanger contre un bœuf et valaient conséquemment deux sous chacun ou 72 francs.

(3) En comptant le denier pour 3 francs de notre monnaie actuelle cette taxe de capitation équivaudrait à environ 280 francs qui, ajoutés aux 7632 francs représentant la valeur des redevances en nature, donnerait une somme de 7912 francs pour le revenu annuel des 1215 hectares de terre, prés et vignes concédés par l'abbaye aux 171 tenanciers du manse seigneurial de Maule.

jours de corvée à chaque saison ; chaque manse servile cultivait quatre arpents dans la vigne seigneuriale, labourait quatre perches de terre et faisait les charrois et les corvées *nécessaires*. Ce labourage se faisait à la pioche ou avec la houe pour les terrains en pente, et, en plaine, avec des bœufs attelés à des charrues à quatre roues, deux devant et deux derrière, suivant la loi des Germains ; parmi les produits du sol, nous voyons à Maule, le blé, l'épeautre, le méteil, le seigle, l'orge, l'avoine, l'escourgeon, la moutarde, les lentilles, le chanvre qui étaient cultivés en plein champ ; les jardins fournissaient à peu près tous les légumes qu'on y récolte aujourd'hui ; les arbres fruitiers y étaient rares, et se bornaient à quelques variétés de prunes et de cerises ; le pommier, le poirier, le cornouiller, le cormier croissaient en plein champ ; par contre, un rucher très productif attenait à chaque habitation, ce qui indiquerait déjà, sinon la création de prairies artificielles, au moins un judicieux emploi de certaines plantes, fourragères comme le trèfle, ou nutritives comme le sarrazin, dont les fleurs donnaient leur suc aux abeilles.

L'abbaye récoltait annuellement onze muids de miel.

Au nombre de ses possessions, elle inscrivait, comme dépendant de son manse abbatial de Maule, l'église de Mareil-sur-Maudre, « bien bâtie, et qui jouissait de seize bonniers de terre labourable, de sept arpents de vigne, et de trois arpents de pré ; » quatre manses et deux hostises en dépendaient.

Tous ces manses formaient autour du bourg commerçant une verdoyante couronne ; leur morcellement, habilement calculé, apparaît déjà comme une démocratique division de la propriété ; et le bien-être qui régnait dans toute la contrée justifie pleinement, par opposition surtout à l'état misérable où s'était trouvé réduit le peuple après la conquête, ce vieux dicton appliqué au régime protecteur de ces religieux qui donnaient,les premiers,l'exemple du travail et de l'obéissance : *Il fait bon vivre sous la crosse.*

L'abbaye possédait aussi à Maule, indépendamment de la chapelle de Saint-Vincent, dont nous avons parlé précédemment, « trois moulins que l'abbé Irminon avait fait recons-
« truire *en un lieu plus convenable*, et qui rendaient trois
« cents muids de mouture ».

Le soin que prend l'abbé Irminon de consigner par écrit la

reconstruction de ces moulins « en un lieu plus convenable »,
c'est-à-dire plus découvert, et conséquemment mieux approprié à leur destination, nous paraît suffisamment indiquer
qu'ils étaient mûs par le vent. Jusqu'alors, c'étaient les bras
des esclaves ou le trait des animaux domestiques qui avaient
pu faire mouvoir ces gigantesques machines; mais, depuis
longtemps déjà, on construisait en Orient des moulins à vent
dont l'usage ne se généralisa en Europe qu'au retour des
croisades. Toutefois, on cite un essai de ce genre dès l'époque
de Pépin-le-Bref. Il n'est donc pas téméraire de penser que le
mécanisme en put être révélé au judicieux supérieur de Saint-
Germain-des-Prés, que sa haute situation appelait fréquemment à la cour de Charlemagne, par les ambassadeurs chargés
de remettre au grand Empereur différents présents du calife
Haroun-al-Raschid, parmi lesquels se trouvait une horloge à
eau qui, par sa nouveauté, provoqua en France une universelle admiration.

Ces moulins à vent, établis dans le chantier des Granges, et
dominant le manse seigneurial de Maule, au lieudit *l'Arcanger,*
figurent encore sur un vieux plan de la baronnie du XIV° siècle; l'établissement des moulins à eau sur la Maudre est d'une
date plus rapprochée; car, longtemps après la création des
seigneuries de Chevreuse et de Maule, la rivière servait encore
de flottage à bûches courantes pour les bois de Rambouillet et
de Chevreuse; la vanne dite de Chevreuse, qui ouvre sur la
Maudre un canal de dérivation, atteste l'exercice d'un droit de
flottage pour lequel le seigneur de Chevreuse payait à celui de
Maule une redevance annuelle de trente à quarante écus; la
dénomination et le tracé de cette dérivation indiquent que son
établissement n'a pu avoir lieu que pour permettre la construction des moulins à eau sur le bief principal de la Maudre,
à une époque évidemment bien postérieure à celle d'Irminon.

Une foule de serviteurs, attachés au manse seigneurial de
Maule venaient s'ajouter aux six cents âmes qui composaient
la colonie agricole des manses tributaires; les uns se trouvaient occupés au service intérieur comme ouvriers en fer et
en bois, charrons, taillandiers, maréchaux-ferrants, vanniers,
charpentiers, etc.; les autres étaient commis aux soins des
champs et des troupeaux comme laboureurs, bouviers, bergers,

vignerons, batteurs en grange, etc, etc. (1). Au chiffre assez élevé de cette population, qui vivait de la terre, et dont l'existence se rapportait exclusivement à la terre, il faut ajouter celui des marchands, des hôteliers, des artisans et des intermédiaires de toutes sortes que le mouvement commercial attirait et fixait dans le pays. C'étaient les *chavetonniers* qui travaillaient la basane; les *lormiers* qui fabriquaient les brides, les mors et les éperons; les *chapuiseurs* qui garnissaient les selles; les *archers* qui produisaient les arcs, les flèches; les *foulons* qui travaillaient la laine; le *fournier* qui tenait le four banal; les *tanneurs* et les *mégissiers* établis sur les bords de la rivière; les *cloutiers* qui habitaient le faubourg des Moussets; les *tisserands* et les carriers logés dans des maisonnettes de bois au faubourg du Buat.

Beaucoup d'autres artisans s'étaient groupés autour du manse seigneurial et, de proche en proche, leurs chaumières avaient formé le faubourg de Saint-Vincent et le bourg d'Haignou qui se prolongeait presque jusqu'à mi-chemin du village d'Aulnay en face du moulin de la Chaussée, dont la route, autrefois bordée de maisons, porte encore le nom qualificatif de *ruelle Gallien*.

Près de cet endroit, en effet, au lieu nommé le fond de *Raimbourg*, se tenait le marché hebdomadaire de Maule (2).

Là, à l'embranchement de la vieille route d'Evreux et de la chaussée de Brunehaut, s'élevait, au-dessus de cinq marches rustiques, une antique croix flanquée de quatre grosses bornes; on la nommait *la croix du Lendit*. Elle fut renversée en

---

(1) On trouve au Polyptyque d'Irminon la nomenclature et le prix d'achat de chacun de ces serviteurs. La plus faible taxe pour la vente des serfs est de 12 sous; elle fut réglée par le concile de Mâcon en 581. Celle de 15 sous est fixée par la loi salique; mais en général, le serf était estimé 25 sous quand il possédait un art ou exerçait un office. Un laboureur, un porcher valait 30 sous; un ouvrier en fer 50 sous; un ouvrier en bois 40 sous. Deux jeunes serfs, en l'an 807, furent vendus ensemble 30 sous d'argent; vers la même époque, une jeune fille nommée Scolastique fut vendue 2 sous d'or et 10 deniers d'argent (Polyptyque).

(2) Dans ce nom de Raimbourg affecté au marché d'Hagnou, ne pourrait-on reconnaître le mot de Mainbourg (munde burdis) qui aurait placé ce marché sous une protection spéciale. Les actes de Mainbourg royale sont très communs sous la première race et même pendant les premiers temps de la dynastie carolingienne. Les églises et les seigneurs prenaient également sous leur Mainbourg, les hommes et « certaines institutions publiques. » Celui qui violait la Mainbourg royale payait 60 sous d'amende. On sait aussi qu'en matière de justice, les « méfaits de marché » étaient réservés au nombre des cas royaux.

1793 ; autour de cette croix, s'étendait un vaste terrain que bordaient des auberges, des maisons d'habitation et une halle couverte dont, çà et là, en creusant la terre, on retrouve les débris et les fondations. Cet emplacement ne fût délaissé par les transactions commerciales que vers la seconde moitié du XVI⁰ siècle, c'est-à-dire après la translation de la résidence des barons de Maule dans leur domaine, beaucoup plus vaste, de Boutigny au faubourg de Saint-Vincent : c'est dans un acte du 29 avril 1564, que, relativement à la location des places sous la halle aux étalages il est parlé pour la première fois du *marché* transporté dans l'intérieur de la ville et tenant aux *murailles du vieil chasteau* ; un acte du siècle précédent, relatif à un cens dû par messire Thomas François, prêtre à Maule, dit que cette rente repose sur un quartier de terre sis à Maule « proche le *marché d'Haignou* » (1).

Cet acte porte la date du 1ᵉʳ octobre 1491.

Ce ne fut que bien longtemps après qu'on installa devant le porche de l'église paroissiale de Maule le marché au blé ; celui aux bestiaux continua même de se tenir au faubourg d'Haignou jusqu'au milieu du siècle dernier ; et les nombreuses hotelleries, qui florissaient tant à Maule qu'en la paroisse de Saint-Vincent, prouvent que ce marché comptait parmi les plus importants des environs de Paris.

Mais aux travaux de défrichement, à la mise en valeur de terres depuis longtemps improductives, à l'encouragement des transactions commerciales, ne se bornait pas, au siècle de Charlemagne, la sollicitude des établissements religieux ; ils instituaient aussi des écoles pour les enfants, des infirmeries pour les malades et des hospices pour les voyageurs.

Deux de ces asiles, dont on retrouve les traces aux siècles postérieurs, paraissent avoir été créés à Maule par les soins des religieux de Saint-Germain-des-Prés. L'un, situé à Beule à peu de distance de la vieille route de Paris à Dreux, figure en l'an 1206, dans un testament de l'un des barons de Maule sous le nom d'*hospice de ladres* ; il fut transformé au XVII⁰ siècle en prieuré, dit de Saint-Maur ; son cimetière et ses dépendances furent vendus par la nation en 1792 ; mais on peut voir

---

(1) Collection Filassier « Titres de la baronnie ».

EGLISE ET BOURG DE St VINCENT

encore un pan de mur de sa chapelle, resté debout, près de la ferme de la *Cauchoiserie*.

L'autre refuge, connu sous le nom de *Maladrerie des Granges*, était bâti sur la droite de la route d'Orléans, à peu de distance de la ville de Maule, auprès du fief de la *Rollanderie ;* des fouilles, opérées en cet endroit il y a quelques années, mirent à découvert plusieurs fours dont la construction remontait à une époque fort ancienne, des restes d'habitations dont les matériaux révélaient par leur appareil les traditions romaines, des débris de poteries communes, des tuiles à recouvrements, que l'on peut considérer comme les restes de cet hôpital primitif qui, plus tard, converti en exploitation agricole, conserva, par tradition, le nom de *Manoir des Vieilles Granges*, pour le distinguer de la ferme et de la seigneurie du même nom, appartenant à la baronnie de Maule (1).

Quant aux écoles publiques, s'il n'est pas fait pour Maule une mention spéciale, on trouve au Polyptyque assez de preuves de leur création, partout où se faisait sentir l'influence de l'abbaye, pour ne pas douter que, dans un manse seigneurial aussi important, n'existât au moins un établissement scolaire, si l'on songe surtout que l'Empereur « à la barbe fleurie » ne trouvait pas au-dessous de lui de visiter les écoles au retour de ses guerres et de distribuer l'éloge ou le blâme selon que les élèves étaient laborieux ou indociles.

VI

LES PREMIERS SEIGNEURS

La guerre civile et les invasions étrangères ne tardèrent pas à détruire l'heureuse harmonie de la colonie agricole, et à transformer le bourg commerçant en place militaire.

Quelques années, en effet, s'étaient à peine écoulées depuis

---

(1) Collection Filassier « Titres de la baronnie ».

la mort de Charlemagne que, déjà, s'armant contre leur père, puis tournant leurs armes contre eux-mêmes, les fils de Louis le Débonnaire préparaient de faciles succès aux ennemis du dehors. Après la sanglante journée de Fontenay, où cent mille hommes, si l'on en croit les chroniques, demeurèrent sur le champ de bataille, la terre de France se trouva « vuide de gens et bonne à conquerre » (1). Les Sarrazins l'envahirent au midi ; les Bretons s'en séparèrent violemment à l'ouest ; et, par toutes les embouchures de ses fleuves, les Northmans pénétrèrent jusqu'au cœur de ses plus riches provinces.

C'est ainsi que le jeudi saint de l'année 845, une inquiétante rumeur vint tout à coup jeter l'effroi dans la vallée de la Maudre. La veille au soir « des étrangers à figures sinistres, montés sur des barques d'osier recouvertes de peaux de bêtes », étaient passés à Epône, remontant le cours de la Seine. La frayeur grossissant leur nombre le portait à plus de trois cents embarcations. En réalité, les Normands n'avaient que cent vingt barques qui s'avancèrent jusqu'à Paris et s'y présentèrent la veille de Pâques. Rien n'était disposé pour la défense ; les Parisiens abandonnèrent leur ville, sauvant de leurs biens ce qu'ils en pouvaient emporter ; le reste devint la proie des Normands qui se retirèrent emportant, en outre, la somme de sept mille livres pesant d'argent, prix auquel l'empereur Charles le Chauve avait honteusement acheté leur retraite.

Pour cette fois, ils ne pillèrent que les pays situés sur les deux rives de la Seine ; Mantes et Meulan furent saccagés, mais Maule fut épargné.

A la fin de décembre 856, une seconde incursion de ces pirates répandit de nouveau l'alarme ; et, pendant tout le mois de janvier, on resta sur le qui-vive : *A furore Normannorum libera nos Domine !...* Mais le 25 novembre 885, montés sur leurs barques « qui, suivant la chronique, couvraient la surface de la Seine dans l'espace de deux lieues », et commandés par deux chefs fameux, Sighefrid et Rollon ; ils arrivèrent de nouveau sous les murs de Paris, après avoir taillé en pièces, à l'embouchure de la Maudre, l'armée des Franks, commandée

---

(1) Wace « Roman du Rou », tome I, p. 16.

par le duc Reynaud, et passé au fil de l'épée la garnison du château de Meulan.

> Renaut desconfis, Rou alla
> Droit à Meullent, l'a consui ;
> Renaut ocsit, le bourg saisi,
> Rou tout le pays exilla (1).

Instruits par le malheur, les Parisiens avaient élevé une fortification autour de leur ville ; chaque tête de pont se trouvait, en outre, munie d'une tour de bois, montée sur un massif de maçonnerie. Il fallut faire le siège qui retint les Normands, au nombre de trente mille combattants, pendant treize mois. Tous les environs de Paris furent ravagés ; les Normands, excités par leurs *Valas*, sortes de prêtresses du dieu sanguinaire qu'ils adoraient, brûlaient avec une rage impitoyable tous les monuments du culte chrétien qu'ils rencontraient. Maule y perdit ses deux églises, et vit ruiner sa colonie agricole, dont les hommes furent réduits en esclavage après que les Normands leur eurent enlevé leurs bestiaux, saccagé leurs vignes et massacré leurs enfants « Et fust le pays si ardi « (brûlé), et fust la désolation si grande, qu'aussi loin que « l'œil épouvanté pouvait atteindre, il n'apercevait plus que « chaumières en ruines et champs tellement ravagés, qu'on « eût crû au passage de l'une de ces nuées de sauterelles dont « parlent les livres saints », écrivait un bon moine qui, deux siècles plus tard, recueillait de la bouche des vieillards la tradition de ces faits lamentables (2).

Les Normands, ne pouvant triompher de la résistance des Parisiens, prirent le parti de tirer leurs barques de l'eau, de les traîner à terre l'espace de deux mille pas, et de les remettre à flot au-dessus de Paris, afin d'aller poursuivre leurs ravages dans les pays qu'arrose la haute Seine.

En 888 et en 890, les environs de Paris éprouvèrent de nouveaux pillages ; en 896, les pirates, remontant la Seine, pénétrèrent par la rivière d'Oise jusque dans le Laonnais. La désolation était telle, dit une vieille chronique rimée, que « de Blois jusqu'à Senlis, on n'eût pu trouver un arpent de blé ». En 898, les Normands mirent encore à sac le Vexin ; et le roi

---

(1) Wace « Roman du Rou ». — Voir notre histoire du comté de Meulan, tome I, p. 64 et suivantes.
(2) Collection Filassier « Titres du prieuré ».

Charles le Simple, qui les rencontra dans le Vimeux, fléchissant sous le poids de leurs dépouilles, n'osa ou ne pût les arrêter !... [1]

Alors les possesseurs de terres, ne trouvant plus dans l'autorité royale une protection efficace, ne virent d'autre salut que de se placer sous la tutelle directe des chefs militaires qui, par leurs exploits et leur vaillance, avaient su se créer une certaine influence personnelle. Les monastères surtout, comprenant combien en ces temps troublés, il importait à leur sécurité d'avoir un protecteur plus puissant par la force de l'épée que par le prestige sacerdotal, placèrent à leur tête des hommes de guerre qui partagèrent avec le supérieur ecclésiastique le titre d'abbé ; celui-ci n'était supérieur qu'au spirituel ; l'abbé laïque jouissait des revenus de l'église et connaissait de toutes les choses temporelles.

Ce fut ainsi que l'abbaye de Saint Germain-des-Prés choisit, pour défenseur et maître, le plus puissant seigneur de l'époque, Robert de France, l'héritier du nom et de la gloire du vaillant Robert-le-Fort, le seul des chefs de l'armée franke qui n'eût pas été battu par les « hommes du Nord ».

Robert, qualifié de « Vénérable abbé » dans les chartes de l'abbaye (2), transmit avec son duché de France le gouvernement et la protection du monastère à son fils, Hugues-le-Grand, qui, à son tour, disposa des titres et des biens de Saint-Germain-des-Prés, en faveur de l'héritier de son nom, Hugues le Capétien, que les événements devaient appeler bientôt à succéder sur le trône de France au dernier représentant de la dynastie décrépite des Carolingiens.

L'époque était particulièrement difficile : partout le désordre s'était introduit ; dans les villes, le commerce était mort et l'industrie était nulle ; dans les campagnes, les habitants découragés avait abandonné leurs champs ; et la famine avait engendré une maladie affreuse, *le feu de saint Antoine*, dont Hugues le Grand, lui-même, avait été l'une des nombreuses victimes ; chacun sentait la nécessité de remettre la toute puissance à un

---

(1) Wace « Roman du Rou ». — Chronique de Normandie.

(2) Voir, notamment, une charte donnée à Compiègne, en l'an 918, par laquelle Charles-le-Simple concède à l'abbaye de Saint-Germain-des-Prés différents biens dans le Parisis et le Pincerais, à Suresnes, à Bouafle, à Meulan et à Crespi res. (Collection Levrier «Preuves»).

chef dont la main fût assez ferme pour défendre la patrie contre les ennemis du dehors et la propriété contre les entreprises des turbulents.

Aussi, quand la mort de Louis le Fainéant, survenue le 22 mai 987, laissa l'empire des Franks sans héritier direct, nul ne parut mieux réunir toutes les qualités nécessaires à une énergique réorganisation que le petit fils de Robert de France, déjà reconnu comme seigneur suzerain par tous les possesseurs de fiefs du pays d'entre Somme et Loire.

D'ardents compétiteurs, tels que les deux ducs de Normandie et d'Aquitaine, les comtes de Flandre et de Périgord, le prince Charles de Lorraine, oncle du roi défunt, aspiraient secrètement ou ouvertement à s'asseoir sur le trône de Charlemagne. Mais Hugues-Capet ne manquait ni de courage ni d'habileté; la décision était chez lui qualité dominante. Rapidement, et pendant que délibéraient ses adversaires, il sut réunir autour de lui un groupe de *fidèles* et, secondé de ces vaillants, il ceignit à Noyon la couronne royale, huit jours après la mort du dernier roi carolingien.

C'est dans ce groupe de *fidèles*, parmi les Guillaume de Hainaut, les Amaury de Montfort, les Bouchard de Montmorency, les Robert de Meulan, les comtes de Vexin, de Corbeil et de Beauvais, que nous rencontrons les premiers barons de Maule.

TABLEAU SYNOPTIQUE

DES

Barons de Maule

TABLEAU SYNOPTIQUE
DES
BARONS DE MAULE

BRANCHE DE MAULE	918 — GARIN-LE-VIEUX — 987	BRANCHE DE PARIS
	BRANCHE DE PANMURE	

Ansold-le-Riche	Ansold-le-Riche	Guarin-le-Chevalier
Pierre de Maule	Pierre de Maule	Ansold de Paris
Ansold II	Guarin-le-Jeune	Milon Ier
Pierre II	Robert de Cleveland	Guarin II
Roger de Maule	Guillaume de Soulis	Milon II
Pierre III	Serlo de Maule	Fromond de Paris
Guillaume Ier	Richard de Maule	Robert-le-Croisé
Jehan de Maule	Pierre de Maule	Garnier de Paris
Guillaume II	Guillaume II	Soudan fils de Garnier
Henri de Maule	Henri de Panmure	Ferry de Paris
		Simon de Paris
		Barthélemy de Paris
Pierre IV	Gaultier de Maule	Baudouin de Paris
Guillaume III	Guillaume III	Jehan Ier
Pierre V	Thomas Maule Ier	Hugues et Milon
You de Garancières	Thomas Maule II	Jehan II
Robert de Maule	Thomas Maule III	Guy de Paris
Simon de Morainvilliers	Thomas Maule IV	Ferry de Paris
Louis de Morainvilliers	Robert de Panmure	Thibert et Hellouin
Jehan de Morainvilliers	Thomas Maule V	Robert de Paris
Guillaume de Morainvilliers	Patrick Maule Ier	Thierry de Paris
Robert de Harlay	Patrick Maule II	Ansold ou Anseau
Nicolas de Harlay	Georges Maule Ier	Baudouin de Paris
Claude de Bullion	Georges Maule II	Pierre de Paris
François de Bullion	Jacques Maule de Balumbie	*(Eteinte au XIIIe siècle)*
Henri de Moullouet	Henri Maule de Kellie	
Guillaume de La Vieuville	Françoise Maule de Panthieu	BRANCHE DE BOATH
Landouillette de Logivière	Lady « Jean Maule »	
Guillaume de Logivière	Georges Ramsay de Dalhousie	Thomas V de Panmure
Mlle Marthe de Logivière	James Maule de Panmure	Thomas Maule de Boath
Réné de Boisse	William Maule	Guillaume de Boath
Augustin Lefebvre de Plinval	Fox Maule de Panmure	Patrick Maule de Boath
Léon Maule de Plinval	John William Maule	Ward Maule de Boath
Guarin Maule de Plinval	Arthur-Georges Maule	Harry John Maule

1892

LES

BARONS DE MAULE

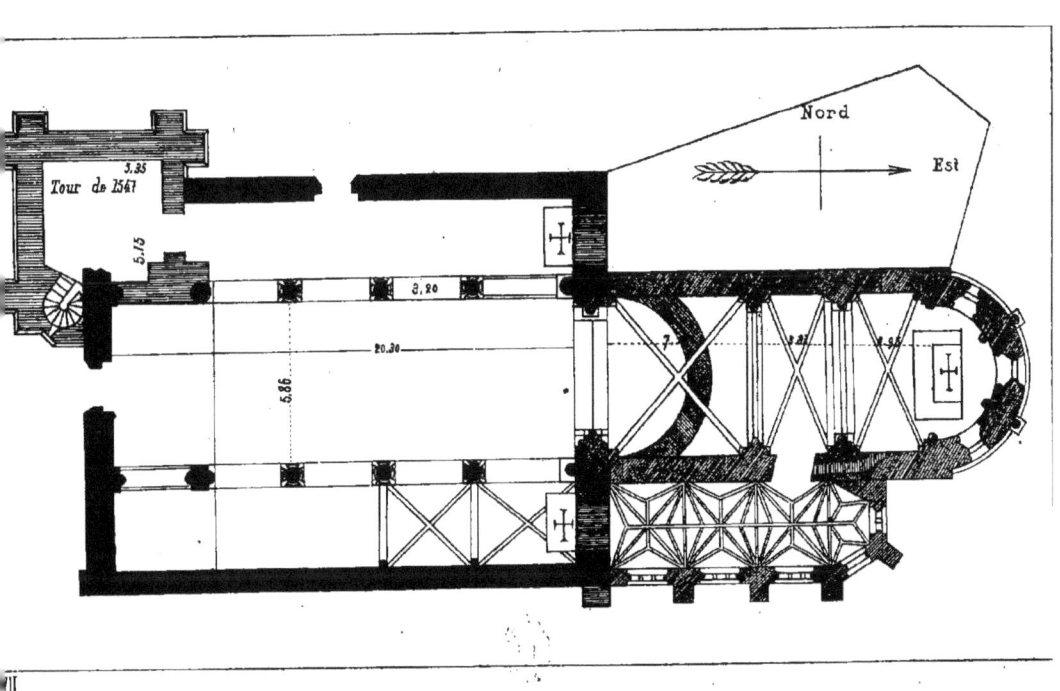

PLAN DE L'ÉGLISE PAROISSIALE DE MAULE

LES BARONS DE MAULE

I

ORIGINE

A l'aurore de la dynastie capétienne, deux aristocraties bien distinctes se trouvaient en présence.

L'une, formée de tous les jeunes chefs que les nécessités de la défense avaient fait surgir des rangs de l'armée; l'autre, composée des derniers représentants de cette vieille noblesse austrasienne qui, parvenue au pouvoir avec Charles Martel, se trouvait épuisée par cent années de guerres malheureuses, mais possédait de fait la véritable puissance politique; car, si les titres et les rangs n'étaient point, à l'origine, héréditaires de plein droit, il était d'usage que les concessions royales conservassent au fils le rang de son père, et, peu à peu, l'hérédité s'était établie dans la descendance des premiers possesseurs (1).

---

(1) L'empereur Charles le Chauve, en renonçant au droit de reprendre les « bénéfices » concédés par ses prédécesseurs et en déclarant héréditaires ses propres concessions, n'avait fait que donner la forme légale à un usage depuis longtemps établi. Voir Cap., an 877 (assemblée de Quercy-sur-Oise), art. 10. — Baluze, t II, p. 259.

C'est à l'une de ces vieilles familles que paraît appartenir le plus ancien membre connu de la maison de Maule.

Tous les historiens, en effet, qui, directement ou incidemment, se sont occupés des seigneurs de ce fief, parlent des barons de Maule, comme descendant, déjà dès le Xe siècle, d'une longue suite d'aïeux :

« *Summus apud proceres, et nobilium fuit hæres!...* », dit l'épitaphe de Pierre de Maule, premier du nom, qui nous a été conservée par Orderic Vital, en son *Histoire ecclésiastique* (1).

C'est dans le même sens que l'on peut interpréter cette laconique réponse faite, d'après Anne Comnène, à l'Empereur de Constantinople, par un cadet de la maison de Maule, parti pour la première croisade :

— Je suis Frank et *d'ancienne noblesse!...*

De même, Félibien, en son *Histoire de la Ville de Paris*, disait, en parlant d'un collatéral de Pierre de Maule qui, nommé au gouvernement de l'abbaye de Saint-Maur-des-Fossés, menait une vie mondaine, et que la réforme monastique obligea de quitter son abbaye, vers l'an 987, pour aller prendre la direction du monastère de Saint-Maur de Glanfeuil, aujourd'hui Saint-Maur-sur-Loire : « Maynard était un *homme*
« *de condition* fort adonné à la chasse et aux divertissements
« des gens du siècle; quand il sortait, il quittait les habits
« monastiques, prenait des fourrures de prix et se couvrait la
« tête d'une riche étoffe à la manière des séculiers » (2).

Et le savant Dom Bouquet, en sa *Vita Burchardi Venerabilis comitis,* partage l'opinion de Félibien en ce qui regarde la naissance illustre de l'abbé de Saint-Maur, car il dit en parlant de Maynard : Il était de *noble lignée,* étant du sang d'Ansold, le riche parisien (3).

Or, Ansold-le-Riche n'était autre que le père de Pierre de Maule. ...*ad Petrum Manliensem filium Ansoldi divitis Parisiensis* (4) ; et, dès l'an 997, son nom figure avec celui des

---

(1) Orderic Vital, historia ecclesiastica, lib. V p. 445 et 446 de l'édition A. Prévost.

(2) Félibien, hist. de l'Eglise de Paris, p. 121.

(3) « Abbas Autem Magenardus qui, ut diximus, nobilis progenie erat, ex sanguinitate enim Ansoaldi Divitis Parisiacæ civitatis existebat. » Dom. Bouquet, t. X, p. 352.

(4) Orderic Vital, lib. V. p. 439.

comtes Hugues de Meulan, Bouchard de Corbeil et Hugues de Beauvais, au bas d'un diplôme accordé par le roi Robert à l'église de Saint-Magloire de Paris (1).

La rareté des documents, antérieurs à cette époque, ne permettrait peut-être pas de faire remonter plus haut la généalogie, déjà fort respectable, des barons de Maule, si les titres de la seigneurie ne donnaient pour auteur à Ansold-le-Magnifique un chevalier du nom de Garin, dont la paternité se trouve confirmée par une charte postérieure, et des plus authentiques, émanée d'un petit-fils d'Ansold le Riche. Dans cet acte, Ansold de Maule, deuxième du nom, après avoir rappelé et garanti certaines libéralités consenties par son père en faveur de l'abbaye de Saint-Evroult, ajoute que ces donations avaient eu pour objet le salut des *antecesseurs* de son père, Ansold et Garin, en même temps que celui de ses autres parents... « *quæ pater meus Petrus pro* ANTECESSORIBUS *suis, Ansoldo et Garino, aliisque parentibus suis* » (2).

Cette paternité rendrait donc Garin le contemporain des derniers fils de Charlemagne.

Peut-être pourrait-on arguer que le mot « *antecessoribus* », désignant ici les « devanciers » de Pierre de Maule, s'applique à des personnages d'une génération antérieure seulement à la sienne, c'est-à-dire à son père et à son oncle? Certains auteurs ont même prétendu reconnaître Garin dans un chevalier du même nom « *Guarinus miles Parisius* » qui figure comme témoin, en même temps que les trois fils du roi, dans un diplôme délivré à Orléans par le roi Robert, pendant l'année 1022, en faveur de l'abbaye de Saint-Mesmin de Mici (3).

Mais en se reportant à la charte même de Pierre de Maule, dans laquelle le donateur déclare agir *en vertu de son droit héréditaire*, il ressort clairement de cet examen que, par le mot «*antecessoribus*», le petit-fils de Garin a voulu désigner

---

(1) Actum Parisius, regnante Rotberto rege adolescentulo, in anno II, cum gloriosa matre sua Adelaide regina. — S. Rotberti regis. — S. Adelaidis.— S Burchardi comitis.— S. Hugonis comitis.— S. Ansoldi. — S. Hugoni Melletensis (D. Bouquet, t. X, p. 574).

(2) Orderic Vital, lib. V. p. 451.

(3) Signum Rotberti regis S. Hugonis regis, filii Rotberti. S. Henrici filii Rotberti regis, S. Rotberti, filii Rotberti regis.— Nomina testium : S. Leutericus, archiepiscopus Senonas ; S. Goslinus archiepiscopus Bituricas ; S. Guarinus. episcopus Belvagus ; S. Franco, episcopus Parisius ; ... S. GUARINUS, MILES PARISIUS.— Actum Aurelianis publice, anno incarnationis Domini M° XX° II° (D. Bouquet « Recueil des historiens de France » t.X p.607).

ses *ancêtres* en ligne directe, par opposition précisément à l'expression de « *parentibus* », qui, venant immédiatement après, s'applique à la ligne collatérale (1).

En consultant, d'ailleurs, les commentateurs anciens, on aperçoit dans le mot latin *antecessor* l'origine du mot français « ancesseur » qui, plus fréquemment employé pendant tout le moyen-âge, servait à désigner un père, une mère, un aïeul dont la mort a terminé la carrière : les *aïeux*, tous ceux desquels on descend, étaient généralement désignés par le titre d'*ancesseurs*, quoi qu'on ait indifféremment écrit : « antécesseur ou ancesseur ». *Ancestre*, comme le fait judicieusement remarquer M. de Sainte-Palaye, en son *Dictionnaire de l'ancien langage françois*, répond à *Antecessor* avec l'accent sur *e* ; *ancesseur* répond à *antecessorem* avec l'accent sur *o* ; c'est même un des rares nominatifs latins qui subsistent dans la langue moderne. Le *Glossaire de la langue romane*, par M. J.-B. Roquefort, traduit le mot *ancesseur* par celui d'*ancêtre* du latin *antecessor* et, par syncope, *antessor*. Au siècle de l'érudition le mot *antécesseur* a prévalu sur celui d'*ancesseur ;* celui-ci était surtout employé en parlant de choses écoulées depuis un long temps, et le mot *antecessor* lorsqu'il s'agissait d'extraction, de succession en ligne directe, de lignée ou de race (2).

Tel était le cas du fils de Pierre de Maule dont la charte, datée de l'an 1106, porte confirmation d'une donation consentie dès l'an 1076.

Il faut aussi remarquer que, même à la plus reculée de ces deux époques, la famille de Maule se trouvait depuis longtemps partagée en deux branches dont les intérêts étaient parfaitement distincts : l'une qui prenait le nom de Paris et qui continua pendant deux siècles au moins à le porter; l'autre, qui avait échangé le surnom, sous lequel on désignait Ansold le Riche, contre celui du fief de Maule, que ce seigneur avait reçu dans sa part de l'héritage paternel.

Si l'on interroge, en effet, les vieilles chartes du monastère de Saint-Martin-des-Champs, détruit jadis par les Normands et rebâti au milieu du XIe siècle, grâce aux libéralités des

---

(1) Ego Petrus... ac meo chirographo sub jure hœreditario causa meœ salutis, illi perpetuo confirmo. (Orderic Vital, lib. V, p. 441).

(2) Nicot et Monet « Dictionnaire ».— Voir aussi Perard, histoire de Bourgogne, p. 432.

maisons de Maule et de Paris, on acquiert facilement la preuve de cette dualité de la famille. Ainsi, dans le diplôme délivré en l'an 1060 par le roi Henri Ier au sujet de la reconstruction de ce monastère, figure, avec ses deux neveux Milon et Guarin, un chevalier du nom d'Ansold qui, en raison de la date du diplôme, ne peut être identifié avec Ansold le Riche, signataire de la charte de l'an 997, mais bien avec un chevalier du même nom qui, comme témoin, figure avec son frère Milon, dans un diplôme royal de l'an 1047, et dont la signature, *Ansoldi Parisii*, se voit également au bas d'une charte donnée vers l'an 1069 par Galeran, comte de Meulan à l'église Saint-Nicaise de cette ville (1). Quant à Milon, son frère, la filiation en est établie au moyen d'une charte du monastère de Saint-Martin-des-Champs, par laquelle Guarin, neveu d'Ansold, confirmant en l'an 1089, une donation précédemment faite par l'un de ses vassaux à ce monastère, déclare tenir son fief de Milon, son père, qui lui-même l'avait reçu de son père, Guarin (2). Or, en comparant les dates, on arrive à cette conclusion que le Guarin, « père de Milon », appartenait à la même génération qu'Ansold le Riche et ne devait être autre que le *Guarinus miles Parisius*, signataire du diplôme royal de l'année 1022, comme il se voit par le tableau synoptique suivant :

FAMILLES DE MAULE ET DE PARIS

Branche de Maule			Branche de Paris	
Guarin le Vieux 918 - 987				
Ansold le Riche		— 1022 —		Guarin le Chevalier
Pierre de Maule	Berthe de Maule		Ansold de Paris	Milon de Paris
Guarin tige des Maule de Panmure	Ansold II [Maule]		Milon II [Paris]	Guarin tige de la maison de Paris

La généalogie de la maison de Maule se trouve donc parfaitement justifiée en donnant pour *ancêtre* commun, Guarin le Vieux, aux deux familles de Maule et de Paris, représentées l'une par Ansold *le Riche*, l'autre par Guarin *le Chevalier*.

---

(1) Ut autem haec cartula sit firmior, æstipulationis meæ, ante æcclesiam Sancti Nigasii, eam signavi et filiis fidelibus meis corroborandam tradidi... S. Ansoldi Parisii... (Guérard « Cartulaire de l'abbaye de Saint-Père-de-Chartres, » p. 172.....)

(2) Dom Marrier : « Monasterii regalis S. Martini di Campis historia, p. 83 ». — Lebœuf : « Histoire de la ville et du diocèse de Paris », t. VI, p. 191.

En effet, la présence de Guarin de Paris à la signature d'un acte où figuraient, en même temps que les fils du roi, les évêques de Sens, de Bourges, d'Orléans, de Beauvais et de Paris, permet d'assigner à ce chevalier un rang égal à celui que les documents du temps accordent à Ansold le Riche, si l'on considère surtout que le diplôme de l'an 1047 place au nombre des *Optimates palatii regis* les deux chevaliers, Ansold et Milon, regardés comme les fils et les héritiers de Guarin de Paris (1).

Cette haute situation, la qualification donnée à Ansold le Riche, certains rapprochements linguistiques, les donations faites aux monastères par les différents membres des deux maisons de Maule et de Paris, autorisent donc à penser que « leur ancêtre commun », déjà possesseur, sous la dynastie carolingienne, de domaines considérables, situés dans la région d'entre Marne et Seine, appartenait à l'une de ces anciennes familles austrasiennes qui, depuis longtemps établies dans l'Ile de France et la Brie champenoise, faisaient remonter leur origine à l'un de ces rudes compagnons de Charles Martel dont les ancêtres avaient jadis chassé les Romains de la Gaule et fixé leur résidence dans le pays messin.

Le nom de Guarin porté par les chefs des trois branches de la maison, *Maule*, *Paris* et *Panmure*, vient à l'appui de cette probabilité.

II

GARIN LE VIEUX

Il y a toujours eu dans les grandes familles certains noms qui leur étaient particulièrement affectés ; tels étaient ceux de Baudouin en la maison de Flandre, de Guillaume en celle de Guienne, de Thibaud en celle de Champagne, de Geoffroy en celle d'Anjou, d'Amaury en celle de Montfort.

---

[1] In presentia Domini Widonis, Remorum archiepiscopi........ et

Cette appellation perpétuait chez les descendants le souvenir du fondateur de la maison.

Le nom de Garin, pieusement conservé dans la famille de Maule pendant bien des générations (1) procède d'un vieux mot germanique qui, dans les chartes du VIIe siècle, s'écrivait *Warinher* (*Varin*, défense; *her*, auguste.) *Warinher* s'est, depuis, abrégé en *Warin* et *Warnher*, d'où *Garin* et *Garner* suivant la loi linguistique de l'époque qui faisait indifféremment employer le G ou le W et dire *Guerre* ou *Werre*; puis, sous l'influence de l'orthographe latine, le mot *Garin* se transforma en Guarin *(Guarinus)* ou Guérin; et *Garner* forma le mot Garnier par la transposition de la finale du latin *Garneri*; car dans les actes du moyen âge on nommait souvent les personnes au génitif, ce qui voulait dire *fils de* : (GARNERI, FILS DE GARNER) aussi, dès la seconde moitié du XIe siècle, écrit-on indistinctement Garner ou Garnier, Guarin ou Warin, avec les différences orthographiques qu'apporta la transformation du langage au fur et à mesure que, dans les noms propres, le latin, puis le français, arrivèrent à dominer les origines germaniques : *Garin, Guarinus* et *Guérin*, de même que *Garner, Garneri* et *Garnier* devant être ramenés à l'appellation primitive, *Warinher*, le grand défenseur.

Qui ne connaît, d'ailleurs, cette magnifique épopée du XIIe siècle :

Li Romans de Garin le Loherain ?

Son auteur, le trouvère Jean de Flagy, en célébrant le long et sanglant antagonisme des Franks et des Aquitains, s'est inspiré de souvenirs traditionnels, dont les dates diverses sont maintenant difficiles à retrouver, mais qui remontent à l'époque où Charles-Martel, épuisé par ses victoires sur les Vendres, allait succomber sous les coups des Sarrazins, quand la chrétienté fut sauvée de l'islamisme par l'arrivée du vaillant duc Hervis, dont le fils est le principal personnage du poème, et

---

quorumdam dans OPTIMATUM PALATII REGIS videlicet Rainoldi comitis, Anseldi quoque et Milonis fratris ejus... in quorum presentiam... [Recueil des historiens de France, t. XI, p. 82].

[1] Plusieurs évêques du nom de Guarin qui ont occupé les sièges de Paris et de Sens, appartenaient vraisemblablement à la famille de Maule ou à celle de Paris, si l'on considère, surtout, qu'un ancien vitrail de l'église de Maule, brisé pendant la révolution, mais dont le souvenir a été conservé par un document historique, re, sentait, comme personnification de la famille de Maule : un chevalier, un évêque et un pèlerin.

porte, comme l'auteur de la maison de Maule, le nom significatif de *Garin*.

Et c'est d'Austrasie « c'est de la noble cité de Metz » qu'est parti le duc Hervis ; c'est des bords du Rhin, c'est de la ville de Cologne, qu'est originaire l'épouse du duc, la gente Aélis, sœur du preux Gaudin « li meillor chevalier qui jamais fût » ; c'est à Saint-Arnoult « que le duc l'épousa d'argent et d'or fin ; c'est au palais seigneurial de Metz que les noces furent célébrées et que, dès la première nuit, l'heure fut bonne, car la dame conçut un fils qui fut Garin, *Garin li bon duc* ».

De même que l'auteur a décrit fidèlement les pays où il place ses personnages, il identifie ceux-ci avec des personnes qui, de son temps, jouissaient d'une réputation analogue, et il en emprunte les noms pour en gratifier ses héros. Ce fut ainsi qu'il donna à l'un des descendants du vaillant duc Hervis le nom de *Garnier de Paris*, alors réellement porté par le fils de Guarin de Paris qui, par son aïeul, Milon, et son bisaïeul, Guarin le Chevalier, descendait en ligne directe de Guarin le Vieux, et continuait si dignement les valeureuses traditions de la famille, que les chroniqueurs de son époque le désignaient le plus souvent par l'honorable appellation de Garnier *le preux*.

<blockquote>Et de Garnier le seignor de Paris,
Garnier li preus, icis qui Braîne tint.</blockquote>

Garnier de Paris, d'après le roman de *Garin le Loherain*, était le fils de l'une des sept sœurs de Garin le bon duc.

« Après la naissance de Garin, Aélis mit encore au monde sept filles, qui furent mariées aux meilleurs barons de la contrée. L'aînée fut la belle Héloys, dame de Pithiviers ; la seconde épousa Basin de Genève ; la troisième fut mère de l'allemand Ori ; de la quatrième, naquit Girart de Liège ; de la cinquième, Huon de Cambrai et Gautier de Hainaut ; de la sixième, le comte Jeffroy d'Anjou ; de la septième, Huon du Mans et le preux Garnier de Paris. »

Pas une bataille ne se donne, pas un coup d'épée n'est échangé sans que le preux Garnier et son oncle Garin, li bon duc, ne s'y distinguent par quelque action d'éclat (1). C'est Garin qui chasse définitivement les Sarrazins du Midi de la France, et partage le butin entre tous ses barons, sans même

---

[1] Paulin Paris, « Garin le Lohérain » mis en nouveau langage, p. 20.

« retenir pour lui la valeur d'une maille poitevine »; c'est Garin qui reconquiert au roi Pépin le duché d'Aquitaine, détaché du royaume depuis le règne de Dagobert; et, dans cette guerre, rarement interrompue et toujours ardente, des grands vassaux de la France du Nord, contre les grands vassaux du Midi, sa vie se poursuit aventureuse, à travers mille périls, jusqu'au jour où le haubert treillisé du héros cède à l'acier des glaives, et que la poitrine trouée de quatre épieux, le vieux baron tombe sous les coups des sept derniers hommes restés debout parmi les *quatre-vingt félons* qui l'avaient assailli.

Tel, la légende nous montre Garin *li bon duc*, tel nous aimons à nous représenter l'ancestral auteur de la maison de Maule, Garin le Vieux, luttant à côté de son roi contre les Allemands « d'au-delà du Rhin », et tombant sous les murs de Metz pour conserver inviolée la cité où le berceau de sa famille s'enveloppait d'un captivant mystère.

C'est qu'en effet le caractère de Garin se retrouve, par la loi de l'atavisme, dans les défauts et les qualités des descendants de sa race : « magnifique », comme son fils Ansold ; « disposé aux entreprises difficiles », comme son petit-fils Pierre de Maule « aventureux », comme son arrière petit-fils Guarin ; « sage au conseil et ardent au combat », comme Ansold II ; « batailleur », comme Pierre II qui vit son château renversé par le roi Louis VI ; « audacieux », comme ce chevalier de son sang qui, seul parmi les princes croisés, osa rappeler à l'Empereur de Constantinople que le trône impérial ne lui appartenait que par l'épée des guerriers franks.(1)

Et la profession des armes était tellement chère aux descendants de Garin que son arrière-petit-fils, Ansold de Maule, ne voulut point d'autre épitaphe que celle-ci :

« *Cette tombe est celle d'un soldat* » (2).

C'était, d'ailleurs, par la profession des armes que l'auteur de la famille de Maule était devenu le seigneur du fief dont ses descendants perpétuèrent le nom ; car, suivant les titres de la baronnie, la terre de Maule qui, jusqu'à l'avènement au

---

(1) Ansoldi nomen fuit hic, et militis omen [Orderic Vital hist. Eccles. l. V, p. 461].

(2) Anne Comnène, (Alexias, l. X, c. 10).

trône du roi Hugues-Capet, avait fait administrativement partie du comté de Meulan, en aurait été détachée à cette époque pour devenir, sous la mouvance directe de la couronne, le prix des services militaires de ce chevalier, que l'arbre généalogique de la maison de Maule place à la base de la famille, et distingue de ses homonymes par l'appellation significative de Garin le Vieux.

Sans doute, aucun document de l'époque ne vient à l'appui de cette allégation des titres seigneuriaux [1].

Mais il faudrait ne pas connaître les habitudes et le caractère de cette seconde moitié du X° siècle, plus batailleuse que paperassière, pour demander aux propriétaires de fiefs autre chose qu'une possession de fait; le vassal mettait les mains dans les mains de son seigneur, en lui jurant de s'acquitter « loyalement et à toujours » des devoirs qui lui étaient imposés, et la foi jurée tenait lieu de contrat.

« Auparavant que l'usage de donner la description de son fief par escrit fut establie, disent les *Coutumes de France*, le vassal estoit seulement tenu d'en faire la *monstrée* à son seigneur « devant quatre chevaliers ».

En fait, Guarin se trouvait être déjà, avant sa mise en possession du fief de Maule, feudataire du puissant duc de France, Hugues-le-Grand, dont la terre s'étendait de Laon jusqu'à la Loire.

Quoi de plus naturel, alors, qu'à la mort du duc, l'auteur de la famille de Maule soit devenu l'un des plus fermes soutiens du fils de son « seigneur », et quoi de plus politique de la part du jeune souverain, lorsque le vœu des seigneurs et l'acclamation populaire l'appelèrent à succéder au faible fils du roi Lothaire, que la constitution, en faveur de l'un de ses *fidèles*, d'un fief dont la position stratégique était, pour la capitale du royaume, d'une importance telle que, dès les premières lueurs projetées par les documents écrits dans la nuit des premières années de la dynastie capétienne, on voit la terre de Maule constituée en *baronnie* et relevant directement de la couronne.

---

(1) Une partie de ces titres est restée dans la famille de Maule-Plainval, représentant la branche cadette de la maison ; beaucoup d'autres, que M. Filassier, notaire à Maule, eut la bonne fortune et la rare présence d'esprit de sauver d'une destruction certaine, lors de la vente du château de Maule, font aujourd'hui partie de la collection de M. Filassier fils.

LES BARONS DE MAULE

Or, cette dignité n'était accordée, que par le roi même, à certaines terres particulières, et le mot *baron*, dont la signification est celle d'*homme fort* et *vaillant*, prenait son origine dans la nécessité où se trouvaient les rois d'avoir autour d'eux les hommes les plus énergiques et les plus dévoués pour leur servir de gardes.

Au cours de cette histoire, nous verrons, en effet, le château-fort de Maule formant avec la tour de Neaufle et le donjon de Montfort-l'Amaury, une ligne de défense devant laquelle viendront échouer les efforts de l'armée anglo-normande conduite par Guillaume-le-Roux et, plus tard, ceux de Richard-Cœur-de-Lion qui, dans sa lutte contre Philippe-Auguste, ne put jamais dépasser la vallée de Vaucouleur, commandée par ces trois places fortes [1]

La baronnie de Maule comprenait trois chatellenies et, sur le *Registre du roi*, elle venait immédiatement après celle de Montmorency ; les barons de Maule étaient les seconds barons de la chrétienté [2].

Leur cri de guerre, *Nul avant li Môle*, retentirait comme

---

(1) Simon vero senex servavit Neelflam ; Petrus quoque filiis suis, Manliam aliique municipes, quos singillatim nequeo nominare, firmitates suas procaciter tenuere. (Ordéric Vital, lib. X, p. 26).

(2) V. Registre de Philippe-Auguste, Mss. bibliothèque nationale.

une protestation contre la deuxième place qui leur était donnée, si la rudesse n'en était adoucie par la devise de l'écu, dont la forme, *Clementia et Animis*, trahit bien l'ancienneté d'origine, et montre surtout la noblesse d'intentions qui devait faire envisager à ces grands chevaliers le succès comme un moyen de générosité, et l'adversité comme une épreuve du courage :

« Par la grandeur d'Ame, nul avant les Maule...! »

Cet écu, *parti d'argent et de gueules, à la bordure de sable chargée de dix besans d'or*, se voit encore, dans l'église de Maule, sur les tombeaux des descendants de Garin, dont la grande figure se détache, sévère et quelque peu farouche, de la pénombre qui enveloppe sa lointaine origine.

III

LE DOMAINE PATRIMONIAL

Si les constitutions de propriété, qui naquirent de la création du régime des fiefs, ne furent accompagnées d'aucun titre écrit, il n'en est heureusement pas de même des libéralités faites aux églises et aux monastères.

Ces donations, devenant parfois l'objet de contestations de la part des héritiers du donateur, exigèrent, comme mesure de précaution, le remplacement de la preuve testimoniale par le témoignage de l'écriture : *Verba volant, scripta manent*. Ces chartes, précieusement conservées au *trésor* des monastères ou renouvelées par des actes postérieurs, nous ont transmis une foule de faits intéressants, tels que les usages de l'époque, les alliances des familles, les noms des possesseurs de fiefs, ceux de leurs ancêtres et même de leurs descendants ; car de la fin du XIe siècle jusqu'au milieu du XVIe, la propriété patri-

ÉGLISE DE SAINT-VINCENT

moniale n'était aliénable qu'à la condition de faire intervenir dans l'acte de cession tous les parents successibles jusqu'aux enfants à la mamelle (1).

C'est à l'étude de ces actes que nous allons avoir recours pour établir la nature et l'importance des fiefs que possédait l'auteur de la famille de Maule ; cette étude nous permettra, en même temps, de jeter un rapide coup d'œil sur la branche de Paris, issue du chevalier Guarin, frère d'Ansold le Riche.

Ainsi, le cartulaire de l'abbaye de St-Martin-des-Champs [2] nous apprend que les villages de Sacy, de Limoges-en-Brie et de Fourches-en-Parisis, avec leurs églises, leurs cimetières et les hommes qui cultivaient les terres de ces paroisses, provenaient à l'abbaye de successives donations qui lui avaient été faites par Ansold le Riche, l'un des fils de Garin le Vieux.

Ce cartulaire rappelle également que le même monastère, ruiné pendant l'un des sièges de Paris par les Normands, avait dû sa reconstruction et surtout son agrandissement à l'abandon consenti par Ansold de Paris et ses deux neveux, Milon et Guarin, d'une assez grande étendue de terres en culture qui avoisinaient le lieu où furent, en l'an 1060, élevés les nouveaux bâtiments claustraux, l'église de vastes proportions et les maisons habitées par les sujets des religieux, dont la réunion forma, aux portes de Paris, un véritable village enceint de murailles et où les moines exerçaient seuls le droit de haute et basse justice [3].

Une autre charte de ce monastère constate que le village et l'église de Sevran, à quatre lieues au Nord-Est de Paris,

---

(1) C'était une vieille tradition gauloise que tout bien patrimonial appartenait non-seulement à la personne qui le possédait, mais encore à tous ceux auxquels il pourrait échoir un jour par héritage ; aussi, dans toutes les aliénations, on avait soin pour éviter quelque revendication future, de faire approuver l'acte de cession par le plus grand nombre possible des membres de la famille.

(2) L'abbaye de Saint-Martin-des-Champs était située, comme l'indique son surnom, hors de la cité parisienne — « porro ante Parisiacæ urbis portem » selon les expressions du Diplôme royal ; le Conservatoire des Arts et Métiers occupe aujourd'hui l'emplacement de ce monastère.

(3) Recueil des historiens de France t. XI, p. 605. « Et terras quas circa eandem ecclesiam prius habebam, et quas ibidem Ansoldus cum nepotibus suis, Milone scilicet et Warino, mihi dedit, concedente Hugoni comite propter præfati Milonis reconciliationem, qui tunc reus magni criminis erat adversum me ; sud precibus Ymberti presulis, accepta terra cultura a supradictus militibus, commissum illud, inde centum libras justo judicio exolveret, dimisi ».

dépendaient également du fief de Garin le Vieux, car au moment de la donation qui en fut faite à Saint-Martin-des-Champs par un seigneur du nom de Hadebran, Guarin, fils de Milon, en était encore le seigneur suzerain, et, qu'en cette qualité, il apporta sa confirmation à l'acte souscrit par son vassal.

Cette charte est de l'an 1089 (1).

Vers le même temps, on rencontre comme seigneur de Braisne, au diocèse de Soissons, un autre membre de la famille de Maule que son nom orthographié *Garneri* (fils de Guarin), rapproché de la qualification de Garnier de Paris qui lui est donnée dans d'autres chartes de la même époque, désigne bien clairement comme le fils ou plutôt comme l'un des fils du Guarin, fils de Milon, dont il est parlé en la charte de Hadebran.

Garnier de Paris qui, par son père Guarin, son aïeul Milon et son bisaïeul Guarin de Paris, descendait en ligne directe de Garin le Vieux, continuait dignement les traditions de la famille ; c'est lui que les chroniqueurs du XIIᵉ siècle font figurer sous le nom de *Garnier-le-Preux* dans *li Romans de Garin-le-Loherain* et le *Romans* de *Raoul de Cambray*, où chaque prouesse, chaque combat, chaque assemblée compte, parmi les champions les plus hardis, le *preux* Garnier « aussi saige au conseil que valeureux sur le champ de bataille » [2].

---

(1) D. Marrier, « Histoire de Saint-Martin-des-Champs p. 483 » Hoc concessum est a Gaufredo tunc Parisiensi episcopo, et ab Hugone comite de Donno Martino qui villam supradictam ex episcopi tenebat casamento. Firmatum est etiam a Guarino, Milonis filio, qui eam tenebat a comite supradicto, in communi S. Martini capitulo, et Milone ejus filio cum Hadebrano qui totum tenebat ab ipso Guarino. Hoc ordine ita prosequuto, Varinus et filius ejus Milo cum Hadebranno in communi S. Martini ecclesia donum posuerunt super altare dominicum, videntibus cunctis qui aderant...

(2) Telle est, dit M. Longnon en ses « Recherches sur la famille de Paris » la leçon adoptée par M. Paulin Paris dans son édition du « Roman de Garin le Loherain », t. I, p. 50 et 51 ; mais, dans sa traduction du même poème en nouveau langage, p. 20, le savant académicien, se fondant sans doute sur de meilleurs manuscrits, écrit « le preux Garnier de Paris » et plus loin p. 376 « Garnier de Paris ou de Dreux ou de Braine ». L'attribution de la seigneurie de Dreux est indiquée ailleurs, notamment par ce passage du « Roman de Raoul de Cambray et de Bernier » p. XX :

Et de Garnier le seignor de Paris
Cil qui de Droes doit la terre tenir.

Toutefois Garnier est plus ordinairement appelé Garnier de Paris. V. le « Roman de Garin le Loherain » t. I, p. 107 et 293 ; t. II, p. 23, 102 et 163. Il est à remarquer également qu'à la même époque l'un des gendres de Pierre de Maule, portait le nom de Baudry le Dreux V. Ordéric Vital hist. Eccles. lib. V.

Garnier le Preux avait pour frère un chevalier de grande réputation également.

C'était Fromond de Paris qui accompagna le roi Henri Ier au siège de Thimert, en l'an 1058, et fut, avec Garnier, témoin d'une charte donnée en 1067 par le roi Philippe Ier pour perpétuer le souvenir de la dédicace de l'église de Saint-Martin-des-Champs. Les noms de ces deux seigneurs figurent, avec celui du roi, au bas de cette charte... *S. Vuanerus de Parisius; S. Fromondus frater ejus* (1).

Vers la fin du même règne, Garnier de Paris fut encore témoin, avec Payen, Ansold et Guillaume de Garlande, de la donation de l'église de Moncy, faite à Saint-Martin-des-Champs, par un chevalier du nom d'Albert.

Cette charte est de l'année 1096 (2).

Une autre charte de Saint-Martin-des-Champs nous apprend que Garnier fut père d'un fils qui en l'an 1101, sous l'appellation de « Soudan, fils de Garnier de Paris » assista, comme témoin, Raoul le Delié dans une donation faite par ce seigneur à l'abbaye de Saint-Martin (3).

Différentes libéralités faites dans le courant du même siècle à l'abbaye de Saint-Victor, de Paris, (4) notamment l'abandon d'un cens de six deniers que Ferry de Paris possédait sur une maison donnée à ce monastère par Geoffroy, prêtre de

---

(1) Recueil des historiens de France, t. XI p. 599.— Gallia Christiana t. VII, c. 35 - 36.

(2) S. Albertus de quo tractamus; S. Hugo filius ejus; ...S. Paganus, Ansoldus et Vuilelmus de Garlanda, Uvarnerius de Parisio. (D. Marrier hist. de Saint-Martin-des-Champs p. 360.— Duchesne, hist. de la Maison de Montmorency, Preuves p. 31).

(3) Duchesne, hist. de la maison de Montmorency, Preuves p. 34.— Dom. Marrier hist. de Saint-Martin-des-Champs p. 505. — Ce sobriquet de Soudan (Soltanus) avait sans doute été rapporté d'outre-mer par le fils de Garnier qui avait dû prendre part à la première croisade aux côtés de son oncle Gautier de Poissy qui fut l'un des compagnons de route de Pierre l'Ermite, — Ordéric Vital, t. III - dit que Gautier avait emmené avec lui, quatre de ses neveux dont l'un était le fameux Gautier-sans-Avoir.

[4] L'abbaye de Saint-Victor, située dans la rue de ce nom, avait pour origine une communauté de chanoines réguliers, fondée en 1110, sur l'emplacement d'une ancienne chapelle dédiée à saint Victor, par Guillaume de Champeaux archidiacre de Paris. L'abbaye devint célèbre tant par l'austérité de sa règle que par les florissantes études de ceux qui fréquentaient ses écoles. On sait qu'Abeilard fut un des disciples de cette abbaye. Ce monastère fut supprimé en 1790 et démoli en 1813 pour agrandir l'entrepôt des vins. Une vieille tourelle carrée qui était le dernier vestige des bâtiments abbatiaux a été sacrifiée en 1840 aux besoins de la circulation.

Yerres (1), de même qu'un jugement de la cour du roi Philippe-Auguste qui adjugea aux pères de Saint-Lazare, de Paris, les hôtes du village de Fontenay-sous-Bois que leur contestait Simon, chevalier, fils de feu Ferry de Paris [2], constatent également que les droits seigneuriaux des descendants de Garin le Vieux s'étendaient sur un périmètre très étendu autour de la cité parisienne.

C'est ainsi qu'à Carnetin, au diocèse de Meaux, à Clamart-en-Parisis, à Buno, village situé sur l'Essonne, on trouve comme seigneurs : Barthélemy de Paris en 1175, Baudouin de Paris en 1203, et un autre chevalier du même nom de Barthélemy de Paris, marié à la veuve de Milon de Lieusaint [3].

En l'an 1178, suivant une charte donnée par la reine Adèle, Barthélemy de Paris et ses trois fils, Hugues, Jean et Milon, renoncèrent à leurs prétentions sur une terre qui appartenait à l'abbaye de Saint-Germain-des-Prés dans leur seigneurie de Carnetin [4].

Le fief de Jean de Paris relevait du château de Provins et celui de Hugues de Paris de la châtellenie de Montereau ; les deux fertès [forteresses] de Palaiseau et d'Orsay, relevant directement du roi, étaient tenues à charge d'*hommage-lige* par Guy de Paris [5].

Parmi les autres biens patrimoniaux que se partagea la famille de Paris, il faut aussi compter un moulin que Ferry de Paris possédait à Coulommiers et, qu'en l'an 1173, il donna, ainsi qu'une serve et ses deux fils, aux Templiers de cette ville [6].

Ferry de Paris jouissait à la cour du roi Louis VII d'une grande influence.

On en trouve la preuve dans le fait suivant :

Des difficultés s'étant élevées entre les moines du couvent de Longpont et Simon III de Montfort, comte d'Évreux, qui prétendait que les moines lui devaient un mois de service militaire à cause de la terre de Soligny mouvante de son fief, les

---

(1) Tardif, Monuments historiques, p. 315 à 320.
(2) Delisle, Catalogue des actes de Philippe Auguste, n° 592.
(3) Recueil des historiens de France, t. XXIII, p. 664.
(4) Bibliot. nat. col. de D. Cafflaux, archives de Saint-Germain-des-Prés.
[5] Recueil des historiens de France t. XXIII, p. 664.— Longnon, Livre des Vassaux du comté de Champagne N° II et n° 607.
(6) Tardif, Monuments historiques, cartons des rois, p. 320.

religieux en appelèrent au roi, Louis le Jeune, qui fit citer le comte à comparaître en sa cour à Paris. Le roi jugea lui-même la cause *assisté de ses barons*, et après avoir entendu lecture de tous les titres, se prononça en faveur des moines. Ce jugement fut rendu vers l'an 1155 en présence de l'évêque d'Evreux, de Galeran comte de Meulan, Hugues de Champfleury, chancelier du roi, *Ferry* et *Thibert de Paris*, Gui de Chevreuse et d'autres témoins (1).

En 1167, Ferry de Paris, se trouvant au palais épiscopal, fut, en présence du roi Louis VII, témoin, avec Gui de Chevreuse, Gautier le chambrier et Bouchard Leveautre, de la donation que Hugues de Châteaufort fit, à l'église de Paris, d'une serve nommée Ledvise, de ses fils, de ses filles et de tout ce qu'elle pouvait posséder. Le même chevalier assistait au cours de l'année 1169, en qualité de témoin, à une charte de Raoul, comte de Clermont-sur-Oise (2).

Enfin, parmi les membres de la famille de Paris, héritière de Garin le Vieux au même titre que la maison de Maule, on distingue encore :

Hellouin de Paris qui, dans les premières années du XIIe siècle comptait au nombre des chevaliers les plus renommés de l'armée royale; accompagnant le roi Louis VI au siège du château de Chambly, il y fut fait prisonnier par le comte de Beaumont-sur-Oise avec Hugues de Clermont et Guy de Senlis (3).

Robert de Paris figure en 1175 comme témoin d'une charte de Maurice de Sully, évêque de Paris (4).

Thierry de Paris tenait, par engagement de Gauthier Tyrel, une portion de la dîme de Ver, que ce seigneur, au moment de son départ pour Jérusalem, donna au prieuré de Longpont (5).

Anseau de Paris épousa Elisabeth de Chevreuse qui reçut en dot, de son père Guy, seigneur de Chevreuse, dix livres de rente annuelle à prendre sur la prévoté de Chevreuse (6). Il en

---

(1) A. Moutié, Cartulaire de Longpont, n° 348.
(2) Guérard, Cartulaire de Notre-Dame-de-Paris, t. I, p. 39.
(3) Suger, Vita Ludovici regis, c. IV.
(4) Tardif, Monuments historiques, cartons des rois. p. 327.
(5) A. Moutié, Cartulaire de Longpont n° 177.
(6) A. Moutié, Les seigneurs de Chevreuse, t. II, p. 119.

eut deux filles, ainsi que nous l'apprend un acte de donation d'Elisabeth qui en 1188, « étant gravement malade et près de sa fin », légua 60 sous de revenu à l'abbaye d'Yères où ses deux filles étaient religieuses [1].

Pierre de Paris, en l'année 1215, se porta garant que Cécile de Chevreuse, mariée à Robert Mauvoisin, châtelain de Mantes, ayant changé volontairement la destination de 40 sous d'aumône donnés précédemment au couvent de Cercenceau les avait reportés, par moitié à l'abbaye de Vaux-de-Cernay, et l'autre, au couvent de Port-Royal ; ce dont, la dame de Chevreuse donna elle-même les lettres de commutation l'année suivante [2].

En décembre 1205, Baudouin de Paris, chevalier, vendit au roi ce qu'il tenait du péage de Montlhéry du chef de sa femme et des enfants de celle-ci. Suivant toute apparence, cette dame était veuve d'un frère de Ferry de Palaiseau, car la vente faite au roi fut approuvée par ce chevalier qualifié oncle des enfants et suzerain du fief [3].

Ces noms sont les derniers qui nous paraissent appartenir à la descendance du chevalier Guarin, frère d'Ansold le Riche.

Deux familles, dont la généalogie est imprimée dans la *Recherche de la noblesse de Champagne*, prennent bien, au XV° et au XVI° siècles, le titre de Paris ; mais l'une de ces familles ne faisait pas remonter sa généalogie au-delà de Jean de Paris, seigneur de Boissy, qui, le 22 mai 1492, rendit hommage de la terre de Boissy-en-France au seigneur de Rozay ; la seconde reconnaissait pour auteur un autre Jean de Paris, seigneur de Branscourt et du Pasquis, mais l'acte le plus ancien, produit par elle, était le contrat de mariage de ce seigneur, en date du 9 décembre 1546 (4).

Ces deux familles, dont la généalogie est imprimée dans la *Recherche de la noblesse de Champagne*, publiée en 1673 par l'intendant Caumartin, tirent peut-être simplement leur origine de quelqu'une de ces nombreuses maisons bourgeoises qui du XIII° au XV° siècle prirent le titre ou plutôt le surnom

---

(1) Bibliot. Nat. Col. Gaignières, t. CLXXXI, p. 613.
(2) Cartulaire des Vaux de Cernay, t. I, p. 162.
(3) Teulet, Layettes du trésor des chartes, t. II, p. 298.
(4) Longnon, Recherches sur la famille de Paris, p. 143.

de *Paris*; rien n'autorise à les rattacher aux descendants des neveux d'Ansold-le-Riche (1).

C'est à la branche de Maule qu'il appartient de perpétuer les souvenirs attachés à l'origine de la maison et au nom de Garin, son fondateur.

IV

ANSOLD-LE-RICHE

La mort de Garin-le-Vieux avait précédé vraisemblablement la fin du Xe siècle.

Au partage de la succession, le fief de Maule se trouva compris dans le lot d'Ansold-le-Riche avec différents villages, situés dans la banlieue parisienne et dont il est difficile d'établir la nomenclature, car les concessions territoriales étaient encore de trop fraîche date pour qu'elles aient pu, par des monuments écrits, revêtir les formes d'une sanction légale; il faut descendre d'une génération et arriver au règne ascétique, méticuleux et dévot du fils de Hugues-Capet, pour rencontrer les premières chartes concernant les barons de Maule.

C'est ainsi, qu'un diplôme de l'an 997, donné par le roi Robert en faveur de l'église Saint-Magloire, de Paris (2), nous montre, parmi les signataires, le chevalier Ansold avec la

---

[1] Longnon, « Recherches sur une famille noble dite de Paris » dans le Bulletin de la société de l'hist. de France, p. 132, VIe année.

[2] L'église de Saint-Magloire n'était à l'origine qu'un simple oratoire dédié à saint Georges et placé en bordure de la rue Saint-Denis, dans un cimetière qui appartenait aux religieux de Saint-Barthélemy, en la Cité. Ces religieux, se trouvant trop à l'étroit, se transportèrent dans l'oratoire Saint-Georges et y construisirent un monastère qui devint si considérable par la suite qu'il reçut le titre d'abbaye. La halle aux farines s'élève aujourd'hui sur une partie de son emplacement. Saint-Barthélemy dont nous venons de parler était situé rue de la Barillerie en face du Palais de Justice.

mère du roi et les comtes de Corbeil, de Beauvais et de Meulan (1).

Quelques années plus tard, et sous la qualification d'Ansold le Riche, on retrouve le fils du vieux Garin parmi les témoins d'un acte par lequel Bouchard, comte de Corbeil, et son fils Renaud, évêque de Paris, autorisaient leurs feudataires à faire certaines largesses à l'abbaye de Saint-Maur-des-Fossés.

Cette charte est de l'an 1006 (2).

Deux autres diplômes du roi Robert font encore mention d'Ansold et nous font connaître le nom de sa femme.

Le premier, daté du 11 novembre 1014, est une approbation royale de la donation faite par Ansold et par sa femme Reitrude, aux chanoines de Saint-Denis-de la-Chartre, de sept manses et demi, situés auprès du village de Fourches-en-Parisis [3]; le second est une confirmation par le roi de la donation de l'église de Limoges-en-Brie et de ses dépendances, faite par Ansold et Reitrude, aux mêmes chanoines de Saint-Denis-de-la-Chartre (4).

Quelques années plus tard, Ansold et sa femme dotèrent de nouveau l'église de Saint-Denis-de-la-Chartre du temporel et du patronage de l'église du village de Sacy, dont le territoire confine à celui de Fourches.

Cette donation, comme la précédente, fut approuvée du comte-évêque Renaud et du roi Robert (5).

Il y a même tout lieu de croire que cette église de Saint-Denis-de-la-Chartre, bâtie sur l'emplacement d'une prison dans laquelle saint Denis et ses compagnons auraient enduré divers supplices, et qui avait été ruinée par les Normands en

---

[1] Actum Parisius, regnante Roberto rege adolescentulo, in anno II, cum gloriosa matre sua Adelaide regina — S. Roberti regis.— S. Adelaidis regine.— S. Burchardi comitis.— S. Hugonis comitis.— S. Ansoldi.— S. Hugoni Melletensis. (Tardif, « Monuments historiques » cartons des rois p. 151.— Dom. Bouquet, tom. X, p. 574).

[2] Bouquet, Recueil des historiens de France, t. X, p. 574 et 607.— Tardif, Monuments historiques, cartons des rois, p. 156. « S. Ansoaldi Divitis, Parisii ».

[3] Actum palatii Aurelianis III Idus Novembris, anno VIIIIX, regnante Roberto gloriossimo rege. (Tardif, Monuments historiques, cartons des rois, p. 160.— Le village de Fourches est situé à une distance à peu près égale de Corbeil et de Melun, dans le canton de Brie-Comte-Robert.

[4] Franco, cancellarium palatii, subscripsit, actum in palatio Aurelianis (Tardif, p. 160, 161).

(5) Tardif, Monuments historiques, cartons des rois, p. 161.

856 (1) fut entièrement reconstruite par les soins d'Ansold le Riche, car une charte de Girbert, évêque de Paris, datée de l'an 1121, et signée avec lui de tous les chanoines, reconnaît le chevalier Ansold et sa femme Reitrude comme les fondateurs de cette église (2).

Le prieuré qui en dépendait offrait cette particularité, bien digne d'ailleurs du surnom de *Magnifique* que l'histoire a joint au nom d'Ansold, c'est que son enceinte était un lieu privilégié où les ouvriers pouvaient exercer leur industrie et travailler pour leur compte sans avoir besoin d'obtenir la maîtrise.

Les libéralités d'Ansold et de sa femme Reitrude s'expliqueraient par cette circonstance que, située dans la Cité à l'extrémité du pont Notre-Dame et au coin septentrional de la rue du Haut-Moulin, l'église Saint-Denis-de-la-Chartre était, selon toute probabilité, la paroisse de ce seigneur, lorsque son service à la cour du roi, l'obligeait à habiter Paris.

Si l'on consulte, en effet, les Rôles de la Taille aux siècles postérieurs, on retrouve dans le nom de deux voies de l'ancien Paris le souvenir de la famille dont Ansold et Garin furent les auteurs.

La première, appelée en latin, au commencement du XIIIe siècle « *porprisia Ferrici dicti Paris* » et par abréviation « la cour Ferry » était représentée, dans les derniers siècles, par la rue de Perpignan et par la partie inférieure de la rue des Canettes, en la Cité. Elle devait évidemment son nom, « dit « M. Auguste Longnon dans ses *Recherches sur une famille* « *noble, dite de Paris* (3), à Ferry de Paris, dont l'identité et la « filiation nous sont connues par des actes de 1169, 1171 et « 1173, ainsi qu'au « manoir » *(curtis)* de ce personnage, — « manoir qui était peut-être déjà, au temps du roi Robert,

---

(1) Dans la crypte, on montrait autrefois une grosse pierre carrée ayant à son milieu un trou circulaire, et l'on disait que les bourreaux avaient forcé le Saint à passer sa tête dans ce trou et à porter la pierre sur ses épaules — Dans le diplôme du roi, cette église est désignée par ces mots : « Canonicis sancti Dionysii de Parisiaco carcere ». Ses biens furent concédés vers le XIIe siècle aux religieux de Saint-Martin-des-Champs ; l'église elle-même, fut démolie en 1810.

(2) Félibien, Hist. de la ville de Paris, p. 125.

(3) V. Bulletin de la Société de l'histoire de Paris et de l'Ile-de-France, 6e année, p. 143.

« l'habitation urbaine d'Ansold-le-Riche ou de son frère
« Guarin de Paris (1). »

La seconde, désignée en l'an 1185 sous le nom de « cour Robert de Paris » conduisait de la rue Neuve-Saint-Merry à la rue de la Verrerie ; elle occupait l'emplacement actuel de la rue du Renard et, en l'année 1512, était encore connue sous le nom de « cour Robert » (2). Son vocable est vraisemblablement emprunté à la demeure de l'un des descendants du chevalier Guarin, Robert de Paris, qui, en l'année 1175 figure comme témoin d'une charte de Maurice de Sully, évêque de Paris (3).

En rapprochant, de ces faits, l'ensemble des documents qui, pendant les règnes des premiers rois capétiens, font mention des deux familles de Maule et de Paris, on arrive logiquement à cette conclusion que, si l'on ne peut donner aux premiers barons de Maule le titre de grands feudataires de la couronne dans le sens, très élevé et en même temps très restreint, que cette dignité comporta dans la suite, au moins peut-on dire, en restant dans la limite la plus étroite du sens historique, que les fils de Garin le Vieux prenaient place à la cour du roi parmi les principaux seigneurs de l'époque, *optimates palatii regis* (4) et que le chevalier Ansold, qui se trouve nommé dans une bulle du pape Benoît VIII, datée de l'an 1016, et donnée en faveur de l'abbaye de Cluny, est vraisemblablement le *fidèle* du roi Robert, auquel ses contemporains décernèrent le titre d'Ansold *le Magnifique* (5).

Après avoir été l'un des plus sages conseillers de ce monarque, Ansold devait être, en effet, l'un des plus valeureux soutiens de son fils Henri Ier.

---

(1) Géraud, « Paris sous Philippe le Bel, » p. 146, 305 et 306. — Dans le rôle de la taille de Paris en 1292, les habitants de la cour Ferry appartenaient à la paroisse de Saint-Pierre-aux-Bœufs, située dans la rue de ce nom et désaffectée depuis 1790 ; mais ceci n'infirmerait en rien la probabilité que le manoir d'Ansold faisait au XIe siècle partie de la paroisse de Saint-Denis-de-la Chartre, car la paroisse de Saint-Pierre-aux-Bœufs se trouve mentionnée pour la première fois dans une bulle d'Innocent II de l'an 1136, et l'église de Saint-Symphorien, où plus tard on a transporté la paroisse de Saint-Denis-de-la-Chartre, n'existait elle-même que depuis le XIIIe siècle.— Jaillot, « Recherches sur Paris, » quartier de la Cité, p. 56.

(2) Ibid, quartier de Saint-Martin-des-Champs, p. 87.

(3) Tardif, Monuments historiques, p. 327.

(4) D. Bouquet, t. X, p. 582.

(5) D. Bouquet, t. X, p. 434.

V

CLEMENTIA ET ANIMIS...!

La mort du roi Robert, survenue le 20 juillet 1031, partagea le nord de la France en deux camps.

Henri, reconnu roi du vivant de son père, prétendait lui succéder ; la reine-mère, soutenue par le comte de Chartres, voulait au contraire placer sur le trône le plus jeune de ses fils. Bientôt Henri se vit forcé de fuir sa capitale où triomphaient les partisans de la reine-mère. Dans cette occurence, Ansold, embrassant chaleureusement la cause de l'héritier légitime, lui offrit asile dans son château de Maule et, la nuit, par des chemins détournés, le conduisit, escorté de douze chevaliers, jusqu'à la frontière normande, d'où le roi fugitif put gagner la cour du duc Robert-le-Libéral.

> A Fescamp a le Duc trouvé
> Et li Duc l'a moult honoré
> O Douze serjanz soulement
> Vint li Roiz eschariement (1).

Le duc de Normandie, disent les chroniques de l'époque, convoqua ses barons, assembla ses troupes et fit irruption en France. Il mena si rudement les révoltés qu'il les força à se soumettre et à donner des otages de leur fidélité. Henri put alors rentrer dans sa capitale. Mais, pour indemniser le duc de Normandie, il dût lui abandonner la suzeraineté du Vexin français, c'est-à-dire de tout le pays compris entre la Seine, l'Oise et la rivière d'Epte (2).

---

(1) Wace, « Roman du Rou. »
(2) Voir notre « Histoire du Comté de Meulan », Masson, 1868.

Drogon, comte de Vexin, et Galeran, comte de Meulan, directement intéressés dans cette grave question, car il s'agissait de leurs deux fiefs, accueillirent différemment ce changement de suzeraineté : tandis que le comte de Vexin approuvait absolument la conduite du roi, Galeran s'élevait de tout son pouvoir contre cet acte de libéralité forcée, qu'il qualifiait d'impolitique.

Secrètement alors, le comte de Meulan contracta alliance avec les deux fils du comte de Chartres, Etienne qui avait hérité du comté de Champagne et Thibaud qui succédait à son père dans le comté de Chartres. Le but des conjurés était de s'emparer du gouvernement et de placer la couronne de France sur la tête de Eudes, frère aîné du roi Henri, que sa faiblesse d'esprit réelle ou supposée avait fait exclure du trône et qui, fatigué de vivre à Paris en simple particulier, venait réclamer sa part de la succession du feu roi Robert (1).

Informé du complot et secouru par Geoffroy d'Anjou, Henri Ier qui se tenait au courant de toutes les démarches des conjurés, sut empêcher la jonction de leurs troupes et les battit successivement. Eudes fut pris et enfermé au château d'Orléans ; Etienne de Champagne dût prendre la fuite devant l'armée royale ; et le comte de Chartres, fait prisonnier sous les murs de Tours, ne recouvra la liberté que par la cession du comté de Tours (2). Galeran de Meulan n'échappa à la colère du roi qu'en se réfugiant en Normandie d'où il négocia son pardon, mais il ne put rentrer dans son comté, confisqué par le roi pour cause de forfaiture, que moyennant « *composition* » c'est-à-dire le rachat de sa faute par une somme d'argent (3).

Feudataires du roi et en même temps des comtés révoltés, les fils de Garin-le-Vieux paraissent, en cette circonstance, s'être partagés entre les deux camps ; Ansold-le-Riche, vassal direct du roi Henri pour sa terre de Maule, resta fidèle à la

---

(1) Il n'était pas encore de droit incontestable en France que l'aîné des fils du roi succédât sans aucune difficulté au trône de son père, car dans une lettre d'Odolric à Fulbert évêque de Chartres, il est dit qu'il était question de faire roi celui des fils de Robert qui était le meilleur : « Dum ex filiis Roberti melior in régem sublimandus dicitur in Epist. » Recueil des hist. de France, t. X, p. LIX.

[2] Chroniques de Saint-Denis.

(3) Voir notre histoire du comté de Meulan, tome Ier, p. 101 et 102.

cause du monarque ; mais les principaux membres de la branche de Paris, Ansold et Milon, avec les deux fils de ce dernier, Guarin et Milon, vassaux du comte de Champagne pour leurs fiefs de la Brie, durent, suivant les lois de l'époque, suivre la bannière de leur seigneur et marcher contre le roi ; car le cartulaire de Saint-Martin-des-Champs, dont nous avons parlé précédemment, constate, tout en restant muet sur la nature du délit, que les fils de Guarin de Paris, Ansold, Milon et ses deux fils, s'étant rendus coupables d'un crime de lèse-majesté qui entraînait une amende de cent livres d'argent, négocièrent leur pardon par l'entremise de l'évêque de Paris et l'obtinrent en abandonnant au roi « une culture assez considérable » que ces seigneurs possédaient auprès de l'église Saint-Martin-des-Champs et qui, plus tard, forma la dotation de ce monastère [1].

Félibien, en son *Histoire de Paris*, prétend même que Ansold et ses neveux, Milon et Guarin, « pour avoir encouru l'indignation royale » n'obtinrent leur pardon qu'en payant non seulement une amende de cent livres d'argent, mais encore en abandonnant au roi les terres qu'ils possédaient autour de Saint-Martin-des-Champs.

Mais d'un examen plus attentif des textes, et surtout de la charte souscrite par le roi Henri Ier au monastère de Saint-Martin-des-Champs, en l'an 1060, il ressort que, sur la prière de Imbert, évêque de Paris, le roi consentit à recevoir Ansold et ses neveux « à composition » par le seul abandon de « leur *couture*, voisine de Saint-Martin » dont une charte postérieure assura au monastère la paisible possession par le paiement fait à Milon d'une somme de vingt pièces d'or et par son association aux prières du couvent.

Cette transaction mit habilement fin à une situation qui paraît être restée sourdement tendue entre les neveux d'Ansold-le-Riche et le roi Henri Ier, si l'on en juge par le préam-

---

(1) Recueil des historiens de France, t. XI, p. 605. — Nous avons établi précédemment que Ansold « frère de Milon » était vraisemblablement le signataire d'une charte de Galeran de Meulan ; cette circonstance viendrait à l'appui de cette hypothèse que Ansold de Paris serait entré avec ses neveux dans le complot du comte de Meulan contre le roi Henri Ier, pendant qu'Ansold le Riche, baron de Maule, restait fidèle à la cause royale. (Reus magni Criminis) Perduellionii fortasse, cum Eudone et Balduino Flandrensi, accæteris de quibus Guillelmo de Nangis, fusius in nostra præfatione. (Recueil des historiens de France,.

bule de l'acte de renonciation ainsi conçu : « *que les auditeurs*
« *l'apprennent et sachent tous : que moi, Milon, ayant été par*
« *la confiscation,* Spolié *de la terre qui m'appartenait proche*
« *de l'église de Saint-Martin, je l'accorde néanmoins de ma*
« *propre volonté à cette église, et en perpétuelle aumône,*
« *moyennant le paiement qui vient de m'être fait par l'abbé*
« *Ingelhart de vingt pièces d'or de bon aloi et la promesse*
« *d'être associé aux prières des frères* [1].

La peine de la confiscation devait paraître, en effet, d'autant plus lourde à ces fiers barons que cet acte de fermeté de la part du souverain était le premier exemple de l'application des lois féodales en matière de forfaiture.

VI

NOTRE-DAME-DE-MAULE

Dix années de guerre civile, avec des alternatives de revers et de succès, avaient passé sur les environs de Paris.

« Tout le pays ravagé par les troupes des différents partis, disent les *Grandes chroniques de France,* n'offrait plus que l'image d'un vaste désert. » Le beau fief d'Ansold-le-Riche, placé en plein cœur du pays révolté, avait particulièrement souffert; le bourg de Maule était saccagé, l'une de ses églises était détruite, l'autre avait perdu l'une de ses murailles; les hôtes étaient dispersés et leurs habitations avaient été mises à

---

(1) Quoniam ego Milo, terram quam juxta S. Martini ecclesiam Hainrico rege auferente mihi, calumniabat: modo eidem ecclesiæ concedo spontanea voluntate, in perpetuum habendam, acceptis tamen cum fratum orationibus, viginti ab Abbate Ingelardo solidis nummorum, Hujus rei sunt teste : Rainaldus, Rolannus, etc.

ABSIDE DE L'EGLISE DE MAULE

sac « Pareille calamité ne s'était pas vue depuis cent ans et plus ». [1]

Toutefois, lorsque le calme fut rétabli et qu'Ansold eut repris le gouvernement de son fief, la prospérité ne tarda pas à renaître pour ce peuple essentiellement travailleur puisque, moins de cinquante ans après ces désastres, Orderic Vital parle de la terre de Maule comme « d'un lieu riche en vignes « et en terres labourables, où deux églises de pierre suffisaient « à peine aux besoins d'une population dense et laborieuse. »

En effet, un prêtre « d'une grande simplicité », le curé Godefroid, dont le nom restera indissolublement lié à l'histoire de la baronnie, avait consacré tous ses soins à la réparation des maux causés par la guerre et à la reconstruction des églises détruites ou endommagées.

Faisant appel au zèle de ses paroissiens, travaillant lui-même comme un humble ouvrier, il avait si bien su faire passer dans le cœur des habitants le feu qui l'animait, que chacun, à son exemple, s'était mis à l'œuvre « les hommes apportant les plus lourds fardeaux, les femmes et les enfants travaillant dans la mesure de leurs forces », et l'église paroissiale était sortie de ses ruines.

Ce nouvel édifice, placé sous l'invocation de la mère du Christ, avait reçu le nom de Notre-Dame-de-Maule, sous lequel nous le retrouverons, à la fin du même siècle, dans une donation faite à l'abbaye de Saint-Evroult par le fils d'Ansold le Riche (2).

---

(1) Benoît de Saint-Maur, « Chron. des ducs de Normandie » [n'en fust cent tanz e plus passez]. Collection Filassier, Titres de la baronnie de Maule.

(2) Orderic Vital, Hist. Ecclesiastica, lib. V, p. 444.— Orderic Vital, dont les récits contiennent sur l'histoire des XIe et XIIe siècles tant et de si précieux renseignements, naquit le 15 février 1075 à Attingham, en Angleterre. Son père, nommé Odelir, était originaire d'Orléans ; mais au moment de la conquête de l'Angleterre par les Normands, il avait suivi Roger de Montgomery et lui était resté attaché à titre de conseiller, lorsque ce seigneur fut nommé comte de Shrewsbury. A l'âge de dix ans le jeune Orderic fut envoyé par son père au monastère de Saint-Evroult qui, depuis sa fondation, était un foyer de civilisation, et où il fut ordonné diacre le 26 mars 1093. Ce fut dans ce monastère qu'il composa l'ouvrage intitulé : « Historia Ecclesiastica » dont la plus grande partie est consacrée à l'histoire de la Normandie. Orderic en écrivit le dernier livre dans la 67e année de son âge, qui correspondrait à l'année 1141 de l'ère chrétienne ; sa mort se reporte à l'année suivante. Le livre cinquième, où Orderic parle longuement de la donation faite à Saint-Evroult par Pierre de Maule, fut écrit entre les années 1125 et 1137, vraisemblablement sur les lieux mêmes où se passèrent les faits qu'il raconte ; car Orderic Vital, ainsi qu'il le dit

La vieille église de Saint-Vincent et de Saint-Germain, réédifiée à l'époque de calme et de rénovation qui avait succédé aux invasions scandinaves, avait perdu dans la lutte fratricide des deux rois la muraille méridionale de sa nef. La réfection en eut lieu également, car cette église figure, au même titre que celle de Notre-Dame, dans la donation faite à Saint-Evroult. La description, qui nous en est laissée par les titres de la baronnie, jointe à divers dessins conservés par la famille de Maule-Panmure et qui nous ont été gracieusement communiqués, peut nous donner, par analogie, une idée de ce qu'était la primitive église de Notre-Dame-de-Maule qui, moins d'un siècle après sa restauration, dût être rebâtie sur de plus vastes proportions.

L'église de Saint-Vincent se composait d'une nef rectangulaire à deux chœurs opposés — particularité qui entrait dans le plan de quelques basiliques de l'ancienne Rome, et que l'on retrouve encore dans certaines cathédrales (1). Ces deux chœurs étaient fermés par un chevet; leurs autels, dédiés aux deux patrons de l'église, saint Germain et saint Vincent, furent conservés jusqu'au siècle dernier. Les colonnes, qui séparaient la nef du seul bas côté que possédait l'édifice et que l'on considérait comme un reste de la chapelle primitive, étaient courtes, massives, surmontées de chapiteaux procédant à la fois de la forme ionique et de l'ornementation romane; au-dessous de la voûte, formée de petits bardeaux de chêne soigneusement assemblés, on apercevait les énormes poutres transversales de la charpente qui s'appuyaient sur des murs de trois pieds d'épaisseur. Le clocher, lui-même, était bas, trapu, ajouré de petites fenêtres sans ornements et semblables à des meurtrières; l'architecte, en le recouvrant d'une flèche de pierre, soutenue par de robustes contreforts, avait voulu en faire un asile au jour du danger, comme de l'église, une forteresse autant qu'un lieu de prières [2].

---

d'ailleurs en l'un de ses livres, aimait beaucoup les voyages, et la topographie de Maule et de ses environs est trop bien observée par le narrateur pour que celui-ci n'ait pas fait un séjour assez prolongé dans le prieuré de Maule.

(1) Les cathédrales de Verdun, de Nevers, de Besançon ont deux chœurs; en Allemagne les cathédrales de Trèves, de Bonn, de Meissen et de Mayence sont construites sur le même plan. Voir « Recherches sur le plan des Eglises Romanes » par M. A. de Dion, 1872.

(2) Voir planches V et VI.

Intérieur de l'Eglise de St Vincent

Pl. V

De pareils édifices résistaient victorieusement aux efforts des hommes et des siècles ; aussi, faut-il n'accepter qu'avec beaucoup de circonspection les assertions quelque peu intéressées des écrivains religieux en ce qui touche la reconstruction complète des églises aux XI° et XII° siècles, car c'était, le plus souvent, par voie d'utilisation des primitives constructions qu'il était, à ces époques, procédé aux travaux d'agrandissement.

Ainsi, dans les parties basses de l'église paroissiale de Maule, on peut retrouver les traces de l'église bâtie par le curé Godefroid au milieu du XI° siècle avec les matériaux et sur l'emplacement de celle qui avait été édifiée « en pierre » par les soins des religieux de Saint-Germain-des-Prés dans les dernières années du IX° siècle ; en effet, ni le triforium qui constitue la principale ornementation de l'édifice, ni les fenêtres qui éclairent la nef ne sont géométriquement adaptés à la colonnade qu'ils couronnent, et les arcs à doubles cintres qui surmontent les dernières colonnes du bas côté gauche, au lieu de présenter dans leur construction l'homogénéité de matériaux que l'on rencontre dans les autres arceaux, se trouvent simplement reliés dans leur épaisseur par un blocage de petit appareil ; or, dans un pays où la pierre de taille est aussi abondante qu'à Maule, cette particularité ne peut s'expliquer que par un remaniement, postérieur à l'époque d'édification et destiné à l'agrandissement de l'église primitive qui, suivant Orderic Vital, était devenue « insuffisante pour les besoins d'une population toujours croissante ».

Il y a donc tout lieu de croire que « l'église du curé Godefroid » n'occupait dans son ensemble que l'emplacement de la nef actuelle ; cinquante ans plus tard, d'autres architectes en utilisèrent la solide construction au moyen d'une surélévation des murailles latérales qui donna à l'édifice nouveau une plus grande hardiesse dans ses formes ; en même temps, ils lui distribuèrent plus d'air et de lumière par la transformation en colonnes cylindriques des piliers carrés qui, dans l'origine, séparaient la nef des bas côtés, et dont le pignon occidental de l'église actuelle a conservé un curieux spécimen ; (1) puis ils

---

(1) Voir le plan, les coupes et l'élévation de la nef, du chœur et de l'abside de l'église paroissiale de Maule. Planches VII, VIII, IX et X.

complétèrent leur œuvre par la construction d'un transsept, d'un chœur et d'une abside qu'ils élevèrent, à cause de la déclivité du terrain, au-dessus d'une crypte dont le style est bien particulier à l'époque indiquée par le moine Orderic Vital, un peu trop partial, peut-être, en laissant attribuer à son monastère les mérites d'une reconstruction générale.

Un concours de circonstances favorables, comme celui qui se présenta pour la réédification ou l'agrandissement de l'église Notre-Dame de Maule, peut seul expliquer la réalisation d'une aussi vaste entreprise.

Ces circonstances se rattachent intimement à l'histoire des barons de Maule.

VII

PIERRE DE MAULE

C'était en l'an 1076.

Ansold-le-Riche était mort, laissant de sa femme, Reitrude, au moins deux enfants : Pierre, qui lui succédait dans la baronnie de Maule, et Berthe, mariée à Hugues de Garancières, l'un des principaux seigneurs de la baronnie de Montfort.

Pierre de Maule, d'après Orderic Vital, possédait bien les défauts et les qualités des grands seigneurs de son temps. Il était gai, magnifique, et toujours disposé aux entreprises difficiles quelles qu'elles fussent, licites ou répréhensibles; charitable et généreux jusqu'à la prodigalité, il s'inquiétait peu si les biens, dont il disposait si facilement, étaient le fruit de la rapine ou provenaient de source autorisée; fort aimé d'ailleurs de ses sujets et de ses voisins, accueillant aux petits, compatissant aux malheureux, il jouissait au dehors d'une

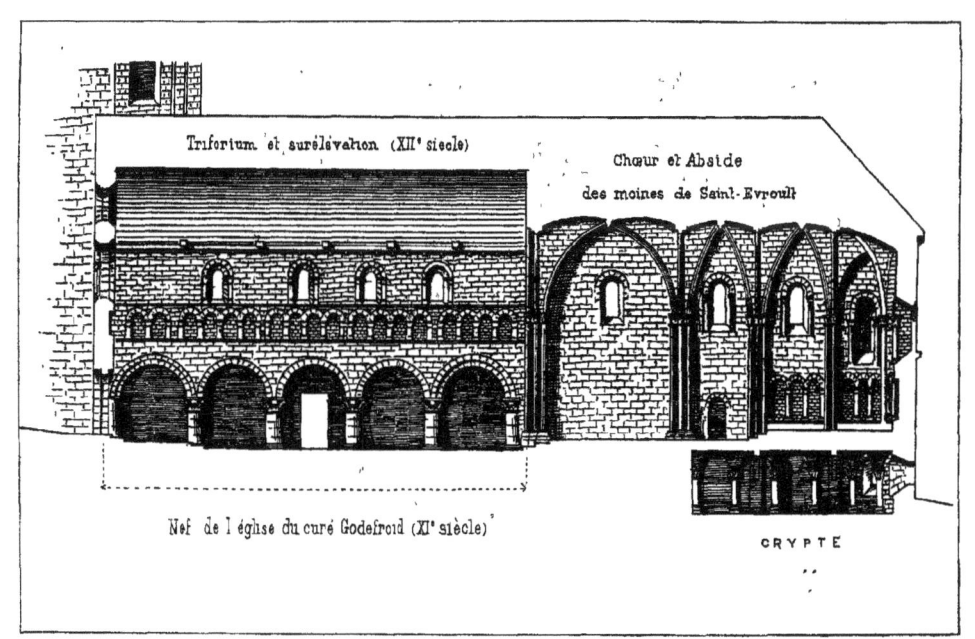

COUPE DE L'ÉGLISE PAROISSIALE DE MAULE

PL. VIII

réputation de courtoisie et d'urbanité qui s'étendait fort loin, grâce à l'accueil et à la protection que rencontraient en ses domaines les voyageurs et les marchands [1].

Ce fut ainsi qu'un docte personnage, le médecin Goisbert, retiré au monastère fondé aux temps mérovingiens par saint Evroult dans la forêt d'Ouche, en Normandie, fut amené à visiter Pierre de Maule [2].

Témoin journalier des progrès réalisés par ces colons infatigables que la règle de leur ordre obligeait « à ne pas plus se séparer de leur serpe que le chevalier de son épée », Goisbert avait résolu d'étendre au plus grand nombre ce qui n'était encore que le privilège de quelques-uns et, à cet effet, de se rendre successivement auprès des seigneurs qui, naguère, avaient fait appel aux ressources de son art, afin de leur persuader, dans l'intérêt même d'une sage administration, de disposer, en faveur des disciples de saint Benoit, d'une partie des terres improductives de leurs domaines.

Pierre de Maule était trop accessible à toute pensée généreuse pour ne pas prêter une attention favorable aux projets de l'éloquent messager. « Au cours d'un entretien amical et familier, dit Orderic Vital, il promit à Goisbert de tailler en

---

(1) Orderic Vital, Hist. Eccles. lib. V, p. 445. — Orderic Vital, en son style d'annaliste religieux, dit que Pierre de Maule « ayant le jeûne en horreur s'inquiétait peu, pourvu que sa table fût bien servie, si les mets dont elle était couverte étaient le produit de la rapine ou le résultat d'une acquisition licite. » Cette critique fait allusion, sans doute, à ce qu'il était de coutume générale qu'un seigneur avait le privilège d'exiger de ses sujets un crédit pour les dépenses de sa table, et, bien qu'il fût également d'usage de ne pouvoir demander à un fournisseur de nouvelles avances avant d'avoir soldé les dépenses précédentes, beaucoup de seigneurs se basant sur cet adage que « le bien de leurs hommes était le leur » faisaient prendre de force ce dont ils avaient besoin. Pierre de Maule ne paraît cependant pas avoir abusé de cet injuste privilège, puisque quelques lignes plus haut, notre auteur dit qu'il était « fort aimé de ses sujets et de ses voisins parce que la franchise formait plutôt le fond de son caractère qu'une astucieuse finesse ».

(2) Saint Evroult, issu d'une très noble famille de Bayeux, était l'un des principaux seigneurs de la cour de Clotaire Ier. Après avoir longtemps porté les armes, il résolut de consacrer exclusivement ses jours au service de Dieu. Avec trois de ses compagnons il alla, vers l'an 560, chercher un asile dans les solitudes de cette immense forêt dont les débris couvrent encore des espaces immenses entre Evreux et Alençon. Aidé de ses trois frères en Jésus-Christ, il construisit sur le bord d'un ruisseau avec des rameaux et des feuillages, une chaumière qu'il entoura d'une clôture faite de branches d'arbres Ce fut sur l'emplacement de cet ermitage que, peu à peu, s'éleva le monastère fameux qui garda le nom du pieux anachorète. On voit encore les restes de cette abbaye auprès du village de Saint-Evroult-de-Montfort, dans le département de l'Orne.

son manteau seigneurial l'étoffe nécessaire pour vêtir saint Evroult ».

On sait que les biens donnés aux églises et aux monastères étaient considérés comme la propriété de Dieu et des Saints ; aussi, les donations étaient faites à Dieu même et au Saint, sous la protection duquel se trouvait l'église ou le monastère, — lesquels devenaient ainsi les gardiens perpétuels des biens donnés.

Assemblant donc en l'église paroissiale de Maule ses chevaliers, ses parents, les hommes d'armes de la baronnie, assisté de sa femme et entouré de ses fils, il remit à Goisbert la charte suivante :

« Moi, Pierre, quoiqu'indigne et pécheur,

« Considérant, par la brièveté de la vie, le peu de fidélité des hommes, le changement des temps et la désolation des royaumes, que la fin du monde est proche, suivant les paroles de la Vérité éternelle, qui dit : *Lorsque vous verrez ces choses s'accomplir, sachez que le royaume de Dieu n'est pas loin* (1). Ainsi, la fourmi prudente doit d'autant plus redoubler de vigilance qu'elle sent davantage les approches de l'hiver, et mettre d'autant mieux ses grains en sûreté, pour avoir pendant la dure saison une farine abondante, qu'elle ne trouvera plus d'herbe pour se nourrir.

« D'ailleurs, l'Ecriture dit encore quelque part, relativement à ceux qui négligent leur salut : *Prenez garde que votre fuite n'ait lieu en hiver ou au jour du Sabbat.*

« Déterminé par la considération de ces grandes vérités et désirant prendre mes précautions pour l'avenir, je veux amener les abeilles de Dieu à produire leur miel dans mes vergers, afin qu'elles remplissent leurs corbeilles du produit de leurs rayons, pour qu'ensuite elles rendent grâces au Créateur, et se souviennent quelquefois de leur bienfaiteur.

« C'est pourquoi, je donne spontanément au bienheureux Evroult, sur les biens que je possède, certaines terres, quoique

---

(1) Il était survenu en l'an 1048 un tremblement de terre si violent que les plus hautes montagnes en furent, dit-on, ébranlées ; plusieurs autres commotions semblables se firent ressentir pendant les années 1076, 1081 et 1093. L'imagination des peuples, frappée par la fréquence de ces phénomènes terrestres, croyait encore fermement à la fin du monde dans un délai très rapproché, malgré que la redoutable échéance de l'an mil eût été franchie sans encombre.

peu considérables, afin que les frères qui habitent le monastère d'Ouche puissent en tirer quelque parti pour leur nourriture corporelle et fassent plus volontiers mention de moi dans leurs prières; car, bon gré mal gré, la mort nous forcera d'abandonner ces choses terrestres et rien n'est plus utile dans l'autre vie que le bien qu'on a fait en celle-ci.

« Voici donc les choses que je donne à saint Evroult et que, sur mon salut, je lui concède à perpétuité, en vertu de mon droit héréditaire et avec la garantie de ma signature: (1)

« 1° Dans la ville de Maule, deux églises : celle de Sainte-Marie et celle de Saint-Germain et Saint-Vincent, avec les cimetières et tout ce qui appartient au presbytère ;

« 2° Une terre d'une charrue, avec quatre hôtes pour la cultiver (2);

« 3° Une terre de trois arpents pour être habitée par les moines (3);

« 4° Une pommeraie (4);

« 5° Un *cens,* sur trois demi-arpents de vigne, donné par Gauthier, l'aveugle, et par son neveu Hugues, surnommé *le Mousseux*, à la bienheureuse vierge Marie dans la vigne des Mesnues.

« Je concède ces objets au couvent de Saint-Evroult, aussi libres que je les ai tenus jusqu'à ce jour; et, si quelqu'un de mes hommes juge à propos de faire quelque don aux saints et aux moines, j'approuve de tout mon cœur ainsi que mes fils, tout ce qui sera donné, sans préjudice de mon service et sans diminution de mes droits ; et je veux, en outre, que la concession et la teneur en soient si fermes que, si l'un d'entr'eux venait à perdre son fief pour quelque cause que ce soit, l'Eglise de Dieu, néanmoins, ne perde rien de l'aumône qu'elle pourra posséder.

---

(1) Ac meo chirographo sub jure hæreditario, causa meæ sulatis, il perpetuo confirmo. Orderic Vital, lib. V, p. 441.

(2) Cette terre d'une charrue, située entre Maule et Goupillières, devint la ferme de Beaurepaire.

(3) Ce fut sur cette terre de trois arpents, touchant à l'église Notre-Dame-de-Maule, que fut édifié le prieuré dont on reconnaît encore l'enceinte et quelques vestiges de constructions.— Voir aussi, à la mairie de Maule le plan de la ville en 1713.

(4) Verger situé sur le bord de la Mauldre, au lieudit d'Adancourt.

« Toutes ces choses sont concédées par ma femme, Windesmoth, et par mes fils, Ansold, Thedbold et Guillaume, qui promettent pieusement de défendre, selon leur pouvoir, et tant qu'ils vivront, cette aumône contre les entreprises de qui que ce soit.

« Et si quelqu'envieux ou quelque pervers, poussé par l'instinct du démon, tente de porter atteinte à ces donations, qu'il revienne au plus tôt de cet acte insensé à une sage résipiscence, afin qu'au jour du jugement il ne soit pas, pour le crime de sa coupable entreprise et de son sacrilège, confondu par le juge équitable avec les réprouvés et ceux qui périssent de mort violente » (1).

Cette charte est datée de « l'an de l'Incarnation du Seigneur 1076 »; mais il est visible, par son contenu, qu'elle fut rédigée longtemps après l'établissement des religieux de Saint-Evroult en la terre de Maule, c'est-à-dire après le retour, en la seigneurie paternelle, du fils aîné de Pierre Ier, qui se trouvait en Orient lorsque Goisbert vint à Maule et décida le baron à favoriser dans son fief le développement du monastère. La donation de Pierre de Maule fut donc, suivant toute apparence, d'abord verbale, puis elle se trouva, à une époque très voisine de l'année 1100, fortifiée par le témoignage d'un acte public auquel on donna la date même de la donation.

Après avoir été confirmée par la signature du donateur, cette charte fut déposée à côté du Missel, sur l'autel de Notre-Dame; puis, les fils de Pierre de Maule, Ansold, Guillaume et Thedbold en jurèrent « solennellement » l'observation devant leur mère « la pieuse Windesmoth », leurs beaux-frères, Gauthier de Poissy et Baudry de Dreux, les chevaliers Etienne et Hugues de Maule (2) l'homme de guerre Gauthier, surnommé

---

(1) Orderic Vital, Hist. Eccles. lib. V, p. 439 et suivantes.

[2] Ces deux seigneurs appartenaient sans nul doute à la famille de Maule, leur présence à cet acte de donation, avec leur signature qui venait immédiatement après celles des gendres de Pierre de Maule, l'indique suffisamment. Nous retrouverons le fils d'Etienne de Maule à la première croisade aux côtés du comte de Blois et de Champagne dont ils étaient vraisemblablement feudataires pour certaines portions du domaine patrimonial. Hugues de Maule est probablement le « Hugonis filii Odonis de Maulæ, » qui figure comme témoin dans la charte de fondation du prieuré de Bazinville par Geoffroy de Gometz, en l'an 1064, et dont le nom Hugonis de Maul, se retrouve aussi parmi ceux des chevaliers, signataires de la charte donnée par le roi Philippe Ier au prieuré de Saint-Laurent, en l'an 1072, pour lui confirmer les biens donnés à ce monastère par Simon

La Grande-Côte, Richer le prévôt, le prêtre Gauthier, tous les hommes d'armes de la baronnie et une foule de seigneurs des environs, attirés par l'annonce de cette solennité.

Pierre de Maule donna ensuite à l'abbé Maynier, supérieur de Saint-Evroult, l'investiture des biens concédés; et ce vénérable prélat, ne croyant pouvoir remettre en des mains plus habiles les intérêts du nouveau monastère, en ordonna Goisbert le prieur.

VIII

LE PRIEURÉ DE MAULE

Aussitôt après leur prise de possession, les moines de Saint-Evroult s'occupèrent de bâtir leur prieuré.

Dans la terre de « trois arpents » touchant au mur méridional de l'église que le seigneur de Maule leur venait de concéder, ils tracèrent le plan de bâtiments assez vastes pour répondre aux besoins d'une nombreuse communauté et aux éxigences d'une grande exploitation agricole.

Quelques parties de ces robustes constructions sont encore debout. Une magnifique salle souterraine, qui fut probablement le cellier du monastère, a conservé son escalier et le pilier central d'où s'épanouissent comme d'une gerbe les arceaux de la voûte qui vont, à leur retombée, s'appuyer sur des culs-de-lampe, dont le travail, semblable à celui du chapiteau de la colonne centrale, accuse nettement le commencement du XIIe siècle comme époque de construction.

---

de Montfort. [Communication de M. A. de Dion.— Gaignières « Extrait de Marmoutiers » Bibliot. nat. S. 441, t. I, p. 249. — Mss. Bibliot. nat. Fonds Harlay, n° 485]. Hugues de Maule, « Hugone de Maula », figure encore comme témoin dans la charte de donation de l'église de Cravant à l'abbaye de Coulombs, par Pierre de Gressey, pendant la seconde moitié du XIe siècle [Duchesne, Bibliot. nat. Collection Baluze, t. 38, p. 26].

Dans l'œuvre des moines de Saint-Evroult, l'archéologue retrouve aujourd'hui avec admiration, mais non sans une certaine surprise, un spécimen, — unique dans la contrée, — de ce style romano-byzantin qu'importèrent en Normandie et en Angleterre les maçons et les architectes lombards, attirés en France par le fameux Lanfranc de Pavie, qui, d'abord moine à l'abbaye du Bec, était devenu le conseiller et le confesseur du duc Guillaume-le-Conquérant.

Modifié par le génie propre des constructeurs normands qui le marquèrent de leur rude empreinte, ce style, devenu par le fait *normano-roman*, se révèle avec toute son originalité dans les mille détails architecturaux de l'église de Maule, dans la flore tout orientale et la faune éxotique de ses chapitaux multiples, enfin dans l'emploi répété et presque systématique des ornements en godron qui règnent dans la décoration de la crypte et dans celle du triforium.

Certes, ces constructeurs, lombards ou normands, étaient habiles en leur art et hardis dans leurs conceptions : ils voyaient haut et ils faisaient grand.

L'église de Maule, vieille de huit cents ans, est aussi solide qu'au lendemain de sa construction. Son vaisseau, d'une longueur de 120 pieds de roi, se compose d'une nef voûtée en berceau et séparée des bas côtés par une double rangée de colonnes, dont la hauteur ne représente que deux fois et demie le diamètre de leur fût cylindrique. Le sommet de cette voûte correspond à la moitié de la longueur du vaisseau et la largeur de la nef à la moitié de cette hauteur. Au-dessus des arceaux à double cintre que supportent ces colonnes, court une rangée de niches formées d'une archivolte et de deux colonnettes romanes, dont les chapiteaux offrent, par la variété de leur ornementation, des types bien remarquables et bien caractérisés de cette architecture, un peu lourde et gauche dans ses détails mais si belle en son ensemble, qui, des bords du Gange jusque sous nos ciels brumeux, a su conserver, presque intacts, son caractère grandiose et ses formes primitives.

De chaque côté de l'édifice, s'ouvrent quatre grandes fenêtres formées également d'une archivolte à plein cintre soutenue par deux colonnettes et que surmonte une rangée de corbeaux en pierre sur lesquels viennent s'appuyer les arceaux de la voûte principale.

NOTRE-DAME DE MAULE

A l'extérieur, cette même rangée de corbeaux se retrouve courant tout autour de l'édifice et prodiguant les sculptures symboliques de ses faces grimaçantes et de ses têtes d'animaux bizarres (1).

Une tour ou un clocher quadrangulaire devait primitivement s'élever sur le transsept ; car, sous les combles de cette partie de l'église, on retrouve la trace de deux grands arcs doubleaux qui justifie amplement cette hypothèse. Ce clocher, endommagé par les guerres, périt probablement lors de l'incendie qui, au milieu du XIVe siècle, dévora la partie méridionale de l'église. Il fut réédifié à gauche de la porte principale et figure, en cet endroit, sur un vieux plan de Maule postérieur à l'époque que nous venons d'indiquer. Ce fut sur son emplacement, et en utilisant une partie de ses matériaux, que l'on construisit, au milieu du XVIe siècle, la magnifique tour carrée qui accompagne aujourd'hui l'église de Maule.

Le clocher primitif, en s'écroulant, dût endommager en même temps que le transsept, le chœur et les deux chapelles transversales, car la restauration de cette partie de l'édifice amena la suppression de ces deux chapelles et des modifications dans l'ornementation du chœur et de l'abside, dont les voûtes à arceaux croisés se trouvent aujourd'hui moins élevées que la voûte de la nef.

Sous l'abside, se trouve une crypte bien remarquable, et à laquelle on accède par un double escalier de pierre qui prend naissance de chaque côté du chœur.

Cette chapelle souterraine occupe en surface toute la largeur

---

(1) Il me souvient à ce sujet d'un plaisant quiproquo.— Mon vieil ami, l'amiral Lejeune, l'un des survivants du dernier voyage de l'amiral Dumont-Durville autour du monde, se trouvait en mon cabinet au moment où l'architecte, chargé par la commission des Monuments historiques de la restauration de l'église de Maule, m'apportait en gracieuse communication ses plans et ses relevés photographiques.— Mais ceci vient de l'Inde, s'écria l'Amiral, en désignant certains chapiteaux remarquablement rendus par la photographie. — Pardon, M. l'Amiral, objecta timidement l'architecte, ce sont les chapiteaux du triforium de l'église de Maule. — Eh ! je vous dis, moi, que ceci est tiré d'un temple hindou, riposta l'Amiral avec son bon rire communicatif.— Je mis d'accord les deux antagonistes en rappelant que des églises romanes du IIIe et du IVe siècles, respectées par les Musulmans, existaient encore en Asie Mineure, précédant ainsi celles de Byzance qui avaient servi de modèles aux architectes lombards dont les successeurs avaient apporté le type dans le nord de la France, au même titre que les constructeurs hindous l'avaient transporté des bords du Gange aux rives du Jourdain.

de l'abside, sur une longueur aujourd'hui indéterminée, car un mur de soutènement en limite l'étendue du côté du chœur de l'église; son plafond est formé de voûtes partielles qui reposent sur des colonnettes isolées, dont la disposition prête un charme mystérieux à cette construction, plongée dans une demi-obscurité; c'est bien le sanctuaire, ignoré des profanes, que notre imagination accorde aux premiers chrétiens pour la célébration de leurs divins mystères.

Là, sans doute, les moines de Saint-Evroult conservaient une « précieuse relique », qui attirait à Maule de nombreux pèlerins, et sur laquelle Orderic Vital, en parlant de la première croisade, nous fournit la version suivante :

« Le jour de la prise de Jérusalem, les Arméniens, les Grecs et les Syriens qui s'étaient autrefois soumis aux Turcs dans ÆLIA (nom que Jérusalem reçut de l'empereur Adrien) voyant les croisés emporter la ville de vive force, se réfugièrent dans l'église du Saint-Sépulcre, et attendirent les résultats de l'attaque en chantant *le Kyrie Eleison*, ainsi que d'autres prières.

« Tancrède, étant parvenu en cet endroit, reconnut les chants religieux, et de crainte que les païens n'exerçassent au dernier moment quelque ravage sur ce point, il laissa auprès de l'église, afin de protéger ces serv.teurs du Christ, Igé Bigod, capitaine de sa troupe, avec deux cents chevaliers.

« Or, pendant qu'il se portait rapidement sur un autre point avec le reste de son armée, les fidèles de Jérusalem, restés dans l'église, vinrent trouver Igé, et, dans le but d'obtenir sa protection, le conduisirent, avec ses frères d'armes, vers les lieux saints, et lui montrèrent le sépulcre du Sauveur et certaines choses que leurs ancêtres avaient depuis longtemps cachées, afin de les dérober aux païens (1).

« Là, parmi d'autres reliques déposées sous l'autel, dans un vase de marbre creusé en forme de reliquaire, Igé trouva un petit paquet de cheveux de sainte Marie, mère de Dieu, qu'il apporta en France et partagea avec respect entre les sacristies de divers évêchés et couvents.

« La Vierge mère, toujours sans tache, s'était beaucoup affligée pendant la passion du Christ, son fils et son Seigneur. Selon l'antique usage de sa nation et du temps, elle avait

---

(1) Orderic Vital, lib. III, p. 609.

CRYPTE DE MAULE

déchiré ses vêtements, arraché ses cheveux et poussé avec respect de lugubres gémissements à cause de la mort de son adorable fils. Cependant des femmes voisines qui se trouvaient là, véritablement religieuses, et qui avaient longtemps suivi le Sauveur, soutinrent pieusement dans sa douleur la mère du Monarque-Suprême, et l'embrassèrent tendrement, en lui donnant les douces consolations que la circonstance exigeait. Elles recueillirent dévotement les cheveux arrachés et les conservèrent soigneusement ; puis, saint Jean et d'autres amis du Christ les cachèrent dans un lieu sûr, parce qu'ils savaient que ces reliques serviraient au salut de beaucoup de monde.

« Nous avons employé notre plume à parler de ces choses, continue l'auteur, parce que Igé donna deux de ces cheveux au moine Ernault, son cousin, de la ville de Chartres, et que celui-ci les déposa dans l'église de Maule, où ils ont opéré beaucoup de guérisons. »

On ignore ce qu'est devenue cette « précieuse relique » ; son souvenir, seul, reste attaché à la fondation de Notre-Dame de Maule et aux débuts de ce monastère, dont la richesse ne devait pas tarder à devenir proverbiale.

IX

LES BIENS DU PRIEURÉ

Riche comme la prieuré, disaient les bonnes gens d'autrefois dans leur naïve admiration.

C'est qu'en effet une grande partie des hommes libres de Maule, profitant de l'autorisation de Pierre Ier, leur seigneur, demandèrent « a être associés au couvent à la vie et à la mort » en faisant part à « saint Evroult » d'une portion de leurs biens (1).

---

(1) Orderic Vital, « Hist. Eccles. » lib. 5, p. 441.

Ainsi, Hugues de Garancières, beau-frère de Pierre de Maule, fit spontanément l'abandon de la dîme du blé, du vin, du moulin, du four, des porcs, des moutons, des oies, de la laine, du chanvre, du lin, et de tout ce qui était sujet à être décimé sur la terre que Berthe de Maule, sa femme, avait reçue en dot, voulant en outre que si les hommes de cette terre venaient à en cultiver de nouvelles parcelles, la dîme de celles-ci appartînt également aux moines de Saint-Evroult.

Hugues, surnommé Fresnel, fils de Gualon, fit également don à l'église de Maule de trois de ses *hôtes*, et Etienne, fils de Gislebert, d'une terre de la contenance d'une demi-charrue, située près de Goupillières (1). Gérold, l'homme de guerre surnommé *la Côte-de-Fer* « malade et sous l'empire de la terreur que lui inspirait la verge de Dieu », donna aux moines toute la dîme des terres qu'il possédait, du chef de sa femme, au territoire de Mareil-sur-Mauldre, ainsi que sa part du parvis du même lieu. Albéric de Mareil fit également l'abandon au prieuré de deux arpents de pâturages qu'il possédait à Mareil « sur le sommet d'une montagne vers l'Occident ».

Odon, fils de Gualon, honorable chevalier, donna aussi, pour l'obit de son fils, Arnoult, trois arpents de terre « que cultivait le prêtre Foulques »; à cette libéralité, il ajouta celle de deux muids de vin à prendre dans ses vignes, voulant qu'il en fût donné autant chaque année, afin que l'église de Maule priât constamment Dieu pour les âmes de ses fils, Pierre, Arnoult et Milon. D'un commun accord, Béliarde, sa femme, Cornélie, sa bru, Sicilie, sa fille, et Gaufred, son gendre, donnèrent à « Dieu et à sainte Marie » les dîmes, soit en grain, soit en vin, soit en prémices, de toutes les terres auxquelles ils pouvaient prétendre dans l'héritage du chef de famille.

Baudry-le-Roux, de Montfort-l'Amaury, attiré à Maule par la solennité dont les monastères avaient l'habitude d'entourer pareilles investitures, fit l'abandon au nouveau prieuré de tout ce qu'il possédait en l'église et dans la dîme du village de Jumeauville (2), ainsi que douze deniers qui grévaient à son profit la terre de La Concie, avec dix sous de rente et un setier

---

(1) Goupillières, village situé entre Maule et Septeuil.

(2) Jumeauville est un village situé à 4 kilomètres à l'ouest de Maule; La Concie est une ferme située entre Maule et Thoiry, à peu de distance de Jumeauville.

de sel que les moines de Fécamp, établis à Mantes, lui payaient tous les ans au jour de la fête de Saint-Rémi.

Nivard de Hargeville fit don aux moines de Maule de la moitié de la dîme de Puncteville (1) et, moyennant XXVIII sols qu'il reçut en échange des religieux, leur fit en outre l'abandon de toutes les terres qu'il possédait dans cette paroisse. Simon, son frère, et les deux fils du donateur reçurent du prieur, chacun en échange de leur consentement, une paire de souliers de Cordouan, d'une valeur de six deniers.

Grimold, neveu et héritier d'Etienne de Maule, qui partit pour Jérusalem avec Etienne, comte de Blois, vendit aux moines, de concert avec sa femme Pétronille, toute la dîme de sa terre, de son moulin et de ses vignes, tant du fief du seigneur de Maule que de celui de Garancières, et donna de plus, pour l'obit de sa femme, deux arpents de terre sur le mont Thedberg, et pour l'obit de sa fille, un autre arpent au même lieu.

En présence de sa femme, Issemburge, et de ses trois fils, Richard, Thedbold et Goisfred, Gautier de Puiseux (2) ajouta, aux libéralités déjà faites à Saint-Evroult, celle de toute la dîme des terres qu'il possédait à Puiseux. Germont-le-Roux, de Montfort-l'Amaury, qui, du chef de sa femme, possédait également à Puiseux une terre assez considérable, en fit aussi abandon de la moitié aux moines de Maule, d'accord avec sa femme Eremburge et ses deux fils Hugues et Gauthier (3) Adézélus de Gazeran (4) qui, dans son fief, possédait une autre partie de la dîme de Puiseux, en dota également les religieux de Maule, auxquels il confia le soin et l'éducation de son fils Amaury, sous la condition que si cet enfant mourait avant

---

(1) Probablement la terre des Pontels, auprès de Neauphe-le-Château, sur le bord de la Mauldre.

(2) Village situé entre Chartres et Dreux. — Ce qui permet de juger de l'importance de ce don c'est que, pour obtenir la confirmation des suzerains de ce fief, les moines durent abandonner à l'un d'eux, Hervé fils d'Hérold, « une maison avec beaucoup d'ustensiles de ménage et de culture, un arpent de vignes et quatre livres en argent monnayé » à sa femme Odeline, qui avait reçu ce fief en dot, ils firent présent « d'une pièce de futaine, » à Simon de Thoiry, ils payèrent vingt sols d'argent et à sa femme, dans l'héritage de laquelle ce bien se trouvait compris, « trois sols. »

(3) Quelques difficultés étant plus tard survenues entre les moines de Maule et les fils de Germond, les religieux payèrent à ceux-ci, à titre d'arrangement, une somme de quarante sols d'argent.

(4) Gazeran, village près d'Epernon.

l'âge de sept ans (1) les moines seraient tenus de payer au père de famille ou à ses ayants-droits, une somme de sept livres d'argent (2).

Beaucoup d'autres dons de moindre importance affluèrent au prieuré.

« C'est ainsi, — ajoute Orderic Vital après avoir fait l'énumération des biens qui composaient le fonds de dotation du nouveau monastère, — c'est ainsi que le prieuré de Maule commença et s'accrut, grâces aux libéralités de tous ceux qui s'y pressent pour célébrer les louanges de Dieu. Ce lieu est défendu par une troupe nombreuse de vaillants chevaliers, qui, non contents de donner pendant leur vie le superflu de leurs biens à l'église, entourent de tout leur respect l'ordre monastique, et s'attachent à lui de toute leur affection, pour obtenir après leur mort le salut de leur âme. Ces chevaliers gardent le cloître avec les moines, et souvent ils s'occupent avec eux de la pratique et de la théorie de leur salut.

« Ainsi, cette maison devint l'école des vivants et le refuge des mourants [3] ».

X

LE CHATEAU - FORT

Il faut le reconnaître, les services rendus dans la terre de Maule par les religieux de Saint-Evroult furent considérables.

Une grande partie du territoire était depuis longtemps sans culture, on se mit à défricher ; tout était laissé à l'arbitraire

---

(1) Les canons de l'Eglise fixaient à sept ans l'âge auquel on pouvait recevoir la tonsure.

(2) Devenu grand, cet enfant fut élevé à la dignité du sacerdoce ; il parvint à un âge assez avancé et laissa tout son bien au prieuré de Maule qui l'avait nourri, élevé et soigneusement instruit.

3) Orderic Vital, « Hist. Eccles. » lib. V, p. 446.

SALLE DU PRIEURÉ

du seigneur; une lueur de législation commença d'apparaître; l'ignorance était si profonde que, depuis bien des siècles, on ne conservait d'autre souvenir du passé qu'une tradition souvent dénaturée; les moines commencèrent à travailler pour l'avenir, car, en écrivant leur propre histoire, ils ont laissé, par les faits généraux qui s'y rattachent, l'histoire de toute la province.

On peut aussi reporter à cette époque l'érection dans la baronnie de Maule de deux foires annuelles, l'une le jour de Saint-Nicolas de mai, et l'autre le jour de Saint-Luc d'octobre, que l'on trouve mentionnées dans les plus anciennes chartes de la baronnie comme un droit lui appartenant au même titre que celui d'un marché hebdomadaire dont la création remonte aux temps les plus reculés de l'histoire de la cité.

Sous la protection du château-fort de Maule, les habitants des villages voisins venaient échanger les produits de leur terre ou de celle de leur seigneur contre des objets manufacturés qu'apportaient du Beauvoisis ou du pays chartrain les marchands forains qui, moyennant l'acquit des droits seigneuriaux afférents à la seigneurie, trouvaient auprès des barons de Maule des défenseurs intéressés à leur sécurité et « responsables des méfaits dont les voyageurs pouvaient être victimes, sur leur terre, depuis le lever du soleil jusqu'à son coucher ».

Car, à ces époques troublées où le droit du plus fort était souvent le seul souverain, il fallait se tenir constamment préparé à repousser l'abus par la force et, sous ce rapport, les barons de Maule commandaient un certain respect.

Alors que beaucoup de châteaux n'étaient encore enceints que d'un fossé et défendus par une palissade, le manoir de Maule était entouré « d'une fortification de pierre » et portait le titre de *château-fort* (1), c'est-à-dire possédait une basse-cour entourée de fossés avec un pont mobile, une grosse tour carrée, un puits et un moulin à bras dans l'enceinte fortifiée.

Pendant que le château-fort de Maule, maître des deux

---

(1) Orderic Vital, lib. V, p. 467. « Lapideam munitionem, qua prudens Ansoldus domum suam cinxerat. » Il n'y avait que les « chiefs-seigneurs » qui eussent le droit d'avoir un château-fort; les seigneurs de fief, même ayant justice, n'en pouvaient construire. Nul d'ailleurs ne pouvait fortifier sa demeure sans l'assentiment du souverain; et Orderic Vital qualifie de châteaux illégaux et félons ceux que leur seigneur, dans les moments d'anarchie, avaient pu élever en bravant leur suzerain impuissant : « Adulterina municipia undique condebantur ».

routes de Paris et d'Evreux, gardait solidement la vallée, une autre forteresse, non moins importante comme construction et comme position stratégique, couvrait la place de Maule vers le pays chartrain.

C'était le château de Palmort, dont les ruines et les fondations se voient encore dans le bois qui avoisine aujourd'hui la ferme de ce nom (1).

L'ensemble de ses fortifications prenait la forme d'un vaste triangle dont la base s'appuyait sur Maule ; les deux autres côtés commandaient une vaste plaine traversée par une ancienne route, appelée encore aujourd'hui le chemin aux Bœufs, qui, de la Normandie, venait se joindre à un chemin *perré*, dont le point de départ était Poissy, l'ancienne *villa* mérovingienne, et le point d'arrivée, la capitale du pays Druois, où déjà venaient converger plusieurs grandes voies de communication. Les murs d'enceinte du château de Palmort, entourés d'un fossé profond qui est encore aujourd'hui très reconnaissable, présentaient cette particularité que, de cinq en cinq pas, cette muraille était pourvue extérieurement d'un contrefort saillant et arrondi qui semble le précurseur des tourelles dont plus tard furent accompagnées les courtines et qui, à Palmort, n'existaient qu'aux angles du triangle irrégulier formant l'assiette de la place. Une grosse tour détachée dominait tout le pays environnant et se trouvait reliée au château-fort par une galerie souterraine dont la solidité a résisté aux efforts du temps et des hommes (2).

La ville de Maule était elle-même protégée par un fossé palissadé et fermée par des portes à vantaux. Des murailles crénelées entouraient le prieuré ; une grosse tour, placée

---

(1) Ce château portait alors le nom du Couldray, tiré de l'appellation du hameau voisin à laquelle on adjoignit postérieurement le nom de Saint-Léonard ; la dénomination de Pennemore, Panmore, (d'où Palmort en langage usuel) lui fut donnée en l'honneur de la magnifique baronnie de Panmure, en Ecosse, qui, vers l'année 1224, devint le fief principal de la branche cadette de la maison de Maule. « Registrum de Panmure ».

(2) La base de cette tour isolée, entourée d'un fossé, est notamment bien conservée. L'entrée du souterrain est aujourd'hui simplement bouchée par des pierres et du gazon. Je l'ai parcourue autrefois dans une grande partie de sa longueur, en compagnie de M. Gilbert fermier à Palmort et du docteur Loncle, de Maule. C'est une longue galerie voûtée, bâtie en moellons durs et en mortier de chaux, aujourd'hui aussi dur que la pierre elle-même ; le sol est sec et nulle trace d'humidité ne se révèle sur les parois de la voûte.

CHÂTEAU DE PALMORD

auprès de l'abside de Notre-Dame, protégeait à la fois le cloître et l'église (1) ; enfin, au sommet d'une autre tour bâtie sur le mont *Guardam*, l'un des points les plus élevés de la province, veillait constamment un guetteur qui, en cas de danger, donnait l'alarme par le moyen du cor (2), et probablement de certains signaux, aux hommes d'armes qui gardaient le château.

Le siège qu'eut à soutenir la place de Maule contre les troupes réunies du roi d'Angleterre et du comte de Poitiers peut d'ailleurs donner une idée de son importance.

C'était à l'automne de l'année 1098.

Amaury, frère cadet de Simon II. baron de Montfort, mécontent de sa part dans l'héritage paternel, s'allia à Nivard, seigneur de Septeuil, et appela à son secours Guillaume le Roux, roi d'Angleterre. Celui-ci rassembla une grande armée, passa en France et vint camper à Conches. Accompagné de Guillaume, duc de Poitiers, il marcha contre Montfort et Epernon en dévastant tout le pays sur son passage (3). Le roi de France, Philippe Ier, accablé de vieillesse et malade de la goutte était incapable de conduire ses vassaux au combat. Ceux-ci durent se retirer dans leurs châteaux et s'y retrancher fortement.

Ayant échoué contre le puissant donjon de Montfort et contre la tour de Neauphle défendus par le frère aîné du turbulent Amaury qui était resté fidèle au roi de France, « le roi Roux » vint mettre le siège devant le château-fort de Maule.

C'était un ennemi terrible que ce roi aussi détesté de ses sujets saxons que de ses barons normands et dont la vie tout entière, disent les chroniqueurs, pouvait se résumer en deux mots : brigandage et despotisme. Passant et repassant à chaque instant la mer pour étouffer quelque révolte ou commettre une nouvelle spoliation, courant d'un bout à l'autre de ses états « avec la raideur d'un sanglier », il n'aimait que deux choses au monde : la guerre et la chasse. Quand la colère montait à son visage couperosé, sa parole se brouillait et sa

---

(1) Cette tour fut démolie au commencement du XVIe siècle et, de ses débris, fut bâtie la grange dîmeresse du presbytère de Notre-Dame. (Titres de la baronnie).

(2) De là, vraisemblablement le nom de « Bois de la Garde », conservé par le chantier, section D du plan cadastral.

(3) Orderic Vital, Hist. Eccles. lib. X, p. 26.

langue bredouillait des arrêts de mort ; malheur à qui se trouvait alors en face de lui !

Mais le terrible « marchand de soldats » (1), rencontrait à Maule un rude adversaire.

Ansold, le fils aîné du baron, avait quitté tout jeune le château paternel pour s'attacher à la fortune du fameux Robert Guiscard, le conquérant de la Pouille et de la Sicile, qu'il avait accompagné dans toutes ses expéditions et, par ses conseils autant que par son courage, il avait largement contribué aux succès de cet intrépide capitaine (2). Rappelé en France par la nécessité de défendre son patrimoine contre les entreprises du roi d'Angleterre qui, à maintes reprises, avait sollicité Pierre de Maule de remettre « en sa garde » le château que le roi de France était, suivant les messagers anglais, impuissant à protéger, Ansold avait patriotiquement renoncé aux avantages que lui offrait, sous le beau ciel d'Italie, l'établissement mérité par ses services ; et, quand les Anglo-Normands se présentèrent devant le château-fort de Maule, ils y trouvèrent, aux côtés du vieux baron, le vaillant Ansold que trente années d'aventureuses expéditions, d'escarmouches audacieuses, de coups de main hardis, avaient familiarisé avec le rude métier des armes.

Les soldats anglais « sous leurs armures de fer » se croyaient sûrs de vaincre ; déjà ils avaient supputé ce que leur chevauchée allait leur rapporter, tant en butin qu'en bétail et, à l'avance, ils calculaient le nombre de sous d'or que devait mettre dans leurs coffres la rançon de tant de nobles hommes... (3)

Mais Ansold « savait la guerre » mieux que le roi Roux ; tous les efforts des assaillants se brisèrent contre la tactique des assiégés qui, ne pouvant atteindre les hommes sous les armures qui les protégeaient, dirigèrent leurs coups contre les montures « dont les chevaliers anglais étaient si fiers » ; et le

---

[1] Mirabilis militum mercator et solidator. Suger, « Vita Lud. Gross. » ap. Scr. fr., XII, 12.

[2] Italiam itaque expetiit, fortissimoque duci Guiscardo sociatus, Græciam invasit, et in conflictu, quo Alexius imperator Constantinopolitanus, victus fugerat, nobiliter dimicavit. (Orderic Vital, lib. X, p. 447.

[3] Orderic Vital, lib. X, p. 26 : Guillelmus rex, cum Guillelmo duce Pictavensium, ductu Amalrici juvenis et Nivardi de Septoculo, contra Montemfortem et Sparlonem maximam multitudinem duxit, circumjacentem provinciam devastavit....

roi Roux, après avoir vu tomber sous les flèches des archers français « ses beaux chevaux écumants », dût reprendre à pied le chemin de la Normandie, laissant sur la terre de France plus de sept cents de leurs cadavres, dont les chiens et les oiseaux de proie se nourrirent à satiété (1).

XI

MORT DE PIERRE DE MAULE

Guillaume-le-Roux n'était pas homme à dévorer longtemps un pareil affront, et de nouvelles calamités seraient vraisemblablement venues s'ajouter à celles dont avait souffert la terre de Maule, si des embarras d'un autre genre et, enfin, une mort regardée comme une punition divine (2), n'avaient mis à néant les projets du sanguinaire monarque.

Cette mort eut lieu le 2 août de l'an 1100.

Au mois de janvier suivant, Pierre de Maule, qui, malgré son grand âge, avait bravement défendu son domaine contre l'invasion anglo-normande (3), était lui-même porté au tombeau par ses fils. Ce fut dans la cour du cloître, auprès de l'église Sainte-Marie, dont il avait doté le monastère, que le vieux baron fut inhumé.

---

[1] Orderic Vital, lib. X, p. 25 : Nam plus quam septingentos ingentis pretii equos sagittis et missilibus occiderunt; ex quorum cadaveribus Gallicani canes et alites usque ad nauseam saturati sunt.

[2] On sait que Guillaume-le-Roux fut tué d'un coup de flèche par un de ses favoris en chassant le sanglier dans la forêt de Southampton.

[3] Orderic Vital, lib. X, p. 26. Petrus quoque cum filiis suis Ansoldus et Tetbaldus Manham; aliique municipes quos singillatim nequeo nominare, firmitates suas procaciter tenuere.

Le moine Jehan de Reims (1) composa pour lui cette épitaphe en vers latins :

> Post annos agni centum cum mille superni,
> Flos procerum Petrus prope Jani decidit Idus.
> Dapsilis et lætus multum fuit atque facetus,
> Plus epulis quam militiæ studiosus agoni.
> Summus apud proceres, et nobilium fuit hæres.
> Vixit honoratus, terra qua pausat humatus,
> Et dedit hanc sedem Christi gentricis ad ædem.
> Bis senus Jani sol nubilus extitit illi ;
> Sed sol justitiæ prece fulgidus esto Mariæ.
> Plangit Parisius ; pangat super hunc paradisus.
> Per sanctos, sedem quibus hanc concessit et adem.

Traduction :

« Onze cents ans après la venue du céleste agneau, Pierre, « l'éminent seigneur, mourut le deux des Ides de janvier [2].

« Généreux, d'un caractère enjoué, d'un esprit délicat, il « préféra les joies du foyer aux ivresses des combats. Noble « entre les grands, héritier d'aïeux illustres, il vécut honoré « sur cette terre, où, pour bâtir un temple à la mère du Christ, « il fit don de ce lieu qui renferme sa sépulture.

« Le douzième jour de janvier, le soleil pour lui se couvrit « de nuages, et Paris se voila de deuil ; puisse, grâces aux prières « de Marie, le soleil de la justice être toujours brillant pour « lui, et le paradis lui être ouvert par la faveur des saints « auxquels il offrit cet asile.....! » [3].

Pierre de Maule — si nous prenons pour base de notre évaluation l'âge de ses fils — devait être plus qu'octogénaire lorsque la mort vint glacer sa main. En effet, Ansold, l'aîné de la famille, portait, suivant Orderic Vital, les armes depuis trente-cinq ans, lorsque mourut son père ; cette circonstance fixerait l'époque de sa naissance entre les années 1045 et 1047, ce qui reporterait la naissance de son père à une date voisine de l'année 1020.

---

(1) Jehan de Reims, élève de l'école de la ville dont il a pris le nom, entra au monastère de Saint-Evroult du temps de l'abbé Mainier. Il y vécut environ quarante-huit ans dont plusieurs se passèrent au prieuré de Maule, où il remplit avec distinction la charge de sous-prieur. Il y composa un assez grand nombre d'ouvrages en vers et en prose, dont les manuscrits sont aujourd'hui perdus. Orderic Vital fut son disciple.

(2) D'après le calendrier Grégorien, cette date correspond au 12 janvier 1101, l'année commençant alors à Pâques.

(3) Orderic Vital, lib. V, p. 444.

Plus jeune que son mari, la veuve de Pierre de Maule lui survécut, et la chronique se plaît à raconter les soins touchants dont fut entourée sa vieillesse.

« Avec la noble famille qu'elle avait amenée du pays de
« Troyes, dit Orderic Vital, la pieuse Guindesmoth vécut dans
« la maison de son mari, honorablement entretenue par ses
« enfants qui, toujours, s'efforcèrent de lui procurer les satis-
« factions et les consolations que comportait sa situation.

« Fidèle au souvenir de son « seigneur », elle lui survécut
« dans le veuvage pendant près de quinze années et, après
« avoir reçu le saint viatique, fut portée au tombeau par ses
« fils, qui pieusement l'ensevelirent auprès du compagnon de
« sa couche... » (1).

De son mariage avec Pierre de Maule, Guindesmoth avait eu huit enfants dont quatre filles : Eremburge, mariée à Baudry de Dreux ; Hersende, unie à Hugues de Voisins ; Hubeline qui épousa Gautier de Poissy ; et Odeline, femme de Hugues Sans-Avoir.

Ces alliances de la maison de Maule étaient des plus honorables.

Gautier de Poissy a laissé un nom à jamais immortel, comme compagnon de route de Pierre l'Ermite (2) ; Baudry de Dreux appartenait à une importante famille du pays chartrain ; Hugues de Boissy Sans-Avoir était, malgré son surnom, l'un des plus riches seigneurs du comté de Montfort ; enfin Hugues de Voisins appartenait à une maison si illustre (3) qu'un ancien proverbe l'assimilait aux familles les plus considérables d'alors :

Les Hunauds, les Levis et les Rigauds
Ont chassé les Wisigoths
Les Levis, les Rigauds et les Voisins
Ont chassé les Sarrazins (4).

Les quatre fils de Pierre de Maule furent :
Ansold II° du nom, qui hérita de la baronnie de Maule ;
Guillaume, qui fut baron de Palmort (5) ;

---

(1) Orderic Vital, lib. V, p. 446.
(2) Orderic Vital, lib. IX, p. 477.
(3) Vertot, Hist. de Malte, t. VI.
(4) D'Hozier Reg VI « Rigaud ».
(5) Le fief de Palmort était donné à titre d'apanage aux cadets de la maison de Maule qui prenaient, comme leurs aînés, le titre de barons. (Titres de la baronnie).

Thedbold, le plus jeune, qui s'était particulièrement distingué en défendant, avec son frère aîné, l'héritage de ses pères contre les assauts des Anglo-Normands (1);

Guarin qui, dès l'an 1066, était parti à la suite du duc de Normandie pour la conquête de l'Angleterre et, dont les descendants devinrent ces fameux comtes de Panmure qui siègent encore au parlement anglais (2).

XII

LES MAULE D'ECOSSE

Le XI° siècle qui venait de finir avait vu s'accomplir trois grands évènements : la conquête de l'Angleterre, l'expédition des Deux-Siciles et la fondation du royaume de Jérusalem.

A chacun de ces grands faits d'armes, on trouve associé le nom d'un Maule.

Guarin « sortait à peine de pages » lorsque Guillaume, duc de Normandie, fit partout publier à son de trompe « que tout homme sachant tenir une épée ou en état de porter une lance, serait le bienvenu autour sa bannière. » Incontinent, Guarin s'en fut à la cour du duc. Pendant les longues soirées d'hiver, sa jeune imagination s'était enflammée au récit des prouesses accomplies par ces quarante pèlerins normands qui, au retour de la Terre-Sainte, s'étaient arrêtés chez le duc de Salerne, et, à grands coups de lance et d'épée, avaient chassé vingt mille Sarrazins venus pour lever le tribut annuel que leur payait la Sicile. On disait aussi que

---

(1) Orderic Vital, lib. X, p. 26.
(2) Titres de la baronnie de Panmure.— « Armorial d'Ecosse » de Douglas.— « British Museum ». — « Recueil de Haddington ». — Registrum of Panmure.— Armorials de Burke, de Nisbett, de Debrett, de Collins, de Crawford et de Dugdale.— Collège of arms, London.— Ulster office Ireland.

trois cents autres chevaliers normands, sous la conduite des trois fils de Tancrède de Hauteville, pauvre gentilhomme de Coutances, venaient de conquérir le royaume de Naples, et le frère même de Guarin, Ansold, l'héritier de la baronnie, l'aîné de la maison de Maule, était parti avec le plus jeune des fils de Tancrède pour cette expédition lointaine.

Comme son aîné, Guarin brûlait du double désir de s'illustrer par de mémorables faits d'armes et de se créer, lui, simple cadet de famille, une situation à la taille de son ambition ; car à ceux qui devaient combattre avec lui, le duc de Normandie promettait le partage de la terre à conquérir.

Une foule d'hommes d'armes affluèrent à la cour de Guillaume. Bientôt le signal du départ est donné ; on remplit les vaisseaux ; on se jette sur tout ce qu'on peut trouver d'embarcations ; le vent est favorable et nul obstacle ne se présente au débarquement qui s'effectue à Pevensey, sur la côte de Sussex, le 2 octobre 1066. Mais le roi d'Angleterre s'avance à la tête d'une armée nombreuse. Guillaume, alors, incendie ses vaisseaux et met ainsi ses soldats dans l'alternative de la victoire ou de la mort. Les deux rivaux se rencontrent ; l'Anglais est tué dans la mêlée ; et le soir de cette bataille, où quarante mille Anglo-Saxons jonchèrent de leurs cadavres la plaine de Hastings, Guillaume, ayant rassemblé son armée, s'engagea par un vœu solennel à bâtir, dans le même lieu, une abbaye sous le nom de *Bataille* pour servir de monument éternel « de la faveur du ciel et de la juste reconnaissance du vainqueur ».

Quelques semaines après le Conquérant s'asseyait sur le trône d'Angleterre.

Mais ce n'était pas tout de conquérir, il fallait assurer la conquête. Pour y parvenir, Guillaume bâtit des forteresses dans toutes les villes, éleva partout des châteaux-forts, dont il confia la garde aux plus vaillants de ses barons ; et, à ceux qui l'avaient le mieux secondé, il distribua les plus belles contrées du pays conquis : soixante mille fiefs de chevaliers y furent créés aux dépens des Anglo-Saxons.

> Mais le barunz de Normendie
> Quand ils orent la seignorie
> Firent chastel e fermetez
> Turs de pierre, murs e fossez (1).

(1) Wace « Roman du Rou », I, 307.

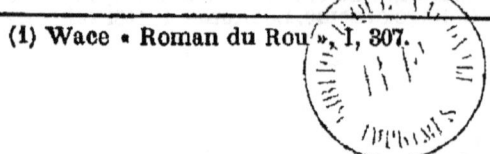

Ce fut ainsi que Guarin reçut, dans le comté d'York, le manoir et l'importante seigneurie de Hatton de Cleveland.

Un lien plus intime que celui qui existait entre Guillaume et les autres chefs de son armée attachait le Conquérant au jeune Guarin de Maule. Après la guerre, où leurs pères avaient combattu sous la même bannière pour replacer le roi Henri sur le trône de France, Pierre de Maule et le bâtard du duc Robert, tous deux de même âge et élevés à Paris avec les enfants du roi, s'étaient unis d'amitié. Plus tard, fuyant de château en château, et parfois demi-nu pour échapper aux entreprises des barons normands intéressés à sa perte, Guillaume avait trouvé protection auprès de Pierre de Maule.

Une tradition assez confuse, qui s'est, d'âge en âge, conservée dans le pays maulois, et que les papiers de famille rappellent, voudrait que le jeune duc ait assez longtemps habité le château de Jumeauville, placé directement sous la protection de celui de Palmort, et que l'amitié du Conquérant pour le père, jointe aux mérites personnels de Guarin, ne soit pas restée étrangère à la fortune du fils : dans les chroniques normandes, le jeune Maule est cité comme l'un des favoris du nouveau roi qu'il accompagnait comme *porte-étendard* (1).

Deux pièces, fort intéressantes pour l'histoire de l'Angleterre et de la Normandie, viennent à l'appui de cette assertion.

La première, intitulée *Catalogue de l'abbaye de Battle,* provient du célèbre monastère bâti par le Conquérant, en exécution de son vœu, sur le lieu même où s'était donnée la bataille de Hastings; ce catalogue était pieusement conservé dans l'abbaye, et le tableau, sur lequel il était collé, portait, en caractères saxons, cette inscription qui était suivie du nom, par ordre alphabétique, de tous les seigneurs dont le concours avait assuré le succès de l'expédition :

> Dicitur à bello bellum locus hic, quia bello
> Angligenæ victi sunt hic in morte relicti :
> Martyris in Christi festo cecidere Calixti.

Le nom de Maule y figurait à la lettre M entre ceux de Mandure et de Malory, dont les titulaires, comme le jeune Guarin, ont fait souche en Angleterre.

---

(1) Registrum of Panmure.

La seconde pièce provient aussi d'Angleterre, elle est intitulée : *Catalogue tiré d'un manuscrit de Jean Brompton, abbé de Jorval, qui vivait en l'an M. C. XCIX.* C'est une sorte de recueil auquel l'auteur a voulu donner une affectation poétique, en associant deux noms choisis dans le premier catalogue et qu'il a fait suivre de deux autres noms dont le dernier correspond comme rime à la terminaison des vers précédents. Ainsi, le fils de Pierre de Maule y figure sous cette forme :

Waren et Wardeboys
Rodes et Danveroys (1)

Ces deux documents, doublement précieux par leur antiquité et par les renseignements qu'ils fournissaient, ont disparu depuis l'époque de Cromwell, mais l'abbé Prévost, qui dit avoir tenu ces deux pièces entre ses mains et les avoir corroborées de l'autorité des anciennes chroniques normandes, en donne la copie littérale dans son *Histoire de Guillaume le Conquérant,* publiée en 1784 à Amsterdam. Duchesne, qui s'était aussi procuré ces deux catalogues, en a également donné une reproduction, où, malgré certaines différences orthographiques, on retrouve les noms d'une foule de seigneurs dont les familles se sont perpétuées tout à la fois en France et en Angleterre.

Guarin de Maule, en se fixant dans la Yorkshire (2), continua d'entretenir avec les membres de sa famille de France d'affectueuses et fréquentes relations, ainsi que le prouverait la similitude des noms portés par les descendants des deux maisons ; car, en même temps que Ansold, chef de la branche de Maule, donnait à l'un de ses fils le nom de Guarin, Guillaume de Palmort, le frère puîné d'Ansold et de Guarin, appelait son fils Robert, du nom même donné par Guarin d'Angleterre à son héritier légitime, et sous lequel il est désigné dans

---

(1) Ailleurs l'association des deux noms affecte la forme d'un jeu de mots tout en conservant la rime.

Ver et Vernon
Verdeis et Verdon
Criel et Cardon
Danvers et Danvernon.

Sans doute cette forme rimée a fait altérer quelques noms, mais comme ils se trouvent presque tous dans le premier de ces deux catalogues, l'un peut servir à rectifier l'autre.

(2) « Shire » est un affixe dont le sens répond à « Comté » ; ainsi Yorkshire veut dire « Comté de York ».

une charte de donation consentie par ce seigneur à l'abbaye de Whitty, sous le règne du roi d'Angleterre, Henri I*er* (1).

Robert Maule de Cleveland donna également à l'un de ses fils le nom porté par son oncle Guillaume de Maule; et, pendant plusieurs générations, on retrouve dans les papiers de l'une et l'autre maison le même échange d'appellations et les mêmes preuves d'un mutuel souvenir.

Après la mort du Conquérant, une circonstance analogue à celle qui avait commencé la fortune de Guarin devait augmenter considérablement celle de ses descendants.

Obéissant aux coutumes de l'époque qui voulaient que l'enfant s'arrachât à la maison paternelle pour aller s'instruire des lois de la chevalerie à la cour de quelque prince ou seigneur étranger, Malcolm *Cean-Morn*, roi d'Ecosse, grand admirateur des barons normands auxquels il avait emprunté un peu de son esprit chevaleresque, avait envoyé David, le plus jeune de ses fils, à la cour du roi d'Angleterre, Henri I*er*, où se trouvait déjà le jeune page, Robert de Maule, fils de Guarin Maule de Cleveland. Ensemble, fils de roi et fils de baron, apprirent à lancer la pierre avec la fronde, à tirer l'arc, à dompter un cheval, à manier une lance, à se servir de l'épée; et quand, par la mort de ses frères, David fut appelé au trône d'Ecosse, il attira près de lui son ancien compagnon d'armes en lui octroyant un vaste domaine dans le comté de Lothian(2).

Les lois féodales permettant alors de posséder des fiefs dans plus d'un royame (3), Robert put s'établir en Ecosse sans abandonner les terres qu'il possédait en Hatton de Cleveland, car on retrouve, plus tard, l'un de ses descendants, Serlo de Maule, baron d'Angleterre sous le règne du roi Jean et assistant, en l'an 1216, au couronnement du roi Henri III.

---

(1) Titres de la baronnie de Panmure.

(2) La fertile province de Lothian qui comprenait tout le pays situé entre le Tweed et le Forth, avait été cédée à Malcolm II, roi d'Ecosse, par le Northumberland en l'an 1020; elle était encore habitée par des Saxons mélangés de Danois qui avaient conservé leurs mœurs rudes et sauvages. L'introduction progressive de l'élément franco-normand apporta la civilisation dans cette riche contrée qui, à l'époque de Malcolm III, se trouvait être la plus instruite du royaume et celle où la langue anglaise était le plus généralement employée.

(3) On sait que ce ne fut que beaucoup plus tard — un siècle et demi après cette époque — que le roi de France Louis IX mit ses barons en demeure d'opter entre celui des deux royaumes de France ou d'Angleterre qu'il leur plairait de servir. De même beaucoup de seigneurs anglais possédaient des fiefs en Ecosse et en Angleterre.

Robert de Maule mourut en Ecosse vers l'année 1130.

Guillaume de Maule, son fils, héritier de l'affection du roi David en même temps que du domaine paternel, comme le démontrent plusieurs chartes de ce monarque où le jeune Maule assista comme témoin, ne devait pas tarder à acquitter la dette de reconnaissance contractée par son père, et à provoquer, par ses services, de nouvelles munificences de son souverain : la seigneurie de Soulis, dans le Perthshire, fut le prix de ses exploits pendant la fameuse guerre de l'Etendard (1).

Mais c'étaient de terribles moissonneurs d'hommes, ces dispensateurs de baronnies et de comtés !... Guillaume mourut, jeune encore, sans laisser d'héritiers directs.

Une donation faite sur les terres de sa baronnie de Soulis à l'abbaye de Saint-André vers l'année 1152 « *pro salute animæ suæ* », constate que sa succession fut recueillie par son frère sir Roger de Maule, et la descendance des Maule d'Ecosse continuée par le chevalier Richard, fils de Roger, qui lui-même laissa pour héritiers deux fils, Pierre et Guillaume.

Richard Maule de Soulis avait voulu que son fils aîné portât le nom du chef de la famille, Pierre de Maule *(Manlia chevalier)*.

Par son mariage avec Christine de Valoignes, l'une des plus riches héritières du royaume, Pierre devint baron de Panmure et grand chambellan d'Ecosse [2].

C'est sous ce titre, et en conservant comme nom patronymique celui de Maule, que nous retrouvons au cours de cette histoire, les descendants de Pierre de Maule avec l'écu primitif

---

(1) David Ier, exécuteur des dernières volontés du roi d'Angleterre Henri Ier, mort sans héritiers mâles, n'avait pu voir sans indignation les barons anglais manquer à leur parole en élisant, au lieu de Mathilde, fille du roi défunt qu'ils avaient solennellement reconnue du vivant de son père, Étienne, comte de Blois, petit-fils par sa mère, de Guillaume le Conquérant. Au nom de Mathilde, le roi d'Ecosse à la tête d'une armée nombreuse, envahit l'Angleterre. Les partisans du comte Etienne avaient érigé comme étendard, au milieu de leur camp un mat de navire enfoncé dans un charriot à quatre roues et auquel furent attachées les bannières de Saint-Pierre-d'York, Saint-Jean-de-Beverley et Saint-Vilfred-de-Rippon. Au sommet et entouré de ces oriflammes, était un ciboire renfermant une hostie consacrée. Le déploiement de cet étendard servit à donner un caractère saint à cette guerre, qui, commencée en 1138, se termina le 2 février 1141, par le triomphe de Malthide et l'emprisonnement d'Etienne dans le château de Bristol.

(2) Titres de la baronnie de Panmure.— Armorial d'Ecosse.— Registrum of Panmure.

de la maison, *parti d'argent et de gueules*, dans lequel, suivant l'usage qui ne permettait aux cadets de prendre les armes de la famille qu'avec une brisure, ils n'ont introduit que cette variante : *l'orle*, au lieu d'être de *sable* est d'argent et de gueules en contre échange, chargée de huit coquilles de même.

Le cri d'armes est demeuré aux Maule de France ; la devise est restée commune aux deux maisons : *Clementia et animis...* PAR LA CLÉMENCE ET LE COURAGE ! *Nul avant les Maule !...*

XIII

LA CONQUÊTE DES DEUX-SICILES

C'étaient de fiers soldats, en vérité, ces barons de Maule qui réclamaient la première place au combat.

Ansold avait à peine achevé ses études, l'épée bénite par le prêtre, lui venait d'être remise, quand la nouvelle parvint en France que les comtes normands, établis dans la Pouille depuis près d'un demi-siècle, organisaient une nouvelle expédition pour expulser de la Sicile les Sarrazins qui y avaient repris de la force et les Grecs qui la gouvernaient au nom de l'empereur d'Orient [1].

L'occasion parut favorable au jeune écuyer de gagner ses éperons d'or; en compagnie de quelques seigneurs normands, il partit pour l'Italie.

---

(1) Li gentil duc clama à soi li chevaliers et lor dist : « Je voudroie déli-
« vrer li chrétien et li catholici, lequel sont contreint de la servitude de
« li Sarrazin et desirre faire venjance de la injure de Dieu »..Et li hardi
e vaillant Normands respondirent qu'ils sont appareilliez à faire ceste
bataille. (L'Ystoire de li Normant, par Aimé du Mont Cassin. mss. du
XIIJ siècle).

Bien accueilli par Robert Guiscard, qui lui-même avait quitté le manoir paternel quelques années auparavant et que la mort de son frère aîné avait fait duc de la Pouille, Ansold prit une large part à cette lutte héroïque d'une poignée de braves contre les troupes aguerries de l'empereur d'Orient et les hordes musulmanes sans cesse ravitaillées par les Sarrazins de la côte d'Afrique [1].

Toujours le premier sur le front de bataille, intrépide à escalader les murs des forteresses, aussi sage dans le conseil que téméraire dans l'action, Ansold appela la victoire sous le drapeau des princes normands : Et fu veu un chevalier vestut de blanc, o cheval blanc, dit la *Chronique de Robert Viscard*, moult, grant de personne et de face, estre tenut en reverance o un gofanon *blanc croisé de rouge ;* et cest chevalier o grant impet rompant entre li anemis (2), pour laquelle cose, la nostre gent prirent merveillose hardiesse et force et o haute voix clamoient l'aide de Dieu (3).

La lutte dura dix ans, c'est-à-dire de l'an 1064 à l'année 1074.

Maître enfin de toute la Sicile, Robert Guiscard en fit un équitable partage entre tous ceux qui l'avaient secondé dans son entreprise ; et le pape, lui donnant le titre de « soldat du bienheureux saint Pierre » le confirma dans la propriété de toutes ses conquêtes.

Ansold avait ramassé ses éperons d'or sur le champ de bataille : *Nul avant li Môle !*

Mais Robert avait marié sa fille à l'héritier de l'empereur d'Orient, Constantin XII ; et son gendre, abandonné des troupes, mutilé comme un vil ennuque, venait d'être chassé du trône par Nicéphore Botoniate [4]. A cette nouvelle, Guiscard

---

(1) Le duc avait avec lui environ mille chevaliers et à peu près autant d'hommes de pied.— Une histoire non met qui li pagani fussent senon XV mille, mis force que nom fait mention de li pedon ; et li chrétien furent solement VIJ cent. (Chron. de Robert Viscart).

(1) Chron. de Robert Viscart, par Aimé, moine du Mont-Cassin. manusc. du XIIJ siècle.

(2) Erat enim excellentis ingenii et magnanimus, corpore fortis et probitate præstantissimus, auctoritate sublimis et in judicio justus. (Orderic Vital lib. V, p. 446).

(3) Chron. de Robert Viscart.

[4] Et pour que li Normant non peussent remanoir en celle seignorie, le firent chastrer à ce qu'il ne peust engendrer et mistrent en prison la fille de lo duc. (Chron. de Robert Viscart).

part pour l'Orient bien décidé à renverser l'empire grec. Les chevaliers qui l'accompagnent sont impatients de venger, l'injure faite à leur duc. Une première rencontre leur donne l'avantage et, sur ces entrefaites, une intrigue du palais remplace sur le trône Nicéphore Botoniate par Alexis Comnène.

Poursuivant ses succès, Robert Guiscard, au mois d'octobre 1081, taille en pièces l'armée de l'empereur Alexis dans la plaine de Durazzo ; et l'honneur de la victoire est encore attribué au vaillant Ansold qui, par son courage autant que par ses conseils, avait décidé du succès de la journée [1].

Robert allait ceindre peut-être la couronne de Byzance ; mais, profitant de son absence, l'empereur d'Allemagne avait repris les armes et assiégeait, dans Rome, l'allié des Normands, le pape Grégoire VII. Robert n'hésite pas, il fait repasser la mer à ses troupes et, au moment même où le souverain-pontife allait tomber au pouvoir de son implacable ennemi, les assiégés virent paraître au loin l'armée du duc de la Pouille dont l'avant-garde, commandée par le fidèle Ansold, entrait le soir même dans la ville sainte après avoir mis les Allemands en fuite : *Nul avant li Môle !*

Ansold pouvait alors aspirer à toutes les dignités dans ce pays où, par droit de conquête, de simples cadets se trouvaient pourvus d'un comté, car le duc Guiscard récompensait magnifiquement les siens.

> Li plus povres fut dux ou quens
> Nul hom n'essauça tant les suens [2].

Les instincts guerriers du vaillant baron semblaient même devoir le retenir dans ces contrées lointaines ; mais, cédant aux instantes prières de son père, il revint en France où la nécessité de défendre son patrimoine contre les entreprises du roi d'Angleterre ne devait pas tarder de mettre à l'épreuve cette fidélité à la cause nationale qui était traditionnelle dans la maison de Maule.

---

[1] Italiam itaque expetiit, fortissimoque duci Guiscardo sociatus, Græciam invasit, et in conflictu, quo Alexius imperator Constantinopolitanus victus fugerat, nobiliter dimicavit. (Orderic Vital, lib. X, p. 447).

[2] Chron. de Robert Viscart.

XIV

LES MAULE AUX CROISADES

Pendant que grondait l'orage du côté de l'Angleterre, un grand évènement se préparait en Europe.

Ce n'était plus qu'au prix de mille dangers et des plus sanglants outrages, que les pèlerins d'Occident parvenaient à visiter le tombeau du Christ : Jérusalem et toute la contrée où la religion catholique avait jeté ses premières clartés se trouvaient, depuis un quart de siècle, aux mains des Musulmans qui, par de continuelles profanations, semblaient prendre à tâche d'exciter l'indignation du monde chrétien.

L'idée d'une expédition pour la délivrance des Lieux-Saints était dans tous les esprits.

Un pèlerin, nommé Pierre l'Ermite [1], échappé par miracle aux mauvais traitements des Infidèles, donna le signal de la guerre sainte : pieds nus avec un crucifix de bois dans les mains, il parcourt les campagnes entraînant à sa suite une foule enthousiaste qui demande avec empressement à marcher à la délivrance du saint Sépulcre. « Il semblait qu'il n'y eût plus d'autre route à prendre pour aller au ciel que le chemin

---

(1) Les historiens ont beaucoup disserté sur le lieu d'origine de Pierre l'Ermite qu'ils placent, soit dans l'Amiénois, soit à Achéry, dans le Laonnais ; ce lieu nous parait tout naturellement indiqué par le voisinage des lieux d'origine des Chefs qui accompagnaient l'ardent prédicateur et par la qualification de Pierre d'Achères, qui est donnée à Pierre l'Ermite par Orderic Vital, son contemporain. Le village d'Achères n'est distant que de quelques kilomètres des fiefs de Poissy, de Maule et de Boissy-sans-Avoir, dont les seigneurs se tinrent constamment aux côtés de Pierre l'Ermite. « Petrus de Acheris, monachus doctrina et largitate insignis, de Francia peregre perrexit, et GALTERIUM DE PEXEIO, cum nepotibus suis : Galterio cognomento Sine-Habere et Guillelmo, Simone et Matthæo, alliisque præclaris Gallorum militibus ». (Orderic Vital, lib. IX, p. 477).

de la Palestine ; chacun quittait avec joie ce qu'il avait de plus cher, pour aller combattre les infidèles ; c'était à qui le premier attacherait son nom à cette glorieuse croisade » [1].

La bannière de Maule y devait flotter à l'avant-garde.

Elle était portée par un petit-fils de Pierre de Maule, Gauthier, surnommé Sans-Avoir, qui accompagné de ses deux frères, Guillaume et Simon, et de Mathieu, son cousin, ouvrait, avec quatre autres chevaliers et des hommes de pied, la marche à un corps d'armée d'une quinzaine de mille hommes que commandait son oncle, Gauthier de Poissy (2). Derrière eux, s'avançait une foule confuse de pauvre peuple qui, sous la conduite de Pierre l'Ermite, traînait dans des chariots ses minces provisions et jusqu'à ses jeunes enfants.

Ce fut le 8 mars 1096 que partirent ces généreux mais imprudents éclaireurs.

Ils arrivèrent à Cologne le samedi de Pâques qui, cette année-là, tombait le 12 du mois d'avril. Après avoir célébré sous les murs de la ville la fête du Seigneur, et pris quelques jours de repos, l'armée, grossie d'une foule d'Allemands de tout âge et de tout sexe, reprit, dans le même ordre de bataille, sa marche en avant. Pauvre armée qui ne devait pas arriver jusqu'à cette sainte Jérusalem, vers laquelle elle se hâtait avec une foi si ardente, qu'à chaque ville, aperçue sur la route, elle demandait à ses chefs si ce n'était pas la cité où tendaient tous ses vœux !

Les croisés traversèrent ainsi toute l'Allemagne et la Hongrie ; mais les provisions s'étaient épuisées, le manque de vivres les força à piller les troupeaux des habitants ; la faim et la misère commencèrent à décimer l'armée.

Bientôt, son chef lui-même, le vaillant Gauthier de Poissy, écrasé par les fatigues et les responsabilités d'une pareille expédition, tomba dangereusement malade ; et ce fut à grand peine qu'il put arriver jusqu'à Philippopolis, en Bulgarie, où

---

(1) Unde multi vehementer accensi, cruce Domini accepti omnia sua reliquerun et quasi ad epulas festinantes, iter in Jerusalem arripuerunt. (Orderic Vital, lib. XI, p. c. 9).

(2) Nous avons vu Gauthier de Poissy figurer comme témoin à la charte donnée par Pierre de Maule à l'abbaye de Saint-Evroult : « Filii enim ejus affuerunt : Ansoldus, Tedbaldus et Guillelmus, generique ejus Gualterius de Pexeio et Baldricus de Drocis, proceresque de Manlia Hugo et Stephanus ». (Orderic Vital, lib. V).

la mort, après plusieurs jours d'indicibles souffrances « le vint prendre pour l'offrir en holocauste au salut de l'armée ». Car, ajoute le pieux chroniqueur, lorsqu'on « ensevelit Gauthier, on découvrit sur la chair le même signe de croix qu'il portait sur son vêtement. Le duc de la ville, ayant eu connaissance de ce miracle, vint au camp des croisés, et, après avoir fait transporter le corps de Gauthier pour l'inhumer en terre bénite, il permit aux pèlerins, avec la faculté de s'y approvisionner, l'entrée de la ville, qu'il leur avait précédemment interdite. » (1)

On était au mois de juillet : la chaleur était accablante et la misère était plus grande encore.

L'intrépide Gauthier-sans-Avoir (2), entraînant les Français à sa suite, reprit néanmoins le chemin de l'Orient. Après deux mois de dures fatigues et de noire misère, il parvint, avec les débris de sa troupe, à atteindre les murs de Constantinople, où le rejoignit, au mois suivant, l'armée de Pierre l'Ermite, considérablement affaiblie par les privations de toutes sortes. « Les deux corps d'armée se confondirent dans les transports de la joie la plus vive ; et, dans leur impatience de joindre l'ennemi, les croisés demandèrent à passer immédiatement en Asie.

En vain, Gauthier les engagea d'attendre l'arrivée des princes croisés, en leur représentant tous les périls auxquels l'armée allait s'exposer dans un pays qui lui était inconnu ; rien ne put contenir l'ardeur aveugle des soldats qui en vinrent à accuser leur général de manquer de courage parce qu'il prévoyait des revers.

---

(1) On a, depuis lors, beaucoup abusé de ce pieux stratagème de la croix marquée sur la chair.

(2) Guillaume de Tyr désigne Gauthier par le surnom de « Sans-Avoir » « quidam Gualterus cognomento Sensaveir, vir nobilis et in armis strennus. » [Lib. I, apud Bongars, p. 642]. Les autres historiens emploient pour le désigner, les mots « Sine habere, Sine pecuniâ. » Les vieilles chroniques françaises l'appellent « Sensavehor, senzaveir. » [Michaud, Hist. des croisades liv. II, p. 134]. Orderic Vital qui fut le contemporain de Pierre de Maule et qui connut tout particulièrement la famille de ce seigneur, parle en ces termes de la parenté de Gauthier Sans-Avoir avec la maison de Maule... « Rodbertus de Manlia cum Hugone SINE-HABERE, consobrino suo. » [Orderic Vital, lib. XI, p. 213]. La seigneurie de Boissy Sans-Avoir, représentée aujourd'hui par un village de même nom, était située entre Maule et Montfort-l'Amaury. — Dès l'an 1058, « Hugo de Sine-Habere » fut le témoin d'un acte de Hugues comte de Meulan en faveur de l'abbaye du Bec. [Mabillon, Ann. saint Benoît, t. V]. Les seigneurs de Boissy-Sans-Avoir, portèrent à la suite des croisades une croix sur leur écu. Le prieur de Mondonville leur donne pour armes : « de gueules à la croix d'argent ».

De son côté, l'empereur Alexis n'était pas fâché de délivrer sa capitale du voisinage de ces hôtes turbulents; il s'offrit à les faire transporter par ses vaisseaux au-delà du Bosphore.

L'armée fort affaiblie ne comptait plus que 30,000 combattants.

Parvenus sur cette terre vers laquelle avaient tendu tous leurs efforts, les croisés marchèrent immédiatement sur Nycée; mais l'émir de cette ville, prévenu, croit-on, par des émissaires d'Alexis, dont l'astucieuse politique s'accommodait aussi mal de la présence des chrétiens que de celle des musulmans, se hâta de rassembler des troupes et se porta au-devant des soldats du Christ. Ayant dissimulé une partie de son armée derrière une colline boisée, l'émir, avec le reste de ses cavaliers, attendit dans la vallée de Civitot la pauvre armée de Gauthier-*sans-Avoir* qui, composée presque uniquement d'hommes de pied, s'avançait tumultueuse, mal armée et plus mal éclairée encore.

Attaqués à l'improviste, les croisés se défendirent d'abord vaillamment; mais, l'ennemi ayant l'avantage du nombre et de la position, ils furent bientôt enveloppés et mis en déroute.

Le carnage fut horrible. Gauthier tomba percé de sept flèches qui traversèrent sa cotte de mailles criblée de coups.

Trois mille hommes à peine, sous la conduite des frères de Gauthier, Guillaume et Simon-*sans-Avoir*, purent échapper à la mort en se réfugiant dans un vieux château démantelé, voisin de la mer; et, de toute cette armée « dont les soldats, lors du départ, couvraient la surface de la terre comme d'innombrables sauterelles », il ne resta plus qu'un monceau d'ossements qui, dans la plaine de Nycée, devait montrer aux autres croisés le chemin de Jérusalem (1).

A son écu, la maison de Maule ajouta une bordure de deuil.

---

(1) Michaud, Hist. des Croisades.

XV

ROBERT DE PARIS

Pendant que l'armée populaire jalonnait de ses morts le chemin de la Palestine, l'armée des chevaliers s'organisait et se préparait au départ.

A sa tête, étaient les guerriers les plus renommés de l'époque : Godefroy de Bouillon, Hugues de Vermandois, Robert de Flandre, Robert duc de Normandie, qui avait emprunté dix mille marcs d'argent pour payer son voyage, Etienne, comte de Blois, qui possédait autant de châteaux que l'année compte de jours, Eustache de Boulogne et son frère Baudouin, le futur roi de Jérusalem ; puis venaient Hugues de Saint-Paul, Pierre de Toul, Evrard de Puisaye, Raoul de Beaugency, Yves et Albéric, fils de Hugues de Grandmesnil, l'un des plus grands barons de Normandie, Odon, évêque de Bayeux, Conon de Montaigu, Gérard de Chérisy et quarante mille chevaliers bannerets accourus de tous les points de la France.

La famille de Maule y était représentée par deux de ses membres : Grimold, qui avait suivi le comte de Blois, et Robert, que les historiens des croisades ont à tort décoré du titre de *comte* de Paris (1).

(1) Michaud, Hist. des Croisades, t. I, p. 196.— Peyré, Hist. de la première Croisade, t. I, p. 264.— Le titre de Comte de Paris était éteint depuis le X° siècle et nulle autre famille que celle d'Ansold-le-Riche, ne portait le nom de Paris « Ansoldi Divitis Parisii » Guillaume de Tyr ne désigne d'ailleurs ce chevalier que par la qualification de « Vir in armis strenuus » Aucune des maisons de l'Ile-de-France, voisines de Paris, n'avaient de membres portant ce nom de Robert que l'on trouve à cette époque fréquemment porté par les enfants de la maison de Maule qui le tenaient de leur grand-oncle maternel, Robert Mauvoisin, fils ainé de Raoul-le-Barbu seigneur de Rosny.— Guillelmus de Manlia et Rodbertus nepos ejus [Orderic Vital, lib. V, p. 456].— Rodbertus filius Hubelinæ [Orderic Vital, lib. V, p. 449].— Gillelmus Ansoldi frater et Rodbertus nepos ejus [Orderic Vital, p. 450].— Rodbertus de Manlia, cum Hugone sine Habere consobrino suo [Orderic Vital, lib. XI, p. 213]. Robert de Maule etait aussi le nom que portait le fils de Guarin auteur de la branche d'Ecosse.

Les croisés traversèrent toute l'Europe en suivant le cours du Danube, et attendirent, sous les murs de Constantinople, les Normands et les Aquitains qui traversaient les Alpes pour gagner les côtes d'Italie et, de là, devaient s'embarquer pour la Grèce, où vingt mille chevaliers et autant d'hommes de pied, conduits par Bohémond, fils de l'illustre Robert Guiscard, les rejoignirent bientôt.

Mais, après avoir sollicité les secours des princes chrétiens, Alexis Comnène, qui savait mieux qu'un autre ce que peut conseiller l'ambition, ne tarda pas à se repentir d'avoir attiré chez lui cette multitude de guerriers qui pouvaient devenir de dangereux voisins. Il a d'abord recours à la trahison pour les éloigner de ses Etats, puis un hypocrite projet germe dans cet esprit tortueux : il feint de vouloir adopter pour son fils Godefroy de Bouillon, le chef acclamé de l'expédition, espérant à la faveur du serment de fidélité et d'obéissance qu'en échange il demandait aux croisés, n'avoir plus rien à craindre d'eux, et profiter au contraire de leurs futures victoires.

Comme Alexis avait déjà un successeur, Godefroy, dont la grande âme ne pouvait comprendre ces basses intrigues, ne voulut voir dans cette adoption qu'une sorte d'alliance ou de lien féodal. Plus clairvoyant, Bohémond, qui venait de débarquer avec tout ce que la Pouille et la Sicile comptaient d'illustres chevaliers, offrit alors aux princes français son concours le plus énergique pour jeter bas l'empire grec.

Mais Godefroy n'avait pris les armes que pour combattre les Infidèles. Il écarta cette virile proposition et crut mieux atteindre son but en s'assurant le concours d'Alexis, dont l'ambassade de Bohémond avait redoublé les alarmes et qui s'empressa d'envoyer son propre fils en otage au camp des croisés. Godefroy se décida donc à porter son hommage à l'empereur. Accompagné des principaux chefs de l'armée, il se rendit au palais où Alexis, environné d'un pompeux cortège, s'efforçait de cacher sa faiblesse sous les dehors d'une vaine magnificence.

Par ordre de préséance, les chefs des croisés défilèrent devant le trône impérial et saluèrent, en fléchissant le genou, « cette majesté muette et immobile ».

Ce fut alors que, bondissant d'indignation, l'un des chevaliers présents s'alla fièrement asseoir à côté de l'empereur.

Baudouin de Hainaut, surpris de l'audace de ce guerrier, le tira par la manche, et rejetant sur les usages du pays le cérémonial imposé aux assistants, lui demanda la cause de cette manifestation.

— Il ne sera pas dit, se contenta de répondre le chevalier, en désignant l'empereur, que ce *rustre* se sera seul assis, pendant que tant d'illustres capitaines sont restés debout.

Celui qui parlait ainsi, — le *Robertus Parisiensis*, d'Albert d'Aix, — était un cousin de l'infortuné Gauthier-sans-Avoir, que la trahison, vraie ou supposée d'Alexis, avait couché dans la plaine de Nycée sous les cadavres de vingt mille croisés.

L'intention de prendre directement l'empereur à partie était bien évidente; car lorsque Alexis, après s'être fait expliquer par son interprète la réponse du vaillant chevalier, demanda à Robert quelles étaient sa naissance et sa patrie, celui-ci lui jeta cette rude apostrophe :

— Je suis Frank et soldat comme mes aïeux, qui sont d'ancienne noblesse......! (1)

Puis, la main sur son épée :

— Dans mon pays, il est près de l'église, un carrefour où, ceux qui désirent montrer leur valeur et se faire un nom dans la carrière des armes, vont attendre l'adversaire digne de les combattre... J'y ai souvent passé de longues heures sans que personne osât se mesurer contre moi (2).

---

(1) « Φράγγος μέν εἰμι καθαρός, τῶν εὐγενῶν. » [Anna C. Alexias, l. X, c. 10]. Littéralement. « du pur sang des nobles ».— Les historiens occidentaux, interprétant la réponse de Robert de Paris dans le sens le plus large, firent de ce personnage un comte de Paris. Mais une récente édition d'Anne Comnène, par M. Reifferscheid, permet d'offrir une traduction plus satisfaisante de ce passage. En effet, le texte original, dans la scène du serment avait été ainsi traduit par le P. Poussines : « Jurejurando jam concepto, unus quidam inter comites (omnes) sane nobilis...consedit. Dans la nouvelle traduction, ce passage, dont la construction grammaticale laissait à désirer, a été corrigée ainsi : « Ubi jusjurandum ab omnibus comitibus jam datum est, nobilis quidam ausus est... sedere »; ce qui, au lieu de l'expression « noble parmi les comtes » appliquée à Robert de Paris, ramène la condition de ce chevalier à celle d'un simple membre de la famille de Paris, auquel son illustre naissance permettait de s'asseoir « parmi les nobles comtes ». (Cte Riant : Bulletin de la société des antiquaires, 1879, p. 58, 60).

(2) Il existait à Maule, auprès de l'église de Notre-Dame un enclos nommé « l'Arpent franc » où avaient lieu les montres d'armes, les tournois et les réjouissances militaires.

Tous les cœurs, — sinon toutes les mains, — des chevaliers présents durent battre à ces fières paroles, car les Francs ne pardonnaient point à Alexis, qui leur avait donné maintes fois déjà des preuves manifestes de sa mauvaise volonté, de ne pas partager leur enthousiasme pour la croisade.

L'empereur se garda bien de relever ce défi, et s'efforça de cacher sous cette réponse sa surprise et son dépit :

— Si vous attendiez alors des ennemis sans en trouver, vous allez avoir maintenant de quoi vous satisfaire; mais, croyez-en mon expérience, car j'ai appris comment il faut se battre contre les Turcs, ne vous mettez jamais à la tête ni à la queue de l'armée; demeurez au centre de bataille; c'est la meilleure place que vous puissiez choisir.

Anne Comnène, qui dans ses *Mémoires* n'enregistre cet incident que pour opposer à la politesse byzantine la soi-disant rudesse des Occidentaux, ne nous dit point quelle fut l'attitude de Robert après cette évasive réponse; elle ajoute seulement que pour n'avoir pas suivi les conseils d'Alexis, le « présomptueux chevalier » fut grièvement blessé à la bataille de Dorylée (1).

Rapprochant cette anecdote d'un passage d'Albert d'Aix, Du Cange et, après lui, tous les historiens des Croisades, prétendent même que Robert de Paris fut tué d'une flèche ou, au moins, mourut des suites de la blessure qu'il avait reçue à Dorylée ; et, sur ce triste évènement, ils nous fournissent les détails suivants :

« Les croisés, après avoir traversé le Bosphore et vengé la mémoire de Gauthier-sans-Avoir par une sanglante défaite infligée aux troupes du sultan de Nycée, crurent devoir se partager en deux corps afin de mieux assurer les subsistances dans un pays où le manque de vivres commençait à se faire sentir : le gros de l'armée partit sous la conduite de Godefroy de Bouillon et du comte de Vermandois, l'autre corps, moins considérable, suivit la bannière de Bohémond et du duc de Normandie.

En apprenant, par les espions qu'il entretenait dans le camp des chrétiens, les dispositions prises par les croisés, le sultan Kilidge, résolut de prendre sa revanche des défaites précé-

---

(1) Anna Com. l. XI, c. 3.

dentes. Masqué par des collines, il laissa Bohémond établir son camp dans la vallée de Gorgoni et, pendant la nuit, l'enveloppa de telle sorte que, suivant l'expression du chroniqueur, Raoul de Caen, les chrétiens se trouvèrent au lendemain matin « emprisonnés comme dans un cirque ». L'armée des Musulmans comptait, dit-on, 360,000 combattants ; celle de Bohémond ne se composait que de 10,000 chevaliers et d'environ 20,000 hommes de pied.

De part et d'autre, l'acharnement fut terrible et, du côté des chrétiens, la résistance désespérée.

Bientôt on vit tomber, percé d'une flèche, le brave Robert de Paris, que l'on croit être le même seigneur qui s'était insolitement assis sur le trône impérial pendant la cérémonie de l'hommage (1). A côté de lui, tomba aussi, mortellement blessé, Geoffroy d'Aspremont (2), et quarante de leurs compagnons s'entassèrent autour d'eux (3). Pendant cinq heures, les chevaliers normands soutinrent ainsi le poids du combat, et quand arriva Godefroy de Bouillon à la tête de ses chevaliers, 2,000 croisés avaient succombé sous le fer des Musulmans qui, à leur tour, laissèrent plus de vingt mille des leurs sur le champ de bataille (4) ».

Les chroniques ne nous ont point appris si Robert mourut de sa blessure.

Mais s'il ne fut point accordé à l'intrépide chevalier la joie d'entrer dans la Ville-Sainte, au moins la maison de Maule y fut, au jour du triomphe, représentée par trois de ses enfants : Grimold qui, suivant Orderic Vital, put revoir sa famille et son pays « après avoir éprouvé dans son voyage beaucoup d'accidents fâcheux » (5), et les deux frères de Gauthier-*sans-*

---

(1) Ce chevalier est devenu le héros de l'un des romans de Walter Scott.

(2) La seigneurie d'Aspremont était située entre Maule et Pontoise. La présence de Robert de Paris et de Geoffroy d'Aspremont combattant sous la même bannière confirme ce que nous avons dit précédemment au sujet de la parenté de Robert avec la famille de Maule.

(3) Albert d'Aix, liv. II, c. 39 et 40.— Guibert de Nogent, liv. III, c. 10.— Peyré, Hist. de la première croisade, t. I, p. 346.— Michaud, liv. II, p. 230.

(4) La bataille de Dorylée eut lieu le 1er juillet 1097. Ce fut la première bataille où les Croisés entendirent le bruit des tambours qui les surprit désagréablement et surtout effraya beaucoup leurs chevaux : Tympanorum sonus horribilis . (Guillaume de Tyr).

(5) Grimold, nepos et hæres Stephani de Manlia... Hic in Jerusalem cum Stephano Blesensi comite perrexit, in itinere illo multa gravia pertulit, et inde reversus legitime vexit. (Orderic Vital, lib. V, p. 463).

Avoir, Guillaume et Simon(1) que nous retrouverons, à la funeste bataille de Ramla, justifiant par un patriotique dévouement la devise de leur maison, et payant généreusement de leur vie le salut du royaume latin :

Par la grandeur d'âme... *Nul avant li Mole!...*

XVI

LA BATAILLE DE RAMLA

Deux ans après la prise de Jérusalem, il ne restait plus, en Palestine, de cette multitude de guerriers venus en Orient avec Godefroy de Bouillon, qu'environ deux mille hommes d'infanterie et trois cents chevaliers.

Les autres croisés, voyant leur vœu accompli, étaient repassés en Europe : Grimold de Maule fut de ceux-ci.

Mais Guillaume et Simon-sans-Avoir s'attachant complètement à la fortune de leur chef, étaient demeurés en Palestine où la seigneurie du Puy leur avait été dévolue pour prix de leurs services et de leur fidélité. C'est là que nous les retrouvons, au moment où la nouvelle parvint à Jérusalem que les Musulmans, qui semblaient anéantis depuis la bataille d'Ascalon, envahissaient de nouveau les territoires de Lidda et de Ramla.

Le roi Baudouin, que la voix unanime des croisés avaient proclamé successeur de Godefroid, rassembla à la hâte quelques chevaliers et, avec plus de générosité que de prudence, s'élança au secours des villes menacées.

Guillaume et Simon, Etienne de Blois et Herpin de Bourges accompagnaient le monarque dont l'escorte, forte à peine de

---

(1) Orderic Vital, lib. X, p. 133 et 134.

deux cents chevaliers, tomba au milieu d'une armée de vingt mille Musulmans. Sans s'étonner du nombre et malgré les représentations de quelques-uns des seigneurs de sa suite, Beaudouin charge vigoureusement l'ennemi. Dès le premier choc, les chrétiens sont enveloppés et ne doivent plus songer qu'à une mort glorieuse. Le comte de Blois, le comte de Bourgogne et cent autres barons tombent ou sont faits prisonniers. Cependant le roi, entouré de quelques fidèles, parvient à se dégager du cercle de fer qui l'étreint et, le soir, arrive presque seul jusque sous les murs de Ramla.

La garnison était peu nombreuse. Bientôt apparut cette affreuse réalité que tous les efforts n'aboutiraient qu'à prolonger la résistance, et qu'inévitablement le roi deviendrait prisonnier des Infidèles.

« C'est alors, dit Orderic Vital, que faisant généreusement le sacrifice de leur vie, Guillaume-sans-Avoir et les seigneurs de la suite du roi, le vinrent trouver et lui dirent :

— Prince, partez pour la ville sainte, de peur que tant de bataillons, après avoir triomphé de Ramla, ne trouvent Jérusalem sans défenseurs, quand ils l'attaqueront, et ne détruisent la mère avec tous ses enfants. Quant à nous, nous attendrons avec sérénité la fin de notre vie dans la confession du Christ, demandant de toute notre âme à notre Créateur que l'effusion de notre sang, en son nom, nous lave de tous nos péchés. Adieu bon Roi, partez, partez au plus vite (1).

Baudouin se rendit donc aux désirs de ses barons; accompagné d'un seul cavalier, il traversa de nuit le camp ennemi et, grâce à la vitesse d'une cavale « aussi rapide que forte » (2), il put gagner la ville de Joppé, où il se fit reconnaître de la garnison en relevant la visière de son casque.

Ayant assemblé les principaux chefs, Baudouin leur tint immédiatement ce langage :

— Guillaume-sans-Avoir, Simon, son frère, et quelques autres braves d'élite sont renfermés dans Ramla; envoyons un courrier à Jérusalem afin que tous nos frères s'arment et accourent à la délivrance de ces martyrs du Christ (3).

---

(1) Guillelmus Sine-Habere aliique omnes regi persuadere ut in Jerusalem abiret cum omni celeritate. (Orderic Vital, lib. X, p. 133).

(2) Gazella. — Cette jument était célèbre par sa vitesse; Baudoin lui dut plusieurs fois son salut et l'appelait sa gazelle. (Orderic Vital).

(3) Orderic Vital, lib. X, p. 133 et 134. Gloriosus heros Guillelmus Sine-

Tout le monde se rangeant à cet avis, le roi fit approcher un écuyer plein de *résolution* et le chargea de porter son message au patriarche de Jérusalem, lui promettant à son retour de le faire chevalier.

L'écuyer s'acquitta honorablement de la mission que le roi lui avait donnée, et mérita de recevoir l'ordre de chevalerie qui lui était promis. Mais l'assaut avait été donné par les Païens et quand, à marches forcées, l'armée de secours arriva devant la ville de Ramla, le roi ne put que venger dans le sang des Infidèles la mort des héroïques défenseurs de la ville détruite. Guillaume et Simon-*sans-Avoir* avaient trouvé dans le combat une mort glorieuse, ou furent emmenés en captivité ; car le roi, ayant poursuivi les Turcs jusque sous les murs d'Ascalon, put délivrer quelques-uns des prisonniers que les Musulmans entraînaient dans leurs fers; mais les plus illustres furent perdus et « jamais plus on ne les revit » (1).

Guillaume laissait un fils, Hugues Sanzæver ou *Sine Censu*, que nous retrouverons avec Robert de Maule et le prince Bohémond à la croisade de 1106.

La bataille de Ramla avait eu lieu le 12 mai 1102.

XVII

LA CÉRÉMONIE D'INVESTITURE

Pendant que s'accomplissaient ces glorieux évènements, Ansold de Maule commençait à ressentir les premières atteintes de la vieillesse.

Habere et Simon frater ejus, aliisque strenui optiones Ramulæ Christi martyres fiunt; et inde me, ut vos, aliisque fratres nostros ad similia confortarem, violenter emiserunt.

(1) Orderic Vital, lib. X, p. 137.— Les Musulmans n'étaient pas tendres à l'égard de leurs prisonniers: l'un des moindres supplices auxquels les croisés se trouvaient alors exposés était la perte de la vue. On sait que l'hospice des Quinze-Vingts, à Paris, fut fondé par le roi Saint-Louis pour recevoir trois cents chevaliers auxquels les Sarrazins avaient crevé les yeux.

A son retour de l'Orient, il avait épousé l'une des plus riches héritières du pays de Madrie, Odeline, fille de Raoul Mauvoisin, gouverneur de Mantes (1) et, de leur union, étaient nés sept fils et deux filles, dont les noms nous ont été conservés par Orderic Vital : Pierre, Raoul, Guarin, Liziard, Guy, Ansold, Hugues, Marie et Windesmoth (2).

Au printemps de l'année 1106, l'aîné atteignait à peine sa dixième année.

Pour assurer à ses enfants la paisible possession de son héritage, Ansold « piqué de l'aiguillon de la crainte de Dieu par l'apparition d'une comète gigantesque », résolut d'associer son fils aîné au gouvernement de la seigneurie et de le faire reconnaître pour son successeur par ses feudataires, ses voisins et ses alliés (3). A cet effet, il convoqua toute la noblesse des environs à se rendre au *chastel* de Maule.

Cet usage avait force de loi : depuis le monarque jusqu'au dernier de ses arrières-vassaux, tous les possesseurs de fiefs, malgré le droit *héréditaire* qu'ils invoquaient, prenaient alors cette précaution et, pendant les réjouissances dont cette journée d'*investiture* était, d'ordinaire, l'occasion, le père poussait souvent la déférence jusqu'à servir son fils à table, afin de bien indiquer au vassal le respect que celui-ci devait à son nouveau suzerain.

La cérémonie acquérait d'autant plus de solennité que la seigneurie avait plus d'importance.

Or, les biens du seigneur de Maule étaient considérables, et lui-même jouissait d'une grande et légitime influence. « Il

---

(1) La famille des Mauvoisin était, comme celle de Maule, l'une des plus considérables de l'Ile-de-France. Raoul-le-Barbu qui est le plus ancien seigneur connu de cette maison, vivait au commencement du XI° siècle. Il eut quatre fils : Robert, Raoul, Guiard et Guerrie. (Duchesne, Extrait de Coulomb, col. Baluze t. XXXVIII, p. 27). Orderic Vital prétend que ce furent les déprédations exercées par Raoul Mauvoisin et ses chevaliers, qui attirèrent sur la ville de Mantes la colère de Guillaume le Conquérant en 1087. (Orderic Vital, lib. VII).

(2) Ces noms sont très caractéristiques. Ils rappellent ceux des ancêtres de la famille, Garin-le-Vieux, Ansold-le-Riche, Pierre de Maule, Raoul-le-Barbu, seigneur de Mauvoisin; Hugues est le nom du père de Gauthier-sans-Avoir, Hugo sine Avere , qui fut témoin en 1058, d'un acte de Hugues, comte de Meulan. Liziard était le nom du fils d'Ansold de la branche de Paris, et Windesmoth celui de la mère d'Ansold de Maule.

(3) Anno ab in carnatione Domini M° C° VI, in fino februarii, quando cometa, longissimum crinem emittens, in occiduis partibus apparuit... Ansoldus de Manlia, stimulo divini timoris punctus... (Orderic Vital, lib. V, p. 448 et 449).

avait l'âme grande, la taille avantageuse et le corps robuste, nous dit Orderic Vital. Doué d'un esprit supérieur et possédant au suprême degré le mérite militaire, il savait dignement exercer l'autorité qui lui était dévolue. Equitable dans ses jugements, éloquent dans la discussion, ami de la vérité, il se montrait dans la connaissance des choses passées presque l'égal des philosophes anciens qu'il avait étudiés dans leurs sources, et dont il recherchait les beautés avec la même ardeur qu'il apportait à la réfutation des narrations mensongères [1]. Aimé et respecté de ses voisins, il avait fait de sa baronnie de Maule, non seulement le centre d'action, mais encore le foyer intellectuel de l'ancien pays de Madrie ».

L'affluence était donc considérable au château de Maule, quand vint le jour fixé pour la cérémonie de l'investiture.

Le baron se tenait dans la grande salle voûtée avec sa femme, Odeline, et leurs fils encore adolescents. Autour d'eux, se pressaient : Thetbold de Maule et Guillaume de Palmort, frères d'Ansold, Robert de Maule, son neveu, Guibold son beau-frère, fils de Raoul Mauvoisin, Baudry de Dreux et Hugues de Voisins, époux de ses sœurs Eremburge et Hersende, Amaury de Montfort, Simon de Neaufle, Hugues-sans-Avoir, Gerold, l'homme de guerre surnommé la *Côte-de-Fer,* Gislebert de Goupillières, Goislen de Mareil et son frère Albéric, Odon Paganus, sénéchal de Meulan, Hugues-le-Roux, seigneur de Fresne, Germond de Montfort l'Amaury, Adezelus de Gazeran, Guillaume-de-Richebourg, Etienne de Garancières, Goifred de Marcq, Nivard de Hargeville, Amaury de Beauvoir, Garibold de Jumeauville et une foule d'autres chevaliers accompagnés de leurs serviteurs et des hommes d'armes de la baronnie.

Un seigneur de grand renom avait encore promis son concours au vieux baron, et chacun des assistants s'entretenait des exploits de cet aventureux étranger.

Le prince Bohémond, l'hôte attendu, était le héros du siège d'Antioche, de la bataille de Doryiée et de la prise de Jérusalem. Sa vie était tout un roman d'aventures : prisonnier des Turcs, la fille de l'émir lui avait ouvert les portes de sa prison ; fugitif, il avait traversé la flotte ennemie couché dans un cer-

---

(1) En sententiis disserendis audax ac facundus, atque philosophis pene adæquendus. (Orderic Vital, lib. V, p. 446).

cueil ; chrétien reconnaissant, il était venu en France accomplir au tombeau de saint Léonard (1) le vœu qu'il avait contracté dans sa prison en invoquant le secours de ce protecteur des captifs de guerre. A Rome, lors de son passage, le Pape lui avait remis l'étendard de saint Pierre ; en France, le roi Philippe Ier l'avait fiancé à sa fille Constance ; et, se rendant à Chartres où devait être célébré son mariage, il profitait de l'occasion qui lui était offerte par la résolution du seigneur de Maule, pour acquitter la dette de reconnaissance contractée par sa maison envers l'ancien compagnon de son père.

Sachant que les chartes de cette époque empruntaient leur plus grande valeur au nombre et à la qualité des témoins, Bohémond venait à Maule « fortifier par l'autorité de sa présence » l'acte solennel que méditait le vieux baron.

Ansold avait connu tout enfant celui que les Musulmans, dans leur langage imagé, avaient surnommé *le petit Dieu des chrétiens*. Il allait le revoir dans tout l'éclat de la jeunesse et de la beauté. Grande fut donc sa joie quand le cor du guetteur placé au sommet du mont *Gardien*, lui annonça l'arrivée du héros.

Bohémond, précédé des cris de joie du peuple et suivi d'une brillante escorte à laquelle s'étaient joints au passage les seigneurs des *Alleux* (2), fit à Maule une entrée triomphale : le grand manteau écarlate qu'il portait sur son armure lui donnait l'air d'un roi.

L'enthousiasme des nobles hommes qui assistaient le seigneur Ansold n'était pas moindre que l'admiration des « gens de *poest* ».

La réception fut pompeuse.

D'abord, afin de mettre son âme en paix avec Dieu, le baron, accompagné de tous ses chevaliers, se rendit en l'église paroissiale Notre-Dame de Maule et, après avoir entendu une messe solennelle, célébrée par le prieur Guitmond assisté de tous ses religieux, Ansold se transporta en la cour du monastère, et termina par un arrangement amiable certaines difficultés

---

[1] A Saint-Léonard-le-Noble, en Limousin.
[2] Les Alleux étaient des terres exemptes de droits féodaux, à charge seulement de service militaire. Les habitants du village des Alluets-le-Roi, dont il est ici question se disaient tous seigneurs. En fait, et de temps immémorial, ils jouissaient de grandes prérogatives qui, depuis, leur furent confirmées par une charte du roi Louis VII.

pendantes entre la baronnie et le prieuré. Puis, en présence de tous ses barons réunis dans le dortoir du couvent, il confirma toutes les donations déjà faites au monastère, tant par son père que par les hommes de son fief, en ajoutant une riche aumône aux libéralités antérieurement faites [1]. Odeline, sa femme, et ses deux fils, Pierre et Raoul, comme témoignage de leur approbation, déposèrent sur l'autel de sainte Marie, auprès du missel, la charte qui fut dressée à ce sujet [2].

De retour au château, et après un repas somptueusement servi, la cérémonie de l'investiture commença. Ansold fit asseoir son fils aîné sur son propre siège, et lui mettant à la main la verge dorée qui était le signe de son commandement, le déclara héritier de la baronnie.

Le jeune Pierre de Maule avait sur la tête le *tortil* de baron ; sa chemise était brodée d'or au col et aux poignets ; il portait un sarrot de *barracan*, un surcot d'*isambrun* fourré de *menuvair* et sur ses épaules était jeté un grand manteau de *pers*. L'épée de son père était posée sur ses genoux dans un fourreau de toile semé de croisettes d'or [3].

En « cet équipage », Goislen de Mareil, remplissant les fonctions de héraut et d'écrivain, lui fit, de la manière accoutumée, rendre *hommage* et prêter serment de fidélité par tous les hommes d'armes de la baronnie.

« Chaque possesseur de fief ayant dégraffé sa ceinture, ôté son épée et son poignard, étant nu-tête, sans gantelets et sans éperons, vint, un genou à terre, mettre ses mains dans les mains de son jeune *suzerain*, et lui jurer, sous peine de la vie, de l'aider en toutes circonstances et d'argent et de troupes, de payer sa rançon et celle de ses fils s'ils étaient faits prisonniers, de le suivre au milieu des périls et de se présenter comme otage s'il tombait entre les mains de ses ennemis, de ne point souffrir qu'il fût fait aucun tort à sa personne, à son honneur,

---

(1) Deinde coram cunctis baronibus suis, qui in dormitorio monachorum congregati aderant, omnia quæ Petrus, pater ejus, pro antecessoribus suis Ansoldo et Guarino aliisque parentibus suis, dederrant Ecclesiæ Dei et sanctæ Mariæ Manliæ concessit.

(2) Orderic Vital, lib. V, p. 451.

(3) Le « pers » était du drap d'un bleu foncé ; « l'isambrun », une étoffe de laine assez belle, teinte en marron ; et le « baracan », une étoffe chaude fabriquée avec du poil de chameau, elle était apporté d'Orient. Le « vair » était une fourrure composée de peaux d'hermines et de belettes coupées en lozanges.

ni à ses biens, de venger toute espèce d'outrage fait à sa femme, à sa fille ou à sa sœur, enfin de loyalement et à toujours fournir le service de son fief, comme bon et loyal chevalier doit faire envers en son suzerain et droiturier seigneur. »

C'était *l'hommage* lige.

Ce à quoi, le jeune baron « interpellé de bailler sa foy », répondait à chacun de ses hommes en le baisant sur la bouche : « — Je te la baille ». Puis le vassal, ayant reçu de son seigneur l'objet qui était la marque de son fief, lui remettait un marc d'argent (1).

Ainsi firent : Guillaume et Thedbold, frères d'Ansold, Robert de Maule, son neveu, Guibold, chevalier, fils de Raoul Mauvoisin, Hugues de Mareil, Odon Paganus, Gislebert, fils de Aimon, Odon, fils de Gualon et ses fils, Pierre et Arnoult, Foulques, fils de Foucher, et ses neveux Josfred et Odon, Grimold fils d'Alman, Gautier fils de Foulques (2).

Et, au fur et à mesure de leurs déclarations, l'*adveu* (3) de tous ces nobles hommes se trouvait consigné en une charte qui devait être conservée au *thrésor* de la baronnie dans la grande tour carrée du château.

Pierre, fils d'Ansold, était désormais baron de Maule.

XVIII

LE PRIEURÉ DE SAINT-LÉONARD

Bohémond, tout entier à la cause de Jérusalem, ne put voir alors tous ces chevaliers, réunis autour du baron du Maule,

---

(1) Collection Filassier, « Titres de la baronnie ».

(2) Tunc Ansoldus Petrum primogenitum hæredem totuis possessionis suæ constituit, et ipse puer, Goislem Maroliensi caraxante et præconante, homagium et fidelatem Manlianorem equitum recepit [Orderic Vital, lib. V, p. 450].

(3) A l'origine des fiefs, l'acte d'hommage ne s'écrivait pas, il se faisait par le vassal entre les mains du seigneur suzerain, au moyen d'un simple

sans chercher à les intéresser en faveur de la cause à laquelle il avait voué sa vie entière.

Il raconta à ces guerriers les merveilles des pays lointains qu'il avait parcourus, et, sous l'empire de la foi ardente qui l'animait, il leur dépeignit d'une façon si véhémente les avantages d'un établissement dans ces belles et fertiles contrées, dont les Musulmans occupaient encore de vastes territoires, que tous les assistants s'écrièrent d'une seule voix : — Dieu le veut !... Dieu le veut.

Bohémond, à l'instant, déchirant son manteau de pourpre, en fit des croix qu'il distribua aux assistants.

Robert de Maule, Hugues-*sans-Avoir* son cousin, Raoul de Pont-Chartrain, Amaury de Montfort, Simon d'Anet et une foule de seigneurs présents accompagnèrent ainsi Bohémond jusqu'en la ville de Chartres, où de nouveau croisés, entraînés par leur exemple et gagnés par l'éloquence de leur chef, vinrent grossir les rangs de cette sainte milice (1).

De grandes choses, en effet, avaient été accomplies en Orient ; mais beaucoup encore restaient à réaliser.

Les divers Etats fondés par les croisés étaient entourés et comme assiégés, par d'innombrables ennemis que les défaites ne décourageaient pas, et dont les forces se trouvaient continuellement renouvelées par les renforts incessants que leur fournissaient de nouvelles hordes d'infidèles venant du fond de l'Asie pour chasser les chrétiens de la Palestine. Ce furent ces troupes à demi-sauvages que les nouveaux croisés eurent à combattre. Déjà, leur valeur avait été mise à l'épreuve au siège de la ville de Durazzo entrepris par Bohémond, mais où leur impatience n'avait pu se contenter « de se battre contre des murailles ».

Souvent vainqueurs, quelquefois vaincus, mais toujours prêts à combattre, les soldats de Bohémond s'illustrèrent par de grands mais stériles faits d'armes.

Dans l'une des journalières rencontres qui marquaient cette guerre d'extermination, Robert de Maule fut blessé et fait prisonnier. Ses frères d'armes, le croyant tombé sous les

---

serment de fidélité ; plus tard, les seigneurs recevaient la foi de leurs vassaux puis ils en faisaient expédier des lettres qui étaient adressées à leurs officiers de justice ; ces lettres étaient scellées par le secrétaire ; dans la suite chaque vassal fut obligé de consigner par écrit qu'il tenait son fief de tel seigneur et à telles conditions : cet acte se nomma « aveu ».

(1) Orderic Vital, lib. XI, c. 9.

coups des Sarrazins, rapportèrent en France la nouvelle de sa mort, de sorte que pendant bien des années « les quatre murailles d'un cachot furent son unique horizon ». Alors, n'espérant plus rien des hommes, Robert se tourna vers Dieu. Il invoqua saint Léonard et promit solennellement au Seigneur, s'il recouvrait la liberté, de quitter la profession des armes et de bâtir, dans la baronnie de ses pères, une chapelle au patron des prisonniers (1).

Saint Léonard l'entendit comme il avait entendu Bohémond.

Pendant trois nuits, il apparut en songe à Guillaume de Palmort et l'avertit que le fils dont il pleurait depuis si longtemps la mort, gémissait en captivité. Guillaume, plein de foi en l'intervention du saint, s'occupa aussitôt de réunir la somme nécessaire à la rançon. Il engagea pour vingt livres d'argent, à sa sœur Eremburge, la portion de dîme qu'il avait reçue pour sa part dans l'héritage paternel et cette somme, confiée à un vieux serviteur de la famille, fut employée au rachat du captif (2).

Robert, après avoir fait ses dévotions au tombeau de son libérateur, songea aux moyens d'accomplir son vœu.

La baronnie de Maule, comme toutes celles qui relevaient directement de la couronne, se composait de trois chatellenies et était indivisible. Dans celle de Palmort, possédée à titre

---

(1) Saint Léonard était un jeune seigneur de la cour du roi Clovis Ier, son père appartenait à la première noblesse du royaume, et ses oncles étaient rois de Cambray et d'Arras, c'est-à-dire les plus anciens et les plus fidèles alliés du souverain. Clovis tint le jeune Léonard sur les fonds baptismaux. Après avoir porté les armes, Léonard pris d'un immense besoin de solitude se retira dans un ermitage de la forêt de Pauvain auprès de Limoges, où des herbes et des fruits composèrent sa nourriture. Le roi lui accorda le privilège de faire mettre en liberté les prisonniers qu'il jugerait dignes de sa sollicitude. Usant de ce droit de grâce qui jusqu'alors n'avait appartenu qu'au souverain, Léonard visitait les prisons et consolait les détenus. Il brisa ainsi les fers d'une foule de captifs. Après sa mort, survenue le 6 novembre 559, beaucoup de captifs continuant à implorer du fond de leur cachot le secours « du bon Léonart » rapportaient à son intervention leur mise en liberté et le tombeau du Saint était couvert de chaînes que les prisonniers venaient y suspendre comme gage de leur reconnaissance.

(2) Collection Filassier, « Titres de la baronnie de Maule ». Du consentement de Guillaume de Palmort, cette portion de dîme fut, deux ans plus tard, en 1118, rachetée à Eremburge par les moines de Saint-Evroult pour leur prieuré de Maule, moyennant X livres d'argent et III arpents de vigne: « Tunc monachi, ad redimendam decimam [quia Guillemus de Manlia in vadimonio pro XX libris eam habebat] decem libris Eremburgi dederunt et tres aripennes vineam ipsi et hæredi ejus concesserunt » [Orderic Vital, lib. V, p. 456].

d'apanage par les cadets de la famille seigneuriale, il existait encore de grands espaces de terrain laissés sans culture et couverts de buissons ou d'ajoncs épineux. A peu de distance du manoir de Palmort, se trouvaient seulement quelques *mesniées* (1) cachées dans les arbres et abritées par de grands noisetiers. A cause de sa situation, ce hameau se nommait *Le Couldray;* les habitants étaient pauvres et adonnés aux soins d'une maigre culture.

Ce fut cet endroit, presque sauvage, que choisit Robert pour y édifier sa chapelle.

A cet effet, Guillaume de Palmort « en faveur de ce fils que jamais plus il ne croyait revoir », sollicita de son frère Ansold et de son neveu Pierre de Maule, héritier présomptif de la baronnie, la concession du terrain nécessaire à l'accomplissement du vœu de Robert.

Ansold et Pierre « sans préjudice de leur service et sans « diminution de leurs droits, consentirent à Robert l'abandon « d'une pièce de terre de leur fief assise en la baronnie de « Palmort, proche le village du Couldray, pour y édifier et « bâtir un oratoire en l'honneur de Dieu et du bienheureux « saint Léonard » (2).

Les travaux commencèrent aussitôt, et la chapelle fut bénite l'année suivante.

Cet édifice était bien modeste. Il se composait d'une abside et d'une nef sans transsept ni bas-côtés. La voûte était en berceau, et les fenêtres sans ornements. Dans la pensée de son auteur, c'était un simple monument votif qui ne pouvait être appelé à une bien grande destinée.

Cependant, la nouvelle de la délivrance de Robert, que tout le monde croyait mort sur la terre étrangère, se répandit dans le pays et augmenta la confiance que les hommes de guerre et les mères en peine avaient en la miséricorde de saint Léonard (3). Des pèlerins, plus nombreux d'année en année, vin-

---

(1) Chaque famille habitant dans la campagne une maison isolée, portait le nom de « Mesniée », le mot servait à la fois pour désigner la famille et l'habitation ; d'où le nom de « Ménil », habitation des champs.

(2) Collection Filassier, « Titres de la baronnie de Maule ».

(3) Saint Léonard était invoqué non-seulement par les prisonniers mais encore par les femmes en travail d'enfant en raison du soulagement qu'il avait apporté en pareille circonstance à la reine Clotilde. Aussi les mères conduisaient leurs jeunes enfants à la chapelle du Saint afin d'obtenir de sa protection, de les voir marcher dans l'année de leur naissance.

PRIEURÉ DE SAINT-LÉONARD-DU-COULDRAY

rent en la chapelle du Couldray demander la protection de son vénérable patron. Bientôt Robert, qui n'avait d'abord édifié qu'une cellule à côté de son oratoire, put élever des bâtiments claustraux, et, dans cet ermitage, installer quelques religieux.

Ce monastère reçut le nom de Saint-Léonard-du-Couldray.

La consécration en fut faite au milieu d'une affluence considérable de fidèles par Goislen, évêque de Chartres, assisté de Milon, son chapelain, de Thibault, abbé de Saint-Chéron, de Robert prieur de Josaphat, et de Gilbert prieur de Davron. A cette cérémonie étaient présents : Pierre de Maule et son frère Raoul, Ansold d'Herbeville, Guillaume de Nogent, Milon de Neaufle avec ses deux fils, Simon-sans-Avoir, maître Payen et beaucoup d'autres seigneurs, alliés de la famille de Maule ou vassaux de la baronnie.

Et, dans cette chapelle qu'il venait de consacrer, l'évêque de Chartres, profitant de la réunion de tant de chevaliers, confirma par un acte déposé sur l'autel de saint Léonard plusieurs donations faites précédemment à différentes abbayes, par Simon, seigneur de Neaufle, ef Ève de Cernay, son épouse (1).

Par les soins des nouveaux religieux, les terres incultes, dont le seigneur de Maule dota le monastère naissant, furent mises en rapport; les habitants du Couldray, encouragés par l'exemple et guidés par les conseils des religieux de Saint-Léonard, se mirent à arracher les broussailles sur les terres que leur concéda le baron, et de belles moissons prirent la place des ronces et des chardons ; de cette époque date la mise en culture de la plaine si fertile aujourd'hui, qui s'étend entre les villages d'Andelu, de Thoiry, de Goupillières et de Jumeauville (2).

La réputation de sainteté des religieux, les résultats merveilleux qu'ils obtenaient de leurs défrichements, le bien-être que leur installation apportait dans la contrée, enfin les nombreuses guérisons dues aux connaissances médicales de ces hommes instruits, et dont ils reportaient habilement toute la gloire

---

(2) Actum publice, apud Coldreium quod est juxta Manliam anno ab incarnatione Domini M° C° L IIII, VIJ idiis Maii. [Communication de M. Brochet, d'Epône].

(3) Accord entre le prieur de Saint-Léonard et l'Abbé de Clairfontaine, relatif aux « dimes novales » auxquelles avait droit le monastère du Couldray. [Collection Filassier « Inventaire des Titres de Maule »].

à l'influence de leur patron : tout contribuait à étendre la renommée du nouveau prieuré.

Les murailles de la chapelle étaient tapissées d'une foule de tableaux, naïfs comme leur époque, d'offrandes, de prémices, de bijoux, qui étaient autant de gages de la reconnaissance de ceux dont la mise en liberté, le retour à la santé, le développement physique ou intellectuel d'un enfant souffreteux, était dû à leur foi dans la protection de saint Léonard (1).

A côté de la béquille d'un infirme, on voyait le panache d'un chevalier, la quenouille d'une pauvre femme, où l'aumônière d'une noble dame.

Satisfait de son œuvre, Robert de Maule mourut fort âgé en son prieuré de Saint-Léonard, pendant l'année 1160; il fut inhumé à côté de son père, en l'église Notre-Dame-de-Maule, dans les caveaux affectés à la sépulture de la famille seigneuriale (2); mais, afin de perpétuer la mémoire de leurs fondateurs, les religieux de Saint-Léonard placèrent dans le chœur de leur chapelle, à droite et à gauche de l'autel, un grand tableau sur lequel était peint un écusson *sommé d'un casque de front orné de ses lambrequins panachés de différentes couleurs*, avec *deux sauvages de carnation* pour tenants.

Cet écu était aux armes de la maison de Maule, avec la brisure des cadets de la famille qui remplaçait, par des *coquilles d'argent*, les *besans d'or* de la branche aînée.

---

(1) En compulsant les archives du prieuré de Saint-Léonard, j'ai retrouvé la formule d'un onguent dont Robert de Maule avait rapporté le secret de la Terre-Sainte et qui, d'après la traduction populaire, est souverain dans les cas de plaies invétérées, de panaris et de furoncles. Les vieillards de la contrée se rappellent encore les bienfaits de « l'onguent de Saint-Léonard » dont leurs mères conservaient précieusement les dernières parcelles. En voici la composition, telle qu'elle figure sur un vieux registre du prieuré : « Mettre deux livres et demie d'huile de chenevis dans une bassine sur un feu ardent ; bien remuer avec une cuiller en bois jusqu'au moment où cette huile fume ; retirer du feu et incorporer petit à petit vingt onces de savon de gemme [ou autre savon blanc] bien râpé, afin que ce savon fonde mieux; ajouter une demi-livre de céruse ou blanc de plomb, bien pilé et passé dans un tamis de soie ; bien remuer et y ajouter encore une livre de minium, bien pilé aussi et passé dans un tamis ; après incorporation complète, ce qui se manifeste quand le mélange se lève et change de couleur, remettre alors sur le feu et laisser cuire jusqu'au moment où, jetant quelque peu du mélange sur une assiette, on voit qu'il ne poisse pas les doigts quand il est refroidi ; mettre alors en pot, tout en continuant de bien remuer ; s'emploie en en faisant légèrement chauffer une parcelle qu'on étend alors sur un morceau de peau blanche et qu'on laisse sur le mal jusqu'à guérison complète ».

(2) Collection Filassier : « Procès-verbal des armes et alliances de la maison de Maule », par Chevillard, 1721, Mss.

Au-dessous de chacun d'eux on lisait, en gros caractères gothiques, la légende suivante :

ROBERT DE MAULE	GUILME DE PANMORE
Lequel fust pr. prisonier en Turquie et à son retour fonda le prieuré de Sainct-Léonard assis en la baronie de Panmore dât de l'an M• C° LX.	Lequel dona aux religieux de Saint-Léonard le fief du Couldray du consentement de son frère seing de Maulle dât de l'an M• C· XXVIJ.

La chapelle édifiée par Robert de Maule est encore debout.

De son ancienne splendeur elle n'a conservé qu'une antique statue en bois ; l'autel est pauvre, les murs sont nus, mais pour le pèlerin comme pour l'archéologue, son passé est riche de souvenirs (1).

XIX

LE TESTAMENT D'ANSOLD

Ansold ne put voir l'achèvement de la chapelle de Saint-Léonard.

A l'automne de l'année 1118, il ressentit les premières atteintes de la maladie qui devait, sept semaines plus tard, le conduire au tombeau. « Bien qu'il ne fût pas retenu au lit, puisqu'il se rendait journellement à l'église, dit Orderic Vital, et qu'il eût conservé toute la vivacité de sa mémoire et de son éloquence, il sentit néanmoins sa fin prochaine et, ne perdant pas de vue son salut éternel, voulut se préparer à paraître devant le Tribunal du Juge-Suprême. »

« Quand un prudhomme tomboit malade et se couchoit avec la pensée d'une mort prochaine, dit une vieille chronique, il

---

(1) On voit encore très distinctement, autour de la chapelle de Saint-Léonard-du-Couldray les restes des murs d'enceinte du monastère et les fondations de ses bâtiments claustraux.

ne regardoit ni à ses fils, ni à ses neveux ou cousins-germains, il faisoit venir les moines noirs de Saint-Benoît et leur donnoit tout ou partie de ce qu'il possédoit en terres, en rentes, en fours et en moulins. »

Avant donc de se tourner vers le Seigneur, et en présence de tous ses barons, Ansold rédigea en faveur du prieuré de Maule l'acte de donation suivant :

« L'an de l'Incarnation MCXVIII,

« Moi, Ansold, je confirme et concède tout ce que Pierre, mon père, pour le salut de ses ancêtres, Ansold et Guarin, et de ses autres parents, a donné à Dieu, à Sainte-Marie et aux moines de Saint-Evroult, de la même manière et aux mêmes conditions qu'il en a fait lui-même la concession.

« Je concède volontairement la dîme de Maule que mes deux sœurs possèdent dans leur mariage, savoir : Eremburge, mariée à Baudry de Dreux, et Hersende, épouse de Hugues de Voisins (1) ; car je sais que la dîme est le bien de Dieu, et qu'il a daigné la faire retenir par Moïse depuis les temps les plus reculés pour l'entretien des lévites. Ainsi je pense qu'il n'est douteux, pour aucun sage, que celui qui s'obstinerait à vivre d'une telle rapine, s'exposerait dans l'avenir à une animadversion terrible.

« Je donne en outre à Sainte-Marie l'aire des meules dans le bois de Bôle, afin que, de chaque meule, il revienne deux deniers pour les luminaires de l'église ; et quiconque fraudera ce droit paiera cinq sols au lieu des soixante deniers qu'on a payés jusqu'ici (2).

« Ma femme Odeline et mes fils, Pierre et Raoul, font la même concession (3). En conséquence, nous avons obtenu les bienfaits et la société des frères ; et en témoignage, je leur donne un cheval de cent sols qui a appartenu à Grimold de Saulx-Marchais (4), et que j'ai reçu autrefois des moines de

---

(1) Voisins-le-Bretonneux au S. O. de Versailles.

(2) Beule au N. E. de Maule. On reconnaît encore très distinctement les traces de ces carrières de meules, non-seulement dans l'intérieur du bois, mais encore çà et là aux environs.

(3) Harum itaque rerum donationem ipse et Odelina uxor ejus, et duo filii Petrus et Radulfus super aram S. Mariæ per librum Missalem imposuerunt ; præsenti quoque spactaculo cuncti milites Manliæ interfuerunt. [Orderic Vital, lib. p. 450].

(4) Saulx-Marchais est à 8 kilomètres S. O. de Maule.

Saint-Evroult (1). A l'effet de quoi, d'accord avec ma femme et mes fils, j'ai de cette concession donné la présente charte, par laquelle je fais à l'église de Dieu ma donation inviolable, de bonne foi et sans arrière-pensée, afin que Dieu ayant pitié de moi, je mérite d'être admis dans la réunion des fidèles.

« Ainsi soit-il. »

Pendant la nuit qui suivit cet acte de donation, qu'on déposa auprès du missel, sur l'autel de Sainte-Marie, Ansold crut entendre le son d'une cloche pendant son sommeil ; il se leva et, « piqué de l'aiguillon de la crainte de Dieu », se rendit à l'église avec un de ses vassaux (2).

Là, il pria le Sauveur de le recevoir en grâce et d'accomplir sa volonté.

Quand l'office du matin fut terminé, il appela les moines et leur dit que, sentant la mort approcher, il ne tenait déjà plus en rien aux possessions de la terre et que, ne voulant plus que s'attacher à Dieu seul, il les priait de le recevoir parmi leur société [3]. Le prieur, David, Jehan de Reims et tous les religieux présents se réjouirent de la détermination de leur seigneur, néanmoins ils différèrent d'accéder à son désir jusqu'au retour de son fils aîné, alors absent pour deux jours.

Ansold « qui voulait vivre tout entier avec les pauvres du Christ et finir avec eux, afin de pouvoir obtenir l'effet des promesses que Dieu a faites aux siens », supporta avec peine un aussi long délai ; et, quand il apprit l'arrivée de son fils, il ordonna à sa femme ainsi qu'au jeune baron de se rendre auprès de lui ; alors, les faisant approcher de son lit, Ansold adressa à son fils ces sages conseils :

« Mon très cher fils, vous que j'ai élevé avec l'espoir de laisser un héritier et un successeur qui soit agréable à Dieu et aux hommes, retenez avec soin ce que je vais vous dire :

« Aimez Dieu par dessus toutes choses ; respectez et craignez

---

(1) A l'avènement d'un nouvel abbé à Saint-Evroult, celui-ci envoyait un cheval au seigneur de Maule. [Titres de la baronnie].

(2) C'était une croyance au moyen-âge que, lorsqu'un personnage de qualité était en danger de mort, la cloche de l'église, se mettant d'elle-même en mouvement, avertissait le malade de sa fin prochaine.

(3) Rien alors n'était plus fréquent que ces exemples de chevaliers allant demander au silence du cloître le repos d'une vie souvent trop agitée ; le roi de France lui même, Philippe Ier, si l'on en croit certains auteurs, prit l'habit de moine vers la fin de ses jours.

votre évêque et votre roi comme vos maîtres; n'oubliez jamais d'obéir à leurs ordres autant que vous le pourrez; priez Dieu journellement pour leur prospérité, afin que, par les mérites et la protection de votre bon prélat, votre âme puisse obtenir le salut éternel, et que, par le gouvernement pacifique de votre roi, vous puissiez posséder tranquillement et justement vos biens temporels. Tenez à vos hommes la foi que vous leur devez, et commandez-leur, non comme un tyran, mais comme un maître plein de douceur.

« Conservez prudemment et n'allez pas donner à autrui, pour les diminuer, vos possessions, soit en champs ou en bois, soit en prés ou en vignes; n'exercez aucune rapine et éloignez de vous les voleurs et les intrigants. Conservez légitimement vos biens, et n'enlevez pas ceux d'autrui par la violence et l'envahissement. De telles entreprises font naître la colère, puis la discorde, ensuite viennent les vols, les meurtres, les incendies, l'homicide, la spoliation et d'autres maux innombrables. C'est être sage que de savoir prévenir, pour les éviter, les causes des calamités que vous voyez arriver aux autres. Gardez bien ces commandements qui sont les derniers que je vous ferai. Aimez toujours et fréquentez la sainte Église, notre mère : entendez chaque jour avec respect la parole de Dieu, qui est la nourriture et la vie de l'âme, ainsi que les messes et le service divin; honorez par vos paroles et par vos œuvres les serviteurs de Dieu; vénérez et secondez surtout nos maîtres et nos frères, les moines, qui sont les ministres de cette église, et s'ils ont besoin de vos conseils et de votre assistance, il faut les leur prêter. Concédez de bon cœur, pour qu'ils les possèdent en paix, les biens que mon père et moi leur avons donnés pour notre salut. Ne leur enlevez rien ni de leurs possessions, ni de leurs revenus, et ne souffrez pas que vos sujets leur fassent aucune violence. Si vous vous étudiez à les favoriser fidèlement, les religieux prieront sans cesse Dieu pour vous. Ne les ayez jamais en haine, ni eux ni leurs propriétés; accordez-leur toujours votre affection, et, si le Seigneur vous donne la vie et la prospérité, travaillez à leur agrandissement.

« Or, si vous faites et si vous observez ce que je vous conseille, je vous accorde au nom de Dieu la bénédiction que nos Saints-Pères ont laissée à leurs héritiers, et je prie le Seigneur qu'elle descende et reste sur vous. Mais, si contre mon attente vous vous écartez de cette voie que vous tracent mes exhortations, je vous laisse ma malédiction d'après l'autorité de Dieu et des Saints-Pères. »

Lorsqu'Ansold eut terminé son discours, se tournant vers sa femme, il lui fit cette allocution :

« Gracieuse sœur et aimable épouse, Odeline, je vous en prie, écoutez maintenant mes prières avec bienveillance.

« Jusqu'à ce jour, nous nous sommes mutuellement gardé la foi du mariage, et grâce à Dieu nous avons vécu ensemble plus de vingt ans, sans querelles et sans honteux débats. De nos nœuds légitimes, il est provenu une honnête lignée que vous devez soigneusement exhorter, pour son salut, à se soumettre à son Créateur. Vous le voyez, je touche à mes derniers moments, et, que je le veuille ou non, j'approche du seuil de la mort. Voilà que, comme il arrive à toute chair, je succombe et suis forcé de payer la dette commune. Je ne veux pas vous occuper de longs discours. Votre vie peut servir d'exemple au grand nombre; ajoutez seulement à vos vertus naturelles de vivre chastement dans un saint veuvage.

« Accordez-moi la permission de me faire moine et de recevoir, après avoir déposé les habillements pompeux du siècle, la robe toute noire qu'elle est, du saint père Benoît. Je désire m'unir à la société de ceux qui, pour le Christ, ont abandonné les douceurs du monde. Déliez-moi, je vous prie, madame, des nœuds du mariage et recommandez-moi fidèlement à Dieu afin que, libre de tout fardeau mondain, je mérite de recevoir l'habit de l'ordre et la tonsure monocale. C'est du fond du cœur que je vous adresse cette demande; je désire de tous mes vœux que mon âme puisse être comptée dans le collége des moines et que, régénérée par la prise de l'habit religieux, elle chante déjà dans le siècle présent : *Nigra sum, sed formosa* [1]... Je suis noire de la noirceur et de la difformité de cet habit grossier, mais je suis belle par l'humilité de mon saint propos et par la dévotion qui plaît tant à Dieu !... »

Odeline, habituée de céder toujours aux volontés de son seigneur, resta fidèle à son obéissance accoutumée; et, les yeux baignés de larmes, mais conservant une attitude ferme

---

(1) Je suis noire, mais belle. [Cant. Cantic, I, 4].

et respectueuse, elle accorda à son époux ce que celui-ci lui demandait.

Après avoir fait sa confession, le nouveau disciple du Christ fut tonsuré et revêtu des habits sacrés.

L'Eglise célébrait, par une fête, la veille de la naissance du Sauveur : « la nuit qui suivit fut affreuse, nous apprend Orderic Vital avec sa fidélité d'annaliste, le vent soufflait avec une telle violence sur la terre ravagée, qu'il renversait les arbres, les maisons, les édifices, et qu'il remplissait d'effroi le cœur des humains ».

Au bout de trois jours, sentant sa fin approcher, Ansold fit venir ses frères et les pria de lui réciter les prières des mourants, puis il se fit apporter l'eau bénite et la croix. Alors il s'aspergea de l'eau, adora la croix et se recommanda au Christ en employant ces paroles du sage : « — Seigneur, mon Dieu, autrefois pêcheur, mais aujourd'hui pénitent, je remets mon esprit entre vos mains, comme le serviteur doit le confier à son maître. » En prononçant ces mots, son âme s'exhala sans souffrance.

Le jour où l'Eglise célébrait l'Assomption de l'apôtre saint Jean, le corps d'Ansold, revêtu de la robe de saint Benoît, fut confié à la terre dans la sépulture de ses pères, et Odon de Montreuil, qui remplissait aux funérailles les fonctions sacerdotales, fit ainsi l'épitaphe du défunt :

> Si quis erit qui scire velit, dum vivus adesset,
> Quis fuerit, quem tumba tegit, quod nomen haberet ;
> Ansoldi nomen fuit huic, et militis omen.
> Quinta dies fit ei requies in fine décembris
> Detur ei pietate Dei merces requiei, Amen.

Traduction :

« S'il est quelqu'un qui désire savoir quel est celui que couvre cette tombe et ce qu'il fut de son vivant, je vais le lui apprendre : Ansold était son nom ; son emploi était de porter les armes ; il trouva le repos cinq jours avant la fin du mois de décembre (1118). Puisse-t-il obtenir de la bonté de Dieu la récompense de la paix éternelle. Ainsi soit-il !

XX

PIERRE-LE-BATAILLEUR

Pierre de Maule, II⁰ du nom, n'avait guère plus de vingt ans à la mort de son père.

A peine entré en possession de son héritage, il devait faire ses préparatifs pour l'une de ces expéditions qui l'occupèrent presque constamment et lui valurent le surnom de *batailleur*.

Laissons parler Orderic Vital :

« On était au printemps de 1119. La vieille rivalité des Français et des Normands, un moment assoupie, s'était réveillée plus tenace que jamais. Il s'agissait de la possession, tant de fois disputée déjà, du Vexin-Français. Pierre de Maule, à la tête de ses chevaliers, alla joindre à Pontoise l'armée du roi Louis VI. De son côté, le roi d'Angleterre, Henri Ier, passa la mer et vint prendre le commandement des barons normands. Les hostilités commencèrent sur la frontière des deux Vexins, et le succès répondant à l'ardeur des français, leur livra, presque sans coup férir, tout le pays depuis l'Epte jusqu'aux Andelys.

Cependant, le roi Louis s'étant plaint plusieurs fois à ses chevaliers de ne pouvoir rencontrer le roi d'Angleterre en pleine campagne, quelques soldats, afin d'attirer les Anglo-Normands au combat, s'avisèrent d'incendier le couvent des moines de Boucheron, près du château de Noyon-sur-Andelle.

C'était le 20 août de l'année 1119.

A la vue de la fumée qui montait dans les airs, quatre sentinelles anglaises établies sur la montagne de Verclive, près d'Ecouis, prévinrent le roi Henri. Or, au pied de la montagne, le champ est libre et présente une vaste plaine que les habitants du pays appellent Brenmule (1). C'est là qu'avec cinq cents chevaliers descendit Henri Ier, qui disposa habilement ses bataillons couverts de fer.

Dès que le roi de France vit ce qu'il avait si longtemps désiré, il manda quatre cents chevaliers et leur ordonna de se battre bravement pour l'indépendance du royaume, afin que la gloire de la France ne fût pas exposée à déchoir par leur faute : Mathieu, comte de Beaumont, Guy de Clermont, Osmond de Chaumont, Guillaume de Garlande, Pierre de Maule, Philippe de Monbrai et Bouchard de Montmorency, à la tête de leurs hommes, se disposèrent au combat. Sur le premier front, Guillaume Crépin et quatre-vingts chevaliers chargèrent les Normands, mais leurs chevaux ayant été tués, ces guerriers furent enveloppés et faits prisonniers. Ensuite Godefroi de Serans (2), Pierre de Maule « avec ses quarante barons », et plusieurs autres seigneurs du Vexin-Français attaquèrent vaillamment et forcèrent un moment tout le corps de bataille à reculer. *Nul avant li Môle!* Mais les guerriers de Henri, endurcis aux combats, purent reprendre l'offensive et capturèrent Bouchard, Osmond, Albéric de Mareil et plusieurs autres chevaliers tombés de leurs chevaux.

Alors les Français dirent au roi : « — Quatre-vingts de nos frères, qui nous ont précédés, ne reparaissent plus; les ennemis l'emportent sur nous en nombre et en force; faites retraite, nous vous en prions, seigneur, de peur qu'il ne nous arrive une perte irréparable. »

A ces mots, Louis donna le signal de la retraite et s'enfuit au galop avec Baldric du Bois. Tandis que les vainqueurs poursuivaient le reste de l'armée française jusqu'aux portes d'Andeli, les autres s'enfuirent par plusieurs sentiers détournés. Le roi des Français, seul dans sa fuite, erra au milieu de la forêt jusqu'au moment où un paysan, qui ne le connaissait pas, le rencontra par hasard. Sous la conduite de ce villageois, Louis VI parvint à gagner Andeli par des chemins détournés.

Mais, à Pierre de Maule et à ses chevaliers qui, emportés par leur bouillante ardeur, se trouvaient le plus engagés dans

---

(1) « Brenmula » et non « Brennevilla » comme on l'a souvent imprimé à tort. (Note de M. Guizot).

(2) Godefroid de Serans était seigneur de Goussonville et de tout le pays environnant.

l'armée ennemie, il ne restait au moment du sauve-qui-peut que les deux alternatives de la ruse ou de la rançon.

Ils choisirent la ruse.

Jetant alors les insignes qui pouvaient les faire reconnaître, Pierre et ses barons passèrent, en simulant des cris de joie, du côté des Normands, et se mirent avec ceux-ci à la poursuite des fuyards... ! »

La défaite des Français fut complète ; un grand nombre de prisonniers resta aux mains des Normands, et l'étendard du roi Louis fut acheté, par le roi d'Angleterre, vingt marcs d'argent à un soldat normand qui s'en était emparé. Grâce à une inspiration, qui ne serait plus en rapport avec les mœurs d'aujourd'hui, mais qui était de bonne guerre, alors que chacun s'appliquait bien moins à tuer les fuyards qu'à les faire prisonniers, afin d'en tirer rançon, Pierre de Maule et ses barons purent échapper à la prison des Anglo-Normands (1).

Mais laissons le batailleur prendre sa revanche.

La forteresse de Gisors, qui appartenait au roi d'Angleterre, passait pour imprenable. Pierre de Maule, Guy, surnommé Mauvoisin, son oncle, gouverneur de Mantes, Simon de Péronne, Guillaume l'Aiguillon, Simon de Neaufle et près de deux cents autres chevaliers français formèrent le projet de s'en emparer.

Le lundi, se mêlant aux paysans et aux femmes des villages voisins qui se rendaient au marché, plusieurs de ces chevaliers, avec un petit nombre d'hommes de pied, purent entrer dans la ville sous divers déguisements. A l'heure de l'audience publique, jetant les longs manteaux qui cachaient leurs armures, ils donnèrent le signal convenu et, se précipitant, les uns aux portes de la ville pour en faciliter l'entrée à leurs compagnons, cachés dans la campagne, les autres vers les postes des hommes d'armes qui défendaient la citadelle ; ils ne tardèrent pas à se rendre maître de Gisors qui fut livrée au pillage (2).

Cependant, le tableau s'assombrit.

---

(1) Orderic Vital, lib. XII.— Dans ce combat de deux rois, où se trouvèrent près de neuf cents chevaliers, il n'y en eut que trois de tués. En effet, ils étaient complètement couverts de fer et ils s'épargnaient réciproquement tant par la crainte de Dieu qu'à cause de la fraternité d'armes : pour le vainqueur comme pour le vaincu la rançon valait mieux que la mort.

(2) Orderic Vital, « Hist. Eccles. » lib. XII.

« Illustre dans les armes et par son grand courage, toujours redoutable à ses voisins, Pierre s'éloigna des traces paternelles dans plusieurs de ses entreprises. Profitant peu des sages exhortations du vertueux Ansold, il mit toute la légèreté de sa jeunesse à fréquenter les mimes et les joueurs; entraîné par l'exemple de quelques autres jeunes gens, il se livra à la rapine et opprima souvent les pauvres cultivateurs, tant de ses terres que de celles d'autrui; dilapidant follement son bien, il ravit témérairement celui des autres; il en résulta que les brigands du voisinage ne l'attaquèrent pas avec moins d'ardeur, et lui causèrent personnellement beaucoup de dommages, en même temps qu'aux habitants de sa terre. »

Pierre fit plus encore.

En compagnie de son oncle, Mauvoisin, de Simon de Neauphle et de plusieurs autres chevaliers, toujours en quête de regarnir leur escarcelle souvent mise à sec par leurs prodigalités, Pierre de Maule, à la faveur de la nuit, passait la rivière d'Eure ou franchissait l'Epte, et pénétrant en Normandie, pillait les fermes isolées, emmenait les troupeaux et faisait les hôtes prisonniers.

Ceci détermina le roi d'Angleterre, alors en paix avec la France, à réclamer auprès du roi Louis VI, contre les dévastations des seigneurs français.

Louis, qui ne négligeait aucune occasion d'augmenter la puissance royale en affaiblissant le pouvoir des barons, vint à Maule en personne pour châtier son vassal (1). Pierre osa-t-il résister à son souverain, et Maule dût-il subir les horreurs d'un siège ? La chronique se tait à cet égard. Il est plutôt à présumer que, lorsque le turbulent baron aperçut au loin flotter l'oriflamme royale, il se déroba, par une prudente retraite, à la justice du roi.

Le monarque se contenta d'ailleurs de renverser la fortification de pierre, dont le prudent Ansold avait entouré sa demeure, et de démanteler le château de ce jeune fou en laissant seulement debout la grande tour carrée qui était la marque du fief, et dans laquelle le baron recevait la foi et l'hommage de ses vassaux (2).

---

(1) Deinde tempore Petri Juniovis Ludovicus rex Manliam venit, et in eumdem Petrum pro quibusdam reatibus insolentis juventæ iratus. (Orderic Vital lib. V, p. 467).

(2) Il faut remarquer que, dans leurs plus grandes animosités, les seigneurs et le roi respectaient réciproquement ce type de leur domination.

Pendant son séjour à Maule, le roi de France avait reçu l'hospitalité dans « la maison des moines ».

« Profitant de cette circonstance, dit Orderic Vital, les religieux demandèrent au monarque de vouloir bien confirmer de sa royale sanction les donations faites à leur monastère, lui rappelant que son père, Philippe I*er*, au cours d'un voyage fait à Mantes pour y visiter sa fille, avait accordé semblable faveur à l'abbé Maynier, leur révérend prieur « qui l'avait joint sur le chemin entre Mantes et Epône ». Non moins bienveillant que son père, le roi Louis fit dresser par le prieur, Guérin de Séez « moine fort instruit », une charte qui confirmait pleinement les droits et les privilèges du prieuré de Maule, et il la revêtit de sa signature [1] ».

Escorté des moines et suivi du menu peuple jusqu'aux limites de la baronnie, le Roi justicier reprit le chemin de sa capitale.

XXI

VOYAGE EN PALESTINE

En retrouvant son château démantelé, Pierre II comprit qu'il avait un maître.

Voilant donc sa conduite de l'excuse de la jeunesse, il fit au roi sa soumission et, quelque temps après, il put obtenir, sous la *recommandation* du comte de Montfort, de rebâtir son château.

---

(1) Orderic Vital, lib. V, p. 467.— Collection Filassier, Titres du prieuré. « Ego Ludovicus, Dei gratiâ Francorum rex ✝ concedo et confirmo cuncta, quæ pater meus Philippus, pro Guarino, Ansoldo et Petro Maliensibus baronibus, Deo et S. Mariæ, monachisque S. Ebrulfi donavit, et pacto quo ille concessit... propria manu subscripsi ✝ ». « Ludovicus ».

On voit en effet, dans le *Scriptum feodorum de Monteforti*, que Pierre de Maule était vassal du comte de Montfort pour son *château* de Maule, et qu'il devait en conséquence quinze jours de garde au château de Montfort : *Dominus Petrus de Maulia tenet de domino comite domum suam de Maulia (pro) quindecim diebus custodie.* Comme confirmation, on lit dans le Registre de Philippe-Auguste [mss 9777 f. 38] : *Dominus Petrus de Maulia tenet de domino rege quod habet apud Mauliam de Dominio, excepta domo sua de Maulia quam non tenet de rege* [1].

Une alliance avec une famille de la plus haute noblesse acheva de le ramener à des sentiments plus dignes d'un chevalier; il obtint la main d'Ada, fille de Manassés, comte de Guines, et d'Emma de Tancarville; Orderic Vital la dit nièce de Burchard de Montmorency.

Cette union fut malheureusement de courte durée; la jeune femme mourut sans enfants [2].

Pierre, dont l'épée était si prompte à sortir du fourreau, se rejeta alors, avec toute la fougue de son caractère, dans les aventures qui avaient traversé sa jeunesse. C'est ainsi qu'on le trouve, tantôt comme allié, tantôt comme adversaire, mêlé à presque toutes les querelles du comte Galeran de Meulan, dont la vie est une suite presqu'ininterrompue de combats et d'expéditions [3]. On le retrouve surtout en compagnie de Raoul de Mauvoisin, son oncle, appuyant les prétentions de Roger de Toëny, comte de Conches qui, descendant en ligne directe et légitime d'un oncle de Rollon, n'avait pu voir, sans jalousie, Guillaume-le-Bâtard succéder au duché de Normandie après la mort de Robert-le-Libéral, et ne manquait jamais une occasion d'affirmer ses vindicatives revendications.

Le roi d'Angleterre, Henri Ier, venait de mourir; plusieurs prétendants se disputaient le trône d'Angleterre et le gouvernement de la Normandie.

---

(1) A. de Dion : « Les fiefs du comté de Montfort, p. 32 ».

(2) Orderic Vital, lib V, p. 462. « Ada nepotis Buchardi de Montemor et comitatu quim filia ». — Ada mourut sans enfants, avant son père dont la mort se reporte à l'année 1137.

(3) Pierre de Maule tenait en fief du comte de Meulan une grande partie du domaine de Noisy-en-Cruye [aujourd'hui Noisy-le-Sec près de Versailles], ainsi que les seigneuries de Roquencourt, de Crespières et le fief d'Alibcroudes près de Villepreux. [Titres de la baronnie de Maule].

Roger commença par s'emparer de la forteresse de Vaudreuil; en revanche, Galeran de Meulan, revêtu de la dignité de vice-duc de Normandie, s'empara de la ville d'Acquigny et la livra aux flammes; à titre de représailles, Roger incendia trois villages sans défense qui appartenaient au comte de Meulan. Tels furent les horribles préludes de cette guerre intestine qui, pendant trois ans, désola la Normandie et ne se termina que par la destruction presque complète de la ville de Breteuil, où la part prise par Pierre de Maule à ce funeste événement détermina le turbulent baron à prendre la croix.

C'était le 7 septembre 1138.

Roger de Toëny avait réuni tout ce qu'il y avait d'hommes d'armes sur ses terres, et son beau-frère, Baudouin IV, comte de Hainaut, Pierre de Maule et Simon-le-Roux, s'étaient venus joindre à lui. Après avoir ravagé l'évêché d'Evreux et brûlé l'église de Saint-Etienne ainsi que le couvent des moines, Roger vint mettre le siège devant Breteuil.

Pierre de Maule avait avec lui soixante chevaliers (1).

La moisson venait de finir, et les ouvriers battaient le grain sur les places publiques comme il était d'usage à cette époque. Bientôt la ville, qui renfermait des monceaux de gluis et de fourrages, devint la proie des flammes, ainsi que l'église paroissiale où s'étaient réfugiés les habitants avec leurs meubles et leurs objets les plus précieux (2).

La paix, conclue aux abords de l'hiver, mit fin à ces atrocités et rendit Pierre à sa baronnie.

Mais le souvenir des scènes d'horreur auxquelles il avait assisté hanta sans doute l'esprit du *Batailleur;* peut-être aussi la nostalgie des aventures venait-elle inquiéter ses nuits; il profita d'une occasion qui se présentait pour rendre tout à la fois la paix à sa conscience et donner un aliment à l'ardeur qui l'agitait.

Jérusalem était en danger. Saint Bernard persuada au roi Louis VII de marcher au secours des chrétiens d'Asie afin d'expier son crime de Vitry, où douze cents personnes, réfugiées dans une église, avaient aussi péri dans les flammes.

---

(1) Orderic Vital, lib. XIII, p. 115.— Comitem quippe Hanaucensem cum LXXX et Petrum de Manlia cum LX, Simonem quoque Refum cum XX militibus secum habebat.

(2) Orderic Vital, lib. XIII, p. 115.

Louis prit la croix et,suivi d'une nombreuse armée, partit pour la Terre-Sainte avec la reine Eléonore. Pierre de Maule était allé l'un des premiers se ranger sous la bannière du roi, laissant à ses deux fils, Raoul et Roger, sous la tutelle de leur oncle Guarin, la garde des baronnies de Maule et de Palmort (1).

Parti au printemps de l'année 1147, Pierre de Maule ne put revoir son pays qu'après quatre années d'absence.

Le récit de ses actions sur cette terre qui, déjà, gardait les sépultures de plusieurs membres de sa famille, n'est pas parvenu jusqu'à nous; Orderic Vital, dont les renseignements sont si précieux pour le passé de la maison de Maule, avait terminé son dernier livre en 1141 ; et, sauf la mention de départ pour la Palestine que contient une confirmation de Pierre-le-Batailleur en faveur de saint Evroult, le souvenir de ce grand événement dans la vie du turbulent baron aurait été perdu pour la postérité.

C'est par ses seules libéralités qu'il affirme désormais son existence.

Sauf, d'ailleurs, la part prise par Pierre de Maule, à cause du service qu'il devait au roi, dans la guerre allumée au retour de la croisade, entre la France et l'Angleterre au sujet des provinces que la reine Constance, après sa répudiation par le roi Louis VII, avait portées au comte d'Anjou, devenu roi d'Angleterre, le *Batailleur* paraît ne plus s'être occupé que d'œuvres pieuses.

En l'année 1154, Pierre de Maule, assisté de ses deux fils, Roger et Raoul, était présent à la consécration, faite par l'évêque de Chartres, du prieuré de Saint-Léonard du Coudray, fondé par Robert de Maule, son cousin, au retour de la Terre-Sainte et, aux libéralités qu'il avait déjà consenties en faveur de ce monastère, il ajouta celle de « deux arpents de terre et friches touchant le manoir de Palmort », (2)

S'étant saisi précédemment d'une vigne située à Clairfontaine qu'avait vendue, au prieuré de Maule, Jean de Saint-Denis, au moment de son départ pour Jérusalem, Pierre de Maule reconnut ses torts et rendit à l'église ce bien libre de toute redevance ; il donna même aux religieux le produit d'une

---

(1) Collection Filassier. « Titres de la baronnie ».
(2) Collection Filassier « Titres de la baronnie de Maule ». — Inventaire des Titres du prieuré.

année de cette terre pour acheter une image de la Sainte-Vierge (1).

Par une charte, donnée en faveur de l'abbaye des Vaux-de-Cernay, il accorda à ce monastère « 40 sols de rente annuelle à prendre sur la cinquième partie de sa terre et même sur la dot de son épouse, à condition toutefois que celle-ci jouirait de la dite rente sa vie durant, après quoi elle reviendrait de droit au monastère ». (2)

Son testament, en latin gothique, contient, au point de vue local, quelques renseignements intéressants ; aussi, croyons nous en devoir donner ici la traduction (3).

« Au nom de la Sainte et indivisible Trinité,

« Moi, Pierre, seigneur de Maule, pour le salut de mon âme, je donne, accorde et confirme par cette présente mienne charte, pour aumône perpétuelle libre et paisible, à Révérend prieur de Sainte-Marie de Maule et aux moines de Saint-Evroult qui servent Dieu en cet endroit, tout ce que mes prédécesseurs et seigneurs de ma race, ou mes sujets de quelque condition qu'ils aient été, ont ci-devant donné ou donneront tant en églises qu'en sujets, tant en terres qu'en vignes, tant en prés qu'en autres revenus et possessions ; lesquelles donations j'ai jugé à propos d'exprimer de leurs propres noms, savoir :

« Le prieuré de Maule, avec toutes ses appartenances ; les deux églises de la même ville dans lesquelles les moines ont le droit de patronage et les sépultures des galeries.

« Je donne et confirme aux mêmes moines, pour les posséder paisiblement et absolument, la moitié de la grande dîme de Maule et la dîme entière des fiefs des gentilshommes et arrière-vassaux.

« Je leur confirme aussi les donations des vignes de Monreveil, de Clairfontaine, de Maronsal et de l'Hôtel. Je leur accorde aussi et leur confirme le dixième marché de Maule, depuis neuf heures du matin, le samedi, jusqu'à la nuit du

---

(1) Orderic Vital, lib. V.— Le village de Saint-Denis se nomme aujourd'hui Goussonville ; il est situé à l'ouest de Maule sur la route de Mantes.

(2) Adrien Maquet. « Notice historique sur les seigneurs de Noisy-le-Roi, p. 5 ».— Merlet et Moutié « Cartulaire des Vaux de Cernay, t. I, p. 260 ».

(3) Collection Filassier.— « Titres du prieuré ».

dimanche, aussi paisiblement et absolument que j'ai le mien, et dont ils feront recueillir le produit par leurs hommes sans les miens.

« Je leur accorde aussi et leur confirme une charrue de terre au territoire de Maule.

« J'accorde encore et confirme aux mêmes moines, en mon bois du Couldray, le *mort-bois* [1] pour leur chauffage autant que deux ânes en pourront, pendant un jour apporter, et la moitié de la dîme du même bois coupé ou à couper, arraché ou à arracher, ainsi que la dîme des gerbes, des légumes, de la laine, des agneaux et de tout ce qui est sujet à être décimé sur cette terre.

« J'accorde et confirme, du consentement et de la volonté de Robert, par la grâce de Dieu, évêque de Chartres, qui a confirmé la même chose dans ma charte de l'année 1147, que les hommes qui résident là (*à Saint-Léonard-du-Couldray*), soient de la paroisse de Sainte-Marie de Maule; et tant les étrangers et les passants que les habitants, tous lui seront obligés de tous droits et redevances paroissiales, comme ses paroissiens.

« Semblablement, j'accorde et confirme aux mêmes moines, en mon bois de Beule, et aussi longtemps qu'il sera en exploitation, le bois pour leur chauffage, autant que deux ânes en pourront apporter pendant un jour, ainsi que le rouage des meules pour le luminaire de l'église.

« Enfin, si quelqu'un de la famille des moines ou de leurs hôtes commet forfaiture contre mes sujets, le plaid s'en tiendra dans la cour des moines.

« Cela a été fait l'année du verbe incarné M° D° LXVIII, et j'ai donné toutes ces choses aux sus-dits moines, pour être perpétuellement possédées par eux, librement et paisiblement; à cet effet, je les ai confirmées et fortifiées par le témoignage de ce présent écrit et de mon sceau, en la présence des témoins. »

Pierre II mourut peu de temps après, laissant d'un second mariage au moins quatre enfants:

Roger, qui lui succéda dans la baronnie de Maule;

Raoul, baron de Palmort;

---

(1) Les « morts bois » signifiaient certains bois verts comme les saules, les épines, les genets, les aulnes, les genévriers, etc; les « bois morts » s'entendaient des bois secs qui ne sont bons qu'à jeter au feu.

Hugues et Pierre, simples chevaliers (1).

Peut-être aussi, faudrait-il compter au nombre des fils de Pierre II, le chevalier Nicolas de Maule, qui figure comme témoin d'une donation faite, en l'an 1200, par Simon de Neauphle, au prieuré de Bazainville (2).

XXII

ROGER DE MAULE

Roger de Maule, quoique encore très jeune à la mort de son père, sut allier à la fougue de Pierre II la circonspection d'Ansold, son aïeul.

Du même âge que Robert IV, comte de Meulan, d'intérêts presque identiques et en rapports de voisinage constants, il sut mieux que ce dernier se tirer de la position difficile que, trop souvent, la rivalité du roi de France et du duc de Normandie créait aux vassaux de ces deux suzerains (3). Au mois de juillet de l'an 1200, on le voit avec ses cousins, Guy Manassés et Pierre Mauvoisin, Philippe de Blaru et Pierre de Richebourg « se porter caution au roi », sur la totalité de ses biens, que Robert d'Ivry rendrait à toute réquisition du souverain les forteresses d'Ivry et d'Avrilly dont le roi lui avait confié la garde.

Vers le même temps, Roger de Maule vendit à Philippe-

---

(1) Pierre de Maule en 1180 est compté au nombre des vassaux de Saint-Germain-des-Prés pour 5 sous qu'il recevait à la saint Germain et 5 autres sous qu'il touchait à la saint René. (Cartulaire de l'abbaye de S. Pere de Chartres, introd. p. CCCXXVII).— Eglise de Maule.

(3) Gaignières, « Extrait de Marmoutiers, t. 263 ».

(2) Voir « Hist. du comté de Meulan » par Emile Réaux, t. I, p. 237 et suivantes.

Auguste, moyennant 50 livres d'argent, une rente de cent sols qu'il possédait à Meulan [1].

Roger, d'ailleurs, tant par sa situation personnelle que par les alliances de sa maison, continuait dignement les traditions de la famille; aussi, l'arrêt de confiscation qui frappa le malheureux comte de Meulan, comme allié du duc Jean-Sans-Terre, trouva Roger fidèle à la cause du roi de France.

Cet arrêt est du 1er juin 1204.

A dater de cette époque, le seigneur de Maule, feudataire du comte de Meulan pour « certains fiefs assys au val de Gallie » [2] reconnut le roi pour suzerain direct et, en cette qualité, lui porta sa *foi et hommage*, en la chatellenie de Mantes pour la totalité de sa baronnie, en en exceptant toutefois son château de Maule qui continua de relever des comtes de Montfort [3].

Ses actes administratifs sont peu nombreux.

On trouve son nom, associé à celui de son frère Raoul, dans une charte de confirmation accordée, en l'an 1170, à l'abbaye de Saint-Evroult au sujet des biens que leurs ancêtres avaient donnés à ce monastère. Une autre charte, sans date, ratifie un échange fait avec les moines de Maule de deux masures, libres de toute taille, aide ou coutume, contre un verger que les religieux tenaient de Pierre de Maule, père de Roger [4].

Le cartulaire de l'abbaye d'Abbecourt a conservé aussi un acte du baron Roger.

C'est une approbation donnée par ce seigneur, assisté de sa femme Idumée (ou Idonea) et de son fils Ansold d'une donation faite à ce monastère par Pierre de Chevrel d'un demi-muid de vin à prendre annuellement au pressoir de Maule à l'époque de la vendange [5].

---

(1) Léopold Delille « Catalogue des actes de Philippe-Auguste » collection Baluze, 18, f° 815.— Cartul. Normand, p. 282, n° 1065.— Registre 31 du Trésor des Chartes, f° 93 v°, n° 47.

(2) C'étaient les seigneuries de Noisy, de Roquencourt, de Crespières, dont il a été question précédemment.

(3) Feoda castellanie Medunte : Dominus Petrus de Maulia tenet de Domine Rege quod habet apud Manliam de demios, excepta domo suà de Maulia quod non tenet de rege; et tenet de rege omnia feoda que tenentur de ipso in castellania Mantæ exceptis quinque feodis et domo sua de Maulia. Unde debet exercitum et equitatum ad custum suum [Biblit. Nat. « Registre de Philippe-Auguste, » mss, lat. 9777, f° 33.

(4) Ces deux pièces, en latin gothique, font partie des Titres du prieuré de Maule, dans la collection Filassier.

(5) Archives de Seine-et-Oise « Fonds d'Abbecourt ».

Idumée était la fille du vicomte de Chaumont.

Le cartulaire de Notre-Dame de Paris a conservé également une transaction intervenue, en 1195, entre le chapitre de cette église et le baron Roger, assisté de ses deux frères Hugues et Pierre de Maule, au sujet de « leurs hommes d'Epône. »

Les pièces relatives à cette transaction mentionnent comme ayant survécu à son mari la mère de Hugues et de Pierre, ainsi que leur oncle Hugues (frère de Pierre II probablement), et Agnès, femme du jeune Hugues de Maule. Parmi les témoins figure Guillaume Mauvoisin, que Hugues appelle également son oncle « *avunculus meus* » d'où l'on pourrait inférer que Sibille, seconde femme de Pierre II, appartenait à la même famille que la mère de son mari, Odeline femme d'Ansold, si l'on ne savait que l'église prohibait à cette époque les unions entre parents jusqu'au VII° degré. Aussi, croyons-nous, devoir interpréter cette expression *avunculus* dans le sens de grandoncle, ou au moins d'oncle à la mode de Bretagne [1].

Une autre charte de la première moitié du XII° siècle, par laquelle Pierre II, assisté de Guarin et d'Ansold de Maule ses frères, ainsi que de Orson de Montlhéry, son *beau-frère*, cède à un chanoine de Sainte-Geneviève de Paris la voirie de Rungis, moyennant un cens annuel de dix sols, ferait plutôt supposer que Sibille, sa seconde femme, appartiendrait à la maison de Montlhéry, qui prit une part si considérable dans les événements de cette époque (2).

Parmi les actes relatifs aux fils de Pierre II, nous relevons encore :

La donation d'une hostise située à Maule avec l'hôte qui l'habite, faite en l'année 1209, par Pierre de Maule et son fils Roger, au prieuré des Moulineaux (3), et une ratification du même seigneur de la donation faite à l'abbaye d'Abbecourt par un bourgeois de la ville de Mantes, de la moitié de sa vigne située près le cimetière de Mantes (4).

---

(1) On pourrait peut-être admettre également que Hugues de Maule avait épousé une nièce de Guillaume, car on voit dans une charte de l'abbaye de Fécamp que Raoul Mauvoisin, frère de Guillaume, avait trois fils et autant de filles dont l'une portait, comme la femme de Hugues le nom d'Agnès. [Gaignières, t. CLXXX, p. 564.— Bouquet XV, 525 nota].

(2) Tardif, " Monuments historiques ", cartons des rois, p. 218.

(3) Cartul. « Wall. Sarnaü ». tom. I, p. 268.

(4) Archives de Seine-et-Oise, « Fonds d'Abbecourt ».

Ce dernier acte est de l'année 1226.

A cette même date, Mathieu de Marly, chevalier, déclare se porter exécuteur testamentaire des dernières volontés de Pierre de Maule qui par son testament a laissé « du conseil de bons hommes » aux moines des Vaux-de-Cernay, en perpétuelle aumône, quarante sols à prendre sur le « quint » de sa terre et sur ce que Avelina, son épouse, possède en dot, sous la condition qu'Avelina possèderait, sa vie durant, la dite rente, qui ne reviendrait au monastère qu'après son décès (1).

Le dernier acte que nous rencontrons du baron Roger de Maule est une charte donnée en faveur du prieuré de Maule, et qui porte la date de l'année 1206.

Elle est ainsi conçue :

« ╬ Au nom du Père, du Fils et du Saint-Esprit, ╬

« Moy, Roger de Maulle, fils de Pierre, défunt, seigneur de Maulle, accorde, et par la présente charte confirme pour le salust et remesde de mon asme et d'Idumée, ma fame, et de mon fils Pierre, tout ce que mes preysdécesseurs et seigneurs du fonds, c'est assavoir : Pierre et Ansold et mon père Pierre et autres barons de nostre race ou nos gentilshommes et sujets, de quelque condition qu'ils ayent été ou soyent, ont donné ou donneront à Dieu et à la Bienheureuse Vierge Marie et aux moynes de Maule qui sont de Sainct-Evroult.

« Je veulx et commande qu'ils tiennent et posseddent cela librement et paisiblement et pacifiquement, en perpétuelle aumône ; et, de plus, j'entends y ajouter, c'est assavoir :

« La vigne de Montavenel, la vigne du Val-des-Noyers, la vigne de Marzet, un demy-arpent de vigne à mon Cor de la Garde, qu'a donné Edeline Hubous pour son fils, la vigne de la Vallée-de-la-Beulle, la vigne de Béatrix, la vigne de Durant, la vigne de Coigny, toute la vigne du Buat, le clos du Mesnil et les vignes des Mesnues.

« Sur la vigne de l'Hostel et la vigne de Guillaume de Montéol, un demi-muid de vin ; et au pré d'Hagnou une partie de champ, ou douze deniers si la pièce de terre n'est pas mise en culture.

« Je confirme aussi une charrue de terre et le dixième muid en notre clos, avec VI deniers que prélèveront les moines cha-

---

(1) A. Moutié, « Cartul. Wall. Sarnaü » t. I, p. 260.

que dimanche sur le produit du marché de Maule, indépendamment du dixième marché qui leur appartient en entier.

« Je leur accorde et confirme semblablement trois septiers de froment, à prendre sur le Grand-Moulin, (1) deux septiers de blé à prendre à Noël sur le Moulin-du-Pré; (2) douze deniers à prélever chaque année sur la vigne de Milon Leclerc, dont le marc ira au pressoir des moines, et la dîme entière de toutes mes vignes, excepté celle de l'arpent que j'ai donné aux lépreux de Beule (3).

« De toutes les terres que je donnerai à mes gens pour être mises en culture, les moines auront également la dîme, comme ils ont déjà le rouage des meules du bois de Beulé. Outre cela, je reconnais avoir reçu du prieuré 10 livres parisis pour la cession du palefroy [cheval] qu'en vertu de mon droit seigneurial, je demandais à l'abbaye de Saint-Evroult, lors de l'avènement d'un nouvel abbé; et, faisant abandon de mon droit, je tiens le monastère quitte de ce tribut, en sorte que pas un de mes héritiers ou de mes successeurs ne puisse dorénavant l'exiger ou le recevoir.

« Je confirme de rechef aux susdits religieux un muid de vin que leur a donné Raoul de Maule, mon frère, et deux masures que je leur ai moi-même cédées en échange du bocage qui est au-delà de la Maudre et que leur avait donné mon père, lesquelles masures sont, l'une possédée par Ermentrude Poltier, et l'autre située dans les fossés des Barres (4).

« Témoins de cet acte, sont, de mon côté : Idumée, ma femme; Pierre, mon fils; Simon du Mesnil; Aubry de Mareil; Guillaume Breton, chapelain; Trémond et Aubert Boschin, mes serviteurs; et, de la part des moines : Godefroid, prieur; Vital, célerier; Guillaume de Saint-Michel; Jehan, Henry et un autre

---

(1) Moulin à vent situé dans le chantier des Granges, section E du plan cadastral.

(2) Moulin du pré d'Hagnon auprès du faubourg de ce nom.

(3) Cet hôpital de lépreux occupait l'emplacement actuel de la ferme de la « Cauchoiserie ». Il fut transféré à Maule au milieu du XVIIe siècle, et ses bâtiments furent affectés à un prieuré de la Congrégation de Saint-Maur, de l'ordre de Saint-Benoit, approuvé par le pape Grégoire XV, en l'année 1621. Le cimetière et les autres dépendances de ce prieuré furent vendus à la nation en 1792; un pan de mur de sa chapelle est encore debout. Quant aux biens appartenant à l'hôpital, ils forment une partie de ceux affectés à la « Charité des pauvres de Maule ».

(4) Le Champtier à conservé ce nom, mais il est aujourd'hui inhabité.

Henry, moines; Hubert, charpentier; Messire Pierre et plusieurs autres.

« Fait en l'an du Seigneur MCCVI et scellé en double queue de cire jaune. »   « ROGER. »

Roger mourut peu après, en laissant pour héritiers de la baronnie :

Pierre III, qui lui succéda ;

Barthélemy, chevalier, seigneur d'Andelu, puis religieux à l'abbaye de Joyenval ;

Et Ansold, nommé dans la charte donnée par son père à l'abbaye d'Abbecourt.

XXIII

PIERRE III ET SES COLLATÉRAUX

Pierre III n'avait rien perdu de la vaillance de ses ancêtres.

A la tête de ses chevaliers, on le trouve à l'expédition du roi Louis IX contre le comte de la Marche, révolté et uni au roi d'Angleterre. C'était au lendemain de Pâques de l'année 1242 ; le roi, après avoir tenu à Paris un Parlement où le comte de la Marche fut déclaré rebelle, convoqua à Chinon les chevaliers qui lui devaient le service militaire. Là, se trouvèrent la comtesse de Chartres, la comtesse de Montfort, Simon de Poissy avec ses deux fils Robert et Simon, Pierre de Maule, Jean et Anseau de Palaiseau, Gui Mauvoisin, Amaury de Meulan, Bouchard de Montmorency, Jean, son frère, seigneur de Roissy, Gui de Chevreuse, Pierre de Mèzelant et nombre d'autres feudataires des environs de Paris (1).

---

(1) Recueil des historiens de France, t. XXIII, p. 725.— A. Duchesne, p. 147.— Bibliot. nat. Fonds Saint-Magloire, XLVIII, p. 124.

La campagne, commencée par la prise de Montreuil, finit par l'héroïque attaque du pont de Taillebourg et par la victoire de Saintes, qui amenèrent la reddition de l'orgueilleux vassal.

Elle termina surtout la lutte des grands vassaux contre la couronne; aussi, pendant le siècle qui va suivre, ne faut-il plus chercher la trace des barons de Maule que dans les cartulaires des abbayes. L'époque n'appartient plus à la chevalerie, mais aux hommes de loi.

Le chartrier de Saint-Evroult notamment, contient plusieurs actes émanés de Pierre de Maule, troisième du nom.

Par une charte de l'an 1206, — classée à tort dans l'inventaire du prieuré comme appartenant à l'an 1204 — pour marquer probablement son entrée en possession de la baronnie, ce seigneur, avec l'assentiment de sa femme, donna au prieuré de Maule, six septiers de blé méteil à prendre par « chacun an », à la saint Rémi et à la Toussaint, sur le Grand-Moulin de Maule (1). Au mois de mars 1216, Pierre III donna son assentiment à une charte de son cousin Pierre de Maule, héritier de Hugues, fils de Pierre II, qui confirme et approuve tout ce que les seigneurs de Maule, leurs ancêtres, ont donné au monastère de Saint-Evroult. En l'an 1221, Pierre fit donation à la chapelle de Sainte-Colombe (aujourd'hui Bazemont), dont les moines de Maule avaient le patronage, de six rations de vin par chanoine à prendre sur ses hommes de Maule [2]. Par une autre charte de l'année 1228, Pierre III donna son approbation, comme seigneur suzerain, au testament de dame Pétronille, femme de Hugues de Maule qui « estant en l'article de la mort, légua aux moynes de Maulle, en perpétuelle aumône, pour le repos de son âme, un demi-muid de vin à prendre sur le marché de son fief [3].

Une autre charte, datée du mois d'avril 1234, est la confirmation, par le baron Pierre III, assisté de sa femme Jehanne et de son fils Jehan, de la vente faite au prieuré de Maule, moyennant six vingts livres parisis, par Hugues de Menac et Regnauld La Boële, hommes-liges de la baronnie, de la dîme des terres entre Mareil et Maule qui appartenaient au dit Hugues par droit de succession dans l'héritage de feu Pierre II,

---

(1) Collection Filassier, « Titres du prieuré de Maule ».
(2) Ibidem.
(3) Ibidem.

seigneur de Maule, et Regnauld, comme ayant-droit de Hugues de Boutigny, héritier de Hugues de Garancières, beau-frère de Pierre I, seigneur de Maule (1).

Boutigny était une seigneurie des environs de Houdan; c'était aussi le nom d'un fief de la baronnie de Maule, situé au faubourg d'Hagnou, en la paroisse de Saint-Vincent de Maule. Son vieux manoir occupait l'emplacement sur lequel s'élève aujourd'hui le château de Maule.

En sa qualité de membre de la famille baronniale, Hugues de Boutigny, par un acte inséré dans l'*Inventaire des biens du prieuré de Maule*, avait précédemment ratifié toutes les donations faites aux religieux de ce monastère, tant par les barons que par les hommes de leur fief, ainsi que le don « d'un muid de vin » qui leur avait été concédé par sa mère, Colombe, et « trois sols de cens » que Hugues de Garancières « avait accoutumé de leur payer chaque année ».

Sur le moulin d'Hagnou, attenant à sa maison seigneuriale, Hugues de Boutigny, assisté de son fils aîné Amaury, donna à l'abbaye d'Abbecourt quatre septiers de blé et deux barils d'huile, à prendre moitié à Noël et moitié à Pâques, à la charge par l'abbaye d'entretenir une lampe ardente dans la chapelle de l'abbaye, et dire toutes les semaines une messe à son intention, ainsi qu'un obit solennel au jour de saint Jean-l'Évangéliste, tant pour lui que pour ses parents décédés (2).

Cette charte est datée de l'année 1226.

Hugues de Boutigny confirma également au monastère de Maule trois sols de cens annuel, donnés jadis à Saint-Evroult par Hugues de Garancières « son ancêtre », ainsi que tout ce qui avait été concédé au prieuré par ses devanciers, tant en dîmes qu'en hostes, en terre et en vignes, notamment une rente donnée par sa mère, Colombe, à prendre annuellement sur sa terre. Hugues ajouta aux libéralités précédentes celle de huit arpents de terre de son labour, en échange de deux muids de blé que le prieuré prélevait chaque année sur le moulin d'Hagnou.

Pour le repos de son âme et de celle de sa femme, Hugues rétrocéda, par une charte de l'année 1227, ces deux muids de

---

[1] Collection Filassier « Titres du prieuré ».
[2] Archives de Seine-et-Oise. Fonds d'Abbecourt.

blé à l'abbaye de La Trinité de Lucerne, de l'ordre de Prémontré, sous la condition pour les chanoines d'entretenir, à son intention, une lampe ardente en la chapelle de l'abbaye (1).

Sa mort se reporte au 17 mai 1247 (2).

L'abbaye de Joyenval avait à la même époque un cadet de la maison de Maule pour supérieur.

« Simon de Maule, troisième abbé de Joyenval », était issu des seigneurs de Maule-sur-Maudre ; il reçut l'habit religieux des mains de l'abbé Ausculfe (premier abbé de Joyenval), et honoré plus tard de la dignité abbatiale, il gouverna son monastère avec autant de zèle que de sagesse. Sa mort arriva le 13 janvier 1240. On l'inhuma dans le chapitre, et sur sa pierre sépulcrale fut gravée son effigie qui le représentait avec la mitre, l'anneau et la crosse pastorale. Son épitaphe était conçue en ces termes : *Anno milleno ducenteno trigeno Dominici natalis cum nono, Dominus Simon, per cuncta fidelis, istius eclesiæ quondam pater, natus Mauliæ, hic inhumatur. Cum Christo pace fruatur. Amen.*

> L'an 1239 de la Naissance du Seigneur, Dom Simon, né à Maule, fidèle en toutes choses et autrefois père de cette église, fut inhumé ici. Qu'il jouisse de la paix avec le Christ. Ainsi-soit-il. (3)

Le Nécrologe d'Abbecourt faisait également la commémoration, au 26 février de chaque année, de Bouchard de Maule, chevalier, qui avait fait don à cette l'abbaye d'une rente annuelle de vingt sols à prendre sur le cens de Maule : Obit 1243 (4). Barthélemy de Maule figure aussi au nombre des bienfaiteurs de l'abbaye de Joyenval ; il s'y fit religieux vers l'an 1220, et lui donna le fief d'Andelu « assis en la baronnie de Maule » (5).

---

(1) Titres de la baronnie de Maule.

(2) Commemoratio Domini Hugonis de Botigniaco, domini de Maulia, qui dedit nobis unam pesiam vinæ et sex sextuarios bladii in suo molendino de Hagnu pro suo et suæ uxoris Aelidis anniversario faciendo atque. Obiit anno Domini 1247. Archives de Seine-et-Oise, « Fonds de Joyenval ». (Communications de M. A. Maquet, archiviste de Seine-et-Oise).

(3) France pontificale par M. H. Fisquet, diocèse de Chartres, p. 559.

(4) Archives de Seine-et-Oise « Fonds d'Abbecourt »... Commemoratio domini Burchardi militis, domine Maulei qui nobis donavit viginti solidos annui redditus in censibus suis de Mauleo et obiit anno Domini 1243.

(5) Archives de Seine-et-Oise « Fonds de Joyenval ».

Ces deux seigneurs appartenaient aux branches collatérales de la famille.

Etaient aussi de la maison de Maule, les chevaliers Guillaume et Pierre de Voisins, Simon de Voisins, clerc, et Cécile de Voisins, veuve de Hugues des Bordes, que l'abbaye des Vaux compte au nombre de ses bienfaiteurs à cause d'une donation faite à ce monastère d'une maison, située *apud Mauliam*, et d'une portion de la dîme de Maule qui appartenaient à la famille de Voisins depuis le mariage de son auteur avec l'une des filles de Pierre de Maule Ier du nom. A son retour de la croisade contre les Albigeois, où il avait joué un rôle considérable, Pierre de Voisins ajouta à ses précédentes libéralités celle de deux septiers de blé, six de méteil et deux d'avoine, à prendre également sur la dîme de Maule.

Cette donation est de l'année 1225 (1).

Vers la même époque, Guillaume-sans-Avoir, confirmait au prieuré de Maule la donation faite par son père de deux septiers de blé méteil et deux muids d'avoine à prendre sur la dîme des terres de la baronnie de Maule, qui faisaient partie de la dot de leur aïeule, Odeline de Maule, mariée à Hugues de Boissy (2).

Le Cartulaire de Notre-Dame de Paris nous fournit encore le nom d'un membre de la maison de Maule :

Le chevalier Raoul de Maule, du consentement de Richilde, sa femme, et de Sibille, sa mère, vendit en l'an 1236, à l'évêque de Paris, un fief situé à Paris près de l'église Saint-Bon [3].

L'année suivante, Pierre III, baron de Maule, faisait, par son testament, donation à Saint-Evroult de la dîme de toutes ses terres situées entre Mareil et Crespières, ainsi que d'une petite maison située dans la *ruelle aux Moines*, proche le *boulevard du Roy* (4).

Il mourut en 1237, laissant une fille aînée, mariée à Hugues III, seigneur de Garancières, et trois fils : Guillaume, Gui et Jehan de Maule.

---

(1) A. Moutié, cart. Vall. Sarnaü.
(2) Collection Filassier. — « Titres du prieuré ».
(3) Guérard, Cartulaire de Notre-Dame de Paris, t. III, p. 60.
(4) Collection Filassier. « Titres du prieuré de Maule ». — On nommait « Boulevard du Roi », la route militaire située au pied de la muraille qui enceignait la ville de Maule. La ruelle aux moines existe toujours ; elle touche d'un bout au Boulevard et de l'autre à la rue des Maréchaux.

PL. XVI

PORTE DU BUAT

XXIV

GUILLAUME DE MAULE

Guillaume se trouve nommé pour la première fois dans un acte de confirmation donné par son père au prieuré de Maule en l'année 1234 (1).

Il figure comme seigneur de Maule, en l'année 1240, dans une charte approbative de la donation faite par son oncle, Barthélemy de Maule, à l'abbaye de Joyenval, où, plus tard, ce chevalier devait prendre l'habit religieux.

Un écusson, peint sur la muraille de l'église, paroissiale de Maule rappelait, encore au siècle dernier, le souvenir de cette donation.

L'écu, couché en barre et sommé d'un casque de front avec ses lambrequins panachés de différentes couleurs, était aux armes de Maule, *parti d'argent et de gueules à la bordure de sable chargée de douze coquilles d'argent* et soutenu par deux lions au naturel. Au-dessous était la légende suivante :

BARTHÉLEMY DE MAULE,

Lequel donna aux religieux du couvent de Joyenval le fief d'Andelu, du consentement de Guillaume, seigneur de Maule, en l'an M DD XXXX (2).

Avant de se faire religieux, Barthélemy de Maule avait porté les armes et jouissait de la réputation d'un brave chevalier. Avec son frère, Pierre III, il avait accompagné le roi

---

(1) Collection Filassier. « Titres du prieuré de Maule ».

(2) « Procès-verbal des armes et alliances de la maison de Maule », par Chevillard. généalogiste, 1721, mss.

Louis IX dans son expédition contre le comte de La Marche, et il assistait avec lui à la bataille de Taillebourg (1).

Gui de Maule, deuxième fils de Pierre III, était aussi un chevalier de grand renom.

Au mois de juillet 1233, il fut avec Hervé de Chevreuse et Gui de Neauphle, doyen de Saint-Martin de Tours, choisi pour arbitre entre les religieux des Vaux-de-Cernay et Robert de Poissy, écuyer qui « sans aucune crainte de Dieu, s'était avec plusieurs de ses hommes livré aux plus violents excès envers quelques-uns de leurs frères ». De son côté, Robert niait énergiquement et disait pour sa justification que c'étaient au contraire les moines et leurs gens qui l'avaient injurié lui-même au sujet du pressurage des vignes qu'il possédait au lieu dit *Le Brouillard,* situé dans la paroisse de Verneuil, près de Poissy. Pour terminer ce différend, chacune des parties s'engageait, sous peine d'un dédit de 100 marcs d'argent, à s'en rapporter à la décision des arbitres qui, après informé, obligèrent Robert de Poissy à céder aux moines tous les droits qu'il prétendait avoir sur leurs vignes du Brouillard, et à leur en assurer la pleine et entière jouissance par des lettres patentes scellées de son sceau (2).

Jehan de Maule, troisième fils de Pierre III, était né le même jour que le roi Louis IX. Il devint le serviteur dévoué de ce monarque, l'accompagna dans toutes ses expéditions et ne revint en son pays qu'après la mort de « son doulx Syre »... *Et revinst li mesme an* (1270) *li benoyez seigneur Jehan quy nasquit li mesme jour que son doulx syre et oncques ne le quitta, si demora illecques jusques à sa more, pis for mary le plora en la retraiste et icelle enterra grant nombre as jours de la grant pestylence,* disent les titres du prieuré de Maule.

De retour de la septième croisade, où il avait été fait prisonnier avec saint Louis, Jehan de Maule avait élevé une croix en pierre au carrefour des chemins de Poissy, de Mareil et d'Herbeville « pour remercier Dieu de l'avoir ramené dans son pays. »

Cette croix fut renversée à la fin du siècle dernier, mais l'endroit a conservé le nom de *la croix Jean de Maule :* d'un

---

(1) « Recueil des historiens de France », t. XXIII, p. 725 et suivantes.
(2) A. Moutié, « Cartulaire des Vaux-de-Cernay », t. I, p. 490.

côté était un Christ les bras étendus ; de l'autre, une Vierge avec les mains jointes ; tous deux étaient appointés de *huit coquilles*, nombre égal aux *besants d'or* que portaient alors dans leurs armes les aînés de la maison de Maule (1).

Sur l'emplacement de l'ermitage habité par Jehan de Maule, Henri, fils de Guillaume III, érigea une chapelle que la tradition désigne comme étant celle du cimetière Saint-Jacques.

Deux grandes coquilles placées de chaque côté de l'autel y rappellent le souvenir du vaillant pèlerin.

Guillaume Ier, baron de Maule, d'accord avec sa femme Marie, fit don à l'abbaye de Joyenval d'une maison située près de Maule, et fonda son anniversaire en la chapelle de ce monastère.

Il mourut antérieurement à l'année 1249, car son fils Jean est à cette date qualifié seigneur de Maule ; mais sa femme lui survécut au moins jusqu'en 1255, suivant le nécrologe de l'abbaye de Joyenval, qui faisait commémoration de ces deux époux le 17 janvier :

Domini Guillelmi de Maulia et Mariæ uxoris ejus, qui nobis dederunt unam domum sitam apud dictam Mauliam et obierunt circa annum domini MCCLV (2).

XXV

JEHAN DE MAULE

Guillaume de Maule avait laissé plusieurs enfants, dont l'aîné, nommé Jehan comme son oncle, fut baron de Maule.

Par une charte, que l'on pourrait appeler de joyeux avènement car le prieuré de Maule la renouvelle à chaque muta-

---

(1) Collection Filassier, Procès-Verbal de Chevillard, mss.
(2) Archives de Seine-et-Oise, « Fonds de Joyenval ».

tion de seigneur, Jehan de Maule confirma en l'année 1249 les donations faites aux moines de Saint-Evroult par les barons ses prédécesseurs (1).

En l'année 1258, Simon de Maule, son frère, de concert avec Richeude, son épouse, vendit sur sa part de l'héritage paternel divers cens sur la terre de Froidcul, près de Maule, moyennant quarante livres, à l'abbaye de Saint-Denis (2).

Nicolas de Maule, un autre membre de la famille, entré dans les ordres et qualifié chapelain, fit, en 1236, un don semblable à l'abbaye de l'Estrée, près Dreux (3).

Guillaume de Maule, le plus jeune des fils, avait également embrassé la carrière ecclésiastique. Promu archidiacre de l'église de Chartres, il conçut le projet d'agrandir la petite chapelle de Saint-Léonard édifiée, au siècle précédent, par Robert de Maule, et qui était devenue insuffisante pour les besoins du culte. Le patronage en appartenait à l'abbaye de Saint-Evroult; mais, par un privilège spécial, le monastère accorda toutes les autorisations nécessaires sous la réserve cependant de son droit paroissial « et aussi qu'ès festes solemp-
« nelles ou annuelles nul des paroissiens du dit lieu du Coul-
« dray serait reçu, ni aulcunes bénédyctions nuptiales faictes
« au dict oratoire, et en l'absence du dict Guillaume ne serait
« célébré aulcune messe sans le congé et permyssion du dict
« curé de Maulle et de sa grâce espéciale ». (4)

Cette charte est datée du mois d'octobre 1254.

Une nef plus vaste vint donc remplacer celle de l'oratoire primitif dont l'abside fut seule conservée. Ce nouvel édifice « estoit bien ajouré et de belle apparence », disent les titres du prieuré. La bénédiction en fut faite avec une solennité extraordinaire. Jehan Ier, baron de Maule, avait convié à cette

---

(1) Titres du prieuré.

(2) Archives de Seine-et-Oise, Copie du Cartulaire blanc, p. 255. Communication de M. A. de Dion.

(3) Cart. de l'abbaye aux archives de l'Eure.

(4) Collection Filassier, « Inventaire des titres du prieuré de Maule ». Le testament de Pierre II, seigneur de Maule, qui figure en la même collection et que nous avons déjà cité, porte en effet : « J'accorde et confirme du consentement et de la volonté de Robert, évêque de Chartres, que les hommes résidant au Couldray soient de la paroisse de Sainte-Marie de Maule et lui soient obligés de tous droits et redevances paroissiales comme ses paroissiens. Cela a été fait l'an du Verbe incarné MCLXVIII (1168). »

cérémonie un grand nombre de prélats, d'ecclésiastiques et de seigneurs des environs. Là se trouvèrent, avec Monseigneur l'évêque diocésain, les abbés de Coulombs, de Clairfontaine et de Saint-Evroult, les prieurs de Saint-Nicaise de Meulan, de Sainte-Marie de Maule et de Saint-Georges de Mantes, assistés de tous les curés des paroisses environnantes. Puis, dans l'ordre laïque : les seigneurs de Montfort, de Marcq, de Garancières, de Saulx-Marchais, d'Aubergenville, de Fresne, et « quantité d'aultres nobles hommes et vertueuses dames dont « le nom n'a pas esté couché en escript ». (1)

Sous une sage administration, le prieuré de Saint-Léonard-du-Couldray continua de grandir. « Chaque année, la vigne du Seigneur y développa de nouveaux rameaux », disent les titres du monastère « et tout le pays en fut réjoui ».

En effet, cette époque est marquée, dans les annales du passé, comme celle d'une grande et générale prospérité. L'impulsion, communiquée aux défrichements par l'établissement des ordres religieux travailleurs, donnait tous ses fruits : déjà la propriété territoriale n'était plus dans les mains d'un nombre restreint de privilégiés ; elle se trouvait presqu'aussi morcelée qu'aujourd'hui [2]. Ces défrichements avaient aussi favorisé le commerce intérieur en restreignant le nombre et l'étendue de ces terrains boisés qui offraient de si faciles refuges au brigandage. Le commerce avait pris une grande extension par la garantie donnée aux marchands par les seigneurs qui, moyennant une redevance nommée *droit de travers*, faisaient escorter les voyageurs par leurs hommes d'armes dans toute l'étendue de la seigneurie [3].

Mais, sous le règne austère du roi saint Louis, le travail n'excluait pas la gaieté. A travers les âges, et jusqu'en ces dernières années, il s'est conservé l'usage d'une *assemblée* qui,

---

(1) Collection Filassier, " Inventaire des titres du prieuré de Maule ".

(2) On peut se convaincre de ces faits par l'examen des inventaires et des déclarations d'aveu du XIII° siècle. Les terres labourables se vendaient de 20 à 30 sols l'arpent ; les maisons des champs valaient depuis 60 sols jusqu'à 6 livres. Un beau cheval de labour ou de bataille était estimé 60 sols. En l'année 1270, le muid de blé valait 60 sols. En 1202, 60 septiers de froment furent acquittés par une somme de 20 livres. « Titres de la baronnie de Maule ».

(3) En l'année 1257, c'est-à-dire à l'époque même où se passaient les faits dont il est ici fait mention, le seigneur de Vernon fut condamné à dédommager un marchand qui avait été dévalisé dans un chemin de sa seigneurie.

depuis la fondation du monastère, se tenait le lundi de Pâques au-devant du parvis de la chapelle de Saint-Léonard. Cette fête rustique était la première de l'année. Longtemps à l'avance, pendant les longues soirées d'hiver, on formait à cette occasion de riants projets, et son arrivée était saluée comme l'aurore du printemps.

A l'issue de la messe, les villageois, parés de leurs plus beaux atours, se dirigeaient par groupes joyeux vers le Couldray. Après avoir entendu les vêpres, les jeunes gens ouvraient un bal champêtre sous les arbres du préau. Quelques marchands installaient sur la pelouse leur modeste éventaire. Des jeux de quilles, de boules s'organisaient dans la cour du monastère. Au dehors, les blanques étaient tolérées. Le tir de l'arc et le jeu de l'arbalète étaient encouragés par des prix décernés par les seigneurs de Maule. Le cellier des religieux faisait tous les frais des rafraîchissements. Et, quand le soir était venu, chacun regagnait, joyeux, sa chaumière en se donnant rendez-vous pour l'année suivante (1).

A ces reposants souvenirs, à la prospérité de cette époque, ou à la paternelle administration du seigneur, faut-il reporter la popularité qui, dans le pays, resta attachée au nom du baron Jean de Maule ? Peut-être à ces trois causes réunies. Peut-être aussi l'imagination populaire s'est-elle plû à réunir dans un même sentiment de gratitude et d'admiration les actes émanant des anciens seigneurs du nom de Jean de Maule ? Toujours est-il que ce nom, illustré d'ailleurs par la fidélité et le dévouement du digne compagnon de saint Louis, est demeuré dans la mémoire des habitants, et semble à lui seul personnifier la nombreuse lignée des barons de Maule.

Comme seigneur suzerain, le baron Jean de Maule donna en l'année 1265 son assentiment à une donation de son cousin Jehan de Boutigny, homme d'armes de la baronnie, qui, pour le repos et le salut de son âme, accorde en perpétuelle aumône aux moines de Maule cinq sols parisis de rente annuelle à prendre après sa mort sur les *cens* d'Herbeville, ainsi que la remise de « cinquante boisselets et six esculées » que le prieuré

---

(1) On lit dans les comptes de la baronnie :... « Item, pour l'assemblée de Saint-Léonard-du-Couldray. ij muids de vin ; item pour achat d'oublies xvj livres. Item pour le tir de l'arc XX livres, etc.

devait à la famille de Boutigny par « chascun an à Noël et à Pasques, avec trois cierges à la Chandeleur ».

Cette charte est datée du dixième jour après la saint Remi de l'année 1265 (1).

Trois ans plus tard, Jean de Maule faisait lui-même son testament, par lequel il léguait au prieuré de Saint-Evroult six septiers de blé à prendre sur le moulin d'Hagnou.

Jean de Maule mourut en l'année 1268.

XXVI

GUILLAUME II

Guillaume II, son fils aîné, lui succéda dans la baronnie de Maule, tandis que le puiné, Jean de Maule, allait faire souche en Normandie par son mariage avec Jeanne de Courteille, héritière de la seigneurie de ce nom.

« Messire Jean de Maulle, chevalier, dit un vieux papier de famille, eut un fils du même nom qui épousa Giraude... et fonda son anniversaire à Doncelles sur le pré de Vallée. Il mourut le jour de la Nativtié de saint Jean en l'an 1323. Guillaume, son fils, épousa Marguerite de Villeray, en l'an 1347, et reçut en partage les terres de Montainville, de Chérence et de Boissy-le-Sec, Jeanne de Maulle, leur fille, épousa le sire de Coutens et lui porta la terre de Courteille dont Béatrix de Coutens, leur héritière, mariée au baron de Sillé, jura la féauté-lige au vicomte de Beaumont en l'an 1398 (2) ».

L'année même de la mort de son père, Guillaume de Maule II⁰ du nom, fut appelé à régler une contestation survenue entre le prieur du monastère de Maule et le curé de l'église Sainte-

---

(1) Titres du prieuré.
(2) « Titres de la baronnie.

Marie, relativement aux *dimes novales* de la paroisse. Le baron confirma le prieuré dans les droits que lui conférait le testament de Pierre II, qui accordait aux moines de Maule la dîme des gerbes, des légumes, de la laine, des agneaux, et de « tout ce qui était sujet à être décimé sur sa terre ».

Par une autre charte du mois de juin de la même année, Guillaume de Maule, assisté de « damoiselle Sédille, sa femme », consentit, en faveur de Saint-Evroult, à l'abandon de ses droits seigneuriaux sur « dix arpents de terre labourable et « deux arpents de vigne, relevant de son fief, qu'autrefois « Pierre-le-*Potencier*, fils de Pierre-le-Maréchal, avait donnés « en perpétuelle et inexorable aumône aux moines de l'église « Sainte-Marie de Maule ».

Sédille, nommée en cet acte comme femme de Guillaume de Maule et qualifiée *douairière de Maule*, lorque plus tard elle épousa en secondes noces le chevalier Ansel de l'Isle-Adam, seigneur de Balaincourt et de Nesles, était fille de Jean de Thorote, troisième du nom, châtelain de Coucy et de Noyon.

Les Thorote étaient d'ancienne et illustre noblesse. Leur famille remontait à Alleaume de Thorote qui figure au nombre des témoins d'une charte donnée en l'an 1042 par Thibaut, comte de Champagne, au monastère de St-Martin d'Epernay (1).

Sédille, restée veuve de Guillaume de Maule et tutrice de leur fils Henri, se trouva convoquée en l'année 1272 à fournir le service de son fief pour la chevauchée de Foix. A cet effet, elle délégua comme chevalier banneret, Pierre de Méré, qui prit le commandement des hommes d'armes de la baronnie de Maule (2).

Sédille de Thorote, douairière de Maule, mourut le 15 juillet 1282.

Henri de Maule, majeur depuis plusieurs années, avait pris l'administration de la baronnie. L'un de ses premiers actes fut l'érection d'une chapelle sur l'emplacement de l'ermitage où son grand'oncle, Jehan de Maule, avait donné de ses mains la sépulture aux victimes de la peste qui ravagea la France en l'année 1280, et dans laquelle l'illustre pèlerin avait, suivant la tradition, demandé à être lui-même inhumé.

---

(1) Anselme, « La maison de France » t. II, p. 150.
(2) Recueil des historiens de France, t. XXIII, p. 769.

Cette chapelle existe encore ; placée sous le patronage de saint Jacques, elle a donné son nom au cimetière qui l'entoure.

Jusqu'au siècle dernier, ce champ de sépultures était un terrain planté d'arbres et entouré de haies vives. A certaines fêtes de l'année, et comme en accomplissement d'un vœu, dont l'usage avait persisté mais dont l'origine s'était perdue, les fidèles des deux paroisses de Maule s'y rendaient en procession, bannières et clergé en tête. Ce lieu de pèlerinage fut converti en cimetière le 20 juin 1766, mais les nombreux ossements que l'on retrouva, et que l'on découvre encore en creusant le sol aux endroits non encore explorés, démontrent bien que ce lieu fut, à une époque bien antérieure, affecté au moins temporairement à certaines inhumations.

Nul doute que ces ossements ne soient les restes des victimes de la peste de 1280, et que la chapelle ne soit celle que fit construire le baron Henri de Maule ; le style de l'édifice correspond bien à celui de l'époque indiquée par les titres du prieuré, et les deux coquilles qui en décorent l'autel sont bien un pieux souvenir de quelque lointaine expédition.

Par son testament du mois de juin 1304, Henri de Maule confirma au prieuré de Maule les donations faites par ses ancêtres.

Il laissa trois enfants : Pierre qui lui succéda, Jehan, baron de Palmort, et Pétronille, mariée à Guillaume de Marcilly (1).

XXVII

PIERRE IV ET GUILLAUME III

Pierre de Maule, quatrième du nom, porta au roi en la châtellenie de Mantes sa *foi et hommage,* dans les mêmes condi-

---

(2) Guillaume de Marcilly, marié à Pétronille de Maule était fils d'un seigneur de même nom qui, marié à Eustachie de Bouteinvillier, vendit,

tions que les barons ses ancêtres, c'est-à-dire qu'il *avoua* tenir du roi tous les fiefs de la baronnie de Maule, à l'exception de sa maison qui relevait du comte de Montfort (1).

En sa qualité de seigneur de Maule, Pierre IV concéda, en l'année 1306, aux moines de Saint-Evroult, le droit de faire construire, près de leur ferme de Beaurepaire, un moulin à vent pour leur usage personnel.

Le souvenir de cette gracieuseté du baron était consacré en l'église paroissiale par un écusson aux armes de Maule, sommé d'un casque de front, et soutenu par deux lions au naturel, avec cette légende en caractères gothiques :

« Pierre de Maule,

fils de Henri, lequel bailla aux prieur et religieux de Maule le vent du « moulin de Beaurepaire, sauf son droit de ban sur ses terres et baronnie « de Maule, comme il se voit par la lettre de ce faisant mention, datée de l'an M° CCC° VI. » (2).

Par une charte de l'année 1309, Pierre IV concéda un droit de *champart* sur différentes pièces de terre de sa baronnie, à Odo, dit *l'Archevêque* et à sa femme Isabeau qui, plus tard, échangèrent ce droit avec les religieux du prieuré de Maule contre un manoir appelé les *Vieilles-Granges* et trois arpents de vigne y attenant, sauf le droit de *pressurage* que se réservait le prieuré, à moins qu'Odo et sa femme ne préférassent payer annuellement aux moines dix sols parisis en raison de ce droit (3).

Par une autre charte sans date, mais qui paraît postérieure de quelques années à la précédente, Pierre IV, assisté de son fils mineur, Pierre de Maule, consentit l'abandon, en faveur du prieuré, des droits seigneuriaux qu'il possédait sur une pièce

---

le 18 janvier 1275, à Hervé le Breton, chanoine de Paris, moyennant 253 livres parisis, leur terre de Boutemvillier, consistant en une maison, un pressoir et ses accessoires, revenus, cens, hostises, hostes et justice, le tout tenu en fief de Jean de Choisel [Cartulaire de N. D. de Paris, t. II, p. 138]. Les Marcilly, d'après « l'Armorial » du XIVe siècle par M. Douet d'Arcq, portaient : « d'or au chevron de sable ».

(1) Ste-Marthe « Extrait des hommages de la chambre des comptes », mss. Bibliot. nat.

(2) Chevillard, « Procès-verbal des armes et alliances de la famille de Maule ».

(3) Collection Filassier. « Inventaire des titres du prieuré ».

de vigne dépendant de son fief, qui avait été donnée au prieuré par un « homme de la baronnie ». (1)

Pierre IV mourut en laissant ses deux fils, Guillaume et Jehan, sous la tutelle et *garde-noble* de leur oncle, Guillaume de Marcilly (2). Son fils aîné, Pierre, signataire de la charte précédente, paraît être décédé avant son père, car il n'a laissé d'autre trace de son existence que la charte où il est qualifié de « myneur ».

Guillaume de Maule, troisième du nom, succéda à son père dans la baronnie de Maule.

Son nom, ainsi que celui de son oncle, Guillaume de Marcilly, se trouve au bas d'une charte de confirmation donnée par ces seigneurs au prieuré de Maule, pour lui garantir la paisible jouissance de tous les biens donnés à Saint-Evroult par les barons de Maule, leurs ancêtres ; et, aux donations précédemment faites, Guillaume de Marcilly ajouta celle de huit livres parisis de rente annuelle et perpétuelle, payable à Noël et à la Pentecôte, à prendre sur les biens que, du chef de sa femme, Pétronille, il possédait en la ville de Maule (3).

Guillaume et Jehan de Maule, suivant un aveu, rendu le 6 juillet 1331, au seigneur de Chevreuse par Jacqueline de Neufville, veuve du sire de Maintenon, tenaient en arrière-fiefs à Boissy-sans-Avoir, deux petits fiefs, dont le seigneur dominant était le seigneur de Chevreuse (4).

Le nom de Jehan de Maule se retrouve encore dans un *aveu* rendu, en 1345, par Jean de Percy, seigneur de Septeuil, à Amaury, seigneur de Maintenon, qui reportait cet hommage au sire de Chevreuse !... *Item deux arrière-fiefs dont messire Jean de Maule est l'un* (5).

---

(1) Collection Filassier « Titres du prieuré ».

(2) Cet usage remontait à l'époque où les fiefs n'étaient pas encore héréditaires dans les familles. Celui qui en était pourvu jouissait de son fief au moins pendant un an ; il était juste qu'ayant fait les frais de culture il en recueillît le bénéfice. Ce temps fut, dans la suite, prorogé à trois ans à cause du mode de culture triennal, et, s'il arrivait que le vassal mourût ou qu'il fût pris en guerre, le roi rentrait dans le fief qu'il avait concédé et jouissait du revenu, mais la veuve et les enfants tombaient à sa charge, c'était ce qu'on appelait la « garde-noble ». Plus tard quand l'hérédité s'établit, l'un des proches parents du défunt, prenait cette garde-noble en s'obligeant à fournir le service du fief jusqu'à l'époque où l'un des enfants mâles eût atteint l'âge de majorité.

(3) Collection Filassier « Titres du prieuré ».

(4) A. Moutié, Les seigneurs de Chevreuse, t. I, p. 557.

(5) Communication de M. A. de Dion, « Livre velu de Chevreuse ».

Guillaume III, assisté de son oncle, Guillaume de Marcilly, racheta, le 3 novembre 1324, des religieux de Saint Evroult, moyennant la somme de huit livres parisis, payable la moitié à Noël, l'autre moitié à la Pentecôte, le droit de *haute et moyenne justice* que leur conférait la charte qui leur avait été donnée par le baron Pierre II. Cette transaction, en laissant aux moines du prieuré de Maule le droit de *basse justice* pour les hommes de leur monastère, paraît avoir mis fin à d'assez sérieuses difficultés S'appuyant sur la clause du testament de Pierre II ainsi conçue : « *Si quelqu'un de la famille des moines ou de leurs hôtes commet forfaiture contre mes sujets, le plaid s'en tiendra dans la cour du monastère* », le prieur de Maule avait fait condamner, par l'archidiacre de Chartres, deux serviteurs de Pierre IV qui avaient tué et occis un des hôtes de Saint-Evroult, à livrer au monastère, à titre de *composition*, deux arpents de terre, ou à lui fournir l'argent nécessaire pour en acheter la même quantité (1). Cette sentence avait paru au seigneur une grave atteinte portée à ses prérogatives : de là, le conflit.

La punition des crimes, on le voit, se rachetait par de l'argent. Cette peine qu'on appelait *composition* était plus ou moins forte, selon la qualité du coupable ou de la personne lésée. Il en coûtait moins pour avoir blessé ou tué un serf attaché à la glèbe, que pour avoir usé de la même violence à l'égard d'un ingénu, moins pour un ingénu que pour un homme d'armes, et surtout que pour un chevalier. Robert de Maule, pour avoir tué M. Jean Bout-du-Monde, avocat du roi en la ville de Mantes, fut condamné, le 5 janvier 1369, à une amende de 400 livres tournois.

L'un des délits les plus communs en matière correctionnelle était celui de « la chasse au bâton ».

Le droit de chasse, en effet, n'appartenait qu'au seigneur en vertu de cet axiome que « tout le terrain qui composait un fief appartenait en propriété utile et en propriété directe au seigneur », de sorte que le gibier nourri sur cette terre était un fruit de la terre seigneuriale. Il était donc défendu aux laboureurs et aux bergers de mener et d'avoir des chiens, si ceux-ci n'avaient le *jarret coupé*. Il était interdit à tous rotu-

---

(1) La terre de qualité moyenne valait à cette époque de 20 à 30 sols l'arpent.

riers de chasser, en quelque lieu et sur quelque sorte de gibier que ce fût, sous peine de soixante sols d'amende. Il était défendu, sous la même peine, de détruire les œufs de cailles, de perdrix ou de faisans ; la deuxième contravention était punie du fouet et la troisième du bannissement pendant cinq ans.

Cette amende fut même, par la suite, portée jusqu'à cent livres.

On conçoit difficilement que, sous le coup de peines aussi sévères, les habitants aient pu s'abandonner à la tentation de chasser sur les terres du seigneur. Néanmoins, les condamnations, prononcées pour délits de chasse au bâton, au furet ou au lacet, sont relativement très nombreuses.

La chasse au bâton, surtout, offrait certaines facilités au braconnage à cause de la grande quantité de lièvres dont les champs étaient infestés. On y procédait ainsi :

« L'amateur de gibier se munissait à l'avance d'un fort bâton long de quatre pieds environ qu'il cachait dans un buisson ou sous une roche. Un « chanvrain » [ficelle] de même longueur était fixé à l'un des bouts de ce bâton et permettait au braconnier de traîner cet engin sur le sol, de telle façon que, la pioche sur l'épaule, le bâton traînant derrière lui, il lâchait facilement la ficelle et continuait sa route si quelque garde venait à se montrer dans la plaine parcourue. Si, au contraire, rien ne se montrait suspect à l'horizon, le chasseur continuait son chemin en décrivant, autour du gîte qu'il avait remarqué, une courbe en spirale de façon à se rapprocher de l'animal jusqu'à une distance de deux ou trois pas lorsqu'il arrivait au terme de son circuit. »

On sait que les lièvres au gîte ne se décident à s'élancer que lorsqu'on s'arrête et qu'ils restent tapis lorsqu'on marche franchement vers eux.

Voyant ainsi tourner autour de lui, le lièvre ne se dressait que lorsque le braconnier s'arrêtait, mais il était trop tard, et souvent, au moment où l'animal s'élançait, un coup de bâton bien appliqué lui cassait les reins.

Les archives seigneuriales fourmillent de faits de ce genre.

Mais si la justice criminelle était expéditive, il n'en était pas de même en matière civile ; tout n'était régi que par les *coutumes*, c'est-à-dire par des lois non écrites qu'un usage insensible avait seul autorisées. On comptait en France plus de quatre cents coutumes, tant générales que locales, qui formaient autant de législations différentes et donnaient lieu à une foule de procès, de divisions et d'injustices. Aussi, l'histoire des barons de Maule offre-t-elle peu d'intérêt à cette époque que l'on peut appeler celle des *hommes de loi*.

L'un des plus intéressants des débats d'alors, au double point de vue de l'importance déjà prise par la création des écoles publiques et du contrepoids apporté par les décisions judiciaires aux prétentions quelquefois arbitraires des possesseurs de fiefs, est le procès que soutint, contre le prieuré de Maule, messire Jean L'Obligeois, écuyer, qui, ayant acquis dans la terre de Maule des biens d'une certaine importance, se crut dispensé de tenir compte au monastère de la dîme des terres, défrichées par ses soins, que les moines, forts d'ailleurs du testament de Roger de Maule, lui réclamaient.

Une sentence de l'évêque de Chartres obligea le défendeur de payer au prieuré huit gerbes de grain, en motivant son jugement sur cette clause bien claire du testament précité : « De toutes les terres que je donneray à mes gens pour être labourées, les moynes en auront la dîme ».

Jean fit appel de cette sentence à l'official de l'archevêché de Sens. Condamné de nouveau, il porta sa réclamation devant le Tribunal de l'archevêché de Lyon, qui maintint la chose comme bien jugée. Jean L'Obligeois dût obéir; mais comme il avait droit au tiers des *dîmes vertes* de la paroisse de Maule, il fit donation de cette dîme, d'accord avec Catherine Lesueur, sa femme, aux *maistres et religieux du collège de Montaigu de Paris ;* et, quels qu'aient été les efforts tentés par le prieuré de Maule, pour racheter cette dîme, le collège, fidèle observateur des volontés du donateur, la conserva jusqu'à l'époque de la Révolution.

Ce fut ainsi que le nom de Maule se trouva inscrit au nombre des bienfaiteurs de cet établissement, dont les services furent très grands, et qui méritait d'autant plus la commisération que, sa dotation étant insuffisante, ses écoliers étaient souvent contraints, par la nécessité, à aller mendier pour vivre, et recevaient, avec les pauvres, le pain que distribuaient les religieux aux portes de leurs monastères [1].

---

(1) Le collège de Montaigu était situé rue des Sept-Voies, n° 26. Sa fondation doit être attribuée à Gilles Aicelin de la maison de Montaigu. Les

PORTE DE MAREIL

XXVIII

PIERRE V

Après deux siècles de tranquillité relative, Maule reparaît sur la scène militaire à l'automne de l'année 1357.

Le roi de France, Jean II dit le Bon, était prisonnier des Anglais depuis la bataille de Poitiers, et le Dauphin qui, plus tard, régna sous le nom de Charles V, était régent du royaume ; Charles-le-Mauvais, roi de Navarre, soutenu par une faction puissante, profita de cette situation pour demander la restitution de ses biens confisqués, et réveiller d'injustes prétentions sur le comté de Meulan [1].

Cédant à la nécessité, le Dauphin consentit à tout. Mais les prétentions du roi de Navarre ne pouvaient être soutenues que par la force ; car les principales villes du comté, fidèles à leur serment, déclarèrent « ne vouloir reconnoître aultre Sei-« gneur que Monseigneur le Régent, sans un ordre exprès du « roy Jehan ». Philippe de Navarre, frère de Charles-le-Mauvais, sans égards pour l'accord conclu, s'empara immédiatement de plusieurs petites places et fit avancer ses troupes jusqu'à quatre ou cinq lieues de la capitale, du côté de Trappes et de Villepreux. Tout le pays fut dévasté sur son passage. Cependant Pierre de Villiers, chevalier du guet, étant sorti de

---

écoliers y étaient astreints à une règle très austère : on les faisaient fréquemment jeûner ; souvent aussi leur jeûne était doublement forcé, par « faute de pain dans la huche ». Leur vêtement très grossier consistait en une cape de gros drap brun et un camail de même étoffe qui les fit appeler les « pauvres capettes de Montaigu ». C'est du Principal de ce collège que Rabelais a dit : « Tempeste fut un grand fouetteur d'escholiers et si, par fouetter pauvres petits enfants, les pédagogues sont damnés, il est, sur mon honneur, en la roue d'Ixion, fouettant le chien Courtaud qui l'esbranla ». Le collège de Montaigu s'est maintenu en plein exercice jusqu'en 1792, époque de sa suppression. Ses bâtiments furent convertis en un hôpital et une prison militaire.

(1) Voir notre hist. du comté de Meulan. 1re partie, p. 292 et suivantes.

Paris pour chasser les Navarrois, ceux-ci battirent prudemment en retraite, et les Parisiens rentrèrent sans avoir rencontré les ennemis.

Philippe comprit alors qu'il lui fallait une place d'armes respectable d'où il pourrait combiner ses courses et ses pillages.

Il jeta ses vues sur la ville de Maule qui, pourvue d'un château-fort et entourée de murailles, devait lui fournir une solide base d'opérations. Profitant alors d'une nuit obscure, il passa la Mauldre au gué de La Maladrerie de Beynes, et ses troupes, à l'aube du jour, parurent sur les hauteurs qui dominent la ville du côté méridional. Mais, l'armée de Philippe était peu nombreuse. Devant l'attitude des défenseurs de la cité, le chef des Navarrois comprit qu'il ne pouvait triompher par la force.

Il appela la ruse à son aide.

Après une journée d'escarmouches et de reconnaissances, feignant de se retirer avec toutes ses troupes, Philippe laissa quelques chevaliers embusqués à peu de distance de l'une des portes de la ville. Le lendemain, les habitants, n'apercevant à l'horizon aucun homme d'armes, ouvrirent leurs portes sans défiance, afin de vaquer à leurs travaux ordinaires. Alors les cavaliers navarrois, fidèles à leurs instructions, sortirent à l'improviste de leur retraite, et se précipitant vers la porte la plus proche, l'empêchèrent de se refermer.

La soudaineté de cette attaque avait jeté quelque confusion parmi les gardes. Philippe, qui avait simplement caché le reste de son petit corps d'armée dans un pli de terrain, put ainsi se rendre maître de l'une des entrées, puis bientôt de la ville, à l'exception toutefois de deux postes importants : la citadelle et la porte du pont de la Bélique (1).

---

(1) La topographie du pays ne se prête que malheureusement trop à ce genre d'embuscades. Malgré le peu d'indications laissées par les titres du prieuré à cet égard, il est facile pour quiconque connaît les environs de Maule de rétablir, par la pensée, les positions occupées par Philippe de Navarre en cette journée. Suivant toute apparence la porte qui tomba la première au pouvoir des Navarrois fut celle dite de Montfort ; les cavaliers embusqués étaient probablement cachés dans un pli de terrain à la « Rollanderie », et le corps d'armée dissimulé dans la « rubeille des lézardes ».

Devant les deux tourelles qui flanquaient ce pont-levis, un combat furieux s'engagea et ne finit qu'à la mort du dernier des défenseurs ; tous avaient été passés au fil de l'épée, et le carnage fut tel que, depuis cette époque, cet endroit a conservé le nom de *Pont-Rouge*. Mais la forteresse, défendue par le reste des chevaliers et des hommes d'armes de Maule, sous les ordres de Pierre V, leur seigneur, pouvait encore résister longtemps et attendre des secours ; car ce château, comme presque toutes les vieilles citadelles féodales, était pourvu d'un souterrain qui lui permettait, en cas d'attaque, de recevoir des renforts ou des approvisionnements, et fournissait à ses défenseurs un moyen de retraite, en cas de reddition (1).

La trahison se glissa parmi les assiégés.

Un homme de la baronnie, « aveuglé par une injuste rancune, à cause d'une condamnation précédemment prononcée contre lui par la justice du seigneur, pour délit de chasse au bâton », s'aboucha avec l'ennemi et, à la sortie, habilement dissimulée dans la campagne, du souterrain qui mettait en communication le *chastel* de Maule avec celui de Palmort, Pierre V, vendu par ce serviteur infidèle, trouva la mort avec presque toute sa famille.

Cette trahison amena la reddition de la citadelle.

Entièrement maître de Maule, Philippe, avec une fiévreuse activité, fit immédiatement renforcer les endroits accessibles, réparer les ponts-levis, ajouter des tourelles aux portes de la ville ; en un mot, il pourvut la place de tous les moyens de défense en usage à cette époque : les murs d'enceinte furent crénelés, garnis de meurtrières et pourvus de tours saillantes ;

---

(1) Il y a quelques années, des ouvriers, occupés à des travaux de réparation, découvrirent sous l'emplacement occupé autrefois par le château de Maule, un double étage de caveaux, avec une excavation en forme de puits, comblée en partie par des matériaux de démolitions. J'ai visité avec eux ces ténébreux souterrains. De l'un des caveaux inférieurs, partait un long conduit voûté, qui se dirigeait vers l'église paroissiale et l'ancien prieuré, puis s'enfonçait sous les anciens fossés de la ville et gagnait la campagne par une ouverture jusqu'à présent inconnue. A ce conduit, voûté en berceau, venaient se relier d'autres caveaux partant d'une maison située à l'angle de la rue du Buat et de la rue Quincampoix, qui jadis servait d'habitation aux hommes d'armes de la baronnie. Cette maison, qualifiée dans les vieux titres de « fief des chevaliers » a conservé sa tourelle seigneuriale. Quelques armes avaient été trouvées dans ce souterrain ; c'étaient une vieille lame d'épée à deux mains, une hache d'armes, un maillet de fer à cinq pointes et un poignard du genre de ceux appelés « miséricorde ». Le tout a été volé par les Prussiens à la mairie de Maule pendant la guerre de 1870.

chaque soir, à la tombée du jour, les portes de la ville, extrêmement solides et garnies d'énormes clous à tête saillante, étaient soigneusement fermées ; les lumières devaient être éteintes à huit heures en toute saison (1).

Le vieux château féodal était un lourd et sombre édifice. Sa façade principale regardait l'église. Un fossé, un pont-levis, une première cour enceinte d'une muraille, puis une porte cintrée ouverte dans un mur de six pieds d'épaisseur, tels étaient les premiers obstacles à franchir. Au milieu de la cour, verdâtre et humide comme les parois d'un puits, s'élevaient un moulin à bras et la tour carrée qui constituait le titre seigneurial. Dans cette tour, étaient conservées les archives de la baronnie ; la chapelle du château en occupait le rez-de-chaussée (2). La configuration du terrain présentait, pour le quatrième côté de ce quadrilatère, un terre-plein où se trouvaient adossés les magasins ; au-dessus, étaient la salle des gardes et les logements des serviteurs ; dans la cour, et soigneusement gardé, était le puits destiné aux besoins de la garnison qui, par la rupture des conduits de la fontaine du Buat, aurait pu se trouver complètement privée d'eau [3].

Une grande tour, de forme octogone, faisait face à la rue de Saint-Vincent ; une autre massive tourelle défendait l'entrée du château ; enfin dominant le tout, se dressait le beffroi en haut duquel veillait continuellement un homme de garde. Les bastions, les créneaux et les rampes rapides, dont l'avait

---

(1) J'ai vu, dans mon enfance, la porte de Montfort encore debout ; elle fut, en 1849, sacrifiée à la commodité de la circulation. Celle de Saint-Vincent qui menaçait ruine, lors de la Révolution, fut démolie le 8 novembre 1792 ; l'un de ses vantaux tenait encore à la maçonnerie par un gond. [Registres de la municipalité]. Les autres portes qui portaient les noms du Buat, de Mareil, de la Bélique, figurent dans les anciens Terriers de la baronnie, notamment sur le plan de la ville dressé en 1713, que possède la mairie de Maule, et sur un autre vieux plan dressé en 1590, par maitre Nicolas Gallien par ordre de Messire Robert de Harlay et dame Jacqueline de Morainvilliers seigneurs de Maule. Ce dernier plan est aux mains de la famille Maule de Panmure, en Écosse.

(2) Une excavation, produite il y a quelques années, montra les restes de cette chapelle qui, aujourd'hui encore, sont simplement recouverts d'un plancher.

(3) Ce puits existe encore ; il est situé au milieu de la grande place du marché aux étalages : son orifice est simplement recouvert d'une grosse pierre. — Il me souvient, qu'en mon enfance, les charpentes qui en bouchaient l'ouverture, s'effondrèrent par l'humidité de la terre qui les recouvrait ; et, chacun vint sonder de l'œil la profondeur, peu considérable d'ailleurs, de ce puits, ignoré des habitants et abandonné, sans doute, depuis de longues années.

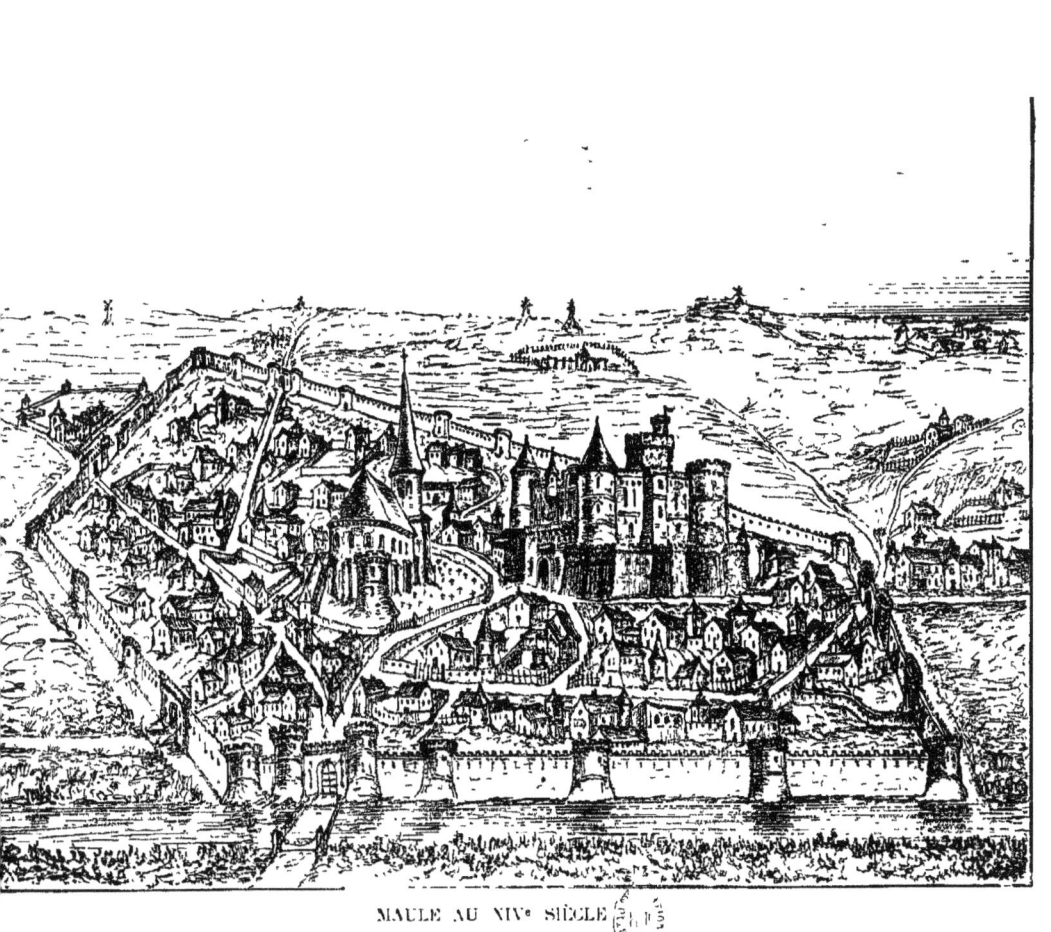

MAULE AU XIV° SIÈCLE

pourvue Philippe de Navarre, achevaient de faire de cette forteresse une place de guerre importante pour l'époque.

Charles le Mauvais, ayant réussi, par la trahison du gouverneur, à s'emparer du fort de Meulan, Philippe de Navarre continua de demeurer au château de Maule [1].

Pendant tout l'hiver de 1358, les environs de Paris eurent beaucoup à souffrir de la guerre malheureuse que se faisaient les troupes du roi de Navarre et celles du Dauphin : « si fust « tout le pays gasté, jusqu'à huit ou dix lieues, disent les « *Grandes Chroniques de France*, et coururent le pays et ardi- « rent les villes ». — L'armée du Dauphin tenta de déloger Philippe de son château-fort. Elle ne réussit qu'à brûler une portion de la ville et la moitié de l'église paroissiale. C'est ce qui explique la reconstruction, dans un style différent, de la partie méridionale de cet édifice.

Maule ne recouvra un peu de tranquillité qu'au mois de juillet suivant, quand les troupes anglaises et navaroises, qui occupaient les environs, se dirigèrent vers Paris, où Etienne Marcel, prévôt des marchands, dans le but de donner la couronne à Charles le Mauvais, devait les faire entrer pendant la nuit du 31 juillet au 1er août.

Le patriotisme de Jean Maillard fit échouer ce projet que paya de sa tête Etienne Marcel, et trois jours après, le Dauphin rentra de nouveau dans Paris.

Maule redevient alors, avec Meulan, le quartier général de Charles le Mauvais qui, frustré de ses espérances, rassemble de nouvelles troupes et bloque de nouveau la capitale qu'il réduit à la famine. A ces maux, en succédèrent de plus grands encore : au mois de novembre 1359, Edouard, roi d'Angleterre, passa en France à la tête d'une puissante armée, et, au printemps suivant, vint assiéger Paris. Tout fut encore dévasté, car Edouard n'abandonna les environs de Paris que lorsqu'il y fut contraint par le manque absolu de vivres.

Le traité de Brétigny rendit, le 8 mai 1360, la paix à la France et la liberté à son roi moyennant une rançon de trois millions d'écus d'or (2).

---

(1) V. « Hist. du comté de Meulan », 1re partie p. 293 et suivantes.
(2) Afin de contribuer au rachat du souverain, le prieuré de Maule, quoique fort endommagé, fit, pendant une année, l'abandon du produit des meules qu'on tirait de la forêt de Beule ; de là, ce dicton qui a cours encore aujourd'hui dans la contrée : « Les meules des Alluets ont servi à payer la rançon d'un roi ».

Toutefois, Maule et ses environs paraissent n'être rentrés sous l'administration de leurs légitimes seigneurs qu'après la reprise de Mantes et de Meulan par Duguesclin sur les troupes du roi de Navarre ; car, c'est à la date seulement du 1ᵉʳ février 1366, que se rencontre à la Chambre des Comptes, *l'aveu et dénombrement* du nouveau seigneur de Maule.

XXIX

LES MAULE - GARANCIÈRES

Pierre V, n'avait laissé aucun descendant mâle.

Le dernier acte, émané de ce seigneur, est un accord conclu au mois d'août 1351. Cet accord établissait que les hommes de la baronnie de Maule, « sujets du dict Pierre, n'iroient pas, au détriment des intérêts du seigneur, moudre leur grain au moulin à vent, édifié par les moines à leur ferme de Beaurepaire par octroy des barons de Maule ».

Les pertubations, apportées par les guerres civiles et l'invasion anglaise dans l'état général du royaume, l'incendie d'une partie du prieuré, la destruction de l'un des bas-côtés de l'église où, selon la coutume du temps, les habitants de la ville avaient probablement entassé ce qu'ils avaient de plus précieux, le pillage, inséparable de la prise par force d'une place de guerre, tout contribue à envelopper cette époque d'un voile épais d'incertitude et à dérober aux recherches de l'historien les causes et les détails de la transmission du titre et des biens de la baronnie de Maule en la famille de Garancières, à l'exclusion de tous autres collatéraux.

Les Garancières, comme les Maule, étaient d'ancienne noblesse. Quatre branches fameuses sortaient du vigoureux tronc de cette maison qui nous paraît personnifié par le

LE FIEF DES CHEVALIERS

sire Hugues de Garancières marié, pendant la seconde moitié du XI⁰ siècle, à Berthe de Maule, sœur de Pierre I⁰ʳ. Aux environs de Maule, se trouvaient les seigneuries de Garancières en Iveline, et de Garancières en Drouais ; en Beauce, se trouvait une seigneurie de même nom ; et dans l'Evrecin, florissait la quatrième branche de la famille.

Aux Garancières, près de Montfort, doivent appartenir les seigneurs Eudes, Hugues et Simon, dont parle Orderic Vital en son *Historiæ Ecclesiastica*, et qui reconnaissaient pour aïeul Ansold-le-Magnifique, seigneur de Maule, dont le nom était porté par un membre de la même famille, Ansold de Garancières, qui, en l'an 1156, fit donation à l'abbaye des Vaux-de-Cernay, d'une terre située à Plaisir dans le fief de Simon de Neauphle. Au siècle suivant, le nom d'Ansold et celui de Jehan sont encore portés par les Garancières de la chatellenie de Montfort ; et, pendant la première moitié du XIII⁰ siècle, l'un des membres de la même famille, Hugues de Garancières rattacha plus étroitement la chaîne qui reliait sa maison à celle de Maule, par un mariage avec la fille aînée de Pierre III.

Les Garancières en Beauce possédaient des biens dans les environs de Maule et de Montfort ; leur souvenir est conservé par les Cartulaires des abbayes de Clairfontaine et de Morigny ; celui des Garancières du pays Drouais, plus connus sous leur surnom de *Baveux*, est conservé par leurs faits d'armes.

Messire Yon de Garancières qui, dans la baronnie de Maule, déclarée *fief féminin*, succéda aux barons de la branche aînée les Maule de Maule, parait appartenir à la branche des Garancières en Evrecin, dont l'écusson portait les *trois chevrons d'or* qu'on retrouvait naguère écartelant les armes de Maule dans les tableaux armoriés qui tapissaient les murailles de l'église paroissiale et sur les armes de pierre sculptées au-dessus de la grand'porte du château de Saint-Vincent, bâti en la baronnie de Maule par Messire Yon de Garancières ; l'un de ses ancêtres, Pierre de Garancières, seigneur de Médan en l'an 1247, portait également sur son écu « trois chevrons dont l'un était écimé par le haut » (1).

---

(1) Cartulaire de Notre-Dame-du-Val.— Douet-d'Arcq « Armorial du XIV⁰ siècle ».— A. de Dion, « Nobiliaire du comté de Montfort. p. 221 et suivantes ».

Un mariage avec l'une des filles de Pierre V expliquerait assez cette déclaration de *fief féminin* appliquée à la baronnie de Maule ; car, à l'exclusion de tous autres titres, les descendants de Messire Yon de Garancières prirent le nom et les armes de cette maison [1].

L'*aveu* et le *dénombrement* de la baronnie de Maule par son nouveau seigneur, qui rendit *hommage* au roi le 1er février 1366, sont ainsi libellés :

« Je, Yon, seigneur de Garancières, avoue tenir à foi et hommage, en la chastellenie de Poissy, de mon redouté seigneur, le roi de France, mon chastel et chastellenie de Maule; la haute, moyenne et basse justice et prévôté ; plus les maisons qui furent à messire Huet du Rey et à ses frères et sœurs ; un jardin derrière le château et un autre jardin sur la Mauldre ; deux arpents de bois à Châtillon ; quatre arpents d'aulnaies, tenant la Mauldre d'une part et d'autre aux prés ; huit arpents de prés à Naizel, etc, etc. six livres de cens aux festes, quarante livres de taille ou environ ; seize corvées en mars et autant en mai ; le quart du grand moulin ; la moitié du moulin de Hagnou ou environ ; neuf muids d'avoine ou environ ; trente chapons ou environ ; vingt gelines ou environ ; cent pains de quatre deniers ou environ ; les fours de la ville ; deux pressoirs, quatre muids de vin de tansement, le marché et les coutumes ; à Couldray : deux manoirs, trente arpents de bois, neuf-vingt [sic] arpents de terre, deux arpents et demi de gazon, ou il soulloit avoir vigne [sic] ; à Mareil-sur-Mauldre : un manoir tenant au moustier, seize arpents de terre, sept corvées ou environ, en mars ; et trente-six fiefs et huit arrière-fiefs à Maule, Mareil, Montainville, Varennes, etc. »

Parmi « les hommes de fiefs » mentionnés dans cet Aveu, on trouve : Robert de Vendôme, tenant deux fiefs à Bazemont ; Robert de Poissy, écuyer, tenant un fief au même lieu ; les hoirs de Robin de Bazemont, seigneur d'un fief aussi audit lieu ; Bertaud de Maule,[2] qui tient trois fiefs à Maule à cause

---

(1) Procès-verbal des Armes et Alliances de la **maison de Maule** par Chevillard, mss. 1721.

(2) Bertaud de Maule était probablement un collatéral de l'ancienne maison baronniale. Le 12 août 1376, Pierre de Chevreuse acquit de lui « un manoir et plusieurs héritages sis en la paroisse de Chenevières, sous Neauphle-le-Châtel », pour la somme de douze cents livres d'or, [Archives de Seine-et-Oise, 23e liasse].

de sa femme Jehanne ; messire Guillaume de Mésalant qui tient aussi trois fiefs à Marcil-sur-Mauldre ; le tout à *foi et hommage* de Yon de Garancières et de noble demoiselle Marguerite de Maule (fille de Pierre V probablement) qui avoue tenir du Roi « toute la justice et appartenances qu'elle a en la ville et terroir de Maule » [1].

Comme on le voit par cet aveu, les *cens, censives* et *champarts* ne produisaient plus rien à cause des guerres et mortalités ; les héritages qui les supportaient étaient en *ruines* ou en *défaut* [2] ; partout, dans les champs en friche, les ronces et les orties avaient pris la place des moissons. « *La France*, dit Mézeray, *était à l'agonie et pour peu que son mal augmentât elle allait mourir* ». Les laboureurs, découragés, ne voulaient plus cultiver leurs biens, et les loups mêmes, chassés des bois par la faim, se répandirent dans les champs en si grand nombre qu'ils pénétrèrent jusque dans les villages où des enfants furent victimes de leur férocité [3].

Yon de Garancières s'efforça de cicatriser dans sa baronnie les maux qu'y avait causés la guerre ; mais, longtemps encore après la signature du traité de Brétigny, les malheureuses provinces de l'Ile-de-France et de la Normandie ne purent jouir d'une complète sécurité ; car, au 10 avril 1378, nous voyons le sire de Garancières, avec Guy-le-Baveux et Jean-l'Etendard, de Beine, chargés par le roi de France des opérations du siège pour réduire à la soumission la ville de Breteuil (4).

Cependant, avec la paix revint l'abondance, et avec l'abondance, la gaité naturelle à la nation.

---

(1) Biblot. nat. Extrait des hommages et comptes par Sainte-Marthe, mss, n° 20-691 [Arch. de Seine-et-Oise, Inventaire de Maule].

(2) Dans l'origine, comme il n'était pas permis aux roturiers de posséder des terres en fief, lorsqu'un seigneur concédait une portion d'héritage à l'un de ses vassaux qui n'était pas noble, celui-ci s'engageait en échange à faire servir au seigneur une redevance annuelle et perpétuelle qui, lorsqu'elle était en argent se nommait « cens », et en grains ou denrées prenait le nom de «censives ». Le droit de « champart » consistait dans une certaine portion de fruits que le seigneur, indépendamment de ses droits de « cens » et de « censives », prélevait sur le terrain qu'il avait concédé. Le droit de « cens » et de « censives » était fixe et imprescriptible ; celui de « champart » était proportionné à la récolte, il était, en certains endroits, de la onzième gerbe, ailleurs, de la treizième. (Collection des notions relatives à la jurisprudence, par Dénizart procureur au Châtelet de Paris).

(3) Collection Filassier « Titres de la baronnie .

(4) A. le Prévost.— Notes sur le département de l'Eure.

Alors le sire de Garancières, confiant dans l'avenir et « trop à l'étroit dans son *viel chastel* » si fort endommagé par les assauts qu'il avait supportés », commença dans un domaine de trois arpents « assys au faubourg d'Hagnou en la baronnie de Maule et nommé *Boutigny* » la construction d'un château qui devait, plus tard, devenir la résidence des seigneurs de Maule.

Sa mort, arrivée en 1387, ne lui permit pas d'en voir l'achèvement.

XXX

ROBERT DE MAULE

Robert de Maule, fils de Yon de Garancières, lui succéda.

Il porta au roi son *aveu* et *dénombrement*, le 16 novembre 1394, pour le château de Boutigny et pour toutes les autres dépendances de la terre de Maule qui relevaient de la chatellenie de Poissy (1).

Robert de Maule, marié à Anne d'Angervilliers (2) fut un vaillant chevalier.

Au printemps de l'année 1396, Bajazet, empereur de Constantinople, ayant envahi la Hongrie, Sigismond, roi de ce pays envoya de tous côtés demander des secours ; Robert de Maule courut se joindre au corps de noblesse qui partait pour cette lointaine expédition.

---

(1) Titres de la seigneurie.
(2) Angervilliers était un fief important de la chatellenie de Montlhéry. Quelques membres de la famille d'Angervilliers s'étaient venus établir dans le comté de Montfort. C'est ainsi qu'en l'an 1230, on voit Hugues d'Angervilliers, vassal du seigneur de Rochefort-en-Iveline ; puis Guillaume et Evrard, hommes-liges de la même chatellenie ; Jean, vassal de celle d'Epernon. (Nobiliaire du comté de Montfort par M. A. de Dion, p. 86).

XVᵉ SIÈCLE

CHÂTEAU ET BOURG DE SAINT-VINCENT

PL. XV

Sans doute, Robert de Maule eût mieux fait de suivre l'exemple d'Albert de Bavière, à qui son père répondit, en le voyant disposé à se joindre aux nouveaux croisés qui, pour marcher contre les Turcs, s'enrôlaient sous la bannière de Jean de Bourgogne, comte de Nevers : *Laisse donc Jean et nos voisins faire leurs affaires, et fais les tiennes.*

Mais le vieux sang des Maule ne pouvait s'accommoder d'une prudente abstention : Robert partit pour retrouver sous les murs de Byzance les traces de ses aïeux.

Les Français, au nombre de 2000 chevaliers et de 10000 hommes de pied qui, réunis aux troupes du royaume de Hongrie, formaient une armée de 100000 combattants, reprennent bientôt les villes dont les Turcs s'étaient emparés et mettent le siège devant Nicopolis, forteresse de Bulgarie. Bajazet se présente pour la délivrer. Les Français, avec leur impétuosité accoutumée, se précipitent à sa rencontre sans s'inquiéter s'ils sont suivis et soutenus par Sigismond.

Le Turc avait disposé son armée en croissant. Quand il vit ces escadrons avancés dans son centre, il replia les deux cornes de son armée et les enferma dans un cercle de fer. Ce ne fut plus un combat mais un massacre. Presque toute la noblesse française périt sur le champ de bataille ; quelques chevaliers seulement furent faits prisonniers. Mais Robert de Maule préféra vendre chèrement sa vie et la terre étrangère recouvrit sa dépouille (1).

Naguère, en l'église paroissiale de Maule, se voyait un écusson, *couché en barre des armes de Maule avec deux aigles au naturel pour supports*, dont la légende, en caractères gothiques, consacrait cet événement :

Robert de Maule

Lequel fut marié à dame Anne d'Angervilliers,
ainsi qu'il se voit par le traité de leur mariage
daté de l'an MCCCLXXXVII
et mourut au voyage de Hongrie (2).

Les d'Angevilliers portaient « *d'or à trois annelets de sable* ».

---

[1] Collection Filassier « Titres de la baronnie de Maule ».
[2] Procès-verbal des armes et alliances de la maison de Maule, par Chevillard.

Leur écusson, écartelé de celui de Maule, figurait, en la chapelle de l'église seigneuriale de Notre-Dame de Maule parmi ceux des « armes et alliances de la maison baronniale » (1).

Robert de Maule laissait pour *seule héritière du nom et lignée de Maule*, une fille du nom de Regnaulde qui, en 1398, épousa le chevalier Simon de Morainvilliers, seigneur de Flacourt et, plus tard, pannetier du duc de Guienne, frère aîné du roi de France, Charles VI (2).

Simon de Morainvilliers, pour Regnaulde de Maule, sa femme, fit *hommage* au Roi des chatellenies de Maule et d'Herbeville, le 16 mai 1402 et le 20 juillet 1404 (3).

XXXI

LES MORAINVILLIERS

Simon de Morainvilliers fut aussi un chevalier de grande réputation.

Il était fils de messire Gosse de Morainvilliers, maître d'hôtel de la reine Isabelle de Bavière et seigneur de Flacourt (4). Fait prisonnier par les Anglais, pendant l'invasion de 1370 commandée par le prince Noir, il avait pu recouvrer sa liberté au moyen d'une rançon et, en récompense de ses services militaires, il était devenu bailli de Mantes, puis de la ville de Chartres.

---

(1) Chevillard, « Procès-Verbal des armes et alliances de la maison de Maule », mss.

(2) Collection Filassier.— ' Titres de la baronnie de Maule ».

(3) Communication de M. A. de Dion.— « Original, Archives nationales », p. 46 et 49.

(4) Flacourt est à 8 kilomètres O· de Maule.

Cette dernière charge était si honorable que les anciens comtes de Dreux, issus de la maison royale, ne l'estimaient pas au-dessous d'eux.

Simon de Morainvilliers, vieilli, avait renoncé à la vie active des armes. Mais, en 1415, le roi d'Angleterre, Henri V, à la tête d'une armée peu nombreuse, passe en Normandie, et malgré la trêve de vingt-huit ans, conclue en 1399, recommence les hostilités. Ce fut un unanime frémissement d'indignation parmi la noblesse française. Chacun voulut venger l'affront fait à la nation ; et, Simon de Morainvilliers, oubliant son âge et ses infirmités, courut se joindre aux chevaliers qui, sous les ordres du connétable d'Albret, marchèrent à la rencontre de Henri V.

L'armée française, composée de la fleur de la noblesse, était quatre fois plus nombreuse que l'armée ennemie qui, après avoir perdu beaucoup de monde à la prise de Harfleur, avait passé la Somme et s'était retirée vers Calais. Mais on renouvelle les fautes commises à Crécy et à Poitiers. Le connétable attaque l'Anglais dans un poste désavantageux, étroit, glissant, où les Français ne peuvent ni s'étendre ni se ranger en bataille.

Il avait plu toute la nuit.

Les chevaux, enfonçant dans les terres fraîchement ensemencées, s'abattirent dans les sillons, et, à peine un cavalier sur dix, put-il atteindre l'ennemi. Les archers anglais décidèrent bientôt la victoire. Après avoir épuisé leurs flèches, saisissant leurs maillets plombés et leurs becs de faucon, ils assommèrent les chevaliers français qui, accablés sous le poids de leurs armures, pouvaient à peine lever les bras pour frapper, tant ils étaient serrés.

La France perdit en cette funeste journée, sept princes, un connétable et environ 8000 gentilshommes, parmi lesquels se trouvait le brave Simon de Morainvilliers qui fut enterré en l'abbaye voisine, près le mur du parc de Hesdin (1).

La mémoire de ce digne seigneur était conservé en l'église de Maule, par un écusson écartelé des armes de Maule et de

---

(1) Procès-verbal des armes et alliances de la maison de Maule par Chevillard, mss. 1721.

Morainvilliers, qui sont *d'argent à neuf merlettes de sable*, et au-dessous duquel se lisait cette inscription en caractères gothiques :

REGNAULDE DE MAULE,

Seule fille de Robert de Maule, seule héritière du nom et lignée de Maule, laquelle fut mariée à messire Simon de Morainvilliers, chevalier, seigneur de Flacourt, et pannetier du duc de Guienne, aîné fils du roi Charles sixième, ainsi qu'il se voit par leur traité de mariage de l'an M CCC LXXXXVIII.

Lequel Simon mourut en la bataille d'Azincourt et fut bailli de Chartres et de Mantes, et est enterré en l'abbaye près le parc de Hesdin, nommé Avrilelnoynes, et fut le dit messire Simon, fils de messire Gosse de Morainvilliers, chevalier, maître d'hôtel de la reine Isabelle de Bavière, lequel messire Gosse est enterré au lieu de Flacourt (1).

Simon de Morainvilliers laissait à sa veuve deux jeunes enfants : Jacqueline et Loys.

XXXII

LOUIS DE MORAINVILLIERS

Après la bataille d'Azincourt, les factions qui déchiraient la France, loin de se calmer, devinrent plus acharnées que jamais : Henri V, qui, faute d'argent pour solder ses troupes, avait été obligé de retourner en Angleterre, repassa la mer en 1419 et s'établit de nouveau en Normandie.

Maître de Mantes, il vint attaquer Meulan et s'empara de la ville. Mais le fort résista et, peut-être ne s'en serait-il jamais

---

(1) Collection Filassier « Titres de la baronnie ».

rendu maître si, après une résistance de trois années, les assiégés, irrités de l'abandon dans lequel les laissait le roi de France qui leur avait promis des secours, n'avaient, dans une heure de désespoir, jeté, du haut de la porte de leur château, la bannière de Charles VII dans les fossés, déchiré leur croix blanche et rendu volontairement la place au duc de Bedford en traitant le « roi Charles de parjure » (1).

Maule, qui pleurait la perte de ses défenseurs et n'avait pour chefs qu'une veuve et un enfant, avait dû subir le joug de l'étranger.

La veuve de Simon de Morainvilliers s'était réfugiée au prieuré avec ses deux enfants ; les chefs anglais avaient pris possession de son château ; et les soldats anglais, habitués à camper, avaient établi leurs quartiers dans les jardins et les dépendances du fief de Boutigny qui, depuis cette époque, ont conservé le nom d'*anglaiserie*.

Quand le jeune seigneur de Maule, élevé dans la haine de l'envahisseur, eut atteint l'âge de virilité, il voulut venger la mort de son père et délivrer son pays de l'occupation anglaise. Les braves Meulanais, malgré ou plutôt à cause de leur accès de désespoir, étaient restés fanatiquement français. Par une nuit obscure, une troupe de hardis soldats pénétra dans le fort, égorgea les sentinelles et s'empara de la ville. Le bâtard d'Orléans s'était avancé jusqu'à Houdan afin d'être à portée de donner du secours. La garnison anglaise qui occupait Maule, jointe à un autre petit corps de troupes qui était tiré de la ville de Mantes, part immédiatement pour couper la route au vaillant Dunois dont la petite armée se composait d'une centaine de chevaliers et d'autant d'hommes de pied. Louis de Morainvilliers rassemble à la hâte quelques vassaux qu'il arme sommairement, court à Beynes dont le brave l'Etendard gardait le château et, follement, leur courageuse petite troupe s'élance aux trousses des Anglais. Ceux-ci, prévenus par leurs coureurs, avaient dû séparer leurs forces pour ne pas se trouver pris entre l'armée de Dunois et la garnison du château de Beynes. La rencontre eut lieu dans la plaine de Carcassonne, à peu de distance de l'ancienne ferme de ce nom et du vieux

(1) Voir Hist. du comté de Meulan par Emile Réaux, tome 1er.

château de Vignolles, aujourd'hui en ruines, mais dont subsistent encore les caveaux qui le mettaient en communication avec le château-fort de Beynes (2). La défaite des Anglais fut complète ainsi que l'atteste cette inscription gravée sur une colonne commémorative qui fut élevée sur le lieu où s'était donné le combat :

> Sous le roi Charles VII,
> La garnison de Beynes a défait ici les Anglais,
> Et ce lieu s'appelle :
> « La prise aux Anglais. »

Les débris de la petite armée anglaise, après avoir rallié l'autre corps de troupes, se réfugièrent à Mantes, et quand le lendemain, Dunois, se rendant à Meulan, parut en vue de la cité mauloise, il aperçut la bannière de France flottant au sommet de son vieux donjon.

Ceci se passait au mois de septembre 1435.

Mais il est à croire que des retours offensifs, assez habituels à la guerre de l'époque, ne tardèrent pas à remettre momentanément la ville de Maule en la possession anglaise ; car, pour les terres de sa baronnie, messire de Morainvilliers ne put porter son hommage au roi de France, alors à Tours, que le 9 septembre 1450 [1].

De cette guerre de surprises et d'escarmouches, date, selon toute probabilité, le démantèlement ou la ruine du *vieil* château-fort ; car, au siècle suivant, on voit installer dans son ancienne « basse-cour » et touchant à ses « murailles » le marché du samedi qui, jusqu'alors, s'était tenu en dehors des murs de la ville.

---

(1) Les ruines de ce château, encore debout, offrent un curieux spécimen de l'art des fortifications au XIVe siècle. Ce vieux donjon, de forme circulaire, est flanqué de huit tours rondes et défendu par un fossé dont l'escarpe et la contrescarpe ont été taillées à vif afin de protéger une casemate voûtée avec onze tours en saillie qui ont leurs meurtrières pour l'artillerie au niveau du sol environnant. Le fossé avait une centaine de pas en largeur sur une hauteur d'une quinzaine de pieds ; il pouvait être inondé par une dérivation des eaux de la Mauldre. On y voit encore les restes du pont-levis et du pont dormant qui lui-même était casematé afin de communiquer avec le long souterrain qui, en partie comblée aujourd'hui, le reliait au château de Vignolles bâti sur la hauteur et dominant toute le plaine de Carcassonne.

(2) Aveux et dénombrements de la baronnie de Maule, du 9 septembre 1450, du 27 novembre 1461 et du 10 septembre 1464. [Original, Archives nationales, P. I, n° 157 ; P. 17, n°s 438 et 461].— Titres de la baronnie de Maule.

Louis de Morainvilliers, nommé écuyer du roi Louis XI, prit part, en cette qualité, à la fameuse bataille de Montlhéry en 1465, et il y fût assez grièvement blessé pour être obligé de quitter son service actif. Messire de Morainvilliers, alors, se retira dans ses terres et s'occupa de divers travaux d'amélioration : l'établissement des moulins à eau sur la Maudre date de cette époque.

Pendant l'occupation anglaise, Louis de Morainvilliers avait marié sa sœur, Jacqueline, avec messire Jean, seigneur de Binanville (1) ; lui-même avait épousé dame Jeanne de Courbenton pour laquelle l'église de Maule célèbre encore une messe chaque semaine, en vertu d'un testament du 25 novembre 1473, et qui est ainsi conçu : (2)

« ┼ Au nom de la Sainte-Trinité,

« Sachent tous que noble homme, Louis de Morainvilliers, homme d'armes, seigneur de Maule, et Jeanne de Courbenton, sa femme, veulent être inhumés dans les tombeaux des seigneurs, leurs ancêtres, en l'église Notre-Dame de Maule, comme étant les anciens fondateurs du prieuré de céans.

« Item. Chacun d'eux donne et lègue aux fabriques de Sainte-Marie et de Saint-Vincent, chacune deux sols, et aux recteurs d'icelles la même somme, pour dire une messe commémorative au jour de leur décès.

« Item. Les dits seigneurs ordonnent et confirment aux pauvres de Maule les biens qui leur appartiennent.

« Item. L'épouse ordonne que certaine dîme lui appartenant en propre soit recueillie par le curé de Notre-Dame de Maule pour célébrer, à perpétuité et chaque semaine de l'année, une messe des morts après son décès et celui de son conjoint, désirant aussi que leur principal héritier rende hommage et fournisse le service de cette dîme au seigneur suzerain.

« Les exécuteurs testamentaires devant être nobles hommes, Jehan de Morainvilliers, leur fils et Guillaume Vipart, seigneur de Drumare, leur gendre.

« (Signé) N. Lucy. »

---

1) Binanville est une commune du département de Seine-et-Oise distante de quelques kilomètres de Maule, sur la route de Mantes.

(2) Collection Filassier, « Titres de la baronnie ». — Ce testament, écrit sur parchemin, est en latin gothique d'une fort belle calligraphie.

Messire Louis de Morainvilliers et dame Jeanne de Courbenton, sa femme, furent enterrés en l'église paroissiale de Maule, dans la chapelle spécialement affectée à la sépulture des membres de la baronnie de Maule (1). La pierre tumulaire, qui fermait l'entrée de ces caveaux, est aujourd'hui adossée, en la chapelle Saint-Roch, au mur méridional de l'église. Elle porte cette légende en caractères gothiques :

Sont enterrés céant :

Loys de Morainvilliers

Fils de Simon et de Regnaulde de Maule seigneur et baron de ce lieu de Maule lequel fust escuyer du roi Louis XI et noble dame

Jehanne de Courbenton

sa femme
L'an mil quatre cent septante-trois.

L'église de Maule possédait autrefois un autre souvenir de ces seigneurs dans de magnifiques vitraux dûs au pinceau du célèbre Pinaigrier. Ils représentaient un abbé, ayant la mitre en tête et la crosse en main, qui semblait parler au seigneur Louis de Morainvilliers, à genoux, les deux mains jointes, vêtu d'une cotte d'armes recouverte d'une tunique écartelée des armes de Morainvilliers et de Maule, avec l'épée au côté et le casque empanaché à ses genoux ; derrière lui, sa femme, Jeanne de Courbenton, était également à genoux, les mains jointes, et vêtue d'une robe écarlate doublée d'hermine, tandis qu'un pèlerin, Jehan de Maule peut-être, semblait venir audevant de ces deux seigneurs.

Ces vitraux et les écussons qui décoraient l'église furent détruits, lors de la Révolution, avec une foule d'autres objets doublement précieux par leur antiquité et par leurs pieux souvenirs.

Car l'église Notre-Dame de Maule était naguère d'une grande magnificence. Tous les faits recueillis le démontrent, et un procès-verbal dressé en 1721, par un généalogiste de Paris à la requête de messire Jacques Maule, baron de Panmure, pair d'Ecosse, descendant des anciens barons, nous a conservé la description des peintures et des ornements de cette église.

Ainsi, la chapelle seigneuriale qui est, aujourd'hui, consacrée au culte de la Vierge Marie, était naguère voûtée en encorbellement, et sur la clé de voûte la plus rapprochée de l'autel, était peint un écusson à l'antique, *écartelé au premier d'argent à neuf merlettes de sable*, qui est de Morainvilliers ; *au deuxième, parti d'argent et de gueules à la bordure de sable chargée de huit besans d'or* qui est de Maule, *au troisième fascé d'argent et d'azur*, qui est de Flany, *au quatrième, d'argent à deux lions passants de gueules* qui est de Chabenois. Sur l'autel, était une Notre-Dame-de-Pitié, tenant sur ses genoux un Christ mourant ; à droite et à gauche se voyait un écusson *peint à l'antique et couché en barre, parti d'argent et de gueules à la bordure de sable chargée de douze coquilles d'argent et sommé d'un casque de front avec ses lambrequins et panaches de différentes couleurs ; le tout supporté par deux sauvages de carnation.*

Au-dessous de chacun de ces écussons, étaient les légendes suivantes :

Robert de Maule	Barthélemy de Maule
Lequel fut pris prisonier en Turquie, et à son retour fonda le prieuré de Sainct-Léonard, assis dans la baronnie de Panmore en l'an MCXVI.	Lequel donna aux religieux du couvent de Joyenval le fief d'Andelu, du consentement de Guillaume, seigneur de Maule, en l'an MCCXL (1).

Entre les deux piliers qui séparent cette chapelle de la

---

(1) L'abbaye de Joyenval fut fondée, en 1121, près du village de Chambourcy, au milieu de grands essartements provenant de la forêt de Marly, par Barthélemy de Roie, chambrier de France, et par Pétronille de Montfort, son épouse. A la consécration de l'église, faite par Gautier, évêque de Chartres, le 16 juin 1224, Amaury V, comte de Montfort, frère de Pétronille, donna au nouveau monastère deux cents arpents de bois et de friches, dans la forêt d'Iveline, dont la mise en culture forma le domaine de la Malmaison. Les barons de Maule figuraient également parmi les bienfaiteurs de l'abbaye d'Abbecourt ; ce monastère, dont les ruines se voient encore dans une gorge de la forêt des Alluets, à peu de distance du village d'Orgeval, fut fondé, en l'an 1180, par Guaszon, seigneur de Fresnes, qui le dota de grands biens, en mémoire d'un fi's qu'il avait perdu et « en expiation des torts qu'il avoit eus envers le prieuré de Maule, en le troublant dans la jouissance de la terre de Sainte-Colombe, qu'il était de son devoir de protéger au lieu d'en opprimer les serviteurs et les hostes ». L'église fut consacrée en 1194, par le célèbre Thomas Becket, archevêque de Cantorbéry, alors réfugié en France pour éviter les persécutions du roi d'Angleterre, Henri II. La Révolution supprima ce monastère.

grande voûte de la nef, était encore un écusson, en losange, écartelé aux armes de Maule et de Morainvilliers, avec cette légende :

Jacqueline de Morainvilliers,

Mariée à Jehan de Châteaubréan, écuyer, capitaine de Meulan, comme il se voit par leur traité de mariage daté de l'an
MCCCCLXXXXVIII.

Dans la chapelle placée sous l'invocation de Saint-Roch, on voit encore l'un de ces écussons sous la couche de badigeon qui le recouvre imparfaitement. Sur la clé de voûte où viennent aboutir les quatre arcs saillants, est sculpté un ange vêtu d'une robe blanche et supportant de ses mains un écusson des armes de Morainvilliers. Quatre autres écussons, qui attestaient des alliances de la maison de Maule, étaient peints dans les angles des quatre arceaux de cette voûte : le premier était *de gueules à trois croissants d'or*, qui est des Essarts ; le second portait *un chevronné d'argent et de gueules de huit pièces*, avec cette légende : Marguerite Duret, fille de Germain Duret et de Guillaumette de Flacourt (1) ; le troisième, aux armes de Maule, était celui de Regnaulde, fille de Robert de Maule et d'Anne d'Angervilliers ; le dernier paraissait *d'argent à trois jumelles de sable* avec cette inscription : Jehanne Bahoul qui fut femme de Loys de Morainvilliers [2]

Entre les deux piliers qui séparent cette chapelle de la grande voûte de la nef, se trouvait encore l'écusson des armes de Maule « peint à l'antique et couché en barre, sommé d'un casque de front avec les lambrequins de différentes couleurs et supporté par deux lions au naturel. Au-dessous de cet écusson, était écrit :

Pierre de Maule

Fils de Henry, lequel bailla aux prieur et religieux de Maule le vent du moulin de Beaurepaire sauf son droit de ban sur ses terre et baronnie de Maule, comme il se voit par la lettre de ce faisant mention datée de l'an
M CCC VI.

---

(1) A. de Dion, « Nobiliaire du comté de Montfort » Jean Duret était en l'année 1415 prévôt de Rochefort-en-Iveline (Arch. Nat. J. 948).

(2) Bahoul était probablement le nom patronymique de la dame Jeanne de Courbenton, car nous n'avons rencontré nulle trace d'un second mariage de messire Louis de Morainvilliers.

Dans le chœur de Notre-Dame de Maule, étaient peints également six grands écussons.

Le premier était aux armes de Maule « sommé d'un casque de front garni de ses lambrequins et panaches de différentes couleurs, avec deux aigles au naturel pour supports »; le second « couché en barre » était écartelé des armes de Morainvilliers et de Maule, sommé d'un casque tourné à gauche garni de ses lambrequins et panaches de diverses couleurs, et supporté par deux enfants de carnation.

Au-dessous de chacun de ces écussons, était écrite en caractères gothiques la légende suivante :

<table>
<tr><td align="center">Robert de Maule</td><td align="center">Jehan de Morainvilliers</td></tr>
<tr><td>Lequel fut marié à dame Anne d'Angervilliers, ainsi qu'il se voit par le traité de leur mariage daté de l'an MCCCLXXXVII, et mourut au voyage en Hongrie.</td><td>Lequel fut marié à demoiselle Souveraine de Chabenois comme il se voit par leur traité de mariage daté de l'an MCCCLXXXII, et sont enterrés céant.</td></tr>
</table>

Le troisième et le quatrième écussons étaient accolés : le premier en losange, *aux armes de Maule*, et le second *de Morainvilliers;* tous deux étaient sommés d'un casque de front panaché de différentes couleurs avec une cordelière d'or sortant du casque, et supportés par deux singes au naturel.

Au-dessous, était une légende en ruban :

Regnaulde de Maule

Seule fille de Robert de Maule,
seule héritière du nom et lignée de Maule,
laquelle fut mariée à Simon de Morainvilliers, chevalier,
seigneur de Flacourt et pannetier du duc de Guyenne, aîné fils du roi Charles sixième, ainsi qu'il se voit par leur traité de mariage daté de l'an
MCCCLXXXXVIII.

Lequel Simon mourut en la bataille d'Azincourt et fut bailli de Chartres et de Mantes : il est enterré en l'abbaye près le parc de Hesdin, nommé Avrilnoynes : et fut le dit messire Simon fils de messire Gosse de Morainvilliers, chevalier, maître d'hôtel de la reine Isabelle de Bavière, lequel messire Gosse est enterré au lieu de Flacourt.

Les deux derniers écussons étaient aux armes de Morainvilliers écartelées de celles de Maule; le premier supporté par deux levrettes et le second par deux griffons au naturel; tous deux casqués et panachés comme les précédents et entourés d'une même cordelière d'or.

Au-dessous étaient écrites les légendes suivantes :

Loys de Morainvilliers	Guil.^{me} de Morainvilliers
Fils de Simon et de Regnaulde de Maule, seigneur et baron de ce lieu de Maule, lequel fut écuyer du roi Louis XI et fut marié à demoiselle Jeanne de Courbenton comme il se voit par leur traité de mariage daté de l'an M CCCC XXXIV.	Unique héritier de Jean de Morainvilliers, seigneur et baron de ce lieu de Maule, lequel fut bailli de Mantes, et fut marié à demoiselle Jacqueline de Garancières, comme il se voit par leur traité de mariage daté de l'an M CCCCC XIII.

Un fragment de boiserie que, dans son ignorance, la fabrique de Maule a cédé à l'église d'une commune voisine, nous met à même de juger ce que devaient être, autrefois, les sculptures qui décoraient les murs de l'église paroissiale de Maule aujourd'hui si nus. Cette antiquité, précieuse au point de vue de l'art et de l'histoire de Maule, est un tabernacle en forme de retable qui, dans de petites proportions, reproduit un monument rappelant, quant aux lignes, le portail de l'église Saint-Gervais de Paris. Le corps du bas de ce retable, tout en vieux bois de chêne réhaussé d'or, présente le tabernacle au centre; en retour et au second plan, sont placées des statuettes alternées de colonnes, au-dessus desquelles se trouvent des anges agenouillés. Le tout est terminé par un clocheton à jour, sur lequel est placé le Christ dans l'attitude de l'ascension.

L'importance d'un travail si complet peut nous confirmer dans la certitude que, si tout ce qui a été fait dans le même temps avait été conservé, la vieille église romane aurait à montrer à ses visiteurs des antiquités qui rivaliseraient avec celles des cathédrales les plus renommées.

On est frappé, en effet, du mérite d'ensemble qui règne dans la profusion des détails, et l'on est pénétré d'estime, autant que d'admiration, devant cette œuvre patiente et consciencieuse de ces religieux travaillant dans le même esprit et qui ne connaissaient pas eux-mêmes leur talent. Ces habiles architectes, peintres, sculpteurs, ne pensaient ni à étonner les gens de leur temps, ni à occuper les âges futurs; leur travail manuel était une prière; et c'est là ce qui explique les faits si pénétrants obtenus avec une si grande naïveté d'exécution. Il faut remarquer ces colonnes qui seraient bizarres si elles n'étaient si ingénieusement faites ; en même temps torses, renflées par places et enserrées de branches de lierre, elles conservent, malgré cette surcharge d'ornements, une parfaite régularité de lignes, et leur fût tombe à plomb sous le chapiteau corinthien qui les domine, comme s'il était uni.

Les figures, et elles sont nombreuses, sont toutes dans une attitude simple et ferme.

Peut-être y a-t-il un pied mal achevé, une main trop longue? C'est que ce ne sont pas des mains et des pieds que le sculpteur a voulu faire, mais un personnage dont l'attitude montre le caractère et dont le geste exprime une pensée. Ici, saint Paul, reposant sur son épée dont la garde est la croix; là, saint Pierre, portant les clefs du séjour des bienheureux ; saint Nicolas, évêque, patron de cette église; saint Louis et sainte Thérèse, à têtes couronnées; puis le divin Créateur, tenant dans sa main le globe du monde.

Dans les renfoncements, sont des panneaux sur lesquels s'entrevoient des peintures, d'un ton chaud et sourd, qui se marie parfaitement avec les tons du bois et de l'or ; plus haut, prient des anges adorateurs;... et, plus haut encore, s'élève cette statue du Christ *ascensionnel* qui, vue à la main, est fine et achevée dans tous ses détails, mais dont le mouvement est si largement indiqué, qu'elle conserve tout son effet, regardée à distance et placée à une grande hauteur.

Il faut le reconnaître, si la peinture était dans l'adolescence de l'art, elle ne manquait alors ni de largeur, ni de ton, ni de caractère : ce sont ces qualités qui distinguent les décorations de ce tabernacle et qui donnaient tant de prix aux vitraux que possédait l'église de Maule et aux écussons dont les murs étaient harmonieusement tapissés.

Le retable de Maule est un chef-d'œuvre de l'art puissant et convaincu de la Renaissance. S'il est à tout jamais déplorable que, doublement précieux pour le lieu de son origine, il ait été mesquinement cédé à une église voisine, il faut encore se féliciter que, placé à peu de distance de son lieu de naissance, il est facile de le visiter, tant à cause de la facilité des communications que parce qu'il est confié aux soins intelligents de M. le curé de Beynes, qui joint à l'aménité du bon pasteur un goût marqué pour les arts. M. le curé a fait lui-même la dorure et la restauration de ce tabernacle qui a eu ainsi le rare bonheur d'échapper au remaniement d'un homme du métier.

Que Beynes conserve donc, comme c'est son droit, la possession matérielle de ce retable; mais il est bon de consigner ici l'importance de ce chef-d'œuvre et de rappeler qu'il a été exécuté à Maule, et qu'après y être resté pendant des siècles, il doit être revendiqué, partout et dans tous les temps, comme appartenant à son histoire.

XXXIII

JEHAN DE MORAINVILLIERS

Jehan de Morainvillers devenu, par la mort de son père, seigneur de Maule, de Montainville et d'un fief à Herbeville, rendit au roi son *aveu* le 30 avril 1481.

D'après cet acte de dénombrement, on voit que la baronnie eut terriblement à souffrir des maux causés par la funeste guerre de Cent-Ans : les *cens* et les *champarts* ne donnaient plus qu'un faible produit, parce que beaucoup de terres étaient demeurées incultes par suite des mortalités survenues dans les familles ; quantité de chaumières, éparses dans la campagne, étaient vides de leurs habitants qui, venus chercher un refuge derrière les murs de la cité, avaient dû successivement sacrifier leurs bestiaux, leurs minces épargnes, puis étaient morts de misère quand, la rage au cœur, ils n'avaient pas glorieusement succombé en se ruant, désespérés, sur ces Anglais maudits que chaque invasion nouvelle déversait sur « la povre terre de France ».

Le nom gardé par l'un des champtiers de la baronnie, le *Trou-aux-Anglais*, près du moulin de la Chaussée, n'a pas d'autre origine que l'une de ces hécatombes vengeresses bientôt suivies de sanglantes représailles.

PORTE DE SAINT VINCENT
Pl. XVIII

Mais la tranquillité était revenue; et, depuis 1453, les ennemis ne possédaient plus sur le territoire français que la ville de Calais, dont la glorieuse conquête devait, au siècle suivant, fermer pour toujours l'entrée de la France aux Anglais.

Messire de Morainvilliers s'appliqua donc, par une série de mesures vraiment libérales, à panser les blessures « par lesquelles s'écoulait le meilleur du sang de ses sujets. » Il accorda remise à ses *hostes* de tous les *cens* échus et non recouvrés; il fit, de ses propres deniers, du bois de ses terres, de la pierre des carrières du Buat, relever les héritages détruits; il abaissa le prix de ses baux, pourvut de bétail la maison du laboureur, fit bâtir un moulin à tan pour l'usage des artisans qu'il attira sur sa terre, et ramena l'abondance « là, où il n'y avait que dépérissement ».

L'administration de ce seigneur est aussi marquée dans l'histoire de la cité, comme une époque importante au point de vue des réformes locales.

La cause en paraît des plus futiles.

Les danses religieuses, qui avaient lieu dans l'église à certaines fêtes de l'année, étaient devenues tellement licencieuses que le prieur du monastère de Maule résolut de les abolir; il profita même de l'occasion pour supprimer aussi les *baisers de paix* que se donnaient abusivement les fidèles des deux sexes à certains moments de l'office et chaque fois que l'officiant disait : *Pax vobiscum*. On remplaça ces baisers de paix par une patène d'argent qui circula de lèvres en lèvres. Le prieur voulut également proscrire les chants et les instruments de musique, sous le prétexte que les paroissiens venaient moins à l'église pour prier que pour se distraire. Mais l'église devint déserte et le prieur dut rétablir les choses dans leur état primitif, au moins en ce qui concernait les chants et la musique; quant aux danses religieuses, les enfants de chœur, seuls, remplacèrent les jeunes gens et les jeunes filles à qui, précédemment, était confiée l'observance de ce rite singulier dont l'origine, dûment constatée, remontait jusqu'aux cérémonies du culte païen.

On voyait, en effet, il y a peu d'années encore, à droite et à gauche du chœur, dans l'église de Maule, deux hauts pupitres en chêne où siégeaient deux prélats, dont l'un scandait la mesure aux chantres, et l'autre marquait le rhythme aux enfants de chœur qui, à certain moment de l'office divin, se prenaient par la main et dansaient en cadence autour du chœur, pendant que les chantres entonnaient un chœur d'allégresse.

Mais ces changements n'étaient que le prélude de réformes plus importantes.

Messire de Morainvilliers, qui avait prudemment laissé faire le prieur, prétendit à son tour devoir réformer un usage qu'il qualifiait de suranné et qui obligeait les barons de Maule, en vertu du testament de Pierre II, à tenir leur audience de justice dans la cour du prieuré lorsque quelqu'un des *hostes du monastère* devenait justiciable du seigneur.

La réforme demandée par messire Jean de Morainvilliers tendait à pouvoir « à cause du froid et du mauvais temps, tenir le *plaid* dans la vaste cuisine des moines ». Ceux-ci, forts de leur droit, résistèrent. Un procès s'ensuivit et se termina, le 5 janvier 1498, par la condamnation du seigneur qui dut considérer cet acte de résistance comme un acte d'ingratitude.

En effet, la concession des moines n'eût été de leur part qu'un échange de bons procédés; car, indépendamment des dons que M. de Morainvilliers avait déjà pu faire à l'église, il venait, quelques années auparavant, en 1490, de consentir à l'abandon, en faveur du prieuré, de la moitié de ses droits sur la carrière du Buat, afin de permettre aux religieux d'édifier cette magnifique chapelle de style ogival qui touche au chœur de l'église et qui, jadis affectée au service du cloître, est devenue aujourd'hui la sacristie de l'église paroissiale.

Messire de Morainvilliers, pour contrebalancer l'influence du monastère, voulut alors créer au curé de Notre-Dame de Maule, qui n'était en quelque sorte que le vicaire du prieuré, une position plus indépendante.

Un nouveau procès s'engagea qui, au bout de quelques années, se termina par un arrangement conclu avec l'abbaye de Saint-Evroult : le seigneur de Maule s'engagea à faire rebâtir de ses propres deniers le bas-côté droit de l'église paroissiale et à fournir au prieuré « l'argent et les matériaux nécessaires pour la réédification du clocher, lequel assurait au monastère la possession des dîmes, sans être tenu d'en rendre au Roy *foy et hommage* », moyennant quoi le prieur, tout en conservant son droit de *présentation* à la cure des deux églises de Maule, ainsi qu'à celles de Marcq, de Jumeauville et d'Hargeville, ne devait plus avoir, dans les deux paroisses de Maule, que la moitié des oblations et le droit *d'officialité* aux seuls jours de Pâques, de Noël, de saint Nicolas et de saint Vincent (1).

Pendant vingt années, le prieur consentait à ne toucher que la moitié des cens, rentes et redevances quelconques dont les anciens seigneurs de Maule avaient doté le monastère et qui grevaient les revenus de la baronnie. Sur le marché de Maule, le prieur, qui percevait chaque semaine six deniers, n'en dut plus prélever que trois; de même cinq setiers de blé de rente annuelle sur le moulin de la ville au lieu de dix qui lui étaient aumonés; deux caques de vin au lieu de six septiers pour son droit de pressurage. Toutefois, le prieur conservait la jouissance entière des cinq sols parisis de rente qu'il possédait sur les cens d'Herbeville, deux setiers d'avoine, deux chapons un minot de blé sur la terre de Montainville, huit livres parisis de rente annuelle sur la justice de Maule et trois setiers de blé méteil sur le grand moulin du même lieu, ainsi que tout le mort-bois que deux ânes pourraient apporter pendant un jour dans le bois du Couldray (2).

Un mur sépara le presbytère du cloître, une grange dimeresse fut construite; l'église Notre-Dame de Maule se trouva placée sous le vocable de saint Nicolas, patron actuel de cette paroisse; enfin, les deux cures de Maule commencèrent à recevoir en propre les donations qui, jusqu'alors, avaient été spécialement réclamées par le monastère.

Aussi les plus anciens actes de l'état-civil, que possède la mairie de Maule, ne remontent-ils pas au-delà de l'année 1513, et les plus vieux titres de propriété des deux églises de Saint-Nicolas et de Saint-Vincent ne font-ils mention d'aucune possession antérieure à cette époque.

L'engagement, pris par le sire de Morainvilliers, de fournir au prieur de Maule « l'argent et les matériaux nécessaires pour la réédification du clocher de l'église Saint-Nicolas fort endommagé par les guerres », devait avoir pour les habitants de la terre de grandes et de favorables conséquences.

En effet, si quelques *serfs*, en vertu de l'édit rendu en 1315 par le roi Louis X, le Hutin, avaient acheté leur affranchisse-

---

(1) Collection Filassier « Titres du prieuré de Maule ».
(2) Titres du prieuré.

ment, le plus grand nombre des tenanciers de la baronnie de Maule n'avaient pu, à cause de la guerre avec l'Angleterre et des ruines qui en étaient résultées, profiter des avantages que leur offrait la décision royale. La prospérité, qui résultait des sages dispositions prises au début de sa carrière par messire Jehan de Morainvilliers, favorisa la mise en pratique de cette libérale mesure qui voulait « que tous les seigneurs qui avaient *hommes de corps*, prissent exemple du roi et ramenassent leurs serfs à cette franchise qui appartient à chacun par le droit naturel ». Le baron Jean, pour tenir l'engagement contracté envers le prieuré, fit appel à cette sage maxime : il exhorta ses sujets à racheter leur liberté.

La taxe d'affranchissement fut fixée à vingt livres parisis pour chaque chef de famille, et à douze sols par tête de chacune des autres personnes habitant sous le même toit.

La tour de l'église de Maule, dont la construction fut la conséquence de l'arrangement intervenu entre le baron et le prieur, se trouve donc représenter une œuvre vraiment nationale et n'être point, comme le dit une tradition erronée, l'œuvre des Anglais, puisqu'elle provient de la rançon payée par les « hommes de la baronnie » pour acquérir leur liberté.

Toutefois, messire Jehan de Morainvilliers ne put voir l'achèvement de son œuvre ; de douloureuses épreuves abrégèrent sa vie.

Marié, dès l'année 1482, avec une dame de haute lignée, Souveraine de Chabenois, dont l'écusson *« d'argent à deux lions passants de gueules »* se voyait encore au siècle dernier dans l'église de Maule, il avait eu le chagrin de la perdre, jeune encore ; la tombe s'était de nouveau fermée sur l'unique enfant née de ce mariage, Jacqueline de Morainvilliers, mariée à messire Jehan de Chateaubréan, capitaine du château de Meulan, qui était morte à la fleur de l'âge et sans laisser d'enfants.

Une seconde union du baron Jehan de Morainvilliers avec damoiselle Jeanne de Flany, était demeurée stérile.

Il ne restait au seigneur de Maule, pour hériter le plus proche, qu'un neveu, né du mariage de damoiselle Jacqueline de Morainvilliers, sœur de messire Jehan, avec le chevalier Guillaume Vipart, seigneur de Drumare, de Flacourt et de Binanville. Ce jeune homme, adopté par son oncle, consentit, dans un acte du 12 janvier 1512, à quitter son nom pour prendre le *nom et les armes* des Morainvilliers. Les Drumare portaient : *d'argent au lion de sable armé et lampassé de gueules* (1). Deux ans plus tard, le 6 mars 1514, il épousa l'une de ses cousines du côté maternel, Jacqueline de Garancières; puis, d'accord avec son oncle, il rendit au roi, en sa chatellenie de Poissy, *foi et hommage* pour la terre de Maule et pour ses dépendances (2).

Conjointement avec messire Jehan de Morainvilliers, le jeune baron de Maule s'occupa de l'administration de la seigneurie, jusqu'au jour où la mort vint fermer les yeux de son oncle qui, par son testament, reçu par Me Delabourne, prêtre-vicaire de Montainville, le 19 septembre 1521, légua cinquante livres tournois à l'église de Montainville « pour aider à faire le clocher », plus la grande dîme de la même paroisse, en vin et en blé, dont les trois quarts au curé et l'autre quart à l'église, sous la charge :

1° Pour le curé, de dire à son intention, en la dite église, deux messes basses, le mardi et le vendredi de chaque semaine, avec *De profundis et fidelium* à la fin de ces messes, et un *Obit solennel* le jour anniversaire de sa mort ; 2° pour les marguilliers, de fournir le luminaire nécessaire à ces cérémonies.

Par un autre testament du 15 juin de la même année, messire Jean de Morainvilliers léguait à la cure de Saint-Nicolas de Maule, soixante arpents de terre, sis au territoire de Beaumont (3) « à la charge de célébrer les dimanche, mardi, mer-
« credi, jeudi et vendredi de chaque semaine dans la chapelle
« Notre-Dame-de-Pitié, une messe basse à perpétuité avec
« *De profundis* et *fidelium* pour le repos de l'âme de *lui et des*
« *siens* » (4).

---

(1) Collection Filassier.— « Titres de la baronnie ».
(2) Lainé, « Archives de la Noblesse, t. VII ».
(3) Collection Filassier, « Inventaire du prieuré ».
(4) Beaumont, surnommé Culfroid, est un hameau aujourd'hui inhabité bâti au-dessus du village d'Aulnay au N. O. de Maule.

(5) La cure de Maule, mise en possession de ce legs, convertit, selon l'usage du temps, ces biens en un « cens » ou rente perpétuelle de 8 septiers de blé méteil et 4 septiers d'avoine à la grande mesure de Maule. En 1793, cette rente reposait, par transmission d'héritages, sur soixante-dix-sept particuliers. Elle eut alors le rare bonheur d'échapper à la vente qui suivit le séquestre apposé sur les biens du clergé. Elle fit donc retour à la cure de Maule et fut remboursée, le 30 octobre 1839, par quittance

Jehan de Morainvilliers mourut le 21 octobre 1521, et fut inhumé en l'église de Maule dans les caveaux de la chapelle Saint-Roch, qu'il avait rebâtie et affectée aux sépultures de la famille.

Sa tombe, placée entre celle de sa fille et celle de sa sœur, s'y voyait encore au siècle dernier. Sur la pierre tumulaire, le baron Jehan de Morainvilliers était représenté en armure de chevalier, avec son casque à ses pieds et son épée couchée à son côté. Les armes de Maule, écartelées de celles de Morainvilliers, étaient gravées sur son écu et dans la bordure du dais, sous lequel reposait le baron, se lisait cette légende en caractères gothiques :

Est enterré céant :
JEHAN DE MORAINVILLIERS
Seigneur et baron de ce lieu
Décédé l'an MCCCCXXI (1).

Sur la tombe des deux dames de Morainvilliers, une gravure au trait montrait les nobles châtelaines vêtues de longues robes bordées de fourrure et les pieds reposant sur une levrette endormie. La légende suivante ressortait en caractères gothiques de la bordure des pierres tombales :

JACQUELINE DE MORAINVILLIERS	JACQUELINE DE MORAINVILLIERS
Fille de Jehan, laquelle fut mariée à messire Jehan de Chateaubréan, escuyer, capitaine du château de Meulan, décédée l'an MC.... VI.	Fille de Loys, laquelle fust mariée a Messire Guillaume Vipart chevalier, seigneur de Drumare décédée l'an MCCC...

Les années et le passage des piétons avaient effrité ces dalles funéraires qui, dans une restauration de la chapelle, ont dis-

---

devant M. de Saint-Clair, notaire à Maule, et son capital de 6769 fr. 50 placé en rentes sur l'Etat, avec mention de son origine afin de respecter comme par le passé la pieuse intention de M. Jean de Morainvilliers : une fois par semaine, le curé de Saint-Nicolas, seule paroisse de Maule, célèbre donc une messe pour la famille de Morainvilliers. Cette messe est la seule qui ait survécu de toutes celles dont font mention les registres des deux paroisses de Maule.

(1) Procès-verbal des Armes et Alliances de la maison de Maule par Chevillard.

(2) Notes de M. Filassier : cette date, effacée à demi par le frottement des pieds est connue par un acte passé devant Mᵉ Jean Guibert notaire à Paris, le 15 décembre 1521 (Titres de la baronnie).

paru, et que l'on retrouvera peut-être un jour, employées sur leur face externe au dallage de l'église : *sic transit gloria mundi...!*

XXXIV

GUILLAUME DE MORAINVILLIERS

Guillaume de Morainvilliers, bailli de Mantes, seigneur de Flacour, Binanville, Beynes, Montainville et autres lieux, succéda, en la baronnie de Maule, au sire Jehan de Morainvilliers.

La terre de Maule comprenait alors, outre ses trois chatellenies indivisibles, la seigneurie de Boutigny avec son hostel, ses terres, la justice *haute, basse* et *moyenne*, la seigneurie de La Bâte et celle du Bois-Henry, un fief à Herbeville, le moulin d'Aulnay et le fief de Bataille-Poncin, sis également à Aulnay, et consistant en un manoir avec son colombier à pied et toutes les dépendances d'une exploitation agricole, granges, étables et jardins.

Ce dernier fief, relevant de la seigneurie de Mézy, près de Meulan, avait été acquis par messire Yon de Garancières en l'année 1372, de Guillaume Poncin, dit de *Bataille*, écuyer du duc de Bourgogne : *Hommage* en avait été rendu par Guillaume de Morainvilliers, le 18 septembre 1514 (1).

Fidèle exécuteur des dernières volontés de son oncle, Guillaume consacra tous les loisirs, que lui laissait sa charge de grand bailli d'épée, à la surveillance des travaux commencés par messire Jehan pour la reconstruction du clocher de l'église Saint-Nicolas.

(1 Archives de Seine-et-Oise « Inventaire de Maule ».

Il serait fort intéressant, pour l'histoire du pays, de posséder les éléments nécessaires à l'établissement d'une statistique comparée de l'art architectural de cette époque avec les dépenses qu'occasionnerait aujourd'hui la réalisation d'une aussi vaste entreprise ; malheureusement la conduite des travaux, le paiement des ouvriers se trouvaient être du ressort immédiat des religieux de Saint-Evroult, et le temps n'était plus où « la serpe à la ceinture et la bêche à la main », ces disciples de Saint-Evroult donnaient aux *hostes* de leur terre l'exemple du travail et de la frugalité ; le prieuré de Maule était devenu pour ces religieux une sorte de ferme, dont les produits, les dîmes, les champarts et les nombreuses redevances formaient une abondante source de revenus : M. de Morainvilliers avait même dû obliger l'abbaye de Saint-Evroult à envoyer à Maule « deux moines de bonne volonté » pour y résider continuellement avec le prieur ; toute l'administration se trouvait donc centralisée en l'abbaye ; et les comptes afférents à la reconstruction du clocher durent être, soit à cette époque, soit ultérieurement, transportés au monastère de la vallée d'Oucbe, car on ne retrouve ni dans les archives du prieuré, ni dans les comptes de la baronnie, aucune trace des dépenses occasionnées par la réalisation de l'engagement pris, envers le prieuré, par le baron Jehan de Morainvilliers ; tout au plus, sait-on que la pierre tirée des carrières de Bazemont et de celle du Buat était taillée à raison de « six liards le pied » et transportée à dos d'âne jusqu'au chantier de construction, pour la même somme « à cause de l'*aménuiserie* du travail. »

Or, ici se pose cette hypothèse : l'affranchissement des hommes de la terre de Maule, décidé en principe par le seigneur Jehan de Morainvilliers, mais opéré en réalité sous l'administration de messire Guillaume, son héritier, ne fut-il point, en partie, réalisé au moyen des travaux d'extraction, de transport et de mise en œuvre des matériaux de construction, plutôt que par le paiement réel, assez difficile à cette époque à cause de la rareté du numéraire, de la somme fixée pour le rachat ?

Il y a tout lieu d'admettre cette probabilité en voyant figurer à cette époque, dans les comptes de la baronnie, la grande quantité de journées de travail fournies par des ouvriers de toutes professions, même étrangers à l'art du bâtiment, manœuvriers, laboureurs, charpentiers, maçons, taillandiers, cordiers, bûcherons, cerceliers, tisserands mêmes, dont le travail était évalué « de six deniers à deux sols par chaque corvée accomplie entre le lever et le coucher d'un soleil ».

Sur l'emplacement de l'ancien clocher, s'éleva donc une belle tour quadrangulaire qui, commencée en l'année 1528, ne fut achevée qu'en 1547.

Elle mesure cent dix pieds de hauteur et se trouve extérieurement divisée en trois étages, au-dessus desquels s'élève le corps du monument, ajouré sur chaque face de deux hautes fenêtres et orné de pilastres à cannelures et à chapiteaux corinthiens. Dans son ensemble, cet édifice porte bien le cachet de cette époque où l'architecture commença de prendre des formes et des proportions nouvelles par l'étude des anciens monuments grecs et romains. Toutefois, on sent que c'est encore timidement que se sont aventurés les constructeurs dans la voie, qui reçut depuis le nom de *Renaissance;* les assises et les divisions inférieures, avec leurs pieds droits et les niches qui les décorent, accusent fortement une réminiscence gothique que devaient rendre plus sensible encore, sous leurs dais ouvragés, les statuettes de pierre, dont ces niches étaient primitivement ornées.

Dans ces niches, artistement disposées pour concourir à l'ornementation générale, étaient autrefois les statues des Apôtres et des quatre Evangélistes : saint Pierre, saint Luc, saint André, saint Jacques, saint Mathieu, saint Jude, saint Thomas, saint Siméon et saint Barthélemy : plusieurs furent enlevées, toutes furent mutilées lors de la Révolution. On voit encore sur leurs piédestaux des inscriptions en caractères gothiques et, aux pieds de la statue de saint Laurent, on peut lire ces deux chiffres : 47, qui rappellent l'époque de l'érection du monument.

On accède au sommet de la tour de Maule par un escalier à vis, dont la même pierre forme la marche et le limon ; sur la cage de cet escalier, un cadran solaire en relief et demi-circulaire, avec son aiguille taillée dans le même morceau de pierre, se recommande à l'attention des connaisseurs par la perfection de son dessin et par sa finesse d'exécution. Les piédouches des statues, ainsi que les dais qui les couronnent, sont également d'un fort beau travail ; et l'habileté de l'architecte s'est trouvée en parfaite concordance avec le talent de ses collaborateurs, car depuis sa base jusqu'à sa plate-forme, la tour de Maule, dont la division par étages n'est que purement décorative, présente une telle rectitude d'élévation qu'il est besoin, pour se rendre compte des moyens employés afin de lui donner son remarquable aplomb, de reconnaître que tous les retraits, destinés à l'allègement des façades, ont été exercés à l'intérieur de l'édifice, de façon à laisser au monument toute sa grâce en même temps que sa robuste apparence.

Une chapelle, conçue dans le même style architectural que la tour, devait remplacer celle des fondateurs de l'église qui occupait tout le bas-côté septentrional de cet édifice ; mais la mort du baron Guillaume, survenue en 1545, avant l'achèvement complet de la tour, vint empêcher la réalisation de ce projet et nécessiter la construction d'une annexe provisoire qui, restaurée, consolidée, est parvenue jusqu'à nos jours en dénaturant le caractère primitif de cette partie du vieux monument, dont les belles fenêtres romanes ont été bouchées par la surélévation insolite du toit protecteur de ce bas-côté.

Une foule de documents précieux pour l'histoire des barons de Maule durent disparaître pendant les fréquentes restaurations nécessitées par cet état provisoire. C'est ainsi que s'est complètement perdu le souvenir de l'emplacement où se trouvaient naguère dans cette chapelle les caveaux affectés aux sépultures des membres de la famille seigneuriale. Peut-être suffirait-il de creuser le sol pour retrouver la poussière de tant d'illustres chevaliers et de si nobles dames ?

Disparue aussi, la pierre tombale qui recouvrait la sépulture de Guillaume de Morainvilliers et celle de sa femme, dont l'épitaphe en caractères gothiques a été conservée par les notes de l'un des membres de la famille des Maule de Panmure, lors d'une visite, ou plutôt d'un pieux pèlerinage accompli, en l'année 1721, aux lieux mêmes qui avaient vu naître et mourir l'ancêtre des deux maisons :

Cy reposent :
GUILLAUME DE MORAINVILLIERS
Unique héritier de Jehan de Morainvilliers, seigneur et baron de ce lieu
de Maule, lequel fut bailli et capitaine de Mantes
Et sa femme demoiselle
JACQUELINE DE GARANCIÈRES
Morts dans la paix du Seigneur.

NOTRE DAME DE MAULE

Ces deux époux laissaient cinq enfants : Simon, qui fut seigneur de la Basse-Boissière, au comté de Montfort; Robert, seigneur de Silly, en Normandie; Marguerite, qui épousa Antoine du Bois-des-Cours; Jacqueline et Diane (1).

Un arrêt du Parlement de Paris, en date du 17 janvier 1546, ordonna le partage de la succession ; et la terre de Maule échut à Jacqueline de Morainvilliers, mariée deux ans auparavant, le 8 octobre 1544, à messire Robert de Harlay, conseiller au Parlement et tige de la famille de Sancy.

XXXV

ROBERT DE HARLAY

Robert de Harlay, seigneur de Boinville-le-Gaillard et du fief de Dancourt à Septeuil, était digne en tous points de damoiselle Jacqueline de Morainvilliers et des trente quartiers de noblesse dont elle pouvait se parer.

Les Harlay avaient pour ancêtre le fameux Gauthier de Harlay, sergent d'armes du roi Charles VI, qui, en récompense « de ses bons services », avait reçu, lors du baptême de son fils aîné que le roi avait tenu sur les fonds baptismaux, le 13 octobre 1397, une magnifique garniture de vaisselier « en argent fin » ; et l'année suivante, « allant en Allemagne devers le duc de Bavière, père de la reine, avait été pris et détenu prisonnier pendant neuf mois et demy, en grande pauvreté et misère de son corps ».

Aussi le monarque, et après lui ses successeurs, tenaient-ils en grande estime Gauthier et ses descendants (2). La fortune

---

(1) Lainé, « Archives de la noblesse », t. VII.
(2) Anselme, « Histoire de la maison de France ». t. VIII, p. 797.

des Harlay s'était accrue avec chaque génération ; les vastes jardins du Luxembourg, à Paris, formaient les dépendances d'un hôtel construit par messire Robert de Harlay; et l'on donnait à ce seigneur un revenu de 40,000 livres, somme énorme pour l'époque, alors que la valeur du marc d'argent était à 14 livres 10 sous, c'est-à-dire dans le rapport de 3 à 24 avec celle d'aujourd'hui.

Robert de Harlay était le sixième fils de Louis de Harlay et de Germaine Cœur, dont le père Geoffroy Cœur, seigneur de la Chaussée, avait été échanson du roi Louis XI.

Les armes des Harlay étaient *d'argent à deux pals de sable*.

En sa qualité de seigneur de Maule, Robert de Harlay rendit au Roi, le 22 novembre 1547, *foi et hommage* pour sa baronnie, alors fort amoindrie par le partage de la succession de messire Guillaume de Morainvilliers, car la part afférente à dame Jacqueline de Morainvilliers ne se composait que du huitième de la terre de Maule et des fiefs d'Herbeville, de Montainville, mouvant de Poissy, ainsi que des seigneuries de Binanville, de Bois-Robert et de Brasseuil, mouvant de Mantes. Mais de nouveaux arrangements intervinrent et, dans un nouvel *hommage* rendu le 22 novembre 1549, Robert de Harlay faisait aveu pour toute la baronnie et la seigneurie de Boutigny, à l'exception de quelques parcelles détachées (1). De nouvelles acquisitions rendirent bientôt à la maison de Maule son état primitif d'opulence et de splendeur (2). La ferme du Bois-Henry, qui avait été comprise dans le lot de Diane de Morainvilliers, fit également retour à la baronnie au moyen de la donation consentie, le 10 septembre 1553, par cette dame, à sa sœur Jacqueline.

La mort vint frapper messire Robert de Harlay, en 1560, au moment où il faisait avec Jacqueline de Morainvilliers, sa femme, procéder au terrier de leur baronnie et à l'établissement de la *chaussée de Saint-Vincent*.

Son cercueil en plomb et, plus tard, celui de sa femme furent placés à côté l'un de l'autre dans un petit caveau creusé sous la chapelle construite par leur aïeul, Jehan de Morainvilliers, en l'église paroissiale de Maule.

---

(1) Original, Archives nat. p. 16, n° 326 ; p. 3 n° 103.
(2) Collection Filassier, « Titres de la baronnie ».

La pierre, qui recouvrait cette double sépulture, se voit encore aujourd'hui, en cette même chapelle, adossée à la muraille méridionale de l'église, et l'on y peut lire cette inscription à demi-effacée :

Cy reposent nobles personnes
MESSIRE ROBERT DE HARLAY
Conseiller au Parlement de Paris
Décédé le. . . . . MVCLX, et dame
JACQUELINE DE MORAINVILLIERS
son épouse, seigneurs du lieu.

Ce tombeau fut violé en 1792 : les corps étaient encore dans un parfait état de conservation ; les cheveux et la barbe n'avaient subi aucune atteinte pendant ces deux siècles passés dans le tombeau. Un témoin oculaire fit cette remarque que « le seigneur portait la barbe et les cheveux roux ». La profanation de sépulture avait pour but de s'emparer du plomb des cercueils, qui fut envoyé au District de Saint-Germain-en-Laye ; on replaça les dalles sur le tombeau ; et, lors d'une nouvelle ouverture, nécessitée cette fois par des travaux de réparation, on ne retrouva plus, il y a quelques années, que des ossements et un peu de poussière.

XXXVI

NICOLAS DE HARLAY

Nicolas de Harlay de Sancy, fils de messire Robert de Harlay et de Jacqueline de Morainvilliers, hérita de la terre de Maule et succéda à son père dans sa charge de conseiller au Parlement.

Bientôt, il fut créé maître des requêtes et ne devait pas tarder, par les événements, d'être appelé à de plus hautes fonctions.

Depuis plus d'un siècle, les guerres de religion, armant les frères les uns contre les autres, avaient divisé la France en deux camps ; des flots de sang avaient coulé ; et le roi, Henri III, parvenu au trône en 1574, mais dont la main était trop débile pour tenir les rênes de l'Etat, venait d'être chassé de Paris par une faction puissante qui obéissait au duc de Guise : catholiques et protestants occupaient les environs de Paris et, chaque jour, voyait s'engager quelque combat nouveau. Que de monuments précieux disparurent en ces temps de désordres ! L'église de Jumeauville fut brûlée par les protestants le 15 juillet 1585 ; le village de Saint-Léonard fut saccagé, le monastère incendié et le château de Palmort ruiné de fond en comble.

Le roi s'était réfugié à Chartres, et déjà la sœur de Guise montrait des ciseaux d'or pour tondre, disait-elle, le dernier des Valois. Nicolas de Sancy avait suivi le parti du souverain légitime, imitant en cela la conduite de son cousin, Achille de Harlay, premier président au Parlement, qui avait noblement répondu aux rebelles « que c'était grand' pitié lorsque le valet chassait le maître, et que, quant à lui, son âme était à Dieu et son cœur au Roy ». *Par la grandeur d'âme, nul avant les Maule !*

Nicolas de Sancy fut alors nommé ambassadeur en Angleterre ; de là, il passa en Allemagne, puis fut envoyé auprès des cantons Suisses dont il put obtenir un secours de 10,000 hommes en faveur de Henri III ; il négocia ensuite la réconciliation de ce monarque avec le roi de Navarre, qui fut plus tard Henri IV ; et, quand Henri de Valois tomba à Saint-Cloud sous le poignard de Jacques Clément, Nicolas de Sancy suivit la fortune du roi de Navarre, héritier légitime de la couronne, comme descendant de saint Louis et premier prince du sang, puisque le dernier des Valois était mort sans postérité.

Les historiens de l'époque apprécient hautement les services rendus par Nicolas de Sancy au nouveau roi, que les circonstances obligeaient à conquérir son royaume.

« Après la mort de Henry III, dit l'un des plus impartiaux, Henri de Bourbon se trouva dans la plus grande détresse ; la

plupart des seigneurs catholiques désertaient le camp; le trésor était vide; l'armée se trouvait d'ailleurs réduite à 6,000 combattants. Ce fut Nicolas Harlay de Sancy, véritable ami de son maître et son ambassadeur auprès des cantons Suisses, qui le secourut le plus efficacement en mettant en gage chez les juifs de Metz le superbe diamant qui porte son nom. Ce joyau, qui appartenait à Charles le Téméraire, duc de Bourgogne, avait été ramassé, le 22 juin 1476, sur le champ de bataille de Morat, par un soldat suisse, et vendu à un curé qui le paya un florin. Après avoir fait le récit du combat, Philippe de Commines ajoute : « Les dépouilles de son *host* enrichirent
« fort ces pauvres gens de Suisse; son gros diamant, qui estoit
« un des plus gros de la chrétienté, où pendoit une grosse
« perle, fut levé par un Suisse, puis remis dans son étuy, puis
« rejeté sous un chariot; puis, ce revinst quérir et l'offrist à
« un prêtre pour un florin ; c'estui-là l'envoya à leurs seigneurs
« qui lui donnèrent trois francs » (1). Ce diamant passa plus tard aux mains du duc de Florence et ensuite en celles du roi de Portugal, don Antoine, qui, réfugié en France, le vendit à Harlay de Sancy pour une somme de 70,000 francs. »

Ayant laissé ce diamant en son hôtel de Paris, pendant ses diverses ambassades, Nicolas de Sancy envoya de Suisse son

(1) Un autre historien donne cette variante : Ce diamant avait appartenu à Charles le Téméraire, et l'on dit que c'est à cette pierre qu'on avait reconnu le cadavre du prince, défiguré, couvert de boue, à la bataille de Granson. Le Sancy pèse 53 carats; il est d'une transparence parfaite, et doit son nom à son premier propriétaire connu, Nicolas de Harlay, seigneur de Sancy, qui l'avait rapporté de son ambassade du Levant. Il appartint plus tard à Jacques II, roi d'Angleterre, qui le céda à Louis XIV, pour 6:0000 francs ». Cette dernière assertion paraît au moins erronée, car le Sancy était au nombre des dix-huit diamants que le cardinal Mazarin légua, en mourant, à Louis XIV. On sait que ce ministre avait pour les joyaux et les pierres précieuses, le même goût et le même entraînement qu'ont les femmes, et l'on raconte à ce sujet l'anecdote suivante : Un soir que le cardinal recevait dans l'intimité le président Tubœuf et sa femme, il laissa tout à coup tomber la conversation, et se dirigea vers son coffre à bijoux, il y prit une poignée de ses plus beaux diamants. Il les caressa du regard, les fit miroiter sous le lustre comme il avait coutume de faire, puis, s'adressant à ses visiteurs : — Je donne à madame la présidente, dit il... Et sans achever sa phrase, il s'attacha encore un instant à obtenir de nouveaux effets de lumière, auxquels il semblait prendre un extrême plaisir. — Je donne à madame la présidente, répéta-t-il... Pour le président Tubœuf, il était maintenant indubitable que Son Eminence allait faire un cadeau princier à sa femme. Aussi, en entendant dire pour la seconde fois : « Je donne à madame la présidente..., » il tendit instinctivement la main. Son Eminence feignit de n'avoir pas vu le geste. Il caressa une dernière fois ses joyaux du regard, les serra ensuite, et revenant à la présidente devant laquelle il s'inclina avec une politesse exquise : — Madame la présidente, lui dit-il, je vous donne... le bonsoir.

valet de chambre le chercher, en lui recommandant de ne pas se laisser voler, à son retour, par quelques-uns des brigands qui infestaient les routes. — « Ils m'arracheront plutôt la vie que le diamant », répondit le fidèle serviteur, en faisant le simulacre de l'avaler, afin de le mettre à l'abri de tout danger, le cas échéant.

Point ne fut besoin de recourir à cette extrémité, le voyage s'étant effectué sans encombre.

Les juifs prêtèrent l'argent ; les Suisses fournirent des soldats; et le roi battit la Ligue. Fidèle jusqu'au bout, Nicolas de Sancy suivit l'exemple que le souverain vainqueur donnait à ses sujets protestants en embrassant la religion catholique. — *Paris vaut bien une messe*, disait le monarque. — *Il faut être de la même religion que ses princes*, ajouta Nicolas de Harlay. Sa conversion excita les railleries de bon nombre de protestants, et d'Aubigné composa même, sur ce sujet, une satire assez mordante intitulée la *Confession catholique de Nicolas de Sancy* (1). Mais Nicolas de Harlay pouvait bien faire à son roi le sacrifice de son amour-propre, après lui avoir fait le sacrifice de sa fortune.

Nommé colonel des Cent-Suisses, Nicolas de Harlay devint encore premier maître-d'hôtel de Sa Majesté, surintendant des finances, gouverneur de Châlons et lieutenant-général du roi en Bourgogne. D'accord avec Sully, le digne ministre et l'ami dévoué de Henri IV, il rétablit l'ordre dans les finances du royaume, fit acquitter les dettes énormes de l'Etat, diminuer les impôts, réparer les places-fortes, entretenir les grands chemins qu'on commença de planter d'arbres, rétablir la marine, faciliter le commerce et encourager l'industrie.

Messire de Harlay apportait en même temps d'importantes améliorations dans ses domaines.

Trop à l'étroit dans leur vieux château-fort, et n'ayant plus à redouter les attaques à main-armée des siècles précédents, les seigneurs de Maule avaient transporté leur demeure au faubourg d'Hagnou, dans leur fief de Boutigny qu'ils avaient agrandi au moyen de plusieurs pavillons dont les matériaux,

---

(1) Agrippa d'Aubigné était comme Sancy un compagnon d'armes de Henri IV. Il est l'auteur de plusieurs écrits satiriques, les « Tragiques », les « Aventures du baron de Fœneste », et d'une « Histoire Universelle » qui fut condamnée au feu par le Parlement de Paris.

au fur et à mesure des besoins, avaient été empruntés aux ruines du *vieil chastiau*.

Cette nouvelle résidence présentait donc un assemblage de construction d'une forme irrégulière que les propriétaires avaient l'intention de remplacer par un château plus en rapport avec leur position.

M° Nicolas de Harlay voulut réaliser ce projet depuis longtemps caressé.

Le parc, dessiné sur de nouveaux plans, agrandi et entouré de murs, reçut le produit des sources voisines, et ces eaux, amenées à grands frais, retombaient dans de vastes bassins de pierre, après s'être élancées dans les airs, selon la mode du temps, en gerbes liquides ou en jets capricieux.

Le nouveau castel, d'après les fondations établies, prenait la forme d'un vaste parallélogramme, dont quatre énormes tourelles devaient flanquer les angles; la façade, véritablement monumentale, se serait trouvée en regard de la rue de Saint-Vincent; et celle-ci, élargie au moyen de démolitions, aurait laissé voir, des fenêtres de cette résidence, la place du Vieux-Château et l'église Saint-Nicolas dans le lointain.

Cette demeure, véritablement princière, est restée inachevée; car, au service de l'Etat, Nicolas de Harlay avait sacrifié son immense fortune, et la mort de Henri IV porta un grand coup à son crédit.

Incapable, par sa franchise et la fierté de son caractère, de se prêter aux pernicieux conseils, messire de Harlay ne pouvait être vu d'un bon œil dans cette nouvelle cour où la reine-mère, Marie de Médicis, subissait l'ascendant de quelques ambitieux. En 1615, il eut même le courage d'adresser à la Régente des remontrances sur la dissipation du trésor amassé par Henri IV, sur les dépenses ruineuses et inutiles qui affaiblissaient l'Etat et sur d'autres abus qui se multipliaient chaque jour. Cette circonstance décida de sa retraite : il se retira dans ses terres et partagea son temps entre l'administration de son domaine et quelques travaux littéraires :-- On a de lui, notamment, un *Discours sur l'occurence de ses affaires*, dans lequel se trouvent des particularités fort curieuses sur les règnes de Henri III et de Henri IV.

Le nom de Nicolas de Sancy se trouve aussi mêlé à une généreuse tentative d'expansion coloniale à laquelle il ne manqua que l'appui d'un gouvernement plus ferme pour avoir le sort des expéditions de Pizarre et de Fernand Cortez.

Un gentilhomme de la Touraine, Charles-Des-Vaux, qui avait été laissé, en 1594, au milieu des sauvages du Brésil, par le capitaine Jacques Riffault, rentra en France, vers 1605, et proposa au roi Henri IV de faire occuper l'île de Maranhao, en lui assurant que les Indiens étaient désireux de recevoir les Français. Henri IV confia à Daniel-de-la-Touche, seigneur de la Ravardière, qui venait de faire une exploration des côtes de la Guyane, la mission d'aller avec Des Vaux s'assurer des dispositions des sauvages. A leur retour en France, Henri IV était mort; mais la régente Marie de Médicis donna suite au projet commencé, en nommant « Lieutenants généraux du Roi aux Indes Occidentales et terres du Brésil ». La Ravardière, François de Razilli et Nicolas de Harlay de Sancy, baron de Maule et de Gros-Bois.

Un grand nombre de gentilshommes s'enrôlèrent pour assurer le succès de l'entreprise, parmi lesquels se trouvait le plus jeune des fils de Sancy, Henri, baron de Palmort, et sire de Sancy.

Accompagnés de quelques centaines de volontaires, ces émules des grands conquérants espagnols partirent de Cancale sur trois navires et abordèrent le 6 août 1612 à l'île de Maranhao. Le nom de *France équinoxiale* fut donné au pays; un gros village se fonda, qui devint la ville actuelle de Saint-Louis de Maranhao; et quatre forts y furent bâtis. Mais, bientôt, la nouvelle de l'occupation française étant connue des Portugais, ceux-ci organisèrent une formidable expédition pour déloger les gentilshommes français. Après avoir établi un fort à quelque distance pour s'en faire un poste d'observation, les Portugais, sous les ordres du fameux Albuquerque [1] vinrent mettre le blocus devant Maranhao. Les hostilités commencèrent le 26 octobre 1614. Toujours fougueux dans l'attaque, les Français s'emparèrent de trois vaisseaux portugais. Mais, le 19 novembre, ils subirent un échec et de grandes pertes dans un débarquement sur la côte brésilienne. Une suspension d'armes fut signée. L'année suivante, des renforts étant arrivés à Albaquerque, celui-ci annonça au com-

[1] Albuquerque, né à Olinda en 1548, mort en 1618, était fils de Jérome d'Albuquerque et d'une mère indienne.

mandant de la troupe française qu'il venait en même temps de recevoir l'ordre de rompre la trêve. Les Français firent bonne contenance ; mais, quelques mois après, une nouvelle expédition, partie de Pernambuco, arrivait renforcer l'armée assiégeante, et La Ravardière, laissé sans secours par son gouvernement, fut obligé de capituler. Quatre cents Français retournèrent en Europe; un grand nombre restèrent à Maranhao.

Le traité de capitulation porte la date du 2 novembre 1615. (1)

Henry de Sancy fut de ceux qui revinrent en France. On le retrouve, toujours brave, toujours fidèle à la vieille devise des Maule, avec le connétable de Luynes au siège de Montauban en 1621, et à celui de Royan, l'année suivante, avec le duc d'Epernon. Il suivit ensuite Lesdiguières en Italie et prit une part active à la fameuse guerre de Trente-Ans, puis, la campagne terminée, renonça à la carrière des armes et entra chez les Pères de l'Oratoire où il finit ses jours.

Trois autres fils et quatre filles étaient nés du mariage de messire Nicolas de Harlay de Sancy, célébré le 15 février 1575, avec Marie Moreau, dame du Tremblay.

Marie Moreau était fille de Raoul Moreau, trésorier général de France, seigneur châtelain d'Auteuil, du Tremblay et de Gros-Bois, qui, lui-même, appartenait à une vieille famille de robe, dont l'un des membres avait été prieur d'Epernon, et un autre, protonotaire apostolique et prieur de Saint-Laurent de Montfort (2). La mère de dame Moreau, Jacqueline Fournier, dame de Grosbois, était elle-même d'une vieille famille bourgeoise de la baronnie de Maule : Eustache Fournier, *bourgeois de Maule*, était, en l'année 1469, seigneur de la dîme de Montainville; Roger Fournier fit, le 10 mai 1533, hommage au roi de la terre de Marcq qu'il avait héritée de Phelippe de Villeneuve, sa mère ; Jacques Fournier, seigneur de Marcq, au seizième siècle, portait *d'azur au héron d'argent empietté d'un sacre d'or* (3). Roger Fournier comparut à la *Coutume de Montfort*, en 1556, comme seigneur de Marcq, de

---

(1 Le Brésil en 1889, par M. de Santa-Anna Néry, p. 117 et suivantes.

(2) Archives nationales, L. 608 ; s. 1153.— A. de Dion, « Nobiliaire du comté de Montfort p. 333 ».

(3) Saint-Allais, Dictionnaire de la noblesse, t. XVIII.

Petitmont et de plusieurs fiefs sis à Maule, à Mareil-sur-Maudre, à Jumeauville, Arnouville et Goussonville.

Les Moreau, fort riches et très puissants, portaient : *d'argent au chevron d'azur, accosté de trois têtes de maures de sable tortillées d'argent* (1). Ces armes, écartelées de celles de Maule de Morainvilliers et de Harlay, étaient sculptées sur la grande porte du château bâti par messire Nicolas de Sancy, en la paroisse de Saint-Vincent. Cette porte a été sacrifiée pendant la première moitié de ce siècle en même temps que les restes de l'ancien château des sires de Garancières.

Mais, l'église de Maule a conservé un autre souvenir de la famille de Sancy, dans l'une des trois cloches que possédait naguère la paroisse de Saint-Nicolas et qui porte au pourtour cette mention en relief :

Je fust faicte en 1625,
en l'honneur de la confrérie du Rosaire et de la vierge Marie,
Et nommée MARIE par Messire
NICOLAS DU HARLAY
Seigneur de Sancy, baron de Maule, capitaine de cinquante hommes d'armes, conseiller du roi en son conseil, et
MARIE MOREAU
Son épouse.
Janet nous à faictes toutes trois (2).

Messire Nicolas de Sancy, âgé de soixante-treize ans, mourut à Paris le 17 octobre 1630, et fut enterré avec sa femme, en l'église des Pères de l'Oratoire, dans un magnifique tombeau que leur érigea la piété filiale de Achille du Harlay de Sancy, évêque de Saint-Malo.

---

(1) Le poëte Claude Rabet, fit à Raoul Moreau l'épitaphe suivante :
    Moreau qui gist icy, trésorier sans reproche,
    De vie, aussy d'honneurs, a fait un cours heureux
    Son heur et sa vertu, toujours comme une roche,
    Ferme, l'ont maintenu contre tous envieux.
    Ayant servi cinq rois, il a sur ses ans vieux,
    Sa maison du Tronchay pour son repos bâtie,
    Où quictant de la cour les travaux soucieux,
    Passa mainte saison et puis finit sa vie.
(A. de Dion « Nobiliaire du comté de Montfort » p. 333).

(2) En vertu d'un décret du 23 janvier 1793, les deux autres cloches furent envoyées au district de Saint-Germain-en-Laye. [Registre de la municipalité de Maule].

XXXVII

LA TERRE DE MAULE

Des quatre fils de Nicolas de Sancy, deux étaient morts avant leur père: François, encore adolescent, et Nicolas, tué au siège d'Ostende en l'an 1601.

Une sentence du Châtelet de Paris ordonna la licitation, entre les héritiers survivants, de tous les biens composant la succession de messire Nicolas de Harlay de Sancy ; et des affiches, concernant la vente de toutes les dépendances de la terre de Maule, furent apposées au-devant des grandes portes, principales entrées et sorties des églises paroissiales de *Saint-Roch*, en la ville de Paris, de *Saint-Vincent* et de *Saint-Nicolas* de Maule, de *Saint-Béat* d'Epône, de *Saint-Nicolas* des Alluets, de *Saint-Etienne* d'Aulnay, de *Saint-Rémy* de Marcq, de *Saint-Illiers* de Bazemont, de *Saint-Martin* de Mareil, de *Saint-Pierre* de Chavenay, et de *Saint-Lubin* de Montainville.

La terre de Maule comprenait :

Le *château et principal manoir du fief*, avec basse-cour, colombier, pressoir banal, écuries, remises, étables, jardins, grand parc traversé par la Mauldre, ainsi que les *fiefs et seigneuries* qui suivent :

La baronnie de Palmort, la seigneurie des Granges [1], la ferme de la Bâte [2], le fief du Bois-Henry, le moulin du Radet,

---

(1) Cette seigneurie, devenue une exploitation agricole, fut vendue en 1793 comme bien national. Les bâtiments furent démolis et les terres morcelées. Elle était située entre Maule et Palmort.

(2) La ferme de la Bâte subit le même sort que la seigneurie des Granges.

le moulin de la ville, le moulin de la Chaussée, le pressoir d'Aulnay, le moulin à chamois [1], les fiefs du Veau et de Saint-Piat, assis à Maule, la seigneurie de Bazemont, les fiefs du prieuré de Maule, la seigneurie de Mareil-sur-Mauldre, le moulin d'Aulnay, la seigneurie de Montainville, le fief de Bataille-Ponçin, sis à Aulnay, et une foule d'autres fiefs moins importants, de rentes foncières et de redevances perpétuelles, dont le détail ne présenterait aujourd'hui aucun intérêt.

Sur lesquels *fiefs et seigneuries*, le seigneur de Maule possédait les *droits féodaux* suivants :

Droits de *haute, moyenne et basse justice*, ressort d'assises dont les sujets ressortissent, droit en la prévôté de Paris et à la cour de son Parlement; pour l'exercice de laquelle il y a bailly, procureur fiscal, greffier, sergents, tabellions et autres officiers, avec le droit de *fourches patibulaires* à quatre piliers [2].

Droits de *confiscation*, d'*aubaine* [3] et d'*épave* [4].

Droits de *gruerie* sur l'étendue de la dite terre, dont les appellations ressortissent à la maîtrise de Saint-Germain-en-Laye [5].

---

(1) Ce moulin à chamois était situé « hors les murs de Maule, proche la porte du pont de la Bélique. » C'est aujourd'hui un moulin à blé.

(2) Ces fourches patibulaires, aux armes du seigneur, se dressaient sur la plate-forme du champtier nommé Tourneroue. Plus tard, afin d'en dérober la vue aux habitants de la baronnie, on les planta un peu plus loin au lieu dit la Justice. Un poteau, peint en rouge, avec carcan, était planté devant la porte du château. Là, on exposait à la risée publique, attachés par le cou à un anneau de fer, les malfaiteurs qui étaient condamnés à cette peine infamante. Ce poteau fut arraché le 14 juillet 1490. [Registre de la municipalité de Maule.]

[3] Le droit d'aubaine avait été institué pour obliger les serfs à ne pas changer de maîtres. Il frappait tous ceux qui quittaient leur patrie, car leurs biens devenaient à leur mort la propriété du seigneur sur la terre duquel ils avaient fixé leur résidence, s'ils avaient négligé de se faire naturaliser, de faire un testament et de laisser un legs au seigneur. La négligence de l'une de ces trois formalités entraînait la confiscation des biens du défunt au profit du seigneur en vertu du droit d'aubaine.

[4] On appelait épaves toutes choses perdues qui, dans le délai de quarante jours n'étaient pas réclamées de leur propriétaire. Quiconque trouvait une « épave » était tenu d'en faire la déclaration à son seigneur, dans les vingt-quatre heures, sous peine d'amende.

[5] Les « gruiers » jugeaient, à l'exclusion des maîtres particuliers des eaux et forêts, toutes affaires concernant les usages, délits, abus, dégradations et malversations des eaux et forêts, ainsi que tous différends pour la chasse et la pêche, les querelles, excès et larcins commis à l'occasion des bois, marais, landes, écluses et moulins. Ce droit de « gruerie » était très lucratif à cause des amendes et des confiscations prononcées pour chaque délit.

Droit d'*échange*, constant en la douzième partie du prix des héritages en roture, et en droits féodaux pour échange d'héritages en fiefs, suivant la coutume des lieux où ils sont situés.

Droits de *rivière* et de *pêche* sur la Mauldre, depuis le moulin à draps, près de Mareil, jusqu'au pont Galon, au dessous d'Epône.

Droit de *carrière*, pour tirer et enlever pierres de taille, sans que personne autre puisse le faire sans congé ni permission.

Droit de *rouage* qui est de 4 deniers parisis par chariot de vin partant de Maule, et 2 deniers par charrette, sous peine de 60 sols parisis d'amende

Droit de *halles et marchés* le samedi de chaque semaine, et droit de *foires*, deux fois l'année : les jours de saint Nicolas de mai et de saint Luc d'octobre.

Droits de *fours, moulins et pressoirs banaux* sur tous les sujets de la baronnie de Maule et sur la partie d'Aulnay qui est du domaine de la terre de Maule.

Droits de *poids et mesures*, de *pesage*, d'*aunage*, de *langueyage* [1], de *mesurage de vins et de grains* [2], d'*étalage* et de *coutume* [3], tant ès-dits jours de foires et marchés qu'universellement par chaque jour au-dedans des confins de la baronnie de Maule.

Droit de *traverse par terre et par eau* sur tous harnois, bêtes et marchandises, allant, revenant et passant par dedans la dite baronnie.

Droit de *chargeage de vin* qui, pour chaque muid partant de Maule, est de 10 deniers.

Droit de *banvin*, l'espace d'un mois l'an, savoir : pendant quinze jours consécutifs commençant la Vigile de Pâques, et l'autre quinzaine commençant la Vigile de Noël, à vêpres, sans que personne autre puisse vendre *vin* en détail au-dedans de la baronnie sans le congé du seigneur de Maule, sous peine

---

[1] Le droit de « langueyage » était perçu sur chaque porc, vendu dans la baronnie et reconnu sain par le langueyeur du seigneur; il était de deux sols par tête de porc.

[2] Le droit de « mesurage » était de deux sols par muid de vin, d'un sou par setier de froment, seigle ou orge, de trois deniers par minot d'avoine, de six deniers par minot de pois, vesces, bourgogne et autres grains ronds.

[3] Les droits « d'étalage et de coutume », se percevaient sur toutes les marchandises mises publiquement en vente dans toute l'étendue de la baronnie; le tarif en est très détaillé.

de 60 sols parisis d'amende et confiscation du vin ou autres breuvages (1).

Droit de *garenne*, appelée la garenne de Châtillon.

Droit de commettre gouverneurs et administrateurs à l'hôpital, Maison-Dieu et Maladrerie de Maule.

Droits de *fiefs*, *lods* et *ventes*[2], *censives* en argent, volailles et avoines, *saisines et amendes* sur tous les héritages et maisons de la baronnie.

Le produit de tous ces *droits féodaux*, des quatre fermes avec leurs onze cents arpents de terre, des quatre moulins et de leurs dépendances, des seigneuries et de tous les fiefs relevant de la baronnie de Maule, se montait au chiffre de 14,000 livres.

Ce fut messire Claude de Bullion, surintendant des finances garde des sceaux et président à mortier au Parlement de Paris qui se rendit acquéreur du domaine de Maule, moyennant la somme de 205.800 livres et malgré l'opposition formée à la sentence du Châtelet de Paris, le 23 mai 1637, par Achille de Harlay, second fils du défunt.

Un procès s'ensuivit et se termina à l'avantage de messire de Bullion, qui rendit son *aveu* à la Chambre des comptes le 8 juin 1638.

XXXVIII

LA FAMILLE DE BULLION

Le nouveau baron de Maule, Claude de Bullion, descendait

---

(1) On regardait le droit de « banvin » comme tellement contraire à la faculté naturelle que chacun doit avoir de disposer de ce qui lui appartient, que les seigneurs ne pouvaient en user qu'en vertu d'un titre authentique suivi d'une possession paisible et continue.

(2) Droit que tout possesseur de fief, lorsqu'il vendait son domaine, payait au seigneur dont il relevait. « Lods » est un vieux mot qui voulait dire : portion du seigneur.

d'une ancienne famille qui prenait son nom d'une terre située près de Maringues, en Bourgogne [1].

Il appartenait par sa mère à la famille de Lamoignon, et par sa grand'mère à celle des Vincent, dont les armes *d'argent à la bande de gueules accompagnée de six coquilles de même*, se voient encore à la clé de voûte du chœur de l'église de Davron. Son grand-père, qui portait également le nom de Claude, était secrétaire du Roi et seigneur de Layer et de Sennecé, près de Mâcon. Son père, Jean de Bullion, seigneur d'Argny, conseiller au Parlement et maître des requêtes, avait quitté la ville de Mâcon, où il était né, et s'était venu fixer, dans le comté de Montfort, près de la famille de sa femme, Charlotte de Lamoignon, dont la haute position, l'influence et les richesses semblaient devoir aider à son avancement.

Claude de Bullion avait été élevé au château de Basville avec les enfants de son grand-père, Charles de Lamoignon [2].

Partageant la forte éducation que recevaient ses jeunes parents, il fut, bien avant eux, présenté à la cour. Neveu des Novion et des Rochechouart, apparenté aux Anjorran, aux de Brosses, aux Brulard de Sillery et à presque toutes les grandes familles de robe de cette époque, Claude de Bullion fut, de bonne heure, initié aux plus hautes questions politiques de son temps. Henri IV, appréciant son esprit fin et délié, l'employa en diverses négociations importantes. Conseiller au Parlement de Paris, maître des requêtes, conseiller d'État ordinaire, il devint, sous Louis XIII, garde des sceaux, et enfin surintendant des finances.

Claude de Bullion était immensément riche; avant d'entrer en charge, il tint à donner publiquement un état de son bien pour éviter les accusations qui, plus tard, causèrent la dis-

---

(1) Testard de Bullion et Géraud, son frère, vivaient en 1060 · Pierre de Bullion, en 1080, seigneur de La Forest, fut la tige de la maison de La Forest-Bullion, dont la terre passa vers l'année 1630 aux mains de Claude de Bullion qui la vendit plus tard à M. de Vandègre (Noblesse d'Auvergne).

(2) Charles de Lamoignon mourut en 1572, laissant de sa femme, Charlotte de Besançon, vingt enfants, dont plusieurs furent élevés avec ceux que sa fille ainée, Charlotte, avait de son mariage avec Jean de Bullion. Devenu grand et personnage important, Claude de Bullion rappelait gaiement qu'on le promenait à Basville sur un âne avec son oncle Chrétien de Lamoignon et qu'en les mettant chacun dans un panier, on plaçait un pain du côté de Lamoignon afin d'équilibrer la charge parce que celui-ci était plus léger. (Chroniques de Dourdan par M. Guyot).

grâce éclatante de son successeur, le surintendant Fouquet. Cet état fut longtemps conservé dans la famille comme un titre de gloire. Les grands services de M. de Bullion ne purent malheureusement faire oublier que son nom avait été associé à l'établissement de nouveaux impôts, nécessités par la création et l'entretien de quatre corps d'armée destinés à réprimer la révolte des protestants du midi de la France.

Cependant il exerça ses charges avec tant de zèle et de désintéressement, que le cardinal de Richelieu, persuadé que de tels services ne sauraient être trop récompensés, lui envoyait tous les ans, le 1er janvier, un présent de 100,000 livres, outre ses appointements ordinaires.

Claude du Bullion ne ménageait pourtant pas au roi certaines vérités assez dures, tant sur l'état général du pays que sur le compte du premier ministre. Il lui arriva même un jour de dire à Louis XIII que, malgré tous les soins qu'il apportait dans la gestion des finances, il ne pouvait parvenir à combler trois gouffres où passaient presque tous les revenus de l'Etat : la marine, l'artillerie, et *la maison du cardinal* [1].

Au dire de ses contemporains, M. de Bullion était un petit homme, assez laid ; néanmoins Tallemant des Réaux raconte d'une façon assez cavalière l'origine de sa fortune.

« La comtesse de Sant, dit-il, eut de l'affection pour ce petit Monsieur de Bullion. Elle le poussa, lui donna du bien et lui fit avoir un emploi. »

Un peu plus loin, Tallemant ajoute que la comtesse ayant dit, un jour, à la reine-mère Marie de Médicis :

— Ah ! madame, si vous connaissiez M. de Bullion comme moi.

— *Diou* m'en garde, madame la comtesse, répondit la reine qui n'avait jamais pu se débarrasser de son accent italien.

Tallemant complète cette petite méchanceté par l'historiette suivante :

« On montrait à Pompéo Frangipani, M. de Bassompierre et M. de Montmorency, les deux plus beaux hommes de la cour, et le *petit avorton* de Bullion.

— Devinez lequel des trois a fait fortune par les femmes ?

Frangipani se mit à rire, et demanda :

---

(1) Histoire de Louis XIII par Griflart.

— Serait-ce ce petit vilain ?

— Oui, lui répondit-on ; les deux autres, tout beaux qu'ils sont, y ont dépensé cinq cent mille écus.

Ce fut Claude de Bullion qui fit frapper les premiers louis d'or de vingt-quatre et de quarante-huit francs, et il lui arriva quelquefois d'en servir comme dessert aux amis qu'il invitait à sa table.

Laplace dit textuellement dans ses *Pièces intéressantes :*

« Le surintendant, ayant donné à dîner au premier maréchal de Grammont, au maréchal de Villeroy, au marquis de Souvré et au comte d'Hautefeuille, fit servir au dessert trois bassins remplis de louis dont il les engagea à prendre ce qu'ils voudraient. Ils ne se firent pas trop prier et s'en retournèrent les poches si pleines qu'ils avaient peine à marcher, ce qui faisait beaucoup rire Bullion. »

On doit également à messire Claude de Bullion la construction de l'hôtel, connu encore aujourd'hui, à Paris, sous le nom d'Hôtel Bullion, bien que de nouveaux bâtiments aient remplacé l'édifice primitif, dont les fondations encore existantes ont cinq pieds d'épaisseur.

Cet hôtel, situé rue Jean-Jacques-Rousseau, avait été construit en 1630, sur les dessins de l'architecte Levau ; deux des galeries étaient décorées par Sarrazin et Blanchard Vouet. Au-dessus de la porte cochère, une large plaque porte encore ce nom : Hôtel Bullion.

Les armes des Bullion étaient d'*azur au lion d'or issant de trois ondes d'argent.*

Indépendamment de la baronnie de Maule, Claude de Bullion possédait les seigneuries de Galardon, de Bonnelles, d'Eclimont, de Montlouet et de Longchêne. Ayant acquis la seigneurie de Boulon, près de Bonnelles, il changea ce nom en celui de Bullion, qui rappelait l'origine de sa maison.

Messire Claude de Bullion mourut le 22 décembre 1640, frappé d'une attaque d'apoplexie.

Guy Patin raconte ainsi ses derniers moments : « Il tomba malade vendredy après midy ; il fut confessé, communié, saigné deux fois du bras, une fois au pié ; M. le Cardinal, sachant la grandeur de son mal, le vint voir et le trouva sans voix et sans connaissance. Ayant veu quoy, *solutus in lacrymas, princeps purpuratus recessit*. Le malade mourut *ex suffocationa cerebri* » (1).

Dans le partage de sa succession, qui eut lieu le 5 janvier 1642, le château avec la terre de Maule, domaine préféré de messire de Bullion, tant à cause de son site que par les souvenirs qui se rattachaient à son passé, fut attribué à sa veuve, dame Angélique Faure, pour un revenu annuel de 14,700 livres sur le capital de 350,400 livres. Mais, alors, les créanciers de feu messire Nicolas de Harlay formèrent une nouvelle opposition motivée sur la différence énorme qui existait entre cette évaluation et le prix de 205,800 livres, qu'avait jadis payé messire de Bullion pour l'acquisition du même immeuble.

Un arrêt du tribunal ordonna une nouvelle enchère, par suite de laquelle un supplément de 120.000 livres fut consenti par madame de Bullion, ce qui portait la baronnie, avec ses fermes, ses moulins, ses fiefs, ses droits seigneuriaux et ses onze cents arpents de terre, à la somme encore bien restreinte de 325,800 livres.

XXXIX

LES PERES DE L'ORATOIRE

L'administration de « haute et puissante dame » Angélique Faure, veuve de messire Claude de Bullion, est marquée dans l'histoire de la baronnie de Maule par une série de mesures et d'œuvres de bienfaisance, qui font de cette époque l'une des plus intéressantes au point de vue local.

(1) Lettre du 26 décembre 1640.

Le monastère de Maule qui, depuis sa fondation, avait toujours été gouverné par des prieurs choisis parmi les religieux de l'abbaye d'Ouche, était passé le 2 décembre 1624, sur la demande du père Louis de Morainvilliers, alors *prieur commendataire,* et du consentement des moines de Saint-Evroult, dans la congrégation des Pères de l'Oratoire. Une bulle du Pape, datée du 5 novembre 1626, fulminée par l'Official de Chartres, le 19 août 1628, avait approuvé cette union que confirmèrent des lettres patentes du Roi, données au Camp devant La Rochelle, et enregistrées, le 30 mars 1630, par arrêt du Grand Conseil.

Les Oratoriens étaient une communauté de prêtres savants et de mœurs pures, fondée à Rome en 1550 par saint Philippe de Néri, et que le cardinal de Berulle avait transportée en France et installée, en l'année 1611, d'abord à l'hôtel du Petit-Bourbon, où depuis fut élevé l'hôpital du Val-de-Grâce, puis en la rue Saint-Honoré, près de la rue du Louvre, à Paris. Les Oratoriens ne prononçaient point de vœux ; leurs règlements laissaient aux agrégés autant de liberté qu'il en fallait pour que le bon ordre ne fût pas troublé. Le haut degré de leur instruction, la pureté de leurs mœurs et leur réputation de bienfaisance devaient, en la terre de Maule, renouveler, sous d'autres formes, les services, rendus cinq siècles auparavant, par les disciples de saint Benoît ; les terres n'étaient plus à défricher et donnaient tous leurs fruits ; c'étaient aux âmes, par la création d'écoles et la fondation d'établissements hospitaliers, qu'allaient s'adresser les Pères de l'Oratoire, afin de les faire produire à leur tour.

Courageusement les nouveaux possesseurs se mirent à l'œuvre.

L'union avait été faite en vertu d'un concordat passé le 8 août 1626, entre messire Nicolas d'Aligre, abbé commendataire du monastère de Saint-Evroult et les Pères de l'Oratoire, moyennant une pension annuelle de sept cents livres, dont deux cent cinquante pour les religieux non réformés de l'abbaye d'Ouche, et le surplus pour les Pères de la Congrégation de Saint-Maur, auxquels devaient également revenir, au fur et à mesure des décès, les deux cent cinquante livres des religieux d'Ouche.

Cependant les revenus temporels étaient considérablement diminués par l'aliénation d'une certaine quantité de terres et de rentes qui dépendaient naguère du prieuré de Maule. En effet, une bulle du pape Sixte-Quint, du 30 juillet 1587, avait autorisé le roi de France à prélever sur le temporel des églises cinquante mille écus de rente pour subvenir aux affaires du royaume : la *ferme des Mesnues*, le *fief de Sainte-Colombe* et la *ferme de Beaurepaire* avaient alors été aliénés. Mais les Pères de l'Oratoire, usant du bénéfice de l'édit de Louis XIII, qui permettait aux ecclésiastiques, en en remboursant le prix, de rentrer en possession de leurs biens aliénés, exercèrent ce droit et rétablirent le temporel à peu près tel qu'il était autrefois.

Ainsi le *fief de Sainte-Colombe*, paroisse de Bazemont, vendu au chevalier d'O, le 15 décembre 1564, moyennant 1510 livres, de l'autorité des commissaires du clergé de Chartres, députés pour assister aux évaluations, ventes et adjudications des biens temporels appartenant aux églises de ce diocèse, fut repris, moyennant 1524 livres, le 11 novembre 1633 ; cette terre consistait en une maison, grange, étable, colombier et jardin, bois taillis clos de fossés et de haies vives, prés et pâturages, terres labourables, le tout d'une contenance réelle de 44 arpents 11 perches (1).

La *ferme des Mesnues*, terroir de Maule, aliénée le 10 mai 1575 au profit de messire Gabriel de la Vallée, moyennant 1,000 livres, fut reprise par les Pères de l'Oratoire en vertu d'un arrêt du Grand-Conseil, le 8 mai 1634, en payant 5,647 livres ; cette terre, qui consistait en un manoir et ses dépendances au milieu de soixante-dix arpents de terres labourables, bruyères, buissons, prés, vignes d'un seul tenant, avait été donnée en *emphytéose* moyennant neuf livres de rente, le 14 novembre 1447, sous cette dénomination : *un lieu en ruines et inhabité, appelé le manoir des Mesnues ;* mais elle était, au siècle suivant, rentrée en la possession du prieuré qui, forcé par les événements, avait dû s'en séparer de nouveau par une aliénation dont les Oratoriens suspendirent les effets. On

---

[1] Collection Filassier « Titres du prieuré ». — « Procès-verbal d'arpentage du 16 novembre 1633 ». Cette propriété fut revendue plus tard aux héritiers de M. d'O, moyennant 4000 livres, par contrat devant Me Bellanger, notaire à Paris.

voyait encore au milieu de ce siècle, sur la droite du chemin de Bazemont à Herbeville, au bord du bois des Mesnues, les restes de ce vieux manoir qui avait été complètement restauré par les soins du prieur de Maule.

La *ferme de Beaurepaire* qui, pendant les années 1585, 1586 et 1587, avait été aliénée par parties, à l'exception de ses six arpents de bois, rentra également en la possession des Pères de l'Oratoire en 1633. Cette terre consistait en une maison, chambres basses et hautes, greniers dessus, granges, écuries, bergerie, moulin à vent, colombier à pied et autres bâtiments, cour et jardin clos de murs, avec un emplacement au-devant de la maison sur lequel était un abreuvoir et quelques arbres fruitiers, le dit enclos étant d'un arpent vingt-deux perches et demie, avec cent soixante-treize arpents de terres labourables, deux arpents et demi de pré et six arpents de bois taillis et de buissons.

Le fief du Buat, le clos Prieur, le clos d'Adancourt, ainsi qu'une foule d'autres fiefs de moindre importance n'étaient pas sortis de la possession du monastère.

Le *fief du Buat* provenait au prieuré d'une donation de messire Jacques du Buat, chanoine de Saint-Paul, en la ville de Saint-Denis « à la charge par le monastère de dire une messe de *Requiem* dans l'église Notre-Dame de Maule, une fois par semaine, *à l'heure de la place aux ouvriers* ». Cette donation remontait au 11 mars 1366. Le fief se composait alors d'une maison, avec cour, jardin, vigne; il avait été cédé par les moines à Thomas Morise, manœuvrier, le 16 janvier 1491, pour vingt-six sols parisis de *cens* annuel; mais ces lieux, étant tombés en ruines lors de la prise de possession par les Pères de l'Oratoire, furent baillés en emphytéose pour soixante ans au sieur Pernot, grand valet de pied du Roi, qui fit restaurer les bâtiments et rétablir le pressoir auquel venaient les tenanciers du prieuré (1).

Le *clos Prieur* était situé sur le plateau qui domine la paroisse de Saint-Vincent à peu de distance de la ferme seigneuriale du Bois-Henri et de la garenne de Châtillon. Il était, par un privilège spécial et comme l'indique son nom, clos de murs,

[1] Le fief du Buat fut échangé par la veuve Pernot, contre huit arpents et demi de terre qu'elle céda au prieuré: la maison bourgeoise actuelle fut bâtie par les enfants Pernot en 1730.

ce qui en garantissait la récolte et les plantations contre les lapins du seigneur, et exonérait le prieuré du droit que possédait le seigneur de mener les bestiaux de ses fermes sur toutes les terres de la baronnie, lorsqu'elles étaient dépouillées de leurs récoltes; on nommait ce privilège le *droit de parcours*, et ce droit était si rigoureux que le propriétaire d'un héritage, qui n'avait jamais été clos, ne pouvait le fermer sous peine d'amende et de démolition de sa clôture. Sur la fin du dernier siècle, on put bien obtenir des ordonnances royales qui permettaient à chacun de clore son champ si bon lui semblait; mais Maule, se trouvant compris dans l'une des capitaineries des chasses royales, ne put user de ce droit de clôture. La Révolution de 1789 a fait disparaître ces abus; mais elle a, en même temps, nivelé le sol du clos Prieur, dont aujourd'hui on chercherait en vain la moindre trace de clôture sur l'emplacement qu'il occupait naguère (1).

Le *clos d'Adancourt* était une grande pommeraie limitée par un dérivatif de la Maudre et les deux chaussées de La Bélique et de Saint-Vincent; il appartenait au prieuré de Maule depuis l'époque de fondation.

Jadis il y avait, en toutes les fermes du prieuré, au moins un religieux qui en dirigeait l'exploitation. A Beaurepaire, notamment, on montre encore par tradition « la chambre au moine ». Les Oratoriens se contentèrent de remplacer par des *censitaires* les hostes qui, précédemment, en cultivaient les terres et auxquels ils accordèrent un complet affranchissement, moyennant quelques redevances en nature et certaines corvées à accomplir au cours de l'année dans les clos et les jardins dont le prieuré conserva la jouissance pour les besoins personnels de ses religieux. En même temps, ces Pères, de concert avec madame de Bullion, dont la charité égalait l'élévation de caractère, fondaient à Maule une école pour les enfants, dirigée par un prêtre de la congrégation, et dont les résultats sont appréciables par l'examen des actes publics et des conventions privées de cette époque et du siècle qui suivit:

(1) Un vieillard du pays, me montrant un jour l'emplacement de l'ancien clos Prieur me disait: « En ma jeunesse, j'ai vu encore les murs du clos, à demi écroulés et n'atteignant qu'une hauteur de deux à trois pieds.... caché dans leur ombre, j'ai passé près de ce clos de longues heures à attendre, à l'affut, les lièvres de la plaine ».

les signatures des parties, depuis le laboureur jusqu'au notable commerçant, y sont d'une écriture ferme et hardie ; les paraphes qui les enroulent se distinguent par de savantes linéatures et par la complication de leurs arabesques ; enfin, peu de contractants font usage de la formule, naguère si fréquente : ont déclaré ne point signer faute de savoir.

Depuis longtemps, les habitants des deux paroisses de Maule faisaient, auprès du monastère de Saint-Evroult, de puissants efforts pour reprendre au prieuré les églises dont Pierre Ier avait consenti la cession.

Forts de leur droit appuyé par une longue possession, les moines avaient toujours aux propositions transactionnelles opposé le *non-possumus*. Une nouvelle tentative fut faite, en l'année 1641, auprès des nouveaux possesseurs et, le 30 mars de la même année, une transaction intervint par laquelle les Pères de l'Oratoire concédèrent au vicaire de Saint-Nicolas et aux habitants de cette paroisse « l'usage perpétuel du chœur et du grand autel » en réservant au monastère la propriété entière de la chapelle qui touche au chœur de l'église et surtout celle du clocher qui assurait au monastère la possession des dîmes « sans être tenu d'en rendre au Roi *foy et hommage* » (1).

Au curé de Saint-Nicolas, comme à celui de Saint-Vincent, furent allouées cent vingt livres par an et tous les produits d'une foule de cérémonies, en partie abolies aujourd'hui.

Telles étaient les offrandes des premiers fruits, des premiers nés parmi les animaux domestiques ; la bénédiction du lit nuptial, des anneaux d'or du mariage, des maisons nouvellement construites, des champs, des puits, des fontaines, de la besace du voyageur, des bestiaux en temps de maladie, du sel à donner aux troupeaux, des armes de guerre, des fiançailles.

La cure prélevait encore les *dîmes de charnage*, c'est-à-dire celles qui se percevaient sur les agneaux, les laines, les animaux domestiques, la basse-cour.

(1 Le teneur de cette dernière condition peut paraître bizarre ; mais lorsqu'il s'agit de choses anciennes, il ne faut s'étonner de rien . tout était réglé par les « coutumes ». Ainsi en septembre 1660, les dîmes de la terre de Maule ayant été saisies par arrêt du Procureur général du Roi, « faulte de foy et hommage », les Pères de l'Oratoire appelèrent de cette mesure et, mis en demeure de produire leurs titres, ils répondirent que, comme tous les curés, ils n'avaient d'autres titres que leur clocher.

Le curé jouissait également du revenu de toutes les terres qui, depuis la séparation de l'église et du prieuré, avaient été léguées à chacune des deux paroisses de Maule, et qui, pour chacune d'elles, atteignait, en 1793, le chiffre de vingt-deux arpents. Une foule de redevances, en argent ou en nature, venaient encore grossir ces revenus ; telle était la rente de la famille de Morainvilliers qui, par un privilège spécial, se trouve encore attachée à la cure de l'église Saint-Nicolas ; telles étaient une foule de rentes dues par des particuliers et reposant sur leurs héritages, à titre perpétuel et non rachetable, dont l'Etat facilita le remboursement à son profit, en les réduisant plus tard d'un cinquième, en même temps qu'il vendit pour son compte tous les biens-fonds de l'église et du prieuré.

XL

LE LEGS DE BULLION

De temps immémorial, les malades, les infirmes et les voyageurs avaient trouvé en la baronnie de Maule un refuge hospitalier dont l'origine se confondait presque avec celle de l'antique cité.

C'était la *Maison-Dieu* ou *Charité des pauvres*, qui d'abord connue sous le nom de Maladrerie-des-Granges, d'hospice de ladres, et placée hors des murs de la ville, était surtout destinée à recevoir les malheureux atteints de ces horribles maladies à peu près disparues de nos jours et qu'engendraient alors la famine, la mauvaise nourriture, la malpropreté. Telles, la *maladie des ardents*, ou *feu de Saint-Antoine*, la *lèpre* apportée d'Orient par les croisés, la *peste* qui ravagea la France à diverses reprises et fit à Maule, en l'année 1348, quatre cent trente-sept victimes en six semaines [1].

(1) Collection Filassier « Titres du prieuré ».

Les actes du prieuré et les titres de la baronnie nous fournissent les preuves que la munificence des barons de Maule avait doté cet établissement hospitalier de biens assez considérables. Roger de Maule, notamment, avait, dès l'année 1206, donné aux « *Lépreux de Beule* » un arpent de vigne qu'il exceptait de la dîme de toutes les plantations dont pouvait jouir le monastère en vertu de ses propres donations et de celles des barons ses prédécesseurs.

Le testament de messire Louis de Morainvilliers, du 25 novembre 1473, ordonne également diverses aumônes pour les « *pauvres de Maule* ». Ces exemples pourraient être multipliés si les titres originaux des biens appartenant à la *Charité des pauvres* de Maule n'avaient été envoyés, l'an II de la République, par ordre de l'administration supérieure, au district de Saint-Germain-en-Laye, où ils furent... égarés.

A défaut de ces titres de propriété, une correspondance, échangée entre madame veuve Claude de Bullion « dame de Maule » et l'abbé commendataire de Saint-Evroult, au cours des années 1658 et 1659, nous apprend que les biens affectés aux deux hôpitaux, connus alors sous le nom de *Maladrerie-des-Granges* et d'*Hospice de Ladres* provenaient de dons faits par les seigneurs de Maule sous l'expresse condition « que les revenus en seraient spécialement affectés au soulagement des pauvres de leur terre et sous la seule administration du seigneur ».

Agissant donc en vertu du titre de fondateur originaire, « transmis à tout successeur de la terre de Maule », madame veuve de Bullion réunit en un seul établissement les deux hospices alors existants et en installa les services dans une maison qu'elle fit bâtir sur l'emplacement du vieux château fort de Maule, et qu'elle pourvut de « sœurs et de dames de charité ».

Cette réfection eut lieu en l'année 1659.

La maladrerie des Granges fut convertie en exploitation agricole et l'hospice de Beule transformé en prieuré de la Congrégation de Saint-Maur, dont les bâtiments de la ferme de la *Cauchoiserie* occupent aujourd'hui l'emplacement.

Madame de Bullion avait également formé le projet de relever de ses ruines le prieuré de Saint-Léonard-du-Couldray, dévasté pendant les guerres de religion. Mais un autre acte de

bienfaisance remplaça, dans la pensée de la donatrice, cette restauration. Par son testament du 16 novembre 1659, madame de Bullion légua à l'*Hôpital des Incurables* de Paris une somme de 14,000 livres pour la fondation à perpétuité de trois lits destinés à pareil nombre de pauvres incurables des deux sexes, les plus dignes de compassion, à choisir par l'aîné de ses enfants, sur l'avis qui lui en serait donné par les curés desdits lieux, es-villages de Maule, Mareil, Montainville « voulant que,
« si lesdites terres n'appartenaient plus aux enfants de ladite
« dame, cette fondation demeurât néanmoins à perpétuité pour
« les pauvres incurables de ces paroisses. »

La délivrance de ce legs fut faite « en louis d'argent » aux Administrateurs de l'Assistance publique de Paris par messires François de Bullion, seigneur de Montlouet, et Claude de Bullion, seigneur de Longchêne, héritiers de défunte. haute et puissante dame Angélique Faure, au jour de son décès veuve de haut et puissant seigneur messire Claude de Bullion, surintendant des finances de France ; et l'acte fut passé le 3 octobre 1664, devant Mᵉ Simonnet, qui en a gardé minute, et son confrère, notaires à Paris. Une somme de 450 livres fut même ajoutée au legs de madame de Bullion, par les exécuteurs testamentaires, pour être employée à l'achat de trois couchettes destinées à ladite fondation « afin que l'écusson des armes
« desdits défunts, placé au pied de chacun de ces lits, perpé-
« tuât la mémoire desdits seigneurs messire et dame de
« Bullion ».

Les intentions des fondateurs, ainsi que le constatent différentes lettres adressées par les nominateurs aux curés des paroisses intéressées, furent religieusement observées jusqu'en 1793.

A cette époque émigra le dernier baron de Maule; les prêtres, chassés de leurs églises, ne purent continuer à s'occuper de leurs pauvres; les municipalités négligèrent de réclamer l'exécution du legs ; et le souvenir de la fondation Faure de Bullion s'effaça de la mémoire des habitants. Mais, en compulsant dans les archives de la paroisse de l'église Saint-Vincent de Maule, les vieilles chartes relatives au monastère de Saint-Léonard-du-Couldray, il nous a été donné de retrouver les pièces ayant trait à cette fondation; et, tout en les déposant aux archives de la municipalité de Maule, à laquelle ces pièces nous paraissent devoir revenir de plein droit, nous croyons pouvoir faciliter l'exécution de ce legs aux communes intéressées, en donnant ici l'expédition *in extenso* de l'acte original :

FONDATION

DE TROIS LITS A L'HOSPICE DES INCURABLES DE PARIS

3 Octobre 1664

« En la présence des notaires du Roy au Châtelet de Paris, Soussignés, noble homme Sébastien Cramoisy, ancien échevin de cette ville de Paris; Charles Robinot, conseiller, secrétaire du Roy et de ses finances; messire Jean Le Compte, conseiller du Roy en ses conseils; Jean-Baptiste Forné, bourgeois de Paris; Jean-Marie L'hoste, avocat en la cour du Parlement; Pierre Héliot, aussi conseiller et secrétaire du Roy et de ses finances; et Louis Le Gendre, sieur d'Azincourt; tous gouverneurs, maîtres et administrateurs de l'Hôtel-Dieu de Paris et de l'Hôpital des Incurables, sis à Saint-Germain-des-Prés, à Paris, rue de Sèvres.

« Ont confessé, pour et au nom du dit hôpital, avoir reçu comptant de messire François de Bullion, chevalier, seigneur de Monlouet, et de messire Claude de Bullion, chevalier, seigneur de Long-Chêne, héritier de défunte « haute et puissante dame Angélique Faur, leur mère », au jour de son décès veuve de haut et puissant seigneur messire Claude de Bullion, vivant, chevalier, seigneur des dits lieux de Vuideville, Bonnelles, baron de Maraye, Gallardon et autres lieux, conseiller du Roy en tous ses conseils, président en sa cour du Parlement et surintendant des finances de France, par les mains de noble homme, Nicolas Croullé, conseiller du Roy, trésorier de France à Poitiers, à ce présent, qui leur a baillé, compté et délivré, présents les dits notaires, en louis d'argent, le tout bon, la somme de *quatorze mille livres* données et léguées au dit Hôpital des Incurables, par l'un des articles de son Codicille de *quatorze et susdit jour de novembre 1659*, duquel article la teneur ensuit.....

« A l'Hôpital des Incurables du faubourg Saint-Germain la somme de 14,000 livres pour la fondation à perpétuité de *trois pauvres incurables* des deux sexes, des plus dignes de compassion à choisir ès villages dépendans de Wideville et ès lieux de Maulle, Montainville, Mareil et Villers, paroisse de Launay, laquelle somme sera employée, à rente ou fond, au profit du dit hôpital, et seront les dits trois pauvres, nommés, choisis et présentés par l'aîné de messieurs ses enfants sur l'avis qui lui en sera donné par messieurs les Curés des dits lieux receveurs et ceux qui prennent le soin des dits pauvres des dits lieux et l'administrateur qui aura la charge particulière du dit hôpital et, si les dites terres n'appartenaient plus aux enfants de la dite dame, elle entend néanmoins que cette fondation *demeure toujours à perpétuité* pour les pauvres incurables des dits lieux, de laquelle somme de 14,000 qui baillée, comptée et délivrée a été, de l'ordonnance des dits sieurs administrateurs, par le dit sieur Croullé, à maître Vincent Cocaigne, receveur du dit Hôpital des Incurables, y demeurant à ce présent, qui a reçu icelle somme, présens les dits notaires, en louis d'argent et monnoye, le tout bon, ils se sont tenus et tiennent contents et en quittent les dits seigneurs de Montlouet et de Long-Chêne, la succession de la dite dame de Bullion et tous autres ; et, moyennant ce, les dits sieurs administrateurs au dit nom, ont promis et promettent de recevoir au dit hôpital trois pauvres malades de maladies incurables de l'un ou l'autre sexe des dits lieux de Videville, Maulle, Montainville, Mareil, Villers paroisse de Launay, pour être nouris et entretenus, pansés et médicamentés leur vie durant, ainsi que les malades du dit hôpital, suivant les règles et constitutions d'icelui, sur la nomination qui sera faite des dits pauvres par haut et puissant seigneur M. de Bullion, chevallier, seigneur de Bonnelles, du dit Vuideville, marquis de Gallardon, d'Esclimont et autres lieux, conseiller du Roy en ses conseils d'honneur au Parlement, commandeur des ordres du Roy, comme fils aîné de la dite défunte dame de Bullion ; et, en cas que lors de l'établissement des lits, ou que quelqu'uns viendront à vaquer, il n'y ait pas dans les dites paroisses des malades de la qualité requise, pour les remplir, il sera permis au dit seigneur de Bonnelle et à ses successeurs d'en prendre en telle autre paroisse que bon leur semblera après que les dits pauvres auront été visités par les médecins et chirurgiens du dit hôpital et tels autres chirurgiens que les dits administrateurs désireront; et à mesure que l'un des dits pauvres viendra à décéder, il en sera reçu un autre à sa place au dit hôpital, lequel sera choisi, nommé et présenté comme dit est, et ainsi continuer *à perpétuité* pour satisfaire à la volonté de la dite défunte dame de Bullion; et, pour plus grande sûreté de cette fondation, les dits sieurs administrateurs promettent d'employer la dite somme de 14,000 livres en acquisition d'héritages ou rentes au profit du dit hôpital et, par le contrat qui en sera fait, déclarer que les deniers seront provenus de la présente fondation afin que, à l'entretiennement d'icelle, les dits héritages ou rentes demeurent spécialement affectés outre les autres biens et revenus du dit hôpital et du dit contrat en fournir autant au dit seigneur de Bonnelles dans trois mois prochains.

« Plus, le dit sieur Cocaigne au dit nom a reçu du dit seigneur de Bonnelles, aussi par les mains du dit sieur Croullé, la somme de 450 livres pour employer en achats de trois lits pour servir à la dite fondation et être placés dans les places du dit hôpital *au pied de chacun desquels trois lits sera mis un écusson des armes des dits défuns seigneurs et dame de Bullion*, aussi pour mémoire de la dite fondation, consentans et accordans les dits sieurs administrateurs que du contenu ci-dessus soit fait mention sommaire sur le dit codicile, en vertu des présentes, sans que leur présence y soit nécessaire, promettants, obligeants, Ren, etc.

« Fait et passé au bureau général du dit Hôpital des Incurables, sis à Paris, au parvis de Notre-Dame, l'an 1664, le 3ᵉ jour d'octobre, avant midi; et ont, les dites parties, signé la minute des présentes avec les dits notaires soussignés, demeurée vers le dit Simonet, l'un d'iceux. »

Le nombre de lits se trouve aujourd'hui réduit à deux par suite de conventions antérieures à la Révolution et acceptées par les ayants-droit de la famille de Bullion. Mais, faute de présentations faites par les parties intéressées, c'est-à dire par les représentants des malades ou des établissements de bienfaisance des communes sus-nommées, ces deux lits sont occupés par deux pauvres de Paris, en vertu de la clause du testament de madame de Bullion, qui autorise cette substitution « *au cas où dans les paroisses indiquées il n'y aurait pas de malades de la qualité requise* ».

Il appartient aux maires des communes de Maule, de Mareil-sur-Maudre et de Montainville de faire rendre à César ce qui appartient à César ; c'est-à-dire de faire profiter leurs pauvres du legs généreux et imprescriptible de haute et puissante dame Angélique Faure de Bullion.

XLI

LA FAMILLE DE LOGIVIÈRE

A la fin de décembre 1663, madame veuve de Bullion fit, de son vivant, le partage de ses biens entre ses trois enfants :

Noël de Bullion, chevalier, seigneur de Bonnelles ;

François de Bullion, chevalier, seigneur de Montlouet ;

Claude de Bullion, chevalier, seigneur de Longchêne.

La baronnie de Maule fut attribuée à messire François de Bullion qui, toutefois, n'en prit possession qu'après la mort de sa mère et en sollicita du roi l'érection en *marquisat*. Les lettres patentes lui furent délivrées au mois d'août 1667 par Sa Majesté le roi Louis XIV, alors au camp devant la ville de Lille ; elles furent enregistrées au Parlement le 15 mai de l'année suivante. Messire François de Bullion transmit la terre de Maule, avec le nouveau titre qui lui était dévolu, à ses deux enfants : Henri de Montlouet et Claude de Bullion, qui conservèrent le *marquisat indivis* jusqu'à l'époque de la mort du plus jeune de ces deux frères. Madame veuve Claude de Bullion, comtesse de Preures, et M. Henri de Montlouet, marquis de

Maule, consentirent alors la vente de ce domaine en faveur de M. Joseph-Guillaume de la Vieuville, secrétaire des commandements de Son Altesse Royale Mme la duchesse de Bourgogne.

Cette vente est datée du 25 juillet 1699.

Messire Guillaume de la Vieuville, par lettres royales du mois de septembre suivant, enregistrées au Parlement le 9 juillet de l'année 1700, obtint confirmation du titre de *marquisat* accordé à la terre dont il venait de devenir propriétaire. Il mourut peu d'années après, laissant ce domaine à sa veuve qui, le 1er mars 1706, en fit la vente à M. Rose Landouillette de Logivière, chevalier de l'ordre militaire de Saint-Louis, commissaire général de l'artillerie de marine et capitaine des vaisseaux du Roi.

M. de Logivière obtint confirmation, en sa faveur et en celle de ses enfants mâles, du titre de marquis de Maule, par lettres royales du mois de février 1717, registrées au Parlement le 4 mars suivant.

Il laissa de sa femme, Marthe Duval, quatre enfants :

Réné Guillaume, lieutenant d'artillerie de marine ;

Marthe Ambroise, épouse de M. Jacques-Joseph de Boisse, baron de Treignac ;

Françoise Charlotte, épouse de M. Michel Raphael, baron de Beauvais et de Gentilly ;

Et Catherine-Marthe de Logivière, restée célibataire.

Messire René-Guillaume Landouillette de Logivière, l'aîné de la famille, hérita du marquisat de Maule, suivant un partage opéré devant Me Péant, notaire à Paris, le 19 juin 1713. Il mourut sans postérité en léguant son domaine à sa plus jeune sœur.

Mademoiselle Catherine-Marthe Landouillette de Logivière, devenue propriétaire du marquisat de Maule, vint établir sa résidence dans le vieux château où s'était écoulée une partie de son enfance. Affable, généreuse, compatissante, elle considérait tous les gens de sa terre, suivant son expression favorite, comme des enfants qui lui étaient donnés par le Créateur.

Aussi, sa mémoire est-elle restée chère au cœur de tous les habitants, qui racontent encore avec attendrissement combien mademoiselle de Logivière fut bonne pour leurs pères pendant les années de disette, pendant les longs hivers qui désolèrent le dernier siècle, quand elle achetait de ses épargnes le blé, nécessaire aux cultivateurs de sa terre, non seulement pour l'alimentation de la famille, mais encore pour les ensemencements lorsque les récoltes, comme il arriva parfois, se trouvaient complètement nulles.

C'est également à mademoiselle de Logivière que la commune de Maule est redevable du cimetière qu'elle possède aujourd'hui.

Depuis longtemps, les habitants s'élevaient contre l'usage des inhumations faites dans l'enceinte du bourg. Le cimetière, tout à fait insuffisant pour une population aussi importante que l'était celle de Maule, se trouvait circonscrit entre les murailles de l'église Saint-Nicolas et une petite rue fort étroite et en contre-bas qui longeait les maisons aujourd'hui en bordure de la place du Marché-aux-Grains. « Souvent on était obligé, dit une sentence rendue au baillage de Maule le 10 décembre 1763, d'y rouvrir des fosses, renfermant des corps mal consommés, dont les exhalaisons, se répandant dans l'air, corrompaient jusqu'aux aliments et mettaient la vie des citoyens en danger en les exposant à toutes sortes de maladies épidémiques ».

Mademoiselle de Logivière, dont on n'invoquait jamais en vain la générosité, mit fin à cet horrible état de choses en abandonnant aux paroissiens de Saint-Nicolas le terrain qui entourait la chapelle que le baron Henri de Maule avait bâtie naguère en l'honneur du pèlerin Jehan de Maule, et placée sous l'invocation de l'apôtre saint Jacques.

La première inhumation y fut faite le 20 juin 1766.

En même temps, mademoiselle de Logivière y faisait préparer sa sépulture ; et, le 17 mars 1770, elle y était conduite, au milieu du deuil général, et inhumée sous le porche qui précède la chapelle.

Sur sa tombe, on lisait la légende suivante, accompagnée

de l'écusson des Logivière, qui était *d'azur à la fasce d'argent chargée de trois tourteaux de sable :*

ESTINHUMÉE EN CE LIEU

HAULTE ET PUISSANTE DAME

CATHERINE-MARTHE LANDOUILLETTE

DE LOGIVIÈRE

MARQUISE DE MAULE

DÉCÉDÉE LE XV DU MOIS DE MARS

MXCCLXX

ELLE FUST BONNE ✝ PRIEZ POUR ELLE

Une autre dalle funéraire a remplacé sur le tombeau de Mademoiselle de Logivière, cette pierre tombale, usée par les pas des fidèles, ou peut-être simplement retournée, comme il advint, lors de la Révolution, à tous les emblèmes du passé « portant armoiries ou signes de la royauté » ; mais les cendres de la « noble dame » reposent toujours dans le tombeau qu'elle avait préparé.

XLII

LE DERNIER BARON

L'héritier le plus proche de Mademoiselle de Logivière était Messire Antoine-René de Boisse, fils de dame Marthe-Ambroise de Logivière et du baron Jacques-Joseph de Boisse.

De son vivant, Mademoiselle de Logivière lui avait donné la terre de Maule « *à charge de substitution à l'infini* ».

Ce jeune seigneur, que ses devoirs de mestre-de-camp et, plus tard, ses fonctions de maréchal-des-logis-général de la cavalerie de France retenaient éloigné, ne fit d'abord à Maule que de courtes apparitions ; mais il y fixa entièrement sa résidence en 1786. Son caractère hautain, son habitude du commandement s'accommodèrent mal des circonstances un peu délicates, dans lesquelles les idées libérales, qui commençaient à se faire jour, le plaçaient vis-à-vis « des gens de sa terre », habitués à la paternelle administration de leur vieille marquise. Les registres de la municipalité et ceux de la fabrique de Saint-Nicolas de Maule contiennent plusieurs réclamations de M. le vicomte de Boisse, au sujet de certains droits dans l'exercice desquels il se prétendait lésé.

A la veille même de cette révolution, qui devait dévorer tant des siens, nous voyons M. le vicomte de Boisse repousser avec hauteur et dédain toute tentative de conciliation.

Dès le 10 juin 1787, les marguilliers de l'église Saint-Nicolas avaient été obligés, sur sa demande formelle, de constater par une déclaration publique, inscrite au registre des délibérations de la fabrique, que « les armes de M. le vicomte de Boisse, *patron et seigneur de la paroisse*, n'avaient été ni effacées ni altérées, mais simplement recouvertes par la boiserie qui, depuis 1782, entourait le chœur et l'abside de l'église (1). »

L'orage grondait et devait emporter dans la tourmente, prérogatives, titres, abus et privilèges.

Maule, en vertu de l'édit du Roi, sur la formation et la composition des assemblées qui devaient avoir lieu dans la province de l'Ile-de-France, constituait sa municipalité le 12 août 1787, nommait son syndic et organisait sa milice (2). Une protestation de M. de Boisse, immédiatement suivie d'une plainte des habitants, à cause du gibier dont le territoire était surchargé, constitua le premier acte d'hostilité entre la *mairie* et le *château*.

---

(1) Ces écussons, peints sur la litre, existent encore.
(2) Maule comptait alors 228 feux et relevait de l'assemblée départementale de Saint-Germain-en-Laye.

Maule, en effet, avait le désavantage de se trouver compris dans l'une des capitaineries des chasses à tir du Roi, et les abus, auxquels ces chasses donnaient lieu, étaient portés à un excès d'autant plus insupportable que ce mal ne se trouvait compensé par aucune espèce de bien. Dans l'empire des capitaineries, les propriétaires n'avaient pas le droit, sans une autorisation spéciale, d'élever aucune clôture pour garantir leurs champs de l'atteinte des bêtes nuisibles; dans leurs jardins mêmes, les particuliers ne pouvaient détruire aucun gibier, et tous les enclos autorisés devaient être ouverts, sous des peines très graves, aux officiers des chasses, lorsque ceux-ci le requéraient. Afin de ménager les plaisirs du Roi et des Princes, nul ne pouvait, *au moment de la couvaison*, aller à son champ pour le cultiver, l'épierrer ou en arracher les mauvaises herbes. De même, personne ne pouvait faucher les sainfoins et les luzernes quand bon lui semblait; il fallait en obtenir la permission; de sorte qu'on voyait parfois perdre la récolte sous ses yeux sans pouvoir y rémédier (1). Sous peine d'une amende considérable, il fallait *épiner* ses terres; et, sans permission, on ne pouvait couper un bois taillis, afin de conserver le gibier du seigneur : un nid de perdrix ou de faisan était chose sacrée.

Il en résultait une surabondance de gibier qui surpasse toute imagination et amenait parfois l'anéantissement complet des récoltes. Un jour, le roi Louis XVI, étant venu chasser dans la forêt des Alluets, permit, aux paysans qui avaient été requis pour faire le rabat, de tuer avec leurs bâtons les lièvres tombés dans l'immense filet tendu à cet effet; six mille restèrent sur le carreau.

Le mauvais état des chemins, l'incurie apportée par le seigneur à l'entretien des rues et du marché de la cité « où les transactions se faisaient parfois dans six pouces de boue », le cortège des droits féodaux qui pesaient tout particulièrement sur la terre de Maule, entravaient également le développement du commerce local.

---

(1) Cette coupe des foins était habituellement fixée au lendemain de la saint Jean (25 juin), c'est-à-dire un mois trop tard pour les prairies artificielles.

Les terres n'étaient pas bornées, et les envahissements des fermiers du seigneur devenaient une source de procès et de divisions.

Enfin, une arche du pont de la Bélique, qui, depuis longtemps menaçait ruine, s'était écroulée; l'eau, ne trouvant plus d'écoulement, avait envahi les prairies situées au-dessus de ce pont et, depuis vingt ans, la réparation se faisait attendre.

Je m'arrête sur ce dernier fait; la lecture du cahier des *Plaintes, doléances et remontrances*, adressées par les membres de la municipalité mauloise à M. le Lieutenant civil du Châtelet de Paris, en exécution des ordres de Sa Majesté Louis XVI pour la convocation des Etats Généraux, achèvera de compléter le tableau des misères auxquelles le peu d'aménité de M. de Boisse, s'ajoutant à la mauvaise administration générale, condamnait « les gens de sa terre ».

Cette lecture montrera, en même temps, le courage civique et la fermeté d'âme de ces vaillants citoyens qui, choisis par leurs compatriotes pour faire entendre au Roi la voix de la vérité, ne craignaient pas de parler haut et ferme, malgré les menaces de « leur seigneur et maître ».

XLIII

LE CAHIER DES PLAINTES

« L'an mil sept cent quatre-vingt-neuf, le mardy quatorze avril, en l'assemblée convoquée au son de la cloche, en la manière accoutumée.

Nous, habitants des paroisses de Saint-Nicolas et de Saint-Vincent de Maule-sur-Maudre (bourg de l'Isle-de-France, du ressort du Châtelet de Paris), ne formant qu'une communauté et n'ayant qu'un rôle de tailles, compris au rôle des impositions de ces dites paroisses.

Etant tous assemblés dans la Chambre de la municipalité pour obéir aux ordres de Sa Majesté, portés en ses lettres données à Versailles le 24 janvier 1789 pour la convocation et tenue des Etats Généraux du royaume, et satisfaire aux dispositions des règlements y annexés, ainsi qu'à l'ordonnance de Monsieur le Lieutenant civil au Châtelet de Paris, du 4 présent mois; dont, du tout, nous avons une pleine et entière connaissance par les lectures et publications qui en ont été faites le dimanche douze du présent mois, tant au prône de nos messes paroissiales qu'à l'issue des dites messes au-devant des principales portes des dites églises Saint-Nicolas et Saint-Vincent de Maule ;

La dite assemblée, convoquée en exécution des dits ordres, règlements et ordonnances, à l'effet de rédiger le cahier de nos *Plaintes, doléances et remontrances*;

L'avons arrêté ainsi qu'il suit :

§ I
SUR L'ADMINISTRATION GÉNÉRALE DU ROYAUME

Article premier

IMPOSITIONS

Nous désirerions une parfaite égalité dans l'assiette et la répartition des impositions, tant relativement à toutes les provinces du royaume qu'aux citoyens de tous les trois ordres indistinctement, et proportionnellement chacun à sa fortune ; nous devons tous nous considérer comme les enfants d'un même père, il n'est pas juste que l'un paie plus et l'autre moins ; en conséquence, nous demandons l'abolition de toutes les impositions qui ne tombent que sur un seul ordre, comme la milice, le droit de franc-fief, etc., etc.

Article deuxième

SUPPRESSION DES BANALITÉS

Nous demandons la suppression des banalités et autres droits de la féodalité qui portent atteinte à la liberté de l'homme et du commerce, tels que ceux d'*aubaine*, d'*épave*, de *rouage*, de *travers*, ban de *droits à vendre vin*, droits d'*aunage*, de *pesage*, de *carrière*, etc., dont notre bourg est grevé.

Article troisième

Poids, Mesures et Coutumes

Nous désirerions qu'il n'y eût dans ce royaume qu'un seul *poids*, une *mesure* et une *coutume* ; que le ressort des parlements fût restreint ; que les cours des aides, cours des monnaies, maîtrises, élections et justices seigneuriales soient supprimées ; et qu'il soit créé de nouveaux baillages royaux à la portée des justiciables de quatre en quatre lieues qui jugeraient en dernier ressort jusqu'à une certaine somme.

Article quatrième

Receveurs des Tailles

Que les receveurs-particuliers des tailles soient supprimés principalement dans la Généralité de Paris, où ils semblent peu nécessaires, et que les receveurs-généraux des provinces demeurent et résident dans le chef-lieu de leur département où chaque collecteur serait tenu de faire les remises.

Article cinquième

Gabelle du sel

Nous demandons de la modération sur le prix du sel, et que, dorénavant, il soit défendu d'y mettre de la terre, sous prétexte que c'est un moyen pour les commis de le reconnaître d'avec le sel d'un autre grenier ; il n'est pas juste de faire payer au peuple de la terre *treize sols la livre* comme le Grenier de Poissy est dans l'habitude de faire à notre égard.

Article sixième

Mendicité et biens des pauvres

Qu'il soit fait un nouveau tarif, clair et modéré, des droits de contrôle, centième denier, et insinuations, de nouvelles lois sur le fait des banqueroutes, la mendicité et l'administration des biens des pauvres dans les paroisses de la campagne ; cette administration, tenue secrète, nous semblerait devoir être rendue publique et surveillée par les municipalités.

Article septième

LIBERTÉ DE CONSCIENCE

Que les lois sur l'établissement des assemblées provinciales et celles sur l'état-civil des protestants soient reconnues et sanctionnées par les Etats Généraux; que le cours des monnaies étrangères soit sévèrement prohibé.

Article huitième

CAPITAINERIES

Nous demandons la suppression des Capitaineries, dans l'une desquelles nous avons le malheur d'être enclavés, quoique le Roy ne soit jamais venu icy chasser au vol; si elles ne sont pas supprimées, il nous semble, du moins, qu'elles devraient être dorénavant circonscrites dans les domaines de Sa Majesté, et que tout particulier devrait avoir la liberté d'aller et venir dans son champ lorsqu'il le juge à propos, soit pour le voir, soit pour en arracher les herbes nuisibles et l'épierrer.

Article neuvième

FAUCHAGE DES FOINS

Nous demandons la liberté de faire faucher nos sainfoins et luzernes quand bon nous semblera, pour n'être plus dans le cas d'en perdre la plus grande partie, comme il nous est arrivé il y a deux ans, faute de n'avoir pu obtenir à temps la permission de les faucher; tandis que dans les endroits, hors des Capitaineries, où ils ont fauché plus tôt, ils ont eu de très bons foins.

Article dixième

GARDES-CHASSE

Dans le cas où les Capitaineries ne seraient pas supprimées, nous demandons de n'être plus obligés de faire le travail des gardes-chasse, comme celui d'épiner nos terres sous peine d'amende, amende sinon injuste du moins révoltante pour des hommes *qui ne sont plus serfs*. Que s'il est jugé qu'il soit toujours nécessaire d'obtenir une permission pour faire abattre et couper les bois, taillis et autres, dans la Généralité de Paris où il ne croît point d'arbres pour la construction des vaisseaux, nous demandons que cette permission soit délivrée gratis.

Article onzième
Moulins et Rivières

Pour empêcher les innovations et les entreprises des meuniers, préjudiciables au bien public, nous croyons qu'il serait très nécessaire de faire donner à chaque municipalité les hauteurs des chaussées et des vannes de chaque meunier sur la Mauldre, nom de notre rivière, lesquelles se doivent trouver dans les maîtrises des eaux et forêts ; ces meuniers, mieux surveillés par les municipalités que par les gardes des maîtrises, avec lesquels ils s'entendent, ne seraient plus la cause de tant de débordements d'eaux qui ruinent, depuis Montainville jusqu'à la Seine, distante de trois lieues, toutes les prairies de la vallée dans lesquelles il ne croît plus que de mauvais foins ; c'est d'autant plus nécessaire que toutes les eaux de Versailles tombent actuellement dans la rivière de *Maudre*.

Article douzième
Lapins, Corneilles, Garenne

Avec toute la France, nous demandons la destruction des lapins, corneilles, corbeaux et moineaux-francs, dont nos champs sont infestés ; destruction que les communautés, autorisées par un ordre simple du gouvernement dépouillé de toutes les formes juridiques, peuvent seules opérer ; nous demandons la suppression du *droit de garenne* non close, telle qu'il en subsiste une dans ce bourg, environnée des meilleures terres labourables dont le lapin détruit et consomme presqu'entièrement toutes les récoltes chaque année.

Article treizième
Pigeons et Bizets

Qu'au sujet des pigeons-bizets, il soit absolument défendu de les laisser sortir du colombier à compter du premier juillet, jusqu'au premier septembre de chaque année, temps pendant lequel il sera libre à toute personne de les tuer chacun dans son champ et non ailleurs ; cet oiseau, avec les moineaux-francs, cause une perte immense avant et pendant la récolte.

Article quatorzième
Ventes a réméré

Que les ventes à réméré et les substitutions de biens soient, dorénavant, défendues : les premières, comme souvent simulées et frauduleuses ; les secondes, pour que les substitués de mauvaise foi ne se fassent un titre de l'orgueil de leurs ayeux, pour se jouer impunément de la confiance de leurs créanciers. Les biens-fonds, dans ce cas, remis en circulation, favoriseront l'industrie, l'agriculture et la population.

Article quinzième
Halles au Blé

Nous demandons que les propriétaires des droits de marché soient tenus de faire construire des halles couvertes pour les grains. Il est honteux de les voir vendre à quatre et six pouces dans la boue et exposés à toutes les intempéries de l'air, à la grêle, la pluie et les orages. D'ailleurs, en même temps que ces halles, on construirait des greniers où seraient renfermés les grains qui n'auraient pas été vendus, un jour de marché, pour être vendus le marché suivant.

Article seizième
Bornage des Terres

Nous croyons qu'il y aurait beaucoup d'avantages, pour connaître l'étendue de chaque seigneurie, d'obliger les seigneurs à faire borner leurs terres entre eux. Les envahissements de l'homme injuste dans les campagnes sont une source intarissable de procès et de divisions que le bornage des terres par seigneuries, et entre chaque particulier divisément, s'il était possible, telles qu'elles sont actuellement possédées, pourrait seul faire cesser ; c'est pourquoi nous demandons que ce bornage soit ordonné par les États Généraux, soit aux dépens des seigneurs seuls, soit à leurs dépens pour moitié conjointement avec leurs vassaux, et censitaires pour l'autre moitié.

Article dix-septième

ADHÉSION PRÉALABLE

Remplis de confiance en l'Ordre du Tiers-État qui doit s'assembler au Châtelet le 24 de ce mois, d'avance nous adhérons et déférons à ce qui aura été résolu de faire et arrêter à la pluralité des voix dans cette assemblée pour la satisfaction de notre souverain monarque, le bien des états et le soulagement des peuples.

§ II

SUR LE BIEN PUBLIC DE CE BOURG

Article premier

IMPOSITIONS

Nous nous plaignons que notre rôle des tailles qui, en 1780, ne se montait en total qu'à 18,471 livres, et qui n'aurait pas dû être augmenté depuis, est, cette année, de 19,518 livres 7 sols 2 deniers, ce qui forme une augmentation de 1.047 livres 7 sols et 2 deniers, non compris 1,045 livres 10 sous de la prestation en argent pour le *droit* de *corvée*, à quoi se monte le rôle de cette imposition de l'année dernière (1788) : nous n'avons pas encore reçu celui de cette année ; en 1785, notre rôle des tailles s'est monté à 20,454 livres 17 sous 6 deniers. — Cette augmentation inconcevable provient de celle injustement mise dans le classement de nos terres, qui n'était en 1780 que de 15 livres pour la première classe, de 12 livres pour la seconde, et de 10 livres pour la troisième, tandis que, depuis, ces classes ont été portées à 20 livres, 17 livres 10 sous, et 12 livres 10 sous, prix actuel de la dernière : et cela est d'autant moins juste que le prix de la location des terres n'a pas augmenté depuis 1780, et qu'il est notoire qu'une très grande partie de nos terres ne sont pas louées plus de 10 livres l'arpent ; aussi, le cultivateur est-il ici très malheureux ; à ce sujet, il paraît donc très juste que nous demandions une diminution qui ne doit point nous être refusée.

Notre rôle des vingtièmes, proportionné à cette énorme imposition, est, cette année, de. . . . . 3655 l s 6 d
Celui des tailles, de. 19518 7 2
Pour la corvée. 1045 10

24218 l 17 s 8 d

C'est donc 24,218 livres 17 sols et 8 deniers que nous payons à l'Etat pour ces trois impositions seulement par an ; nous sommes 1,140 habitants, femmes, enfants, domestiques, privilégiés tous compris ; c'est 21 livres 4 sols et 11 deniers par tête à raison de cette taxe. Paris — sa population comptée à un million — devrait payer 21,595,511 livres 13 sols et 11 deniers ; et le royaume — compté à vingt-deux millions d'habitants — payerait 475,101,257 livres 10 sols 2 deniers, somme qu'il ne paie sûrement pas avec la multiplicité des autres impositions.

D'ailleurs, nos terres sont généralement mauvaises, et ce n'est qu'à force de culture et de soins qu'elles produisent un peu ; celles, bornées par les villages de Bazemont, d'Herbeville, de Mareil et de Montainville, sont remplies de côtes presque stériles.

Nos prés ne rapportent plus que de mauvaises herbes, par les débordements de la rivière, occasionnés par les entreprises des chamoiseurs et des meuniers qui ont augmenté l'élévation de leurs chaussées et de leurs vannes ; à ce sujet, nous demandons qu'ils soient contraints d'observer les ordonnances et que visites soient faites de leurs moulins, qu'ils soient tenus de curer et de faucher la rivière et de n'en plus augmenter le niveau de l'eau, sous peine d'amende.

Article deuxième

LOGEMENT DE MARÉCHAUSSÉE

Nous nous plaignons de payer seuls 350 livres pour le logement d'une brigade de maréchaussée des chasses, réimposées sur notre rôle en 1787 ; il nous paraîtrait juste que cette somme soit imposée sur la province comme il avait été fait jusqu'alors ; on ne devine pas pourquoi M. l'Intendant a jugé à propos, depuis, de nous faire supporter seuls cette dépense.

Nous conviendrons que cette brigade est ici très nécessaire, ne fut-ce qu'à cause de notre marché; mais cette raison n'est pas suffisante pour que nous payions seuls le logement; elle procure également la tranquillité aux villages circonvoisins.

Article troisième

BANALITÉS

Nous méritons d'autant plus d'être ménagés dans les impositions que nos paroisses sont grevées de tous les *droits féodaux* possibles; et ce n'est pas sans cause que nous en demandons l'abolition.

Il y a ici *droits de four, moulins et pressoirs banaux*.

Pour le premier, nous devons 14 sols par setier, et présentement, depuis longtemps, on nous en prend 28 et 30; c'est pourquoi nous demandons que retribution soit faite à cet égard aux deux paroisses, soit par le seigneur ou par ses fermiers, et qu'à ces derniers, défense soit faite de tendre ce droit à l'avenir. Dans le cas où les banalités ne seraient pas abolies, nous nous plaignons qu'un seul four n'est pas suffisant, et nous demandons qu'il en soit construit plusieurs à la portée des habitants les plus éloignés de celui actuel.

Pour le droit de moulin banal, nous devons un boisseau par chaque setier de bled, froment, meteil, seigle et orge, et l'on nous en prend, dit-on, assez souvent un boisseau et demi et même deux boisseaux. Mais, supposons que l'on ne nous en prenne qu'un, au prix actuel du bled, c'est quatre livres que nous payons par setier au lieu de vingt ou vingt-quatre sols que nous paierions s'il n'y avait pas de banalités.

Pour le droit des pressoirs de vin et de cidre, le quatrième seau est exigé, tandis que les étrangers qui ont des vignes sur Maule ne doivent payer que 4 pintes par muid.

En outre de ces droits portés en la dernière pancarte imprimée en 1712, les seigneurs de Maule ont un *droit de rouage* de 4 deniers parisis par chariot et 2 deniers parisis par charrette; *droit de marché*, un sol pour chaque personne qui étale, six deniers pour chaque panier de fruit grand ou petit, un sol pour chaque sac de fruits ronds, noix ou châtaignes; *droit de mesurage* de grains et vins : un sol par setier de froment, seigle ou orge; trois deniers par minot d'avoine; six deniers par minot comble de pois, vesce, bourgogne et autres grains ronds ; *droit de coutume* et pied fourché, quinze deniers pour chaque bœuf, vache, génisse et taureau qui se vend, et rien quand il ne se vend pas, tenant marché jusqu'à deux heures de relevée; quinze deniers pour un porc ou une truie et rien quand il ne se vend pas, tenant marché comme dessus; trente deniers pour *langueyage* de chaque porc qui se vend, et rien quand il ne se vend pas, tenant marché comme dessus; vingt-quatre deniers pour chaque cheval, cavale, mulet et mule qui se vend, et rien, etc.; vingt-quatre deniers pour chaque bête asine comme dessus; douze deniers pour un veau maigre sous la mère, comme dessus; trois deniers pour chaque mouton ou brebis, comme dessus; dix-huit deniers pour un veau gras hors de dessous la mère, comme dessus; quinze deniers pour chaque petit porc ou cochon de lait, comme dessus; un sol pour chaque agneau, comme dessus; *droit de travers*, un denier pour chaque bœuf, vache, génisse, mouton et porc qui traverse le territoire de Maule pour être conduit aux marchés circonvoisins; quatre deniers valant un carolus pour chaque chariot chargé de vin partant du dit Maule; deux deniers valant un parisis pour chaque charrette payable sous peine de soixante sols d'amende; six deniers pour chaque cheval de bas ou de torche; *droit d'aunage*, trois deniers par aune de toile écrue ou blanche, fine ou grosse; *droit de pesage*, trois deniers par livre de lin ou de chanvre en filasse ou fil écru de même qualité; *droit de ban*, à vendre vin seul pendant un mois chaque année; *droit de commettre* à la *Maladrerie; droit de commettre* à l'*Hôtel-Dieu; droit de carrière, droit de rivière, droit de garenne,* etc.

Tous ces droits prouvent que le marché de Maule a été très conséquent (*sic*) et qu'il mérite d'être pris en considération.

Article quatrième

Banalités

Se plaignent, les boulangers et les pâtissiers que, pour raison de la banalité du four, ils sont obligés de payer au fermier du four banal les uns douze livres, les autres vingt-quatre livres d'abonnement, ce qui, joint au droit de moulin banal, les nécessite à faire payer toujours ici le pain plus cher qu'ailleurs d'un liard et deux liards par livre ; d'après le relevé de la pancarte ci-dessus, ne trouvant pas que le droit d'abonnement soit bien fondé, ils demandent non seulement la résiliation de leurs engagements à ce sujet, mais encore que restitution leur soit faite par qui il appartiendra ; le fermier du four banal ne peut raisonnablement leur demander d'indemnité pour ne pas venir cuire à son four pour leur consommation personnelle, puisque en s'abstenant d'y aller ils rendent service à sa bourse, car il ne pourrait que perdre en leur cuisant un septier de blé pour quatorze sols, ainsi qu'il y est obligé par la pancarte.

Article cinquième
CHEMINS ET RUES

Par la position éloignée de trois heues de la ville la plus prochaine, Maule a un marché tous les samedis ; le plus fort de l'élection après ceux des villes ; pour l'accroissement de ce marché nécessaire à l'approvisionnement de la capitainerie de Versailles et de Saint-Germain, il serait très utile que les chemins d'arrivées, de Montfort-l'Amaury, de Mantes et de Meulan, devenus presque impraticables, soient promptement réparés ; avec cette attention, il n'est pas douteux que notre marché ne serait un des plus considérables des environs, surtout si l'on y joignait la dépense de faire paver seulement les endroits du bourg où il se tient.

Article sixième
ROUTE DE VERSAILLES A MANTES PAR MAULE

Il serait aussi très nécessaire de faire achever promptement la route de Versailles à Mantes par Maule, dont il n'y a qu'une très petite lieue à faire pour qu'elle rejoigne celle de Mantes à Saint-Germain par Ecquevilly, qui est achevée ; l'achèvement de cette route, commencée il y a plus de trente ans, vivifierait beaucoup d'endroits tels que Nezel, Aulnay, Maule, Mareil, Crespierres, Saint-Nom.

Article septième

Pont

Nous aurions encore très besoin qu'on fît promptement reconstruire ou détruire entièrement notre pont, dit la Bélique, absolument hors d'état d'être réparé, et sur lequel il arrive journellement des événements sinistres ; une des arches tombée la semaine dernière fait refluer l'eau dans nos prairies, de manière à nous faire perdre tout espoir de récolte de foin cette année, si l'on ne nous autorise promptement à le faire décombrer ; quoique nous ayons un autre pont peu éloigné de celui-ci, on ne saurait guère se dispenser de reconstruire celui dont nous nous plaignons, parce que cet autre tient à une chaussée fort longue, trop étroite pour le passage de deux voitures qui ne peuvent s'y rencontrer sans un danger apparent.

Maule, par son marché vraiment intéressant pour Versailles, par sa population, et à raison de ce qu'il paye pour le droit de corvée, mérite qu'on ait égard aux demandes justes, ci-dessus, toutes fondées sur l'utilité publique.

Article huitième

Poste aux lettres

Nous croyons devoir nous plaindre de l'administration des postes qui taxe arbitrairement nos lettres et est sans attention sur le renvoi de celles trop taxées, par exemple, elle persiste à taxer celles de Versailles et de Saint-Cloud, huit sols, tandis que d'après l'article 72 du tarif de 1759, ces lettres ne devraient être taxées que quatre sols puisque nous ne sommes éloignés que de cinq lieues de la première ville et de six lieues de la seconde.

Article neuvième

Baillage royal

Comme il est question, dit-on, dans presque toutes les demandes faites aux assemblées des Baillages royaux, de la suppression des justices seigneuriales et qu'il sera établi des baillages royaux dans des distances proportionnées des grands-baillages, nous demandons qu'il en soit établi un ici, dont la composition sera aisée à faire : Maule est dans le centre de plus de vingt villages et justices seigneuriales, à la distance d'un quart de lieue, d'une demi-lieue et d'une lieue et demie dont les habitants viennent régulièrement à notre marché pour vendre ou acheter.

Maule, qui n'est plus qu'un bourg non clos, était autrefois une ville considérable; c'est ainsi qu'en parle M. Masson d'Orvilliers dans son *Abrégé élémentaire de géographie universelle* de la France, imprimé en 1774. L'existence de ses deux églises paroissiales, fondées dans le onzième siècle, prouve que ce n'est point une tradition populaire dénuée de fondement, mais un acte reconnu tel par notre souverain, par notre monarque à son avènement à la couronne en y envoyant une garnison pour la tranquillité des citoyens (1).

Article dixième

Hameaux et Écarts

Enfin, il nous reste une observation à faire sur trois hameaux dépendant de notre bourg : c'est qu'aucun n'a été appelé à la nomination des Députés des Baillages, et cela parce qu'ils ont des rôles particuliers des tailles, et qu'ils relèvent par appel des Baillages royaux de Montfort-l'Amaury, de Mantes et de Meulan.

Le premier, de notre paroisse de Saint-Nicolas, se nomme Andelu; il est composé de cent quinze personnes, hommes, femmes et enfants, formant 33 feux; il est de la justice de Garancières, relevant par appel au Baillage de Montfort-l'Amaury, de l'élection de Mantes; il a un syndic municipal et, quoiqu'il n'ait point de territoire, un rôle des tailles. — Les terres possédées par ses habitants dépendent des seigneuries

---

(1) On comptait encore à Maule, au commencement de ce siècle, une quinzaine d'hôtelleries; telles étaient celles de « Armes de Noailles, » du « Dauphin, » de « l'Épée » du « Grand Cerf » de la « Belle Image, » du « Cheval blanc, » du « Lourrain » de « l'Écu de France, » du « Lion d'Or, » du « Soleil » du « Bon Laboureur » de « Saint-Nicolas, » du « Veau qui tette, » de « Saint-Vincent » de la « Corne de Cerf » et d'autres peut-être que nous oublions.

de Maule, Thoiry et Marcq ; leur seigneur justicier, qui ne possède aucun droit utile, est M. le baron d'Ogny, intendant des postes. Les deux autres, qui sont de la paroisse de Saint-Vincent, sont Menuel et Cultroid ; ils comptent ensemble trente personnes et sont compris au rôle des tailles de la paroisse d'Aulnez et sont de l'élection de Mantes ; leur seigneur est M. le vicomte de Boisse, baron de Maule.

Article onzième

Approvisionnements

Nous nous plaignons qu'il se trouve peu de blé exposé dans notre marché et nous demandons qu'il y soit envoyé du blé d'ordonnance ainsi qu'on a l'intention de faire pour les marchés de Mantes, de Meulan, de Neauphle-le-Château, où l'on trouve à s'en pourvoir, tandis qu'ici les acheteurs sont obligés de s'en aller sans en avoir.

Article douzième

Dimes vertes

Nous nous plaignons de payer les dîmes des pois, vesces, luzernes, haricots, appelées *dîmes vertes*, tandis qu'à Thoiry, à Goupillières et autres endroits on ne les paie pas.

« Fait et arrêté en la Chambre de la municipalité, les jours et an sus-dits, par nous, habitants, soussignés, et autres qui ne savent pas signer.

« *Ont signé* : Troussel des Grous, Morillon, Leguey, Réaux (1), J.-B. Baldé, Micheau, Toussaint Hérouard, T. Deschiens, Blot, Morillon, Dʳ des Postes, Verd. Etienne Loré, Dufour. Béguin, J.-B. Ozanne, G. Deschiens, Egasse, Isidore Pigis. J.-B. Deschiens, Frichot, L. Maurice.

« J.-B. Grou, syndic. »

Ces revendications hardies, ces justes plaintes n'étaient point faites pour plaire au vicomte de Boisse qui, dans une

---

(1) Cette signature est celle du bisaïeul des auteurs de ce livre.

lettre du 17 septembre, adressée au syndic de la municipalité et aux membres de la Commission qui s'occupait alors d'élaborer ce Cahier des doléances, proteste violemment contre l'œuvre entreprise par ces courageux citoyens, dont il qualifie « méchantes et fausses » les réflexions « faites sur les *droits de sa terre* ».

XLIV

ABUS ET PRIVILÈGES

Ce que n'allaient pourtant pas jusqu'à demander ces prolétaires, habitués par une longue tradition à considérer leur seigneur comme leur protecteur, leur défenseur naturel, presque comme le symbole de la divinité, c'était la suppression d'une foule d'usages et de privilèges connus sous le nom de *droits honorifiques*.

Ces droits honorifiques étaient les prééminences et les honneurs qui se rendaient au seigneur dans toutes les circonstances de la vie ; ils étaient de deux espèces, les grands et les petits.

Les *grands* étaient :

Le *droit de litre* ou ceinture funèbre qui consistait, pour le seigneur haut-justicier, ou pour le patron de l'église, à placer en dedans ou en dehors du pourtour de l'église, une bande de couleur noire sur laquelle étaient peintes les armes du seigneur haut-justicier. Le *haut-justicier* avait droit de litre au dedans et au dehors ; tandis que le *patron* ne pouvait l'avoir qu'au dedans.

C'était pour l'usage de ce *droit de litre*, qu'au retour d'un voyage, M. le vicomte de Boisse réclamait, le 10 juin 1787, et que les marguilliers de Saint-Nicolas lui assuraient que ses armes n'avaient été ni altérées ni effacées, mais avaient été simplement recouvertes par la boiserie qui entourait le chœur de l'église; cette litre existe encore, malgré les ans et malgré la Révolution.

Le seigneur jouissait aussi du *droit d'encensement*, c'est-à-dire que, les jours où le Saint-Sacrement n'était pas exposé, le curé de la paroisse devait, à la messe, se tourner du côté de la chapelle du seigneur et, des marches de l'autel, encenser les uns après les autres, le seigneur, sa femme et ses enfants; aux vêpres, il devait se transporter au-devant de leurs bancs et les encenser encore.

Le seigneur ou le fondateur d'une église avait le droit exclusif de *banc* dans le chœur de cette église; hors le patron et le seigneur qui, seuls, étaient fondés en droit commun, nul ne pouvait avoir de banc dans l'église sans une autorisation spéciale, et ce banc devait être dans la nef.

L'honneur des prières nominales était une distinction accordée aux patrons, aux seigneurs hauts-justiciers, seuls, pour être désignés *nommément* dans le nombre de ceux que, dans les prières du prône, le prêtre recommandait à celles des fidèles : de là, le *droit de prières nominales*.

Il n'y avait également que le patron et le haut-justicier qui eussent leur sépulture dans le chœur de l'église ou dans l'une des chapelles choisies à cet effet.

Toute personne riche, moyennant un prix déterminé, pouvait bien être enterrée dans la nef pendant que le commun des mortels, allait dormir au cimetière, mais elle n'obtenait jamais d'être enterrée dans le chœur de l'église : tel était pour le seigneur le *droit de sépulture*.

Ces grands droits honorifiques ne pouvaient ni se céder ni se communiquer, si ce n'est à la femme et aux enfants qui étaient regardés comme les mêmes personnes que le patron ou le haut-justicier.

Les *moindres* droits, qui n'étaient que de préséance, étaient : *le pas à l'offrande, l'eau bénite, le pain bénit, le pas à la procession;* ils appartenaient de droit au patron ou au haut-justicier; on les accordait par bienséance, et non par devoir, aux gentshommes et aux simples seigneurs de fiefs; mais nos pères étaient trop *français*, c'est-à-dire trop bien nés, pour ne pas faire, à cet égard et dans toutes les circonstances, acte de courtoisie envers leur seigneur ou le patron de leur église, et même à l'égard de tous gentilshommes.

Une chose, toutefois, révoltait leur bon sens, c'était les *privilèges de la noblesse.*

Car, indépendamment des droits dont la noblesse jouissait dans ses terres, il était une foule de prérogatives qui l'exemptaient de toutes les charges et lui accordaient tous les bénéfices. Ainsi, les nobles et les privilégiés jouissaient de l'exemption des *tailles* qui n'étaient pas *réelles*, quand ils n'exploitaient pas au-delà de quatre charrues ; ils étaient exempts d'*aides*, de *subsides*, d'*impositions*, de *subventions* de toute espèce ; ils étaient affranchis de toutes *servitudes* personnelles, telles que milice, corvées, logement des gens de guerre, etc. ; ils pouvaient chasser aux marais et aux étangs du Roi « à une lieue des plaisirs » ; ils n'étaient pas sujets à la juridiction du prévôt des maréchaux ou des juges présidiaux en matière criminelle ; ils pouvaient demander à être jugés par la Grand' Chambre et la Tournelle assemblées ; ils ne pouvaient être traduits devant les juridictions consulaires ; ils partageaient les successions autrement que les roturiers ; ils pouvaient seuls posséder des fiefs sans payer de droits ; prendre des titres et des armoiries ; enfin, en cas de crime, ils étaient décapités et non pendus.

Or, le 11 août 1788, les registres de la municipalité de Maule fournissent ainsi la liste des nobles et des privilégiés de la baronnie, exempts d'impôts :

Vicomte de Boisse, seigneur ;
Pierre-Charles Hersent, curé de Saint-Nicolas ;
Thomas Otoole, curé de l'église Saint-Vincent ;
Les Oratoriens de Paris, possédant le prieuré ;
L'abbé Deschiens, prêtre tonsuré, demeurant chez sa mère ;
Le comte de Montamy, résidant en sa terre de Normandie ;
Leguey d'Adancourt, ancien brigadier des gardes du Roi ;
Baptiste Leguey, bourgeois de Paris ;
Sulpice Leguey, bailli de Wideville ;
Chevalier, bourgeois de Paris ;
Troussel des Grous, bourgeois ;
Morillon, huissier royal ;
Cuisignier, contrôleur des actes ;
Corère, receveur des aides ; Odiau, commis en second ;
Micheau, chirurgien.

Et, il est, à ce sujet, une remarque à faire qui a bien son

importance, c'est que les prééminences et les privilèges, alors en usage, avaient tellement dévié de leur point de départ et blessaient si bien la conscience publique que plusieurs, parmi ces privilégiés, *exempts d'impôts*, Troussel des Grous, les deux Morillon, Leguey d'Adancourt, le docteur Micheau, furent des premiers à signer le *Cahier des plaintes et doléances* dont l'article premier demandait « une parfaite égalité dans l'assiette et la répartition des impôts, appliquée à toutes les provinces du royaume et proportionnellement à la fortune de chacun ».

Aussi, toutes les prérogatives, tous les droits féodaux, utiles et honorifiques, tous les privilèges, tous les abus de l'ancien régime furent abolis par les « représentants de la Nation » dans la fameuse nuit du 4 août 1789.

XLV

L'ÉMIGRATION

C'est une étude bien curieuse à faire que celle de cette époque d'effervescence où l'affranchissement définitif succéda à tant de siècles de contrainte.

Pour la baronnie de Maule, elle devait avoir pour conséquences l'émigration de son dernier seigneur et la confiscation de tous ses biens au profit de la Nation ; mais auparavant, que de luttes, d'héroïsme, de persévérance, et, faut-il le dire, d'explosions de colère, à jamais regrettables, mais fatalement inhérentes à la situation.

La misère était grande ; la récolte, contrariée par un long et rigoureux hiver, avait été insuffisante ; la famine, augmentée par les approches d'un hiver qui s'annonçait comme plus cruel encore que celui dont on venait à peine de sortir, frappait à toutes les portes et, terrible conseillère, faisait instinctivement cacher, par ceux qui en pouvaient posséder, toutes les choses nécessaires à la vie et jusqu'aux menues graines, d'ordinaire laissées à l'alimentation du bétail et que chaque chef de famille réservait prudemment pour l'usage de sa propre maison : le blé était introuvable, l'orge et le seigle étaient choses de luxe.

Des fouilles, ordonnées le 25 janvier 1789 chez les particuliers, occasionnèrent à Maule des troubles sérieux et furent le prélude des excès qui se commirent dans la suite (1).

L'hiver passa, non sans souffrances; mais les cœurs étaient hauts et s'efforçaient de se grandir encore en sacrifiant les intérêts privés pour s'occuper de la chose publique; presque chaque dimanche avait lieu une assemblée municipale dont la convocation était faite d'abord au son de la cloche, puis bientôt au son plus guerrier du tambour; au mois d'août, fut proclamé le règlement concernant l'organisation des Gardes nationales; et, mûs par un même sentiment patriotique, tous les citoyens valides tinrent à honneur de figurer dans les rangs.

Mais, au mois d'octobre suivant, éclate un nouvel orage révolutionnaire, provoqué par le manque de subsistances; la loi martiale est proclamée, et le drapeau tricolore est arboré sur la tour de Maule.

Cependant, avec l'année 1790, s'ouvre résolument l'ère des réformes; les droits féodaux ont été abolis, et cette mesure réparatrice commence à porter ses fruits; au mois de mars, paraît un règlement sur les pigeons, volières et colombiers, qui donne satisfaction aux vœux exprimés dans la presque totalité des *Cahiers* adressés aux Etats Généraux : les pigeons devront être enfermés depuis le 1ᵉʳ mars jusqu'au 15 mai, et depuis le 15 juin jusqu'au 1ᵉʳ septembre; au mois de mai, la commune de Maule commence à percevoir à son profit les droits sur les halles et marchés, en vertu des lettres-patentes du Roi, en date du 28 mars précédent (2); M. Troussel, maire de Maule, fait don à la municipalité d'un cachet sur lequel sont gravées les armes de la ville, avec cette inscription en exergue : *Liberté, Paix, Justice, Egalité.*

M. de Boisse prête le serment de fidélité à la Nation; l'espérance est dans tous les cœurs; la fierté luit sur tous les fronts; la Garde nationale de Maule reçoit son drapeau, un beau

---

(1) Registres de la municipalité, année 1789.
(2) Ce marché rapportait annuellement à M. de Boisse 1,400 livres; mais, par suite de la suppression des droits féodaux il ne donna pendant l'année 1790 que 300 livres.

drapeau en taffetas blanc fleurdelisé que, trois ans plus tard, elle brûlera solennellement en place publique pour le remplacer par l'étendard aux trois couleurs; l'uniforme des soldats-citoyens est semblable à celui des gardes nationaux de Paris, avec cette différence que sur les boutons il est écrit : *Garde nationale de Maule-sur-Maudre ;* et, pour emblèmes, ces boutons portent une corne d'abondance et deux branches d'olivier.

Mais un premier nuage vient obscurcir la lune de miel qui règne entre les habitants et leur ancien seigneur ; le premier exploit de la Garde nationale est, au jour anniversaire de la prise de la Bastille, de procéder à l'arrachage du *poteau de carcan*, situé sur la place du Marché « marque surannée de la haute justice seigneuriale »; et M. de Boisse se montre vivement froissé du procédé à en juger par les termes, un peu... vifs, de la protestation qu'il adresse à la municipalité.

L'impression de cet incident se trouve bientôt effacée par un événement de plus grande importance pour les destinées de la ville : le 15 octobre 1790. Maule est élevé au rang de chef-lieu de canton.

Les communes qui composent cette nouvelle division administrative sont les suivantes :

Maule.	1310 habitants et	315	feux
Aulnay.	292 »	75	»
Bazemont. . . .	372 »	100	»
Crespières. . . .	614 »	157	»
Davron.	181 »	46	»
Aubergenville. .	535 »	130	»
Flins.	773 »	185	»
Herbeville. . . .	157 »	33	»
Les Alluets. . .	422 »	112	»
Mareil.	320 »	84	»
Nézel.	420 »	100	»
Thiverval. . . .	406 »	98	»

5802 habitants et 1435 feux

Cette mesure comblait les désirs de toute la population mauloise et donnait, une fois de plus, raison à la justesse des vœux exprimés dans le Cahier des doléances du 14 avril 1789.

L'année 1790 se termine par le vote des électeurs pour la nomination de l'évêque de Versailles. Celle de 1791 est inaugurée par l'installation officielle de M. Deschiens, comme premier juge de paix à Maule, et par un acte de regrettable provocation à l'égard du vicomte de Boisse : les armes et les titres des anciens seigneurs de Maule sont effacés dans l'église Saint-Nicolas, et les armoiries de Mlle de Logivière mutilées dans la chapelle du cimetière Saint-Jacques.

Mais le flot révolutionnaire devient de jour en jour plus menaçant.

Au mois de juillet suivant, c'est à la porte même du château seigneurial que s'attaquent les farouches patriotes ; les écussons sculptés sur la pierre sont brisés à coups de marteau ; mutilés également sont les deux grands tableaux généalogiques des anciens barons de Maule, qui auraient dû être l'orgueil de la vieille cité, et qu'on arracha violemment du chœur de l'église « comme défigurant cet édifice ». (1)

C'est qu'aussi la situation était fort difficile ; l'inquiétude était partout et la sécurité nulle part. La noblesse, un moment stupéfaite par la brusque attaque du Tiers-Etat qui lui avait inopinément arraché de si grandes concessions, cherchait à ressaisir le pouvoir au moyen d'une contre-révolution qui, s'appuyant sur l'intervention de l'étranger, eût inévitablement replongé les populations laborieuses de la campagne dans l'état d'infériorité dont elles avaient eu tant de peine à sortir ; et, le lendemain même de l'arrestation du roi dans sa fuite de Varennes, les gardes nationales de Maule et des communes voisines se rendaient, en armes, avec les administrateurs du département, au château de Thoiry et à celui de Hargeville, où cinq cent quarante-huit canons de fusils, clandestinement préparés, furent découverts, saisis, et, sous l'escorte de cinquante gardes nationaux, envoyés immédiatement à Versailles dans les chariots mêmes du Roi qui avaient été requis à cet effet, et se trouvaient conduits par les cochers du monarque (2).

L'irritation était grande et la misère plus grande encore ; un attroupement de femmes affamées se rua, un jour de

---

(1) Le procès-verbal de Chevillard, recueilli par la famille de Maule-Plinval, nous a conservé ces armoiries.

(2) Registre de la municipalité de Maule, 26 juin 1791.

marché sur les sacs de blé exposés pour la vente, et s'en partagea le contenu (1).

Une première, quoique platonique, satisfaction venait d'être donnée à l'opinion publique par la mise en vente des biens appartenant aux églises et aux communautés religieuses : les biens du prieuré de Saint-Maur à Beule, de la chapelle Saint-Eloi du Ronçay, des prieurés d'Herbeville et de Saint-Léonard-du-Couldray (2), de la chapelle Saint-Etienne d'Aulnay, et des deux églises de Maule, Saint-Nicolas et Saint-Vincent, avaient été « criés, subhastés et adjugés en détail aux plus offrants et derniers enchérisseurs ». Mais l'argent était rare et, un petit nombre seulement de travailleurs avait pu profiter de ce double avantage du morcellement et du bas prix de ces propriétés depuis si longtemps inaliénables et indivises.

Puis la guerre était déclarée à l'Autriche et à la Prusse, et la France était menacée d'une invasion.

Depuis longtemps déjà, les comtes d'Artois et de Provence, frères du roi, avaient émigré avec une partie de la noblesse. Malgré son serment de fidélité prêté à la Nation, malgré l'arrêt qui prononçait la peine de mort contre tout émigré, M. le vicomte de Boisse quitta furtivement son château et, avec sa famille, gagna la frontière de Suisse.

Il se réfugia à Lauzanne, suivant la déclaration de la demoiselle Pollet, gouvernante de ses enfants, datée du 8 juin 1792.

Cette déclaration est conçue en ces termes :

« La citoyenne Catherine-Marthe Pollet, âgée de vingt-six à vingt-sept ans, fille de Denis Pollet, agent d'affaires du ci-devant M. de Boisse, résidant chez son père depuis le 20 janvier précédent, en attendant le retour de M. de Boisse et de ses trois demoiselles, dont elle est gouvernante depuis le 30 janvier 1792 ;

---

(1) Registre de la municipalité « 22 avril 1792 ».

(2) La chapelle de Saint-Léonard, avec un terrain de 3 arpents, 75 perches sur lequel elle est batie, fut achetée par M. Leguey, ancien maire de Maule, qui la transmit à M. Lorin, son petit-fils. M. Lorin, par un acte devant Mᵉ Marcq, notaire à Maule, fit don de cette chapelle à l'église de Saint-Nicolas, le 18 octobre 1841 « à charge de prières perpétuelles ». Deux messes annuelles, sont à cet effet, célébrées le premier vendredi de mai et le premier vendredi de septembre, en la chapelle du Couldray sur laquelle huit siècles ont laissé leur empreinte

« Déclare,

« 1° Qu'elle n'a pas pu suivre ses maîtres à Lauzanne, lors de leur départ, attendu que pendant le voyage de Maule à Paris, fait par Mme de Boisse le 9 janvier précédent, elle n'avait pu supporter le trajet en voiture sans être incommodée;

« 2° Que sa maîtresse lui a laissé du lin à filer et convertir en toile pendant son absence, et lui a donné l'ordre de raccommoder le linge du château;

« 3° Que Mme de Boisse lui a payé, depuis le 9 janvier, ses gages à échoir jusqu'au 30 du même mois, sur le pied de 240 livres et que, par avance, cette dame lui a payé sa nourriture pour trois mois à raison de 30 francs par mois, ainsi que le constate son livre de dépenses;

« 4° Que la plus jeune des filles de Mme de Boisse est restée chez sa nourrice, la femme Georges Lamarre, habitant le bourg de Maule, et que cette enfant, encore au berceau, y doit demeurer jusqu'au retour de ses parents. »

Par cette déclaration, il est évident que M. le vicomte de Boisse espérait, bien prochainement, être ramené en sa baronnie « dans les fourgons de l'étranger ». Les Prussiens, en effet, faisaient de rapides progrès et, bientôt, la nouvelle de la prise de Longwy et de Verdun faisait déclarer « *la patrie en danger* ». Mais un unanime frémissement d'indignation se communique d'un bout de la France à l'autre; un élan formidable se produit des Vosges à l'Océan ; et, le 20 septembre 1792, le général Kellermann remporte sur les Prussiens une victoire mémorable, qui les force à repasser le Rhin.

Emportés par l'élan général, nombre de jeunes gens du bourg de Maule et de ses environs, parmi lesquels se trouvait le grand'oncle de celui qui écrit ces lignes, étaient partis pour rejoindre l'armée de Sambre-et-Meuse, sous le commandement du brave Gency, un ancien frère d'armes, au régiment de Béarn, du général Bernadotte (1).

---

(1) Gency, en quittant le service du Roy, s'était marié et avait ouvert ou acquis une petite boutique de perruquier en la ville de Meulan où le vote de ses concitoyens l'avait appelé à prendre le commandement de la milice. Lors du départ des volontaires, ceux-ci appelèrent à leur tour Gency

A la bataille de Valmy, ces rudes enfants de notre vieille cité reçoivent le baptême du feu; et, la 26ᵉ demi-brigade, celle des *Volontaires de Seine-et-Oise*, est, à la journée de Fleurus, citée comme « l'une de celles qui, par la bravoure de leurs soldats et la résolution de leur chef, avaient le plus contribué à assurer la victoire...! Combien alors s'atténuent les torts, les colères soudaines, les injustes mais non injustifiables représailles de ces égarés qui, dans la mutilation des armoiries, dans la violation des sépultures, dans le pillage du château de leurs anciens seigneurs, prenaient une amère revanche des longs siècles de contrainte qui leur avaient été imposés, et vengeaient la mort de leurs enfants qui tombaient à la frontière sous les balles d'un ennemi avec lequel pactisait leur ancien maître.

En parcourant, d'ailleurs, les Registres de la Municipalité, à cette époque si grosse d'orages, on est véritablement surpris de voir autant d'ordre légal présider à ces scènes de désordre qui, de sang-froid aujourd'hui, nous apparaissent avec toute leur hideur.

C'est ainsi que la *confiscation* des biens du « ci-devant M. de Boisse, *considéré*, le 20 janvier 1793, *comme émigré* », avait été précédée, le 8 juin 1792, d'une *mise sous séquestre;* un *inventaire régulier* de tous les meubles et effets mobiliers, garnissant le château de Maule, avait été dressé par les soins de la municipalité, et le sieur Denis Pollet, intendant du vicomte, avait été constitué *gardien des scellés* par MM. les Directeurs du District de Saint-Germain-en-Laye.

Le 26 décembre suivant, le citoyen Pollet, avait fourni, en vertu de l'article 2 de la loi du 23 août 1792, la *Déclaration* suivante :

---

au commandement de leur compagnie. Il vendit sa boutique, mit ses affaires en ordre et alla joindre sa nouvelle compagnie. A la formation des corps, le 17 septembre 1792, sa popularité l'appela au commandement du IXᵉ bataillon de Seine-et-Oise. Il avait alors vingt-sept ans. Sa conduite à la bataille de Fleurus lui valut l'honneur d'être présenté par Kléber et Marceau au général en chef Jourdan. Il fut nommé général de brigade en l'an II de la République, et prit part à toutes les guerres du Consulat et de l'Empire. Le général Gency, baron de l'Empire, mourut à Meulan, le 6 janvier 1845. (Voir n. Histoire du comté de Meulan, t. I. p. 170 et suivantes).

TABLEAU

DES REVENUS DE LA BARONNIE DE MAULLE-SUR-MAUDRE

	ANNÉES			
	1742	1755	1769	1781
La ferme de Palmort, 295 arp.	2106	2475	3250	4150
La ferme du Bois-Henri, 237 arp.	2055	2160	2737	3520
La ferme des Granges, 189 arp.	1861	2475	3485	4225
La ferme de La Bâte, 83 arp.				
Le bois de Palmort, 78 arp.			2700	2700
Le bois du Bois-Henri, 82 arp.				
Le moulin du Radet, 24 arp.		1736	2114	2535
Le moulin de la Chaussée, 7 arp.		1111	1256	1420
Le moulin de la Ville, 2 arp. 70 p		1110	1528	1850
Le moulin à Chamois (1)		45	45	45
La ferme du Mesurage à la Halle.		600	660	680
La ferme du Marché aux Etalages.		570	650	710
La ferme du Pied-Fourché.		100	120	130
La ferme du Four-Banal			350	420
Le pressoir banal de Maule.			150	60
Le pressoir banal d'Aulnay			60	40
Le colombier de 2000 boulins.			180	250
Les censives d'après le terrier.			425	560
Les droits sur les lods et ventes.			500	500
La garenne de Châtillon, 21.			60	70
Le greffe de la justice et notariat			160	190
Le pré du Château, 22 arpents à 30 livres.			660	660
La haute justice des Alluets avec 46 arp.			410	450
Totaux.	6022	12380	21498	25165

En même temps, on procédait à l'inventaire des papiers de la paroisse Saint-Nicolas et des titres de propriété des biens appartenant à l'église de Saint-Vincent.

Dans le premier, figurent dix sept volumes contenant les

---

(1) Ce moulin existe encore au faubourg des Moussets, près le pont de la Béhuque; il fut d'abord un moulin à foulon, puis, dans un bail consenti par messire de Bullion à un sieur Robert Maubert, le 11 novembre 1637, il fut accordé au locataire l'autorisation de le convertir en un moulin à tan. Ce moulin devint en 1725, un moulin à chamois et finalement il fut à la fin du siècle dernier, converti en un moulin à blé. — Un autre moulin à tan était bâti jadis, dans la vallée d'Hagnou, hors le parc du château. Antérieurement à l'année 1622, le corps de logis en était affecté à l'usage d'un moulin à huile et d'un moulin à foulon ; mais par un échange du 20 mars de cette même année, messire de Harlay céda ces deux moulins, contre une pièce de terre sise au Radet, à un sieur Samson, tanneur, qui les convertit, alors, en un moulin à tan. Ce vieux moulin est aujourd'hui détruit, mais je le revois encore tel qu'il était en mon extrême jeunesse avec sa charpente vermoulue, son réduit obscur où tournait en gémissant sa grande roue noire avec ses aubes moussues sous lesquelles l'eau de la Mauldre se précipitait à grand fracas. Le chantier a conservé le nom de « moulin à tan ».

actes des naissances, des mariages et des décès, déclarés à la sacristie de l'église paroissiale depuis le 21 avril 1625 jusqu'au 18 décembre 1792. ainsi qu'un volume de testaments rédigés en latin gothique, et commencé en l'année 1513 ; dans le second, sont compris vingt-deux registres des naissances, mariages et décès, inscrits à la paroisse de Saint-Vincent depuis l'année 1563 jusqu'en décembre 1792.

Le tout fut déposé à la mairie de Maule en vertu de l'article 2 de la loi du 20 septembre 1792 (1).

La Déclaration des Pères de l'Oratoire, au sujet des revenus du prieuré de Maule, en date du 28 mars 1790, est ainsi conçue :

TABLEAU

DES REVENUS DU PRIEURÉ DE MAULLE-SUR-MAUDRE

	livres	sous
Bâtiments à l'usage du prieuré, 60 perches.	300	
Jardin du prieuré, 25 perches	10	
Corps de ferme de Beaurepaire, 40 perches.	150	
Jardin de la ferme, 25 perches.	10	
Terres labourables. 191 arp. 1/2, à 16 livres 10 sous.	3159	15
Friches de la ferme, 1 arp. 65 perches.	4	10
Prés réunis, 5 arp 84 perches, à 35 livres.	294	
Redevances sur les moulins banaux, de Maule	336	
Bois de réserve, 11 arpents, à 35 livres.	385	
Bois et remises, 37 arpents, 50 perches, à 36 livres	1125	
Dîmes : 2/3 dans les grosses et totalité des menues.	2400	
Cens, rentes et droits seigneuriaux pour le fief du Gré	4	10
Rentes actives sur le seigneur	60	
Total	8148	15

Le prieuré possédait encore :
- Sur Marcq, 1 arpent de terre ;
- Sur Thoiry, 3 arpents de plaine ;
- Sur Mondainville, 4 arpents de pré ;
- Sur Crespières, la petite ferme aux Bœufs;
- Et sur Jumeauville une grange dîmeresse

Il est à remarquer que les revenus du prieuré étaient considérablement réduits par les diverses aliénations faites par les Pères de l'Oratoire depuis un siècle. Pour se rendre compte de la richesse primitive de ce monastère, il faudrait ajouter

---

(1) Registre de la municipalité de Maule « 20, 27, 28 janvier 1793 ».

au total de ce tableau, les produits des fermes de Sainte-Colombe et des Mesnucs, des dîmes de Jumeauville, de Marcq et de Hargeville, ainsi que les cens d'une foule de fiefs, dont la nomenclature serait, aujourd'hui, trop longue à établir.

Lors de l'inventaire du prieuré, l'estimation du mobilier, fort mauvais d'ailleurs, ne s'éleva qu'à 68 livres ; on ne trouva aucun papier, mais seulement quatre tableaux fort médiocres, dont l'un représentait le Père de Bérulle, fondateur de l'ordre (1).

La Déclaration de M. Hersent, curé de Saint-Nicolas de Maule, pour les revenus de sa cure, est ainsi conçue :

REVENUS

DE L'ÉGLISE DE SAINT-NICOLAS DE MAULLE-SUR-MAUDRE

	livres	sous
Presbytère et cour.	40	
Jardin rapportant.	9	
Terres labourables, 6 arp., 92 p.	713	15
Prés, 5 arp. 36 p., à 35 livres.	187	5
Gros ; 33 septiers de blé, non criblé.	594	
66 minots d'avoine.	115	10
3 muids de vin.	120	
Dîme de 6 arpents, aux Closeaux.	30	
Dîme des troupeaux.	20	
Redevances en grains, 7 septiers 1/2 de blé.	120	
Redevances en grains, 15 minots d'avoine.	26	5
Rentes actives sur divers particuliers.	232	
Redevance des Pères de l'Oratoire.	220	
	2428	5
Sur laquelle somme, les charges s'élevaient à.	557	12
Au net.	1870	13

Les revenus de la cure de Saint-Vincent étaient de beaucoup moindres ; la déclaration de M. le curé Otoole est ainsi établie :

---

(1) Les titres du prieuré avaient été, sans aucun doute et dans l'espérance de temps meilleurs, déposés chez un tiers, d'où, plus tard, ils passèrent aux mains de M. Filassier, notaire à Maule.— Ce sont ces titres qui, joints à ceux de la baronnie qu'on pût sauver de l'incinération, nous permettent d'écrire la plus grande partie de ce livre.

REVENUS

DE L'ÉGLISE DE SAINT-VINCENT DE MAULLE-SUR-MAUDRE

	livres	sous
Presbytère et cour.	30	
Jardin 20 perches rapportant	9	
Terres labourables, 1 arpent, 45 perches.	27	
Prés, 37 perches.	6	13
Gros (1) { 10 septiers de blé non criblé	330	
33 minots d'avoine	57	15
1 muid 1/2 de vin	60	
Dîme.	42	10
Pension de l'Évêque de Chartres.	150	
Rentes sur divers particuliers.	104	8
	817	6
Charges s'élevant à environ.	104	
	713	6

La cure de Saint-Vincent, comme on le voit par ces deux tableaux, était beaucoup moins bien pourvue que celle de Saint-Nicolas ; les deux revenus réunis se montaient à la somme de 2583 livres 19 sous ; la Révolution égalisa le sort des deux titulaires par une dotation fixée pour chacun à 1200 francs, outre le presbytère et le jardin.

En même temps, la municipalité enrichissait ses archives du plan terrier de Maule, dressé en l'année 1713 par le géomètre Aubry, et que l'intendant Pollet déposait à la mairie pour servir à la formation de la matrice des rôles (2).

---

(1) D'après le tableau des poids et mesures de Maule, le muid de blé se composait de 12 septiers ; le septier de 4 minots ; le minot de 3 boisseaux ; le boisseau de 4 quarts.— L'avoine ne se vendait jamais qu'au minot qui contenait 12 quarts ; le quart, 2 pintes et demi-setier.— Le poids employé était celui de Paris dont la livre était de 16 onces.— L'aune était également celle de Paris contenant 3 pieds 7 pouces et 8 lignes.— Le muid de vin était de 200 pintes de Saint-Denis.

[2] Registre des délibérations. 18 février 1793.

XLVI

PILLAGES ET DÉSORDRES

Mais les évènements se précipitent et l'horizon devient plus noir, ou pourrait dire plus sanglant, s'il ne s'agissait d'une modeste municipalité.

La royauté, virtuellement abolie depuis la tentative infructueuse de Varennes, avait été au 20 septembre 1792 légalement remplacée par un gouvernement républicain et le roi venait de payer de sa tête les fautes du parti de la noblesse. C'était la Convention qui, maintenant gouvernait la France, et cette assemblée était elle-même gouvernée par des réunions politiques ou *clubs* dans lesquels étaient agitées, chaque jour, les questions les plus violentes. Les Autrichiens avaient de nouveau envahi le territoire et cette nouvelle, aussitôt répandue, dans les campagnes, portait au comble l'exaspération du peuple contre tout ce qui se rattachait à ce régime auquel il attribuait tous ses maux.

Le 12 mars 1793, « nonobstant toutes les représentations des administrateurs de la commune, les habitants de Maule, aidés des turbulents venus des pays voisins, se portèrent en masse au château du ci-devant M. Deboisse (*sic*), et, après le pillage du vin et des liqueurs dont les caves étaient abondamment fournies, se répandirent dans la ville pour achever l'œuvre de dévastation, commencée l'année précédente, par la mutilation des statues de l'église, le bris des pierres tombales et la destruction de tous les attributs seigneuriaux ».

Mais faut-il ne voir dans l'explosion subite de cette colère populaire qu'une surexcitation passagère ou l'obéissance à un mot d'ordre venu du dehors? Il y a plutôt lieu de croire à l'un de ces irrésistibles mouvements inhérents aux grandes crises et qui répondent à un sentiment de malaise général.

Il n'était mystère pour personne, et la chose pénétrait jusque dans le dernier des hameaux, que l'Angleterre voulait reprendre Calais, que l'Autriche convoitait l'Alsace, que la Sardaigne réclamait les rives du Rhône, et que l'Espagne rêvait la conquête du pays situé au sud de la Garonne ; de plus, une foule d'émigrés avaient pris du service dans les armées étrangères : de là, l'exaspération générale.

D'ailleurs, en vertu de lois et d'arrêtés réguliers, la municipalité ne tarda pas à être invitée de faire disparaître tout ce qui, dans le pays, pouvait « rappeler le souvenir d'un régime détesté ».

C'est ainsi que parmi les meubles de M. Deboisse (*sic*) un choix fut fait des objets qui pouvaient être utiles aux hôpitaux ; le reste fut vendu aux enchères avec les récoltes de toutes les terres dépendant du château ; les cercueils de plomb des anciens barons furent envoyés au district pour en faire des balles ; les plaques de cheminée, portant des fleurs de lys furent retournées et les croix des carrefours renversées, vendues ou détruites (1) ; les cartes à jouer qui furent trouvées chez les marchands de vin, « portant les signes de la royauté » ne furent même pas épargnées et, avec le beau drapeau en taffetas blanc fleurdelysé, que la garde nationale avait reçu si solennellement trois ans auparavant, elles furent, à l'issue de la dernière messe célébrée en l'église de Maule, brûlées sur la place publique, le 4 août 1793 (2).

Désormais la vieille basilique de Saint-Nicolas sera le Temple de la Raison ; son maître-autel deviendra l'Autel de la Patrie ; la Marseillaise remplacera les hymnes sacrées ;

---

(1) Le plus remarquable de ces modestes monuments que, par un pieux sentiment, nos pères élevaient à l'entrée de leurs villages et au carrefour des chemins afin de préserver le voyageur de la rencontre des ardents et des feux follets, était la croix de Jehan de Maulle, placée au carrefour des chemins de Poissy, de Mareil et d'Herbeville ; puis venaient : la croix des Granges, à la rencontre des chemins de Beaurepaire et de Palmort ; la croix de la Chaussée, à l'embranchement de la route de Mantes et de l'ancien chemin des Monts-Boulets ; la croix de feu Edeline, placée dans la plaine de Montairville ; celle du Pont-Fouge qui s'élevait à l'entrée du bourg, près du faubourg des Moussets ; la croix de la porte de la Haise, à l'embranchement des routes de Maule et de Bazemont ; la croix du Lendit, dans le fond de Rainbourg, sur l'emplacement de l'ancien marché d'Hagnou.

(2) Registres de la municipalité « année 1793 ».

et, sur les murs de l'édifice, sera tracée, en grosses lettres, cette pompeuse déclaration :

Le Peuple français reconnait
l'Être suprême et l'immortalité de l'ame (1).

Bientôt les cloches des deux églises seront descendues de leur clocher et envoyées au district de Saint-Germain pour être converties en canons ou en numéraire [2], la sacristie de Saint-Nicolas est déjà transformée en corps de garde (3) ; le ci-devant château reçoit l'appellation de *Maison nationale*; et le marché qui, de temps immémorial, se tenait le samedi de chaque semaine, aura lieu désormais le *quartidi* et le *nonodi* de chaque décade, c'est-à-dire six fois par mois ; enfin, « le 6 brumaire de l'an II », une grande solennité est annoncée « à son de caisse » dans tous les carrefours de publicité : le brûlement en place publique des titres féodaux va avoir lieu!...

Toute la population se transporte « devant les halles » qui, alors, en bordure de la place du marché, occupaient une partie de l'emplacement où, jadis, se dressait le vieux château des barons de Maule.

Là, s'entassent en une formidable pyramide : les registres des francs-fiefs, les sommiers des contraintes, les anciennes déclarations féodales, les titres féodaux mixtes, les baux, les aveux et dénombrements remontant jusqu'en l'année 1366, les actes de foi et hommage de M. de Crux à M. de La Vallière, de Mlle de Saint-Just à la seigneurie d'Herbeville, du fief de Boulémont à la seigneurie de Bazemont; et tout devient

---

(1) Cette inscription, recouverte plus tard d'une couche de badigeon, était encore visible en mon enfance. De même, j'ai connu l'ancienne « déesse de la Raison » qui, du haut des marches de l'autel de Notre-Dame-de-Maule, chantait la Marseillaise aux jours de fêtes républicaines. La déesse, redevenue simple mortelle, abjura ses anciennes erreurs et, dans un âge assez avancé, s'éteignit presqu'en odeur de sainteté : le drap blanc des vierges enveloppait son cercueil.

(2) En vertu du décret du 23 février, deux des trois cloches, qui se trouvaient dans chacune des deux églises de Maule, furent envoyées au district : les frais de descente de ces quatre cloches s'élevèrent à 140 livres payées au citoyen Sanselme, charpentier ; le charroi jusqu'à Saint-Germain s'éleva à 60 livres ; les ferrures, vendues au profit de la commune, produisirent 185 livres. [Registres de la municipalité].

(3) Il y a une vingtaine d'années seulement que ce corps de garde a été supprimé, puis démoli

la proie des flammes, en présence des membres de la municipalité et aux acclamations enthousiastes des habitants qui se retirent délivrés enfin du pénible cauchemar de la dîme, des champarts, des cens, des sur-cens, des censives, des droits de quint, de requint et de taille aux quatre cas, des obligations du ban-vin, du four banal et du moulin seigneurial, débarrassés surtout — car, même aux époques les plus critiques, la vieille gaieté française ne perd pas ses droits, — de leurs trois ennemis mortels « les pigeons, les lapins et les moines », qui les mangeaient, disaient-ils, les premiers en grain, les autres en herbe et les troisièmes en gerbes ! (1) »

A côté de ces bruyantes manifestations, pas un acte d'indélicatesse ne se produit ; partout règne le plus pur patriotisme.

Toutes les cendres sont mises en réquisition pour en extraire le salpêtre ; des pères de famille « viennent offrir leurs fils pour le service de la patrie », deux grands chariots, qui appartenaient au ci-devant M. Deboisse et que la Commune avaient envoyés à Versailles en décharge du contingent qu'elle devait fournir pour le service des armées, sont retenus comme voitures de luxe ; Maule en fournit deux autres sans se devoir plaindre ; l'argenterie, provenant des deux églises, est envoyée à Paris « pour être convertie en monnaie à l'effigie de la République » ; et, à cet envoi, la municipalité joint la dernière cloche de l'église de Saint-Vincent avec les ferrures et tous les plombs provenant de la démolition des croix, élevées naguère aux carrefours des chemins (2).

Chaque décadi, des lectures publiques sont faites dans le *Temple de la Raison* ; les curés de Maule ont cessé leur ministère et déposé leurs lettres de prêtrise sur le bureau municipal ; celles de M. Hersent, curé de Saint-Nicolas, sont datées du 28 décembre 1756, et M. Otoole, curé de Saint-Vincent, exerce les fonctions sacerdotales depuis 31 ans.

Tout habitant, sous peine d'être classé comme suspect, doit, aux jours de décadi, arborer la cocarde tricolore ; les femmes

---

[1] Grâce à la courageuse fermeté de l'intendant Pollet, bon nombre de papiers de famille et de titres spéciaux à la baronnie de Maule échappèrent à la destruction et forment aujourd'hui la collection Filassier.

2) Registres de la municipalité, années 1793 et 1794.

et les enfants mêmes portent à leur coiffure ce symbole de la liberté [1].

Le prix des journées d'ouvrier est fixée, le 1ᵉʳ floréal de l'an IV, à vingt sols pour un homme, et à dix sous pour une femme (2).

La République, comme on le voit, n'enrichissait pas beaucoup ses partisans ; mais qu'importe, le peuple se sentait au seuil d'une vie nouvelle, dont l'étrangeté même l'éblouissait ; c'était pour lui comme un moment de réveil, de résurrection, d'enfantement de procédés nouveaux ; partout on cherchait, on s'ingéniait, les mœurs étaient autres ; une ère nouvelle était substituée à l'ère chrétienne ; un calendrier républicain avait remplacé l'ancien calendrier grégorien où tout était changé jusqu'au nom des mois et des jours ; le langage lui même se modifiait par l'obligation qui était imposée aux éducateurs de la jeunesse française de faire désormais « *tutoyer leurs enfants* ». L'année fut divisée en douze mois égaux de trente jours, auxquels on ajouta cinq jours complémentaires pour les années ordinaires, et six, pour les années bissextiles ; chaque mois était partagé en trois décades de dix jours chacune. Les mois s'appelaient : vendemiaire, brumaire, frimaire, pour l'automne ; nivôse, pluviôse et ventôse, pour l'hiver ; germinal, floréal et prairial, pour le printemps ; messidor, thermidor et fructidor, pour l'été. Un projet même avait été présenté pour diviser les montres et les pendules en décimales, afin de les mettre en harmonie avec l'admirable système métrique, dont l'établissement est l'une des inventions les plus utiles à l'humanité et restera l'éternelle gloire de cette Révolution française qui fit tant et de si grandes choses qu'on l'aimait malgré ses excès.

---

(1) Ma grand mère maternelle avait conservé précieusement la cocarde qu'aux jours de décadi, elle arborait à son beau bonnet de jeune fille. Cédant à mes prières, elle consentit à la coudre sur mon képi de collégien, lors de la révolution de 1848. J'ai, tout dernièrement, retrouvé cette chère relique, oubliée entre les pages d'un vieil Épitomé. Elle est composée de trois disques de cotonnade disposés dans l'ordre suivant : blanc, bleu et rouge, le blanc occupe le centre et le rouge est devenu rose. Ma grand-mère était blonde ; le rose lui allait mieux, pensai-je mentalement. mais en comparant cette cocarde avec la cocarde républicaine qui orna toujours le légendaire chapeau de l'empereur Napoléon 1ᵉʳ, je constatai que les couleurs étaient en tous points semblables et disposées dans le même ordre.

(2) Registres de la municipalité, an IV.

Puis, les armées de la République triomphaient sur toute la frontière ; et le cœur battait bien fort à ces pères de famille, à ces « fils de la glèbe » quand un bulletin du commissaire des guerres, expédié, par les soins du district, à la municipalité mauloise, apportait la nouvelle d'une bataille dont le nom était si souvent synonyme de celui de victoire : Hondschoote, Watlignies, Castiglione, puis Arcole, Rivoli. Marengo, faisaient oublier que « le pain manquait à la huche » et que, depuis un an, pas un sac de blé n'avait été envoyé au marché... (1).

XLVII

RETOUR DE L'EMIGRATION

Mais, aux guerres de la République, et aux fastes consulaires, succède l'épopée impériale.

Les églises ont été rendues au service du culte ; M. Hersent, curé de Saint-Nicolas, qui, d'ailleurs, n'avait jamais cessé d'habiter sa paroisse, a repris ses fonctions sacerdotales ; M. Otoole, curé de Saint-Vincent, déjà malade au moment de la cessation de son ministère, est mort depuis le 7 thermidor de l'an III, et la vieille basilique du bourg d'Hagnou, déclassée par suite du décret de l'Assemblée nationale qui ordonnait une nouvelle circonscription de paroisses dans toute l'étendue du royaume, est alors, avec son presbytère converti en école communale.

Maule a perdu son titre de chef-lieu de canton par la loi du 8 pluviose an IX (28 janvier 1801) relative à la réduction des

---

[1] Le 28 floréal de l'an IV, les registres de la municipalité signalent, comme grand événement local, l'apparition sur le marché de Maule « d'un sac de blé mis en vente » et constatent que, depuis plus d'un an, aucun cultivateur n'avait apporté de grains au marché.

justices de paix; la vieille cité barouniale n'est plus qu'un simple bourg.

C'est alors que M. de Boisse, amnistié par le sénatus-consulte du 26 avril 1802, prit la résolution de rentrer en France.

Son retour, en son ancienne baronnie, après tant d'angoisses et de privations, devait en même temps le combler d'amertume et achever de lui aliéner le peu de sympathies qui lui pouvaient être demeurées. Dans la vente de ses biens, n'avaient pas été comprises les halles du marché de Maule, dont un arrêté administratif s'était contenté d'ordonner la location au profit de la commune. M. de Boisse prétendit reprendre possession de ces halles en vertu de la loi du 5 décembre 1814, prescrivant que ceux des biens, confisqués sur les émigrés, qui n'auraient pas été aliénés, leur seraient restitués. La municipalité, interprétant dans le sens d'une véritable aliénation, la location faite à son profit par la décision administrative, contesta à M. de Boisse son droit de revendication et... perdit son procès.

Ces halles se composaient d'un lourd et obscur bâtiment ouvert à tous les vents et monté sur de gros piliers de charpentes, qui occupait une partie de l'emplacement du marché aux étalages; une chambre, placée sous ses combles, servait jadis de lieu d'audiences à la justice de paix; cet édifice n'était que gênant pour la circulation, quand la commune en percevait les revenus; il devint odieux aux habitants quand M. de Boisse en eut repris possession. Le rachat, amiablement opéré à un tiers, acquéreur de M. de Boisse, débarrassa la commune de cette obsession, en même temps que la place du marché de cet encombrement jugé inutile et que, sans attendre la démolition, quelques énergumènes trop zélés, voulaient immédiatement convertir en *feu de Saint-Jean* [1].

Le château, avec son parc de 61 arpents 1/2 et le moulin de la Chaussée, avait été vendu au profit de la nation, le 9 frimaire de l'an IV, pour la somme de 309,700 francs payée en assignats, ce qui équivalait à 24,384 francs de numéraire; la ferme de Palmort, celle du Bois-Henri, les moulins de la Ville, les terres des Granges, et tous les biens détachés étaient deve-

---

[1] Registres de la municipalité. — Cette acquisition par la commune de Maule, fut faite à M. Frichot, fermier du marché, le 25 janvier 1828, moyennant 22940 francs en principal et frais.

nus la proie d'une société de spéculateurs, désignée sous le nom de *bande noire*.

M. de Boisse, s'adressant aux acquéreurs de son ancien château, avait pu, dès le 31 août 1812, rentrer en possession de ce domaine moyennant une somme de 80,000 francs. Mais, en présence de la froideur générale, il transmit son acquisition, au moyen d'une déclaration de *command*, à M ᵐᵉ la duchesse Riquet de Caraman, et quitta définitivement le pays qui ne lui rappelait que de douloureux souvenirs.

En M. de Boisse, s'éteignit momentanément le titre de baron de Maule, car la déclaration de command faite en faveur de la maison de Caraman ne put retirer à la terre de Maule l'origine de bien national dont la confiscation l'avait frappée.

Ce titre revivra quelque vingt ans plus tard, relevé par la famille de Maule-Plinval.

XLVIII

LES RIQUET DE CARAMAN

On connaît l'illustration de la famille de Caraman.

L'ascendant direct du nouveau châtelain de Maule était ce grand créateur du canal du Midi, Paul de Riquet, qui, lui-même, descendait des vieux gibelins Arighetti, chassés de Florence au treizième siècle par les discordes civiles, et qui s'étaient alors réfugiés dans le Languedoc : famille hautement intéressante par son origine, son histoire et ses alliances.

Son séjour fut, à Maule, marqué par une foule d'améliorations. M. de Caraman fut maire et son souvenir est resté dans le cœur de ses administrés. Il fit, entre autres choses, ériger la paroisse de Saint-Nicolas en cure inamovible, et prépara l'achèvement de la route de Versailles à Mantes, ainsi que de celle de Saint-Germain à Houdan par Maule ; quand éclata la Révolution de 1830, il était sur le point de rendre à la ville de Maule l'hôpital que, jadis, possédait cette baronnie, mais il est à regretter que cette bonne pensée fasse encore partie du trop vaste domaine de l'avenir.

Peu de temps après la chute des Bourbons, M. de Caraman, résigna ses fonctions municipales et vendit son château.

Les noms qui suivraient ne nous indiqueraient plus que les simples propriétaires de ce domaine, jusqu'au jour où il fut acquis par l'un des descendants de ce vaillant fils de Pierre de Maule, qui suivit en Angleterre Guillaume le Conquérant, et y fit souche des fameux comtes de Panmure, dont l'histoire se rattache si intimement à celle des barons de Maule que nous la croyons indispensable à ce livre.

LES

MAULE DE PANMURE

LES MAULE DE PANMURE

I

ORIGINE

Panmure est, encore aujourd'hui, l'un des plus beaux domaines de la comté de Forfar, en Ecosse ; son château, reconstruit dans le grand sytle du XVIe siècle, porte fièrement l'écusson des Maule allié à celui des plus grandes familles du royaume ; le parc et les jardins qui enclosent cette résidence seigneuriale ont plus de six milles de tour.

Lors du mariage du chevalier Pierre Maule de Soulis avec Christiane de Valognes, seule héritière, en 1224, « des cinquante-sept seigneuries qui relevaient en hommage de sa grosse tour bataillère », (1) le château de Panmure était, déjà, l'un des plus importants du Forfarshire ; maints assauts avaient ébréché ses lourdes murailles ; et le voisinage de la fameuse *pierre* de Scone, sur laquelle se plaçaient les rois

---

(1, V. « Les Barons de Maule » p 96.

d'Ecosse pour ceindre la couronne (1), en faisait un poste tout à la fois précieux pour le souverain et périlleux pour ses possesseurs : *Clementia et animis...!*

Comme les Maule, comme les Bruce qui devaient un jour régner sur l'Ecosse, son fondateur, Philippe de Valognes, aïeul de Christiane, était d'origine française.

Le chef de la famille, Pierre de Valognes, avait quitté, fort jeune, le domaine paternel et les biens qu'il possédait dans le Cotentin, pour suivre la fortune du Bâtard de Normandie ; il avait pris une part très brillante à la bataille de Hastings ; et, lors du partage des terres conquises, avait été pourvu dans six comtés différents, en Essex, Norfolk, Sussex, Hertford, Cambridge et Lincolnshire, de biens considérables que, plus tard, les libéralités du roi Henri Ier augmentèrent des manoirs de Essenden, de Bedgefort et de Hartfort, sur lesquels Philippe de Valognes dota largement le prieuré de Benham, dans Norfolk » pour le salut des âmes de Guillaume-le-Conquérant et de Maud, son épouse, ainsi que pour le bon gouvernement du roi Henri Ier ».

Roger de Valognes, « dont cinq fils eurent un champ de bataille pour lit funèbre », Pierre, troisième seigneur de Valognes, Robert, qui maria sa fille au seigneur Fitz-Gérald, généralissime de l'armée écossaise, Philippe, premier baron de Panmure « homme de grand talent et de bon conseil », continuèrent la descendance de Pierre de Valognes.

Une circonstance, analogue à celle qui avait fixé les Maule en Ecosse, décida de la fortune de Philippe de Valognes.

D'étroites relations s'étaient établies entre Malcolm IV, succédant sur le trône d'Ecosse à son grand père, David Ier, et le roi d'Angleterre, Henri II qui, par son aïeule, Edith, fille de

---

(1) La pierre enchantée de Scone, qui forme encore actuellement le soutien du trône que le souverain d'Angleterre occupe le jour de son couronnement, est un ancien monument celtique apporté, suivant la légende, d'Irlande en Ecosse par Fergus, fils d'Eric, et placé naguère au sommet d'un monticule (mons placiti) provenant des poignées de terre apportées par tous les chefs des clans écossais lors du couronnement de Malcolm Céan-Morth. La vertu, qui se trouvait attachée à la possession de la fameuse pierre de Scone, est indiquée dans ces deux vers latins :

Ni fallat fatum, Scoti, quo cumque locatam
Invenient lapidem, regnare tenetur ibidem.

C'est-à-dire : « Si le destin n'est pas trompeur, l'Ecossais règnera vainqueur aux lieux où sera cette pierre ».— Les Ecossais virent l'accomplissement de cette prophétie dans l'accession de leur roi Jacques VI, au trône d'Angleterre.

Malcolm III (1), se trouvait être en état de parenté assez rapproché avec le nouveau roi. Au cours des fréquentes visites que se faisaient les deux monarques, Malcolm, grand admirateur des barons normands, distingua tout particulièrement le chevalier Philippe de Valognes, dont les talents militaires et le caractère équitable étaient bien faits pour plaire à ce prince qui, quoique très brave dans l'action, mérita néanmoins par « son extérieur efféminé et ses manières froides », le surnom de *Malcolm-le-Puceau* que l'histoire lui donne. D'un autre côté, le roi anglais, malgré son apparente générosité, était bien un digne fils du Conquérant : « jaloux de son autorité, colère et vindicatif à l'excès, fourbe et sans respect pour sa parole ». Philippe de Valognes n'eut donc aucune peine à répondre aux avances du monarque écossais; il en devint le favori, puis, bientôt, le conseiller.

A la mort de Malcolm, survenue en 1166, la même faveur retint Philippe à la cour du roi Guillaume-le-Lion, frère du défunt ; et, quand le roi d'Ecosse, fait prisonnier à la triste bataille d'Alnwick, signa avec Henri II le traité de Falaise qui lui rendait la liberté. Philippe de Valognes fut l'un des barons écossais qui, pour garantir l'exécution des engagements contractés par le captif, s'offrirent en otages au roi d'Angleterre et s'en allèrent, en la forteresse d'York, prendre les fers que quittait le monarque.

La donation du domaine de Panmure avec la création du titre de *baron* en faveur de Philippe de Valognes, fut la récompense de ses services et de son dévouement.

Héritier des biens que son frère Godfreid, mort sans enfants, possédait en Angleterre, propriétaire lui-même de nombreux manoirs provenant de la succession paternelle, le baron de Panmure se trouvait être l'un des plus puissants seigneurs de l'époque... « *Barones majores* ». Le mariage de sa fille Lora, avec Henri de Baliol, dont la famille devait ceindre un jour la couronne royale, donna un nouveau lustre à la maison de Panmure.

[1] Edith étant de race anglo-saxonne, on l'appela Mathilde pour que ce nom sonnât mieux à l'oreille des Normands. Cette princesse est restée populaire en Angleterre sous le nom de ' Maud, la bonne reine '.

A l'avènement au trône du roi Alexandre II, Philippe de Valognes fut nommé grand chambellan d'Ecosse.

La vigilance de son administration, les donations qu'il fit aux monastères de Melrose, de Paisley et de Dumferline, dont la conséquence fut de répandre le bien-être dans la contrée par la mise en culture de terres jusqu'alors improductives, achevèrent de porter à un très haut point sa réputation ; et, « quand en grande pompe, disent les vieilles chroniques écos-
« saises, sa dépouille mortelle fut conduite de Panmure en
« l'église abbatiale de Melrose, toute la noblesse du royaume
« suivit à pied son cercueil, tapissé d'une peau de cerf (1), et
« porté sur les épaules de huit montagnards aux jambes
« rouges (2). »

Guillaume de Panmure, son fils, lui succéda dans son titre et dans ses dignités.

Elevé à la cour du roi d'Angleterre, le nouveau baron de Panmure était supérieur par l'éducation à la grande majorité de la noblesse écossaise, encore rude, ignorante et plus occupée d'expéditions guerrières, que du perfectionnement de sa civilisation « presque voisine de l'état de nature ». Aussi la faveur souveraine qui conféra à Guillaume de Panmure la survivance dans la charge de Grand-Chambellan d'Ecosse, exercée par son père, fut-elle accueillie avec une universelle approbation, « et les fonctions en furent-elles occupées avec
« honneur et fidélité par le titulaire aussi longtemps qu'il
« vécut ».

Guillaume de Panmure mourut à Kelso, en l'année 1249 ; il fut enterré près de son père dans l'abbaye de Melrose, laissant pour unique héritière sa fille Christiane de Valognes, dame de Panmure..... *Domina de Panmure*, qui, en épousant le « noble chevalier Pierre de Maule, d'origine française », lui apporta, avec les biens et les titres de la famille de Valognes, la baronnie de Panmure.

---

(1) A cette époque où la toile était rare, les linceuls se faisaient avec des peaux préparées dont la nature variait suivant la qualité du défunt : quand le gentilhomme n'était pas enseveli dans son armure de combat, son corps était cousu dans une peau de cerf avant d'être déposé dans le cercueil

(2) Littéralement Red legs appellation donnée aux Montagnards d'Ecosse parce qu'ils avaient les jambes nues.

II

LE CHAMPION DE L'ECOSSE

Pierre Maule de Soulis n'était pas seulement le descendant d'une noble race et d'une antique maison, c'était aussi l'un des chevaliers les plus accomplis de l'époque.

Il entrait dans la famille de Panmure, précédé d'une haute réputation de bravoure et de loyauté ; les vieux bardes chantaient de manoir en manoir ses précoces exploits ; et, des plaines fertiles du Lothian jusqu'aux landes arides du Galloway, pas un montagnard, pas un lowlandais ne se fût rencontré, qui ne connût *la gest* [1] des Maule et ne saluât avec une sympathique admiration le nom de ce jeune seigneur qui, comme *champion de l'Ecosse*, venait, à la face de deux armées, d'assurer l'indépendance nationale.

C'est qu'en effet, jamais en circonstances plus critiques ne s'était réveillée la vieille querelle de l'Angleterre et de l'Ecosse au sujet du *serment de féauté* que les rois anglais prétendaient exiger des barons qui possédaient des terres dans les deux royaumes. Henri III, roi d'Angleterre, à la tête d'une armée considérable, avait envahi les provinces du sud de l'Ecosse ; Alexandre II, ayant convoqué les barons écossais, l'avait joint dans le Westmoreland ; et chaque jour, par des combats meurtriers, les deux armées préludaient à l'action décisive, quand, pour éviter une plus grande effusion de sang, les deux rois « s'accordèrent de terminer leur différend par un appel au *jugement de Dieu*. »

---

(1) " The gest " dit le texte, c'est-à-dire le récit des exploits et en même temps la généalogie du héros chanté par le poëme.

Une lice fut alors préparée à égale distance des deux camps.

Pour soutenir sa cause, le roi d'Angleterre désigna Mathieu de Gamaches et Jean de Courci, « chevaliers redoutés pour leur force et leur adresse ; du côté de l'Ecosse, la voix des barons proclama pour champions Rendal Magdonet et Pierre de Maule, « guerriers aussi habiles à dompter un cheval qu'à manier une épée, aussi prompts à escalader la muraille d'une ville qu'à charger à la tête d'une troupe ».

« De toutes les parties des deux royaumes, disent les vieilles chroniques, était accourue une foule avide de connaître les résultats de ce combat en champ clos, duquel allait dépendre l'autonomie de l'une ou l'autre nation ; il y avait là des barons anglais et des Scots, encore sauvages, qui venaient des îles Hébrides, des chevaliers normands et des indigènes du Sutherland, des hommes du Moray qui descendaient des Scandinaves, et des archers du Teviotdale qui étaient d'ancienne origine bretonne ; les plus grands seigneurs de l'Angleterre et de l'Ecosse faisaient fonctions de juges du camp ; et, de vingt lieues à la ronde, les nobles châtelaines sur leurs haquenées caparaçonnées avaient chevauché, tôt et tard, pour arriver « à l'heure des vespres ».

Bannières et gonfanous déployés, les barrières du clos s'abattirent et les champions s'élancèrent dans la lice.

Ce fut alors un prodigieux froissement du fer des lances et de l'acier des épées contre le fer trempé des haumes et l'acier des hauberts.

Bientôt Courci, dangereusement blessé par Pierre de Maule, fut forcé de sortir du « clos » ; mais en même temps, Magdonet tombait sous les coups de Gamaches qui, « ensuite trouvait dans Maule un adversaire digne de lui ».

Pendant une heure entière ce fut un combat qui ne peut se comparer qu'aux duels des héros légendaires de la Grèce ou de la guerre de Troie. Les deux armées attentives semblaient comme figées dans une stupeur d'attente. On n'entendait que le résonnement terrible des lances sur les cuirasses puis des épées sur les targes, le halètement sourd des deux combattants, dont les silhouettes semblaient grandies sous les rouges lueurs du soleil couchant, et les rugissements fauves des deux coursiers qui, partageant les ardeurs de leurs maîtres, se précipitaient l'un sur l'autre avec d'effroyables claquements de mâchoires, comme s'ils avaient senti que, du résultat de cette lutte sans merci, devait sortir l'ultime suprématie de l'un des deux royaumes. « Si longue fust la lutte, ajoute la chronique, et si fust admirable le courage des deux champions que les seignors assemblés clamèrent aux deux rois de cesser le combat et de faire arrangement. »

Incontinent, la paix fut conclue et *sans plus de discussions relatives à l'hommaige*, bien que la chose touchât de près au cœur du monarque anglais : *Clementia et animis!* (1) »

Or, parmi les dames accourues pour l'*heure des vêpres*, se trouvait la « gente Christiane de Panmure », et de ce jour data probablement le roman d'amour dont le dénouement devait être l'union des deux puissantes maisons de Maule et de Valognes, qui, du chevalier Pierre Maule de Soulis, baron de Panmure de par son mariage, fit l'un des plus puissants seigneurs du royaume d'Ecosse, comme déjà, il en était l'un des plus vaillants.

Nommé Conseiller de la Couronne, Pierre Maule fut appelé, lors de la mort du roi Alexandre II, à siéger au Conseil de Régence du jeune prince Alexandre III qui, marié fort jeune par raison politique, à la fille du roi d'Angleterre, puisa auprès du baron de Panmure la fermeté nécessaire pour résister aux caresses intéressées de son beau-père, en alléguant de ne pouvoir rien faire sans l'assentiment de son Conseil national. Ce fut ainsi qu'après avoir assuré une première fois l'indépendance de l'Ecosse, Pierre Maule sut, par sa prudente fermeté et par la rectitude de son jugement, préserver encore le royaume de toute surprise résultant de l'inexpérience d'un monarque appelé trop jeune aux responsabilités du pouvoir.

Pierre Maule de Panmure mourut en l'an 1254, laissant après lui la réputation d'un ministre intègre et d'un chevalier accompli, qu'ont perpétuée les chroniques populaires et les donations faites à différents monastères, notamment à l'abbaye

---

(1) Hist. d'Angleterre par John Chetwind, doyen d'Exeter. t. II; édition d'Oxford. 1707, in-4°. « La France illustrée » par Turpin. de Saint-Malo, t. v., p. 155.

d'Arbroath, dont le cartulaire contient plusieurs chartes au bas desquelles se lit encore la signature : *Petrus Manliæ Dominus de Panmure*.

III

LE SIÈGE DE BRECHIN

Deux fils étaient nés du mariage de Pierre de Maule avec Christiane de Valognes : Thomas et Guillaume de Panmure.

Sir Thomas, le plus jeune, qualifié de « valeureux » par Walter Scott en son *Histoire d'Ecosse*, tient une place fort honorable dans les pages émouvantes de la *Chronique* de Mathieu de Westminster : « C'était un soldat distingué et d'une bravoure incomparable, un chevalier audacieux de corps et d'esprit, un digne fils du vaillant champion de l'Ecosse ». Et, dans ce pays où l'on regardait comme chose naturelle qu'une même armée eût gagné trois batailles en la même journée, il fallait être trois fois « valeureux » pour en mériter la glorieuse épithète. C'est qu'aussi l'énergique défense du château de Bréchin, la seule forteresse du nord de l'Ecosse, qui, après le désastre de Dunbar, eût osé fermer ses portes contre l'envahisseur anglais, fut longtemps citée comme un exemple de fidélité et d'opiniâtre résistance. Aujourd'hui encore, l'habitant des hautes terres de l'Ecosse raconte avec une narquoise satisfaction que « sir Maule, pour railler les Anglais, essuyait avec son mouchoir l'endroit des murailles que venaient frapper les projectiles de l'ennemi. »

Sir Thomas Maule ne disposait cependant que d'une faible garnison, et le roi Edouard, qui envahissait l'Ecosse à la tête de vingt mille hommes, avait amené toutes ses forces contre Bréchin ; ses machines de guerre lançaient des pierres grosses comme des meules de moulin, et ses archers étaient si habiles qu'ils se vantaient de posséder la vie de douze Ecossais dans leurs trousses (1) ; néanmoins, les défenseurs tenaient tête depuis quarante jours à l'ennemi, quand une énorme pierre lancée par une catapulte vint frapper sir Maule en pleine poitrine (2). Mortellement atteint, il adjura ses soldats de ne pas rendre la place, et il maudit à l'avance le premier qui prêterait l'oreille aux propositions de capitulation. Aussi, quand le château fut pris, le grand baron était couché dans sa tombe.

Ce dernier rempart tombé, l'Ecosse fut aux mains des Anglais.

Alexandre III était mort ne laissant pour lui succéder ni fils ni frères, mais des cousins en grand nombre, parmi lesquels se trouvaient deux seigneurs d'origine normande, Robert Bruce et Jean Baliol, tous deux issus, par leurs mères, de David d'Huntingdon, frère de Guillaume-le-Lion. Jean Baliol, allié à la maison de Maule par sa grand'tante Lora, fille de Philippe de Panmure, avait triomphé de ses concurrents, grâce à l'appui du roi d'Angleterre. Mais bientôt la prétendue sollicitude du monarque anglais s'était changée en un impérieux désir de réaliser au profit de l'Angleterre cette suprématie qui était l'éternel sujet de querelle entre les deux nations. Et la fortune avait été si cruelle pour les Ecossais que, malgré leur courage et leur énergie patriotique, lorsqu'ils virent leur roi, Jean Baliol, fait prisonnier par les Anglais, leur dernière armée disparue ou anéantie à Falkirk, et la forteresse de Bréchin rendue à leur implacable ennemi, « ils abandonnèrent toute résistance pour se livrer à un désespoir général. »

Edouard Ier, jaloux de faire disparaître tout ce qui pouvait éveiller en Ecosse le souvenir d'une indépendance primitive, emporta à Londres, non seulement le sceptre et la couronne que lui remit Baliol, mais encore la pierre enchantée de Scone,

(1) Ces fameux archers anglais portaient le nom de « Yeomen ». Dès leur enfance ils étaient familiarisés avec l'usage de l'arc, car aussitôt qu'un garçon atteignait cinq ans, son père lui mettait entre les mains cet instrument guerrier qui n'avait alors qu'une longueur proportionnée à son âge et grandissait au fur et à mesure que se développait la vigueur de celui qui devait s'en servir ; c'est ainsi que le jeune homme arrivait à pouvoir manier un arc long de six pieds, et, en tendant la corde jusqu'à son oreille, il obtenait assez de force pour lancer au loin des flèches longues d'une aune qui manquaient rarement leur but.

(2) Les catapultes portaient le nom de « loup de guerre » Il était certaines de ces machines qui lançaient des pierres du poids de 400 kilogrammes.

sur laquelle les rois se plaçaient pour recevoir l'inauguration royale et dont il fit hommage à l'abbaye de Westminster.

Guillaume Maule était l'héritier de la baronnie de Panmure. Obligé, comme tous les seigneurs et tous les grands propriétaires écossais, de reconnaître la suzeraineté de l'usurpateur, Guillaume porta son hommage à Edouard I*er* et, le cœur meurtri, inscrivit le nom de Panmure sur la liste des nobles et anciennes familles de l'Ecosse, réduites à la dure nécessité de faire leur soumission à un souverain détesté. Cette liste ne comprend pas moins de cinquante-six feuilles de parchemin. Mais que vaut un serment arraché par la force?... En vain, le monarque anglais prodigua ses caresses à la noblesse écossaise, en vain il réduisit en faveur du sire de Panmure, à la somme de quarante livres le *droit de fief* (1) dû par sa baronnie, qui s'élevait précédemment à la somme, considérable pour l'époque, de 122 livres sterling ; en vain, le nomma-t-il Grand-Shériff de la comté de Forfar ; le sire de Panmure ne put pardonner à Edouard ni la mort de son frère, ni le massacre des dix-sept mille habitants sans défense égorgés après la prise de Berwick, ni l'humiliation de l'Ecosse réduite à l'état de province anglaise. Aussi, lorsque Bruce releva l'étendard national pour l'opposer au lion britannique, Guillaume Maule fut-il l'un des premiers barons écossais qui firent avec les chefs des Basses-Terres, normands comme eux d'origine, « pacte d'alliance à la vie et à la mort, pour le roi Robert, « contre tout envahisseur étranger, quel qu'il fût ».

IV

L'ALLIANCE ROYALE

Les Bruce étaient originaires du petit village de Brix, dans le Cotentin normand, près de ce bourg de Valognes, qui était le berceau de la famille de Panmure.

---

(1) Le droit de fief était dû toutes les fois que la propriété changeait d'une main à une autre, soit que la mutation arrivât de la part du vassal, soit que ce fût le fief dominant qui changeât de maître. — La livre sterling vaut 25 francs ; mais l'argent avait alors une valeur au moins quintuple de celle d'aujourd'hui.

Au temps de la conquête, ils avaient envahi, sur le territoire écossais, le bourg et la vallée d'Annan, près de Solway ; les rois d'Ecosse leur avaient confirmé par des chartes la possession de ce lieu où les ruines de leur château se voient encore ; et leur courage aidant, un siècle plus tard, ils s'alliaient à la famille royale par le mariage de Robert Bruce, comte d'Annandale (1) avec Isabelle d'Huntingdon, nièce de Guillaume-le-Lion. Robert Bruce, comte de Carrick, que les barons écossais voulaient placer à leur tête, était le petit-fils du seigneur de même nom, qui prétendait à la couronne lorsque Jean Baliol avait été appelé à l'honneur de la porter. Il avait vingt-deux ans ; c'était l'âge également du fils que Guillaume de Panmure avait eu de son mariage avec Ethama de Vance. Les deux jeunes gens se lièrent d'amitié : Henri Maule reçut des mains mêmes de Bruce l'ordre de chevalerie.

Cet acte mettait le sceau au pacte d'alliance « à la vie et à la mort » conclu par Guillaume avec les barons normands.

Et, en effet, pendant les dix années de luttes, de surprises et d'escarmouches qui précédèrent la décisive bataille de Bannockburn, on vit l'héritier des cinquante-sept seigneuries du domaine de Panmure partager la fortune et les périls du prétendant sans armée, sans trésor, poursuivi par les Anglais de colline en colline, de lac en lac, vivant le plus souvent de chasse et de pêche, n'ayant parfois pour toute nourriture qu'un peu de farine d'avoine contenue dans un sac attaché à l'arçon de la selle, et que Maule faisait cuire sur une pierre rougie, mais « portant aussi fièrement sa bannière royale, disent les chroniques, que « s'il avait été dans sa bonne ville « d'Edimbourg alors qu'il n'était pas une bourgade, pas un « manoir, depuis la Tweed, jusqu'aux Orcades, qui ne fût au « pouvoir des Anglais ».

Aussi, quand Henri Maule de Panmure rentra au château paternel, ce fut avec un légitime orgueil qu'il put suspendre au-dessus de son foyer, comme une relique sainte, l'épée dont il s'était servi au fameux combat, et y faire graver cette fière inscription, qui devait apprendre aux générations futures à

---

(1) « Dale » veut dire « vallée ». Annandale signifie donc Vallée de l'Annan.

ne jamais désespérer de la patrie : *A Bonnockburn, j'ai servi Bruce, et les Anglais n'eurent pas à s'en vanter* (1).

Son mariage avec Marguerite Hay de Lochern suivit de près le triomphe de la cause nationale d'Ecosse. L'épousée appartenait elle-même à une vieille famille d'origine française : les Hay, dont le nom brillait aux premiers rangs parmi la noblesse d'Ecosse, étaient originaires de Mézy-en-Véxin et reconnaissaient pour ancêtre Gaultier Paganus, vicomte de Meulan, dont les descendants continuaient, avec le titre de vicomte et de sénéchal, à posséder le domaine paternel.

De cette union, naquirent deux fils : Gaultier de Maule, qui fut gouverneur du château royal de Kildrummie au commencement du règne de David Bruce (2), et, Guillaume Maule de Panmure qui, par son mariage avec Marion, fille unique de sir David Fleming de Biggar et de lady Jane de Bréchin, unissait le sang des Maule à celui de la famille d'Ecosse.

Toutefois, si l'alliance avec la famille royale jetait un nouveau lustre sur la maison des Maule de Panmure, elle l'associait aussi d'une façon plus intime à la bonne où à la mauvaise fortune du souverain, dont le pouvoir était presque à la merci d'un combat heureux ou néfaste. Avec celle de l'Ecosse, l'étoile de Guillaume de Panmure pâlit singulièrement après la mort de Robert Bruce, suivie de la sanglante bataille de Haddon-Rigg, où l'indépendance du royaume fut de nouveau si bien remise en péril, qu'il ne restait plus au roi d'Ecosse que ces quatre châteaux : Dumbarton, que sa nature rendait imprenable, Lochleven, bâti sur une île située dans le lac de ce nom, Urghuart dans l'Inverness, et Kildrummie, dont Gaultier de Maule, oncle du sire de Panmure, était le gouverneur.

Mais l'étoile des Maule brille d'un nouvel éclat à l'avènement de la famille des Stuarts.

Sir Thomas Maule, fils de Guillaume de Panmure et de Marion Fleming de Biggar, fut armé chevalier par le roi Robert III « qui le tenait en haute estime ». Aussi, lorsque

---

(1) De telles armes furent réellement conservées, dit Walter Scott, en son histoire d'Ecosse : les propriétaires du petit manoir de Dunchar, dans le comté de Fife, possèdent un sabre qui leur a été transmis de père en fils et qui porte cette même inscription.

(2) Gauthier de Maule, « pour le salut de son âme », fit don à l'église de Bréchin de l'aumônerie de Boath. Il mourut en 1348, laissant deux fils, Guillaume et Henry : ce dernier forma la tige des Maule de Glaster.

Donald des Iles, profitant de la minorité de Jacques Iᵉʳ, fils de Robert, leva l'étendard de la révolte pour confisquer à son profit la couronne d'Ecosse, trouve-t-on le sire de Panmure rangé parmi les défenseurs du jeune prince, sous le commandement d'Alexandre Stuart, l'un des oncles du roi ; la sanlangte bataille de Harlaw, donnée en l'an 1411 et où l'armée, restée fidèle, se trouva bien inférieure en nombre à celle des insurgés, coûta la vie à sir Thomas Maule, qui fut tué avec tous les gentilhommes de son clan.

Mais « le chevalier de Panmure » — ainsi les *Ballades écossaises* appelaient sir Thomas Maule — laissait de son mariage avec Elisabeth, fille d'André Gray de Soulis, un fils posthume nommé Thomas, comme son père, qui doit continuer la descendance des Maule, et dont les fils vengeront, un jour, la défaite de Harlaw... !

V

L'HÉRITAGE DE BRÉCHIN

Parvenu à l'âge viril, Thomas Maule deuxième du nom, fut fait chevalier par le roi Jacques 1ᵉʳ.

Peu après, vers l'année 1437, il épousa « dame Margerite », fille du baron Thomas Miscromby dont il eut un fils, Thomas, troisième du nom, qualifié dans les annales de l'époque « hault et puissant seigneur de Panmure... *nobilis et potens Dominus de Panmure*. La baronnie de Panmure venait de s'augmenter encore, par le décès de Gauthier, comte d'Athale et seigneur de Bréchin, d'une assez vaste portion de la dernière de ces deux seigneuries, qui fut accordée à la maison de Panmure comme étant aux droits de Jane de Brechin. aïeule de sir Thomas Maule, premier du nom.

Le « *Registrum of Panmure* » établit aussi la généalogie de la maison de Bréchin et son alliance avec la maison de Panmure :

« Au temps de William-le-Lion, la terre de Bréchin appartenait à la couronne. David, comte de Huntingdon, fils de Henry, prince d'Ecosse, et petit fils du roi David Ier, eut un fils naturel, Henry, auquel il donna la seigneurie de Bréchin, dont celui-ci prit le titre. Dans une donation faite à l'abbaye de Saint-André, ce jeune homme est désigné sous le nom de « *Henry de Bréchin, filius comitis David* ». De Juliane, sa femme, naquit un fils, William de Bréchin, qui fonda la *Maison-Dieu*, hôpital de Bréchin, « pour le salut des âmes de « William et d'Alexandre, rois d'Ecosse, pour son frère, ses « parents et pour son propre salut ».

« William prit une part active dans les principales transactions publiques des règnes d'Alexandre II et d'Alexandre III. Il fut l'un des grands hommes « *magnitum* » de ce temps. Ce fut sur son conseil que le roi donna mission aux comtes de Monteith, de Buchan et de Mar de traiter avec les Anglais « pour le bien et l'utilité des deux royaumes ». Il fut aussi choisi comme arbitre dans un différend survenu entre Pierre de Maule et l'abbé d'Arbroath, au sujet de certaines terres des baronnies d'Aberbrothrok et de Panmure. Il mourut, laissant un fils, David, troisième seigneur de Bréchin.

« Homme de grand courage, David III se distingua dans la bataille de Metteven, du côté des Anglais, quoi qu'il eût épousé une sœur du roi Robert Bruce. Il eut d'elle un fils, David, quatrième seigneur de Bréchin, qui épousa Margaret, fille de sir David Barclay, chevalier ; ce fils fut exécuté pour crime de haute trahison en l'année 1321. Ses biens et ses dignités, au lieu d'être confisqués, retournèrent à Margaret, dame de Bréchin, sa sœur, qui épousa un frère de Margaret Barclay, sir David Barclay, lequel devint par ce fait seigneur de Bréchin.

« David Barclay était un homme de grande valeur, véritable patriote, et sincèrement fidèle aux Bruce, à qui il rendit d'importants services.

« Sir David fut tué à la bataille d'Aberdeen en 1350, laissant un fils David, qui lui succéda, et une fille, Jeanne, qui devint la femme de sir David Fleming de Biggar. De cette union naquit une fille, Marion, qui épousa sir William Maule de Panmure, en l'année 1381. De là, vient l'alliance entre les familles de Panmure et de Bréchin, et par cette dernière, l'alliance de la maison de Panmure avec la famille royale d'Ecosse ».

VI

LE CHEVALIER AVEUGLE

Thomas Maule, troisième du nom, épousa en premières noces lady Elisabeth Lindsay, fille d'Alexandre, comte de Crawfort, et petite-fille de lady Jeanne, issue du roi Robert II. Resté veuf, le sire de Panmure se maria une seconde fois ; et, peu de temps après, fut frappé de cécité : de là, le surnom de « *chevalier aveugle* », qui lui fut donné.

Il mourut en l'année 1498.

De son premier mariage, Thomas *l'aveugle* avait eu un fils, nommé Alexandre, mort du vivant de son père (1), mais laissant de sa femme, Elisabeth, fille du chevalier David Guthrie, grand trésorier d'Ecosse, un fils qui, sous le nom de Thomas quatrième du nom, succéda à son grand'père dans la baronnie de Panmure.

Armé chevalier par le roi Jacques IV, Thomas Maule fut créé, par le même souverain, bailli du district de Barrie. Sa jeunesse, suivant les chroniques de l'époque, avait été turbulente, et de nombreuses aventures galantes lui étaient attribuées, mais « parvenu à l'âge mûr, il fit pénitence de ses

(1) On rapporte que ce jeune homme était d'un naturel prodigue et de mœurs dissolues : après diverses remontrances de la part de son père, et à la suite d'une querelle plus violente que les autres, il quitta, dit-on, brusquement le pays, avec Guillaume son second fils, et plus jamais on n'entendit parler d'eux. On supposa qu'ils étaient tombés entre les mains de brigands et qu'ils avaient été assassinés.

« péchés, donna beaucoup aux monastères afin d'obtenir le
« pardon du ciel, et s'en fut en grand pèlerinage à la chapelle
« de Saint-Jean d'Amiens, au territoire de France ». Dans cette
naïve peinture, ne semble-t-il pas que l'on revoit le portrait
de Pierre-*le-Batailleur* dans sa baronnie de Maule, berceau
de la famille? Comme lui, Thomas de Panmure fut un brave
soldat, mais un remuant capitaine. Son nom se retrouve dans
toutes les querelles si fréquentes des barons écossais, cause
permanente de faiblesse pour ce malheureux pays qui se déchirait lui-même quand rien ne le menaçait du côté de l'Angleterre. Mais, lorsqu'en l'année 1513, éclata la guerre entre
Jacques IV et son beau-père Henri VIII, roi d'Angleterre,
Maule « quoique déjà âgé et d'une forte corpulence », courut
prendre sa place auprès du monarque écossais et, à la funeste
bataille de Flodden où douze comtes, treize lords, cinq fils aînés
de pairs et dix mille chevaliers et soldats furent tués par les
Anglais, on retrouva le corps de Thomas de Panmure criblé
de blessures à côté de son prince expirant.

Il n'était aucune famille d'Ecosse qui n'eût au moins un
mort à pleurer ; des clans entiers se trouvaient anéantis : et,
pour la seconde fois dans l'espace d'un siècle, la maison de
Maule faillit s'éteindre.

Sir Thomas IV, d'un premier mariage avec Elisabeth, fille
du chevalier David Rollo de Balachin, n'avait pas eu d'enfants ; mais, d'une seconde union avec Christiane, fille de
Guillaume, seigneur de Graham, il laissait deux fils, trop jeunes encore pour porter les armes : Robert, l'aîné, âgé seulement de seize ans, lorsqu'il succéda aux biens et aux dignités
de son père, et Guillaume, qui fut la tige des Maule de Boath,
dont la descendance s'est perpétuée jusqu'à nos jours.

VII

ROBERT DE PANMURE

Digne héritier des vertus militaires de ses ancêtres, Robert
Maule, en atteignant sa majorité, ne put voir sans indignation

le jeune roi d'Ecosse, Jacques V, rester aux mains de l'odieuse et tyrannique faction des Douglas, qui traitaient le petit prince moins en pupille qu'en véritable captif. Aidé de sir Valter Scott de Buccleugh, et de quelques centaines de loyaux barons, le sire de Panmure tenta une première fois de rendre le jeune roi à la liberté.

C'était à Melrose, le 25 juillet 1526.

Cette tentative ayant échoué, il s'unit au comte Lennox et, avec une armée plus nombreuse, se dirigea vers Edimbourg. Douglas marcha à la rencontre des barons coalisés et les battit une seconde fois près de Kirkliston. Lennox fut tué pendant le combat, mais Maule put rallier les débris de la troupe et se replier sur le château de Panmure, d'où, l'année suivante, il facilita, — par la ruse cette fois, — l'évasion du jeune prince qui, feignant d'organiser pour le lendemain une grande chasse, se retira de bonne heure en sa chambre à coucher, y endossa des habits de paysan que Maule lui avait fait parvenir, gagna les écuries sans être aperçu et prit la campagne avec deux domestiques que le sire de Panmure avait mis dans la confidence.

Ce hardi coup de main eut lieu à Fackland, dans les premiers jours de juillet 1527.

En souvenir du dévouement de sir Robert, le roi lui témoigna toujours une grande affection, mais le baron de Panmure ne pouvait s'accommoder d'un long séjour à la cour du roi ; il fallait à cette exhubérante nature, les grands horizons clairs, les bruyères de la montagne, les chasses bruyantes dans la lande giboyeuse, les grandes chevauchées militaires. Aussi, vivait-il presque toute l'année au milieu de ses fidèles lowlands de la baronnie de Panmure.

Les chroniques de l'époque nous ont laissé cette pittoresque description de son physique et de son caractère :

« C'était un homme de haute stature, roux de cheveux, vermeil de teint, beau cavalier et infatigable marcheur, mais prompt à la colère, aimant le vin et les femmes, décent néanmoins dans ses manières, et très estimé de ses voisins. A l'étude des lettres, il avait toujours préféré les exercices corporels ; la chasse, la paume, la fauconnerie étaient ses passe-temps favoris ; aussi, ne savait-il ni lire ni écrire, et

« ce fut son fils qui, vers la fin de sa carrière, l'instruisit dans
« les saintes écritures. » (1)

Mais si la chasse était pour le rude baron un agréable délassement, la guerre était sa passion dominante ; et l'insatiable ambition des Anglais ne fournissait que trop, aux barons écossais, les occasions de prendre les armes pour la défense de leurs libertés et de leurs biens. La guerre, forcément interrompue depuis la fatale catastrophe de Flodden, se déchaîna de nouveau au printemps de l'année 1541. Après une multitude de petites incursions, les Anglais envahirent de nouveau l'Ecosse avec trois mille cavaliers et toute la famille des Douglas, qui avait été bannie. Le sire de Panmure convoqua ses vassaux et courut joindre le comte de Huntley, à qui le roi d'Ecosse avait confié la défense de la frontière. La rencontre eut lieu près de Haddon-Rig. Les Anglais furent vaincus, laissant aux mains des Ecossais leur général et bon nombre d'autres officiers, en même temps qu'étaient emmenés prisonniers des Anglais, plusieurs chevaliers du roi Jacques, parmi lesquels se trouvait le jeune fils de Robert Maule, qui faisait ses premières armes sous la bannière paternelle. Une accalmie survint qui permit l'échange des prisonniers. Mais la mort du roi, survenue l'année suivante, replongea de nouveau l'Ecosse dans une de ces longues minorités qui forment les lugubres périodes de son histoire, en livrant ce malheureux pays à la convoitise de factions rivales.

Jaloux surtout de l'indépendance nationale, sir Robert Maule fut l'un des barons écossais qui s'opposèrent le plus énergiquement au mariage de la jeune reine, Marie Stuart, avec le fils du roi d'Angleterre, Edouard, prince de Galles. On rencontre donc successivement le sire de Panmure, avec lord Grey, au siège et à l'assaut de la ville de Perth, que lord Ruthven occupait contre la volonté de la Reine, puis au combat de Maxton, où furent défaits les Anglais, et enfin à la

---

(1) Il ne faudrait pas juger, par ce fait isolé, de l'etat général de l'instruction en Ecosse ; car, en littérature, ce pays soutenait plus avantageusement la comparaison avec l'Angleterre que sur tout autre point, et le Parlement écossais était si convaincu de la nécessité de l'éducation, qu'il rendit, en 1494, un édit par lequel tout baron et tout franc-tenancier était tenu, sous peine d'une amende de vingt livres, d'envoyer son fils aîné à l'école fondée, dès que celui-ci aurait atteint l'âge de six ans. L'instruction obligatoire n'est donc pas une innovation particulière à notre époque.

triste journée de Pinkie-Cleugh, qui coûta plus de dix mille hommes à l'Ecosse vaincue. Assiégé ensuite par les Anglais dans son château de Panmure, Robert Maule fit une vigoureuse résistance, mais vaincu de nouveau, blessé grièvement puis fait prisonnier, il fut transféré à la tour de Londres.

Robert de Panmure ne dut son élargissement qu'à l'intercession de l'ambassadeur français, en la compagnie duquel il put, après une année de captivité, retourner en sa baronnie.

Mais ni les ans ni la prison n'avaient calmé la fougue du turbulent baron ; on le retrouve bientôt engagé dans de nouvelles aventures, et rien ne montre mieux l'état d'anarchie dans lequel se trouvait plongé le royaume que la mésaventure arrivée par le fait du sire de Panmure à des officiers de justice qui, chargés de l'appréhender en son château pour refus d'assister aux séances du Parlement, furent par lui faits prisonniers avec tous leurs hommes d'armes et jetés dans ses geôles. Cité pour cet outrage, à comparaître devant ses pairs à Edimbourg, il dédaigna la citation et fut déclaré rebelle par ces mêmes barons qui « se gaussaient » en secret du bon tour joué par l'un des leurs à l'autorité royale.

Le monarque, qui avait de si grandes obligations à Robert de Panmure, mit habilement fin à cet état de choses en exemptant le turbulent baron d'assister aux séances du Parlement et aux Cours de justice.

« Parvenu au seuil de l'âge caduc, sir Robert Maule, dit la chronique « eut honte de sa vie passée ; il essaya d'en racheter les écarts en tournant ses pensées vers le souverain maître de toutes choses »; il embrassa, dit-on, la religion réformée, et mourut en bon chevalier pendant l'année 1560. »

D'un premier mariage avec Isabelle, fille du chevalier Laurent Mercer de Alide, il avait eu trois fils : Thomas, qui lui succéda dans la baronnie de Panmure ; Jean et Robert. D'une seconde union avec Isabelle Arbrithnott, fille du chevalier de ce nom, il eut également trois fils dont il est important de retenir les noms, car ils furent chacun le chef d'une des trois branches de la famille : Henry fut l'ancêtre des Maule de Melgum ; André, celui des Maule de Gildie ; et Guillaume, des Maule de Glaster.

VIII

LE DÉVOUEMENT DES MAULE

Thomas Maule de Panmure, cinquième du nom, était, avec son frère puîné, l'un des meilleurs élèves du célèbre cardinal David Beaton, chef du parti catholique et français en Ecosse.

Il avait accompagné le prélat pendant son ambassade en France, au cours de l'année 1538, et à peine de retour en Ecosse, avait dû prendre part aux différents combats de Haddon-Rig, de Maxton et de Pinkie-Cleugh (1). Déjà, du vivant de son père, pendant que celui-ci était retenu prisonnier en la tour de Londres, « sir Thomas Maule » avait eu le gouvernement du château de Panmure et l'administration de la baronnie. Sa vigilance et sa fermeté en cet instant difficile, annonçaient un caractère droit et résolu, qui s'affirma davantage dans cette voie, lorsqu'il fut appelé à commander tout à fait en maître.

---

(1) Les chroniques racontent ainsi ce qu'il advint à sir Thomas Maule en la bataille de Pinkie, où 10,000 hommes de l'armée écossaise jonchèrent de leurs cadavres tout l'espace qui s'étendait entre le théâtre de l'action et la capitale de l'Ecosse :

« Il était engagé au plus fort de la mêlée; un grand nombre de ses vassaux et de ses compagnons d'armes, parmi lesquels se trouvait son cousin, Thomas Maule de Boath, étaient étendus sur le champ de bataille, la mort l'enveloppait de toutes parts, quand, soudain, le combat se changea en déroute par une impétueuse charge de cavalerie du comte de Warwick; sir Thomas Maule, jeté à bas de sa monture, ne vit d'autre moyen d'échapper à la mort ou à la captivité, que de se débarrasser de son armure en en coupant les lacets avec son poignard. Alors, ne conservant plus que son casque d'acier et son épée de combat, il put, à la faveur du désordre, se diriger vers Edimbourg; mais, arrivé près de Bramstone, épuisé et mourant de soif, il entra dans une ferme, où, presqu'au même instant, un galop de chevaux l'avertit qu'il était poursuivi; grimpant alors sur un cerisier planté dans un coin de la cour, il aperçut à travers les branches dénudées, — on était au mois de novembre, — deux cavaliers anglais qui, en quête de fugitifs, passèrent plusieurs fois sous l'arbre qui l'abritait. Après une rapide perquisition, dont les minutes parurent à sir Thomas mortellement longues, les deux soldats s'éloignèrent pour porter plus loin leurs recherches. Maule put alors quitter son refuge et, à la faveur de la nuit, gagner Edimbourg, puis le château de Panmure. »

L'éducation libérale qu'il avait reçue, sous la direction éclairée du cardinal Beaton, avait développé au plus haut degré sa vaste intelligence et ses talents naturels. En zélé patriote, il soutint de tout son crédit et de tout son dévouement la cause de Marie Stuart; et, pendant le pénible voyage que l'infortunée reine entreprit dans le nord de l'Ecosse, au cours de l'année 1562, sir Thomas Maule fut l'un des gentilshommes qui l'escortèrent et lui firent un rempart de leurs corps dans cette contrée si suspecte que l'escorte royale, peu nombreuse d'ailleurs, était obligée de se tenir sur ses gardes comme au milieu d'un pays ennemi ; puis, quand l'abdication arrachée à la malheureuse souveraine eut fait passer nominativement la couronne sur la tête de son fils, Jacques VI, encore enfant, sir Thomas Maule resta fidèle au malheur, et continua de servir la reine jusqu'au jour où, voyant la nationalité même de l'Ecosse menacée par les intrigues de la reine d'Angleterre, il entra dans la fameuse ligue des barons écossais, unis pour la défense des droits de leur jeune roi... *Clementia et animis !*

Cette existence toute d'activité et de patriotisme méritait bien d'être couronnée d'un repos bien gagné. Les dernières années de la vie du grand baron s'écoulèrent en effet paisiblement dans son château de Panmure, dont il s'efforça de cicatriser les plaies produites par les guerres et les différents sièges qu'il avait subis.

Ce naïf exposé du caractère et de l'aspect personnel de sir Thomas Maule nous est laissé par un chroniqueur contemporain :

« Il possédait le teint coloré de son père, ainsi que la barbe et les cheveux roux, avec la même physionomie enjouée et loyale que jamais l'adversité ne put modifier; mais il bornait ses joies aux satisfactions familiales et ne redoutait rien tant que les plaisirs mondains; la chasse et la fauconnerie étaient ses occupations favorites ; pas un jour, — le dimanche excepté, — ne s'écoulait sans qu'il fît une promenade à cheval, et il eût préféré perdre un bien quelconque plutôt que de s'adonner au jeu ou à la boisson avec ses voisins. »

Sir Thomas Maule, cinquième du nom, mourut en son château de Panmure au cours de l'an 1600, dans sa soixante-dix-neuvième année.

Les détails de sa mort sont simples et touchants.

« Quand le vieux lord écossais, dit la chronique, sentit la mort venir, il fit mettre ses chiens hors de sa chambre, et, ayant confessé à Dieu tous ses péchés, il récita le *Confiteor* et le *Pater;* puis, la main dans la main de sa fidèle épouse, qui, seule présente et retenant ses larmes, versait dans son cœur des paroles de consolation et d'espérance, il rendit paisiblement son âme à Dieu.. »

D'un premier mariage avec lady Elisabeth, fille du comte de Hawford, Thomas Maule ne laissait pas d'enfants; mais par une seconde union avec Marguerite, fille du chevalier Georges Haliburton de Pileur, il avait eu huit fils et trois filles, parmi lesquels nous mentionnerons :

1° Patrick Maule, qui lui succéda dans la baronnie de Panmure :

2° Robert, stewart de Saint-André, savant antiquaire qui écrivit une histoire de la maison de Maule :

3° Et Thomas Maule de Pitlivie, duquel sortit la branche irlandaise de la famille.

IX

LES COMTES DE PANMURE

Patrick Maule de Panmure, héritier du nom et des armes de la maison, était déjà bailli héréditaire de Barrie à la mort de son père.

L'histoire de sa vie se trouve en grande partie confondue avec celle de sir Thomas V ; elle offre cependant cette particularité, c'est que, dès l'âge de douze ans, il fut marié avec Marguerite, fille du célèbre Jean Erskine, conseiller privé de la feue reine, Marie Stuart, et l'un des ambassadeurs écossais qui assistèrent cette jeune princesse et l'accompagnèrent en France, lors de son mariage avec le roi François II.

Patrick Maule ne survécut que peu d'années à son père ; il mourut en l'année 1605, laissant un fils auquel le même nom avait été donné.

Patrick Maule II° du nom, possédait d'éminentes qualités et se distinguait par un esprit des plus fins et une rare aménité. Grâce à ces aimables dispositions, il devint le favori du roi et de toute la cour. Jacques VI le nomma « gentilhomme de la Chambre », intendant de la maison royale et gouverneur du parc du Roi à Eltham, dans le comté de Kent. Pendant les querelles civiles, et les révoltes de barons si fréquentes en Ecosse, Patrick Maule, quels que fussent ses intérêts privés et, parfois, ses attaches de famille ou ses relations personnelles, demeura constamment fidèle à la cause royale ; il suivit la fortune de Jacques VI, lorsque, après la mort d'Elisabeth d'Angleterre, le monarque écossais, appelé par les barons anglais, succéda au bourreau de sa mère pour le malheur de sa descendance et celui de la famille de Maule.

Patrick Maule, en effet, continuant sous le règne de Charles Ier, de jouir du même crédit que du temps de Jacques VI, s'attacha d'autant plus étroitement à cet infortuné souverain que la fortune lui devint davantage contraire. Maule payait ainsi une dette de cœur : le roi l'avait créé comte de Panmure et lord de Brechin et Navar, *ainsi que tous les héritiers mâles de son corps à perpétuité*. Aussi, partout où la personne et les armes du roi se trouvent engagées dans cette lutte de la couronne contre le parlement qui devait se terminer par le meurtre du souverain, trouve-t-on aux côtés de Charles Ier, son fidèle Patrick Maule qui, après avoir combattu à Edgecoat en 1642, à Newbury l'année suivante, à Marston-Moor, le 2 juillet 1644, à Naseby et, pour la seconde fois, à Newbury, en 1645, partagea la captivité de son malheureux prince, lâchement vendu par les *saints* d'Ecosse aux *justes* d'Angleterre et livré par ceux-ci au Parlement anglais pour la somme de 800,000 livres sterling (1).

Deux gentilshommes de la Chambre, Maxwell et Maule, demeurèrent seuls auprès du monarque qui fut conduit le 9 février 1647 au château de Holmby, près de Northampton, et

---

(1) Vingt millions de francs.

soumis à l'étroite surveillance des commissaires du Parlement (1).

Maule rêva de délivrer le monarque. Il y réussit en partie. Voici ce que raconte à ce sujet l'envoyé de Cromwell :

« Vers cinq heures, j'entrai dans la chambre attenant à
« celle du roi et où je trouvai les commissaires du Parlement
« et les gentilshommes de la Chambre.

« J'attendis là, sans défiance, jusqu'à six heures sonnées ;
« je commençai alors à éprouver un certain doute, et je dis à
« Maule et à Maxwell que j'étais étonné que le roi fût si long-
« temps à écrire. Ils me répondirent « qu'ils ne l'étaient pas
« moins que moi, mais que, probablement le roi écrivait à la
« princesse d'Orange. Cette explication me rassura momen-
« tanément!.... Cependant mes craintes augmentèrent avec le
« temps et, quand l'horloge sonna sept heures, je m'adressai
« de nouveau à Maule :

« — Je suis vraiment très étonné, lui dis-je, que le roi ne
« sorte pas de son appartement!

« — Il écrit, me répondit-il.

« — Mais peut-être est-il malade? répliquai-je; et dans ce
« cas, il serait urgent de vous en assurer pour ma satisfaction
« et celle de tout le monde.

« — Le roi a expressément défendu qu'on le dérangeât, et
« je n'ose enfreindre ses ordres; de plus, il a verrouillé sa
« porte, me répondit Maule.

« Mes appréhensions augmentant de minute en minute, je
« collai mon œil au trou de la serrure, et cela à plusieurs re-
« prises, mais je n'aperçus rien. Je pressai Maule davantage et
« l'engageai à frapper très doucement à la porte du roi pour
« me convaincre que Sa Majesté y était bien. Il ne voulut
« point faire droit à ma requête, toujours sous prétexte « qu'il
« ne voulait pas désobéir aux ordres du roi ». Il était près de
« huit heures, lorsque je me rendis auprès de Smithby, gar-
« dien des appartements privés, et le priai de venir avec moi.
« Nous traversâmes le jardin où j'avais posté des sentinelles,

---

(1) Par une singulière ironie du sort ce château, transformé alors en prison royale, avait été acheté, pour le roi lui-même, lorsqu'il n'était encore que duc d'York, par sa mère Anne de Danemarck.

« et gagnâmes le derrière de la maison. Nous gravîmes un
« escalier de service, et, d'appartement en appartement, nous
« arrivâmes à la chambre qui touchait à celle du roi. Grand
« fut mon étonnement en voyant le manteau de Sa Majesté
« étendu sur le parquet de sa chambre. Je revins près des
« commissaires et des gentilshommes de la Chambre pour
« leur faire part de ce que j'avais vu. J'insistai alors pour que
« Maule s'assurât que le roi était bien chez lui. Il me fit encore
« une fois la même réponse ; il n'osait pas.

— « Alors, dis-je, au nom du Parlement je vous somme de
« me suivre ! »

« Il me pria de demander aux commissaires de nous ac-
« compagner, ce que je fis ; et, quand nous arrivâmes dans la
« chambre qui précédait celle du roi, je pressai Maule et l'in-
« vitai à y entrer. Il y consentit, mais à la condition que je
« resterais à la porte. Je le promis et je tins parole. Une minute
« plus tard, Maule ressortait de la chambre et nous annonçait
« que le roi était parti. Nous entrâmes alors tous dans la
« chambre qui, en effet, était vide. Un des commissaires émit
« l'idée que le roi était peut-être dans son cabinet. Maule, au
« bout d'un moment, reprit simplement : « Il est parti ! »

On sait comment fut trahi par le gouverneur de l'île de Wight, le malheureux roi, qui après avoir marché toute la nuit, était arrivé sur le bord de la mer où pas une seule barque ne se montrait sur l'immensité morne ; il devint une seconde fois prisonnier du Parlement et fut transféré au château de Carisbrooth.

Maule retourna seul près du roi ; mais, justement suspect, il reçut du Parlement l'ordre de se séparer du monarque.

Les adieux échangés entre le souverain et le comte furent des plus touchants. La reine de Bohême écrivit à ce dernier une lettre de remerciements pour son dévouement au roi. Le Protecteur Cromwell jugea la conduite du comte bien différemment, car il le condamna à cette amende, énorme pour l'époque, de 10,000 livres sterling (1). Néanmoins, Maule continua de travailler à la délivrance de son infortuné maître qui, conduit dans l'île de Wight, ne put que repousser loyalement

---

(1) 250.000 francs d'alors ; environ 600.000 francs d'aujourd'hui.

les propositions d'évasion, car il avait à l'insu de ses serviteurs, engagé sa parole au gouverneur de l'île.

La fidélité au serment prêté devait conduire le malheureux roi à l'échafaud.

Alors, ne pouvant plus être utile à la cause royale, Patrick Maule, vieilli et découragé par tant d'insuccès, se retira dans son château de Panmure où, pendant les jours prospères, il avait goûté les joies de la famille, entremêlées, cependant des profonds chagrins que laisse après elle la mort des personnes aimées. Car le noble lord avait eu la douleur de perdre successivement trois épouses. La première était lady Françoise Stanhope, fille du lord de ce nom ; la seconde fut Marie Waldrum, fille d'honneur de la reine d'Angleterre, proche parente du fameux duc de Buckingham ; la troisième était veuve de Guillaume Marisholl et fille de Jean, comte de Mar, lord et grand-trésorier d'Ecosse.

Les deux dernières unions demeurèrent stériles, mais du premier mariage était nés deux fils :

Georges Maule, qui fut comte de Panmure après la mort de son père, survenue en l'année 1661 ;

Et Henri Maule de Balmakelhe, galant officier, qui, comme son frère aîné, ne voulut pas désespérer du salut de la patrie et ne déserta jamais la cause royale.

X

L'ÉTOILE DES MAULE

L'exécution du roi Charles Ier qui, dans les annales historiques, était le premier meurtre juridique d'un souverain, avait mis fin à l'alliance de l'Angleterre et de l'Ecosse ; aussi, pendant qu'à Londres on renversait toutes les effigies royales, le petit-fils de Jacques VI était proclamé roi à Edimbourg sous le nom de Charles II.

Georges Maule, que son père avait envoyé finir son éducation par un voyage à travers la France et l'Italie, venait de rentrer au château paternel. En digne continuateur des traditions de la famille, l'héritier présomptif du domaine de Panmure, accourut l'un des premiers se ranger autour de la bannière nationale. Le roi Charles II le nomma colonel d'un régiment de cavalerie de la comté de Forfar.

Un grand nombre de barons du pays, en souvenir des exploits de sir Patrick Maule, accoururent immédiatement se ranger sous les ordres du jeune comte Georges. On se battit à Dunbar le 3 septembre 1650, puis à Inverkeithing où le vaillant colonel Maule fut blessé. La pauvre armée, décimée mais non découragée malgré la reddition d'Edimbourg, se reforma dans l'ouest de l'Ecosse et, grossie de tous les royalistes qui vinrent se ranger sous la bannière de Panmure, livra à Cromwell, au jour anniversaire de la défaite de Dunbar, la néfaste bataille de Worcester qui, pour longtemps ruina en Ecosse la cause du parti royaliste. Alors, désespéré, réduit à l'impuissance, sir Georges Maule rendit au général Monck les débris de l'armée écossaise sous la seule et honorable condition de déposer les armes et de se retirer librement dans ses foyers « *officiers et soldats ayant bagues et vies sauves* ».

Le roi Charles II prit le chemin de l'exil et Georges Maule, revenu près de son père au château de Panmure, cessa de s'occuper des affaires politiques jusqu'au jour où le même général Monck, auquel il avait rendu la dernière armée écossaise, rappela sur le trône l'héritier des Stuart qu'il avait naguère combattu.

Charles II fit son entrée à Londres le 29 mai 1660, ayant à ses côtés le fidèle Georges Maule de Panmure.

La famille de Maule revit alors briller son étoile ; Georges Maule fut appelé au conseil privé du roi et, plein de foi en l'avenir, partagea désormais son temps entre les affaires publiques, la reconstruction de son propre château (1) et un grand ouvrage historique : *La vie de Guillaume Wallace* (2), héros dont il avait cherché toute sa vie à devenir l'émule.

(1) Le château actuel de Panmure.
(2) William Wallace, héros populaire de l'Ecosse, était un gentilhomme campagnard qui, avec une poignée de patriotes, tint tête à l'Angleterre depuis l'année 1297 jusqu'en 1305: livré par un traître aux Anglais, il fut décapité et sa tête fut placée au bout d'une pique sur le sommet de la tour de Londres.

Une nombreuse famille, sept fils et deux filles, avait été le fruit du mariage de Georges Maule avec lady Jeanne Campbell, fille du comte de Loudon, grand-chancelier d'Ecosse ; mais trois fils seulement et une fille survécurent à leurs parents :

1° Georges Maule, II° du nom, qui fut, à la mort de son père, troisième comte de Panmure ;

2° Jacques Maule de Balumbie ;

3° Henri Maule de Kellie ;

4° Et Françoise-Marguerite-Elisabeth Maule, mariée à un seigneur français, messire François de Ponthieu, Grand-Bailli de Saint-Valéry-sur-Somme.

Georges Maule de Panmure, II° du nom, fut, comme l'avait été son père, membre du conseil privé de Charles II, puis du roi Jacques VII.

Sa vie offre un contraste frappant avec celle de ses devanciers ; pas un appel aux armes, pendant son administration, ne vient troubler la douce quiétude des vassaux du comté de Panmure, ni des habitants du château ; partout règnent la paix et l'abondance. L'esprit se repose agréablement, pendant cette période, des longs siècles de guerre, de ces expéditions hasardeuses, de ces folles équipées qu'a traversés l'histoire des Maule d'Ecosse. Pendant ces années de tranquillité, le noble lord n'a d'autre souci que celui d'embellir son domaine. Un immense chagrin domestique vient cependant frapper ce malheureux père : c'est la mort d'un fils unique, et cette mort doit avoir pour la maison de Panmure de bien fâcheuses conséquences.

La vie du comte Georges Maule semble, en effet, du même coup atteinte, car il ne tarde pas à aller rejoindre, dans les caveaux de l'église de Panbridge, cet enfant sur la tête duquel reposaient de si douces espérances.

Jacques Maule de Balumbie, frère puîné du comte Georges, lui succéda dans le comté de Panmure en même temps que dans tous ses titres et dignités.

XI

L'ÉDIT DE CONFISCATION

Sir Jacques Maule revenait en Ecosse précédé par la grande réputation que son courage et son activité lui avaient faite pendant les opérations du siège de Luxembourg.

Mais son tempérament fougueux correspondait plutôt à une époque guerrière qu'à celle d'un gouvernement régulier dont une longue jouissance de paix avait appris à connaître les avantages. Le nouveau comte de Panmure prêta bien le serment comme conseiller privé du roi Jacques VII et s'acquitta ponctuellement de tous les devoirs qu'entraînait cette fonction; cependant, lorsque le monarque, attaché de cœur à la religion catholique, voulut sinon la substituer à l'église anglicane, du moins la faire marcher de pair avec l'usurpatrice, lord Maule s'éleva fortement contre cette mesure qu'il considérait comme impolitique; et, quand le roi, n'ayant pu obtenir pour son projet une majorité dans le Parlement, publia, de sa propre autorité, une *déclaration de tolérance absolue*, sir Jacques Maule ne voulut pas couvrir de son nom ce qu'il considérait comme une illégalité: il résigna sa charge de Conseiller, et se retira en son domaine de Panmure.

Toutefois, on le retrouve, l'année suivante, aux premiers rangs des patriotes écossais quand il s'agit de défendre la couronne de Jacques VII contre l'ambition de Guillaume, prince d'Orange, gendre du monarque ; et, lorsque l'usurpateur monta sur le trône après la ruine du parti Jacobite, lord Maule fut encore l'un de ceux qui refusèrent de prêter au nouveau roi le serment d'usage, de même que lors du couronnement de Guillaume III comme roi d'Ecosse, il s'opposa énergiquement à l'union des deux royaumes comme étant contraire à l'honneur et à l'indépendance de la patrie.

Aussi, quand en l'année 1715, après la mort de la reine Anne Stuart, le comte de Mar leva l'étendard national en faveur du fils de Jacques VII, lord Maule fut l'un des premiers à adhérer au manifeste publié au nom du Prétendant: alors, n'écoutant que son patriotisme, il proclama, sur la place de Bréchin, Jacques Stuart, roi d'Ecosse. Quinze mille hommes armés entouraient les deux comtes. Henri Maule de Kellie était venu se ranger également sous la bannière de son frère. Cependant le duc d'Argyle, élève de Marlborough, marcha contre les Ecossais, et remporta sur eux la victoire de Shériffmoor, où le comte Jacques Maule, toujours au plus fort du danger, fut blessé, précipité à bas de sa monture et fait prisonnier. Déjà les Anglais emmenaient leur captif quand Henri Maule, se frayant un passage à grands coups d'épée, parvint jusqu'à son frère qu'il délivra, mais en laissant le champ de bataille aux Anglais.

La capture et la délivrance du comte ont été célébrées par une vieille balade qui se chante encore chez les habitants du nord de l'Ecosse, et dont voici l'une des strophes :

> *Brave Mar and Panmure,*
> *Were firm I'm sure,*
> *The latter was kidnapt awa, man :*
> *With brisk men about*
> *Brave Harry retork*
> *His brother et laughed at them à, man!...*

TRADUCTION :

> Ces deux braves, Mar et Panmure
> Etaient pleins de feu, je l'assure ;
> Mais, Alerte!... Panmure est tombé prisonnier!...
> Henry, que la rumeur attire,
> Accourt, délivre ce dernier
> Et, sans souci du nombre, en gouaillant se retire!...

Pour la dernière fois, le cri de guerre des Maule avait retenti...!

Le comte Jacques suivit le Prétendant dans l'exil, et tous ses biens furent frappés de confiscation. Toutefois, le duc d'Argyle, non moins habile politique que grand général, fit offrir, au sire de Panmure, la restitution de tous ses honneurs et de ses biens, s'il consentait, en rentrant en Ecosse, à prêter le serment de fidélité au roi Georges de Hanovre. Le vieux sang des Bruce, qui coulait dans les veines des Maule, se révolta devant une pareille compromission. Jacques de Panmure préféra partager l'exil du prince qu'il regardait comme son souverain légitime.

Et cependant, l'inflexible lord laissait en Ecosse, non seulement la totalité de sa fortune, mais encore la meilleure partie de son cœur. La comtesse de Panmure unissait, en effet, à une grande beauté, une force de caractère peu commune. Elle était fille du duc de Hamilton et, dans l'espoir d'une future restauration, elle était demeurée attachée à la résidence de Panmure en obtenant du Parlement l'autorisation de se servir de la maison et d'une partie des dépendances du château avec la jouissance d'une rente à laquelle elle eût pu avoir droit si elle avait été en l'état de veuvage. La comtesse correspondait régulièrement avec son mari ; elle contribua beaucoup, par sa rare énergie, à maintenir le courage du comte à la hauteur des malheureuses circonstances que leur fortune traversait. Donnant l'exemple de la plus parfaite abnégation, la comtesse s'était mise à travailler avec ses femmes : « elles filèrent du lin pour de l'argent » et, avec le produit de ce travail, la vaillante patricienne put racheter la baronnie de Redcastle qui avait fait partie du domaine de Panmure, que naguère elle avait eu la douleur de voir passer, par la voie des enchères, dans des mains étrangères (1). Ce n'est qu'après la mort de son mari, survenue à Paris en l'année 1723, que la comtesse put reprendre son rang à la cour où le souvenir de ses malheurs et ses grandes qualités de cœur avaient créé en sa faveur un sympathique courant d'admiration, dont son esprit supérieur sut encore profiter pour le bien de la patrie ; car, continuant de donner ses soins à la fabrication des toiles, alors à son début, elle put doter l'Ecosse du fructueux monopole de ces fines batistes, dont des mains de duchesse avaient com-

---

(1) Le magnifique domaine de Panmure avait été acquis par une société de spéculateurs de la ville d'York pour la somme de 60.000 livres (1.500.000 francs).

mencé de filer la matière (1). La comtesse de Panmure mourut en 1731, laissant le souvenir d'un cœur aimant et bon, uni à une haute intelligence et à une bienveillance sans limites.

On cite comme un trait du caractère de la comtesse Marguerite de Panmure, la fermeté d'âme qu'elle montra dans la circonstance suivante : « Après la défaite de Shériff-Moor, le bruit de la mort du comte s'était répandu dans le pays, et la plus poignante anxiété régnait au château de Panmure. De longs jours s'étaient écoulés sans apporter à la comtesse aucune espérance quand, un soir, elle aperçut, se dirigeant vers le château, un homme misérablement vêtu, et sous les haillons duquel elle reconnut son mari.— Faites entrer ce pauvre homme, commanda-t-elle tranquillement à l'une de ses suivantes, et donnez-lui quelques secours. Puis elle continua de vaquer à ses occupations. Mais, quand fut relevé le pont-levis et abaissée la herse du château, elle descendit aux cuisines; puis, ayant éloigné la domesticité, fit secrètement entrer le comte dans une cachette pratiquée sous l'escalier. La sévérité du gouvernement anglais allait jusqu'à la cruauté contre les prisonniers de cette guerre : l'indiscrétion d'un serviteur pouvait faire tomber plusieurs têtes. Bien qu'en proie à des transes mortelles, la comtesse, calme, impassible, put garder son mari dans le château jusqu'au jour où un vaisseau, préparé par ses soins, put le venir prendre afin de le conduire en France. La courageuse femme accompagna le fugitif jusqu'au bout du parc et, du haut d'un monticule, pieusement conservé, elle put suivre longtemps son mari des yeux après la déchirante séparation.

Le tertre a conservé le nom de *Mont de Marguerite*, et l'on montre encore dans le château de Panmure, sous la cage de l'escalier principal, l'endroit qui servit de cachette au noble lord.

Très bonne musicienne, la comtesse de Panmure trompait les ennuis d'une si longue séparation en soupirant les vers d'une plaintive romance qu'elle avait composée et qui, devenue populaire en Angleterre, sous le nom de « Poor James » (Pauvre Jacques...!), passa en France où elle se répandit

---

(1) Avant cette époque, l'Ecosse était tributaire de la Flandre pour les toiles aussi bien que pour la plupart des objets de nécessité ou de luxe qui s'importaient tout fabriqués.

promptement et devint même, pendant la Révolution, une sorte de chant de ralliement entre les royalistes ; car la légende en attribua tour à tour la paternité à la reine Marie-Antoinette, à Mme Elisabeth sœur de Louis XVI, à la marquise de Travanais.

Sous le titre de *Pauvre Jacques*, la chanson fut ensuite mise en vaudeville et, de Paris, fut transportée, dit-on, à Vienne et transformée en opéra allemand, dont le succès fut considérable sous le titre de *La Famille Suisse*.

Retraduite plus tard en français, cette pièce fut représentée à l'Odéon, sous son titre primitif, et reconquit sa première popularité. Chacun se souvient, en effet, d'avoir plus ou moins fredonné, comme le faisait naguère l'infortunée comtesse de Panmure :

> Pauvre Jacques, quand j'étais près de toi
> Je ne sentais pas ma misère.
> Mais, à present que tu vis loin de moi,
> Je manque de tout sur la terre.

Ces plaintes touchantes étaient bien appropriées à l'intéressante situation de cette fille de duc, réduite à la triste nécessité de travailler de ses mains, afin de pourvoir à son existence.

XII

L'HÉRITAGE DES MAULE

Henri Maule de Kellie, le plus jeune des fils de Georges Maule de Panmure IIe du nom, avait suivi son frère James en exil et, comme lui, avait vu confisquer tous ses biens.

Retiré en Hollande, il dût renoncer à la carrière des armes, et, pour assurer sa subsistance, « utiliser les connaissances qu'il avait acquises dans l'étude des lois qui régissent la nature et les nations. » Plus tard, il put néanmoins rentrer en Ecosse et prit à bail le château de Bréchin. Il y mourut en l'année 1734 (1), laissant de demoiselle Marie de Wigton, fille du comte Guillaume, trois enfants : James, William et « lady Jean ».

Henri Maule de Kellie fut enterré en l'abbaye de Holyrood, dans le tombeau des comtes de Panmure, ses ancêtres.

James Maule, l'aîné des fils, annonça, dès sa plus tendre enfance, un goût prononcé pour l'étude; jeune homme, il devint passionnément épris des recherches historiques. Une mort prématurée l'enleva en 1729. Il avait réuni les matériaux d'une Histoire complète et d'un Armorial de l'Ecosse; il publia un remarquable Mémoire politique de l'état du pays à son époque et dans les temps anciens, ainsi qu'une Nomenclature complète des historiens écossais. Il collabora également à la composition du « *Registrum de Panmure* » et, à cette occasion, il raconte « qu'en compagnie du comte Jacques Maule de Panmure, son oncle, alors exilé en France, il fit un pélérinage à la cité de Maule, berceau de sa famille, où, tous deux avec une poignante émotion, retrouvèrent au-dessus de la grande porte du château « les armoiries semblables à celles qui se trouvaient sur la porte du château de Panmure. » Guidés ensuite par le bailli de Maule, « beau vieillard de quatre-vingts ans », les deux voyageurs visitèrent ensuite l'église paroissiale, les tombeaux des seigneurs du nom de Maule, le prieuré fondé naguère par Pierre Ier, l'ancêtre commun des deux familles, la croix Jehan de Maulle, élevée en mémoire d'un voyage en Terre-Sainte, et enfin cette baronnie de Pennemort dans le nom de laquelle ils retrouvaient comme un étrange souvenir de cette baronnie de Panmure (2) qu'ils ne revoyaient plus maintenant qu'à travers un rêve mélangé de cruelles déceptions et de fugitives espérances (3) ».

---

(1) Registrum of Panmure.

(2) Panmure se prononce Pennemeure en anglais... Pennemore.

(3) Un procès-verbal, dressé par le généalogiste Chevillard, le 5 novembre 1721, sur la requête et en présence de noble et puissant seigneur Jacques Maule, comte de Panmure, pair d'Ecosse, lord Maule, Brechin et Navarr, chevalier de l'ordre Saint-André d'Ecosse, etc., nous a conservé par une minutieuse description et de nombreux dessins, les armes des anciens

Harry Maule, frère puiné, avait largement hérité des goûts militaires de la famille. Très jeune encore, il entra dans l'armée, fit plusieurs campagnes dans la Flandre, assista aux batailles de Dettingen, de Valdt et de Fontenoy où sa valeur et ses talents le firent particulièrement distinguer ; et de grade en grade, il parvint au rang de général. Bientôt il siégea à Perth pour la comté de Forfar et, en l'année 1743, il fut nommé pair d'Irlande, sous le titre de comte de Panmure de Forth et vicomte Maule de Whitchurch. Il avait pu racheter le domaine de Panmure et tous les biens de la famille dans le Forfarschire. Il mourut à Edimbourg, en l'année 1782, sans postérité.

Avec lui s'éteignait en ligne directe le vieux nom des Maule de Panmure.

Mais « lady Jean », fille de Henry Maule de Kellie, mariée à sir Georges Ramsay, comte de Dalhousie, se trouvant aux droits de son frère Henry et ayant recueilli l'héritage du dernier descendant des Maule de Panmure, crut devoir relever le nom et les titres de l'illustre maison pour les joindre, avec les armes de Maule, aux titres et aux dignités de son mari. Depuis lors, les Ramsay firent précéder leur nom de celui de Maule et écartelèrent des *huit coquilles d'argent et de gueules l'écusson d'argent à l'aigle éployée de sable*, qui est de Dalhousie et porte pour devise : *Ora et Labora ..!*

Cet hommage prouve combien était grande la renommée des Maule.

La famille Ramsay appartenait, en effet, à la meilleure noblesse de l'Ecosse et comptait, parmi ses ancêtres, le fameux sir Alexandre Ramsay, de Dalwolsey, qui avait si bravement fait lever le siège de Dumbar en 1327, et dont la renommée en chevalerie était si éclatante qu'aucun jeune écossais ne passait pour courageux tant qu'il n'avait pas fait ses preuves sous les ordres de Ramsay. Les descendants de sir Alexandre avaient été d'abord créés lords Melrose, en la personne de Georges Ramsay qui, par une charte de l'année 1629, obtint du roi Jacques VI des lettres patentes l'instituant lord de Dalhousie.

seigneurs de Maule, celles de leurs alliances et des autres monuments qui constataient l'honneur et l'ancienneté de leur maison. Mme la marquise de Maule-Plainval possède aujourd'hui cette pièce doublement précieuse par son authenticité et par les pieux souvenirs qui y sont attachés.

Son arrière petit-fils, Georges Ramsay, marié à « lady Jean » Maule de Panmure, se trouvait être, dans l'ordre successif, le huitième comte de la famille ; de cette union, naquit Georges Maule Ramsay, comte de Panmure et baron de Dalhousie qui, en 1815, commandait une division anglaise à Waterloo.

Il mourut en 1838.

Parmi les successeurs et les collatéraux de Georges Maule Ramsay, on rencontre dans le *Peerage of United Kingdom* : lord James Andrew Maule de Panmure, dixième comte de Dalhousie, qui fut gouverneur des Indes anglaises de 1847 à 1856 ; William Maule Ramsay, créé baron de Panmure par lettres patentes du 10 septembre 1831 « comme étant aux droits de sa grand'mère, « Jean Maule », fille de l'honorable Henri Maule de Kellie » : Fox Maule Ramsay de Panmure, onzième comte de Dalhousie, qui a laissé au Parlement anglais de si honorables souvenirs comme sous-secrétaire d'Etat aux affaires extérieures, et vice-président du « Board of Trade », puis enfin comme ministre de la guerre pendant les années 1846 à 1855.

Fox Maule, créé lord lieutenant de la comté de Forfar et gardien du sceau particulier de l'Ecosse, mourut sans enfants.

Georges Maule Ramsay, cousin de Fox Maule, par son père John Ramsay, quatrième fils de Georges Maule Ramsay, huitième comte de Dalhousie, hérita du nom et des armes de la maison et les transmit en mourant à son fils John William Maule, grand écuyer de S. A. R. le duc d'Edimbourg (1), qui, marié à lady Ida Louise Bennet, fille du sixième comte de Tankerville, laissa pour héritiers :

1° Sir Arthur-Georges Maule Ramsay, comte actuel de Dalhousie et de Panmure, lord de Kerrington, et baron de Glenmark, né le 4 septembre 1878 ;

2° Patrick-William Maule Ramsay, né le 20 septembre 1879 ;

3° Alexandre-Robert Maule, né le 29 mai 1881 ;

4° Ronald-Edward et Charles-Fox Maule, frères jumeaux, nés le 5 mars 1885.

Le nom de Maule n'est donc pas menacé de s'éteindre ; il est d'ailleurs revendiqué par deux autres branches de la famille.

---

(1) Lord John William Maule est mort le 25 novembre 1887.

XIII

LES MAULE DE BOATH

L'une des branches de la famille de Maule est issue de sir Thomas Maule de Boath, deuxième fils de Thomas Maule de Panmure V⁰ du nom.

Comme son aînée, cette branche de la maison de Maule possède de belles alliances dans son arbre généalogique : Guillaume de Boath, épousa lady Janet, fille de Robert Carnégy de Kinnaird, ancêtre des comtes de Southesk ; et David Maule de Boath se maria à Catherine Balfour de Farrie, héritière de l'une des plus anciennes familles de l'Ecosse.

La maison de Boath a également fourni à l'armée, à la marine, à l'église, des prélats distingués et des officiers dignes du grand nom qui leur était légué, et qu'avaient illustré tant de générations : John Maule de Boath, officier du Yacht royal « *le William and Mary* » fit plusieurs voyages aux Indes occidentales ; Thomas Maule de Boath servit avec distinction dans l'armée anglaise pendant la guerre de Birmanie ; et Patrick Maule de Boath, ministre de l'Evangile, se vit persécuté comme le comte Jacques Maule de Panmure, pour avoir ouvertement épousé la cause des Stuart.

La branche de Boath est aujourd'hui représentée par l'honorable sir Ward Maule, marié à miss Mary Cordelia, fille du Révérend Harry Streeten, seigneur du manoir de Lydiard-Millicent, et par son fils Harry John Maule, né le 15 septembre 1865 et récemment marié à demoiselle Alice Fréderika Waterhouse, arrière petite-fille du Right Honorable Spencer Percival.

Les Maule de Boath ont conservé la vieille devise de la maison : *Clémentia et animis...!*

XIV

LES MAULE-PLAINVAL

L'autre branche de la maison de Maule tire son origine de dame Françoise-Elisabeth-Marguerite Maule, fille de Georges Maule Iᵉʳ du nom, comte de Panmure, qui fut mariée à messire François de Ponthieu, grand bailli de Saint-Valéry.

Elle est représentée actuellement par M. Augustin-Jules-Edmond Le Febvre, vicomte de Plainval, comme étant aux droits de son aïeul messire Lefebvre de la Sal, comte de Plainval, marié à l'unique héritière du nom et des armes des Maule de Ponthieu et autorisé par lettres royales, de l'année 1765, à prendre en France, dans la personne de l'un de ses descendants, mâle et légitime, les titres et qualifications de l'ancienne maison de Maule-Panmure, alors tombée en déchéance à cause de sa fidélité au parti des Stuart qu'elle considérait comme ses seuls rois légitimes (1).

(1 Extrait de l'autorisation royale en vertu de laquelle le seigneur de La Sal, comte de Plainval, en service au présent (1765) de S. M. le roi Louis XV, est autorisé en la personne « d'un de ses fils ou bas-fils, mâle
« et légitime, à se revêtir des titres et seigneuries, en tant de celles qui
« viennent de source française, provenant de la famille Maule de Maule,
« pour qualification comte de Panmure, à l'exclusion de prendre titres ni
« qualification séant en Angleterre et par retour des pouvoirs concédés
« au roi d'Angleterre, Charles II, en vertu desquels le comte Maule de
« Panmure fut réintégré comme chef de famille dans les titres de seigneur
« de Maule (titre originaire et français de sa famille).

« Par effet de la déchéance où ladite famille est, pour le présent, tom-
« bée en Angleterre à cause de sa fidélité au parti de ses rois légitimes
« Stuarts et pour avoir commandé des armées opposées à celles de l'An-
« gleterre, les dits titres nominatifs de l'ancienne seigneurie de Maule,
« sont dévolus aux représentants de ladite famille en France aux condi-
« tions au présent exprimées, savoir :

« Il n'y aura point réunion des titres et qualifications de la famille Mer-
« cier de La Sal, également échus à la famille de Plainval, avec ceux de

Cette descendance est aujourd'hui continuée par M. Léon-Charles-Emmanuel Maule de Plainval, officier très distingué de l'armée française.

Héritier d'un grand nom, richement apparenté, tant du côté paternel que du côté de sa mère, une Le Prévost de Normandie, dont la famille, comme celle des Bruce, des Valogne, des Maule de Panmure, remonte à l'époque de la conquête (1), le jeune baron de Maule aurait pu, comme tant d'autres gentilshommes qui boudaient l'Empire, s'immobiliser dans un désœuvrement stérile, mais un Maule, disait-il fièrement, doit « ceindre l'épée et chausser l'éperon d'or ». Et, en effet, s'inspirant des exemples si nombreux dans la famille, à peine eut-il terminé ses études, qu'il demanda à prendre le service militaire. La France, alors au lendemain de sa grande Exposition de 1867, était en paix avec toutes les nations ; ses seuls régiments d'infanterie de marine faisaient campagne aux colonies. Ce fut dans l'un de ceux-ci que, sans pose et sans phrases, le jeune baron de Maule s'en fut « partager la gamelle du soldat. »

La déclaration de guerre franco-allemande le trouva sous-officier dans cet héroïque régiment que la défense de Bazeilles devait immortaliser le mois suivant.

Grièvement blessé au visage pendant les six heures d'effroyable mêlée qui précédèrent l'entrée des Bavarois dans Bazeilles, le jeune baron n'en continua pas moins la lutte, encourageant ses hommes par son exemple, défendant avec acharnement, contre un ennemi dix fois supérieur en nombre, chaque maison, chaque jardin, puis chaque bouquet d'arbres, chaque recoin : et, quand les munitions se trouvèrent

---

« Maule, chez celui des héritiers directs du dit sieur comte de Plainval
« auquel ces derniers titres seront dévolus. Celui-ci portera pour armes
« et écussons comme il est montré en tête du présent avec les couronne
« et titre de marquis comme il est concédé par grâce royale :
  « Pour Maule : « Pal d'argent et gueules, à l'orle, huit coquilles en
« contr'échange »; pour Valognes: « d'argent à trois pals ondés de gueules »
« et pour devise : Clémentia et Animis...!

(1) Richard Le Prévost, gouverneur du château de Saint-James de Beuvron, en l'an 1065, était cousin du duc Guillaume-le-Conquérant. Il commanda un corps d'armée à la bataille d'Hastings. Son fils aîné resta en Angleterre ; de lui sont sortis les Le Prévost, gouverneurs du Canada. L'église de la Sainte-Trinité, à Falaise, conserve encore l'écusson de la famille, « de gueules au lion d'or » qui était l'antique écusson des ducs normands.

épuisées, se précipitant à la baïonnette pour recommencer plus loin, ne combattant plus que pour sauver l'honneur, mais combattant toujours...! Et malgré la fatigue, la perte de sang, les souffrances que lui causait sa blessure, le jeune baron fut encore de ceux qui, pour ne pas rendre leurs armes à un ennemi détesté, se frayèrent un chemin à travers l'armée allemande et gagnèrent le territoire non encore envahi.

A peine guéri, le baron de Maule courut rejoindre l'armée de la Loire, où l'épaulette de sous-lieutenant fut la consécration de sa belle conduite ; à la fin de la campagne, l'étoile de la Légion d'honneur brillait sur sa poitrine.

Le baron Léon de Maule-Plainval est, aujourd'hui, capitaine au 74ᵉ régiment d'infanterie de ligne ; il s'est marié et trois fils lui sont nés ; l'aîné a reçu le nom de Guarin, en mémoire de l'ancestral auteur de la famille et du chef de la maison de Maule-Panmure, l'aventureux compagnon de Guillaume le Conquérant.

Par leur père, ces enfants apprendront à perpétuer dignement les vertus militaires de leurs aïeux, et à porter toujours, noble et fier, l'écusson sans tache des Maule.

LA

CHEVALERIE MODERNE

LA CHEVALERIE MODERNE

I

LE VOLONTAIRE DE 1791

CLÉMENTIA ET ANIMIS...! Si les annales du passé justifient pleinement cette vieille devise des Maule, les temps modernes ont aussi leur *Livre d'or*, où le plus humble par la naissance, comme le plus favorisé par la fortune, peut aspirer de voir inscrire son nom.

Sa devise est *Honneur et Patrie;* sur ses pages glorieuses, la ville de Maule voit avec fierté figurer les noms de plusieurs de ses enfants.

Dans l'ordre militaire, ce sont ceux de l'enrôlé volontaire Laurent Réaux, du lieutenant Bourgeois, du trompette Jacques Renault, du capitaine d'Authenay, du baron de Maule-Plinval, du général Villain et, dans l'ordre civil, ceux de René Barbu, de Prudent Néel, de Henri de Saint-Clair, d'Emile Réaux; puis, dans un cadre plus modeste, ceux de Thivet-

Rapide et de Georges Réaux, déjà Officiers d'académie et devant lesquels s'ouvre un avenir plein de promesses.

La part de gloire afférente à chacun de ces membres militants de la *chevalerie moderne* appartient trop à l'histoire de leur vie natale pour que nous n'y consacrions pas une étude spéciale.

Salut d'abord au volontaire de 1791.

Fils aîné d'une vieille famille mauloise dont les origines et les alliances se confondent avec celle des Gallien, qui a laissé son nom à l'une des rues du vieux Maule, Laurent Réaux, mon grand-oncle, n'avait pas vingt ans lorsque éclata la Révolution. Ardent, enthousiaste, il embrassa chaleureusement les idées nouvelles et fut l'un des premiers enrôlés de ces fameux bataillons de volontaires qui, au cri de : *Vive la Nation*, culbutèrent brillamment à Valmy les vieilles troupes prussiennes, mais dont la turbulence égalait si bien la bravoure qu'elle nécessita bientôt la répartition de leurs éléments en des corps différents.

Laurent Réaux, immatriculé au *IXe bataillon de Seine-et-Oise*, personnifiait bien les qualités et les défauts de ces légions, hâtivement improvisées pour parer aux dangers d'une situation critique : son courage, son entrain communicatif, ses folles équipées, sa vigilance infatigable pendant les longues nuits d'hiver passées aux avant-postes, à cent pas de l'ennemi, lui valurent de ses camarades le surnom de *Bel-Etoile (sic)*, gaiement adopté par ses chefs.

S'agissait-il, en effet, de quelque entreprise difficile, d'un message périlleux où l'intelligence devait être unie à la résolution, d'un appel aux hommes de bonne volonté? On était sûr de voir se présenter *Bel-Etoile* dont le sang-froid, à l'heure du danger, restait à la hauteur de la spontanéité. On citait de lui, notamment, une marche de trente lieues faite au cœur de l'hiver, dans les forêts de l'Argonne, pour porter une importante dépêche de Kellermann au général Dumouriez. Le pays, infesté de loups qu'attirait le voisinage des armées, était, en outre, sillonné de patrouilles prussiennes. L'intrépide *Bel-Etoile*, voyageant de nuit, était parti seul, mais en armes.

— Je veux bien être fusillé comme soldat, mais non pendu

comme espion, déclarait-il crânement, en promettant de vendre chèrement sa vie à qui l'aurait voulu prendre (1).

Et le courageux messager était de retour trois jours après « n'ayant eu d'autre soleil que la clarté des étoiles », mais rapportant la réponse de Dumouriez. Aussi le général Hoche, qui lui-même était un engagé volontaire et originaire de Montreuil, près de Versailles, disait-il au commandant Gency, l'ancien capitaine de la milice meulanaise : — *Bel-Etoile* serait le meilleur soldat de l'armée, *s'il était moins de Seine-et-Oise.*
— Mais alors, mon général, plaidait affectueusement Gency, il ne serait plus *Bel-Etoile* (2).

Et, de fait, si Laurent Réaux était l'enfant terrible du bataillon, il en était aussi l'enfant gâté, car il avait le cœur sur la main et la main toujours ouverte en faveur des camarades moins débrouillards; qualité précieuse, alors que ces grands vainqueurs n'avait parfois pour souper que quelques pommes de terre, cuites sous la cendre du bivouac..., et le produit des incursions faites par les plus avisés.

« — Il est facile d'être vertueux, disait plus tard le vieux soldat en secouant mélancoliquement sa tête couverte de glorieuses cicatrices, il est facile de respecter *les poules du voisin* quand, les pieds sur les chenets et l'estomac bien garni, on philosophe au coin de la cheminée; mais on est bien forcé

---

(1) Pendant les guerres de la République, les généraux n'avaient point d'aides de camp pour porter leurs dépêches ; ils confiaient celles-ci à des courriers payés par l'État : mais la plupart de ces hommes, qui n'étaient pas soldats, s'acquittaient mal de leur mission. Aussi les généraux préféraient-ils, pour les choses importantes, faire appel à la bonne volonté et à l'intelligence d'officiers ou de soldats de leur armée. Ce fut Napoléon qui, frappé des inconvénients résultant du service des courriers, régularisa le service des dépêches en le confiant aux officiers d'ordonnance.

(2) Cette marche de deux cent cinquante kilomètres, aller et retour, et quoique en pays boisé, n'avait par elle-même rien d'extraordinaire pour nos paysans d'alors, habitués à faire, entre deux soleils, le voyage de Maule à Paris, soit quatre-vingts kilomètres avec le retour; mais la mission confiée à Bel-Etoile présentait ceci de particulièrement délicat, qu'elle s'effectuait en pays occupé et que les Prussiens n'étaient les moindres ennemis à redouter. Pendant toute une nuit, l'intrépide messager fut escorté d'une bande de loups contre laquelle un coup de feu intempestivement dirigé, eût infailliblement provoqué une bagarre, sinon amené l'intervention d'une patrouille prussienne. Sans broncher d'un pas, le courageux messager poursuivit sa route, magnétisant en quelque sorte les fauves affamés par un rayonnement de volonté surhumaine. A cette occasion, il fut « porté à l'ordre du jour. »

d'agir autrement lorsque l'on n'a pour sa journée qu'un pain pour quatre hommes ; c'est-à-dire un peu moins de douze onces de nourriture pour chacun, — encore les soirs de bataille, la distribution faisait-elle souvent défaut; aussi, tenez pour certain que nos officiers et même les farouches députés qui promenaient la guillotine à la suite des armées (1) ne dédaignaient pas de prendre leur part d'une volaille qu'ils savaient pertinemment avoir été achetée... à la foire d'empoigne, et toujours en y risquant notre peau. »

Ce n'était pas, en effet, l'une des moindres difficultés de la situation que l'approvisionnement de ces nombreux volontaires, — *compagnies franches,* ayant leur administration particulière, *légions républicaines,* obligées de se suffire à elles-mêmes et composées des trois armes ; — on pourrait même dire que cette question alimentaire était cause, en grande partie, de la turbulence de ces bataillons « où l'indépendance était telle, racontait plus tard l'ancien volontaire, que lorsqu'il s'agissait d'un service commandé, le général d'armée ne savait souvent où prendre ses troupes qui, ne trouvant pas à leur goût le cantonnement assigné, s'étaient transportées dans un autre village s'en même donner avis de leur déplacement(2) ». Aussi, fut-il bientôt reconnu nécessaire de donner à ces troupes improvisées plus de cohésion et de discipline en les répartissant dans des corps réguliers où les vieux cadres, provenant des armées royales, permettraient de tirer un meilleur parti du patriotisme, de l'audace et de la bonne volonté de ces légions franches.

- Habitué dès l'enfance à la pratique du cheval « alors que les besoins de l'armée obligeaient à mettre en selle les recrues dès leur arrivée au corps et à les faire charger l'ennemi quelques jours après », Bel-Etoile, qui faisait depuis quelque temps déjà le service de cavalerie à la *Légion du Centre,* fut incorporé au 5ᵉ Régiment de Dragons.

---

(1) Au siège de Charleroy, mon grand'oncle vit arrêter et exécuter, sur les ordres de Saint-Just, un capitaine d'artillerie qui n'avait pu, dans les délais prescrits, faire achever une batterie destinée à foudroyer la ville. Le même fait se trouve consigné dans les Mémoires du maréchal Soult.

(2) Pareille constatation est faite par le maréchal Macdonald, en ses « Souvenirs militaires », récemment publiés.

Cette circonstance se produisit au mois de février 1793 (1).

C'était un magnifique régiment que le 5ᵉ dragons et qui, sauf le courage, n'avait rien de commun avec cette brave mais « loqueteuse » *Légion du Centre* que quittait *Bel-Etoile*. « L'uniforme était brillant et coquet ; il se composait d'un habit vert à plastron et à retroussis écarlates, agrémentés de grenades blanches ; la culotte était de drap chamois et enfermée dans de grandes bottes de cuir noir, le casque était à crinière avec un plumet vert et écarlate ; la chevelure se portait poudrée, à queue, nouée par un ruban de laine noire, et à cadenettes, terminées par des aiguillettes de plomb artistement tressées ; le sabre se portait dans la main gauche, lorsque le cavalier était à pied, ou traînait forcément à terre, — car, à cette époque, le ceinturon n'était muni d'aucun crochet, — et ce sabre faisait sur le pavé un bruit de ferraille qui donnait aux cavaliers un air tapageur que leur enviaient les fantassins » et qui n'était pas fait pour déplaire au turbulent *Bel-Etoile* (2).

Fines lames d'ailleurs que ces vieux dragons de Neerwinden qui, par leur audace, avaient arraché à Guillaume de Nassau sa fameuse exclamation de rage impuissante (3), et jaloux de leurs traditions qui remontaient par Malplaquet, Turckeim et

---

(1) Les état de service de Laurent Réaux, dit « Bel-Etoile », font remonter cette incorporation au mois de novembre précédent ; mais il faut prendre cette date comme celle du passage de Bel-Etoile à la cavalerie de la légion républicaine, dont faisait partie le bataillon des « Volontaires de Seine-et-Oise » auquel il appartenait. En effet, la loi du 21 février 1793 attribua deux escadrons de plus à tous les régiments de cavalerie, a raison de cent hommes par compagnie, dont dix à pied pour les dragons qui, depuis cette époque, firent partie de la cavalerie de ligne. Le nouvel effectif aurait donc porté le régiment sur le pied de guerre à 1200 hommes et 1080 chevaux : mais ces chiffres réglementaires ne furent jamais atteints ; les chevaux, surtout, faisaient défaut, et la cavalerie se trouvait avec un tiers, sinon la moitié de son monde, à pied. « Heureusement, les soldats français avaient foi en leur propre valeur et ne comptaient pas le nombre de leurs ennemis », comme le dit fort judicieusement en ses « Mémoires » le maréchal Soult, alors capitaine à l'armée du Nord.

(2) La famille possède un portrait de Bel-Etoile, exécuté à l'aquarelle, pendant le siège de Luxembourg, par un camarade de régiment, probablement, et signé L. David.

(3) Cent ans auparavant, Guillaume de Nassau, alors roi d'Angleterre sous le nom de Guillaume III, avait organisé contre la France une ligue formidable, dans laquelle étaient entrés : le Danemarck, l'Angleterre, la Savoie, la Hollande, l'Espagne et presque tous les princes d'Allemagne. Attaqué à l'improviste par le maréchal de Luxembourg, il subit à Neerwinden, le 29 juillet 1693, une sanglante défaite due surtout aux magnifiques charges exécutées par la cavalerie française. Guillaume y perdit vingt mille hommes, son camp et ses bagages. C'est alors que, s'enfuyant du champ de bataille, avec la rage au cœur, ce roi, qui, suivant les historiens, n'eut qu'une passion, — mais atroce, — la haine de la France, jeta ce cri d'impuissante colère : — Oh ! l'insolente nation... !

la prise de Dôle jusqu'à Turenne et au grand Condé!... Mais Bel Etoile était joli cavalier; ses états de services inscrivaient avec le nom de Valmy *une citation à l'ordre du jour !...* On allait pouvoir s'entendre...

On s'entendit en effet; car pas une maraude, pas un *coup de torchon*, pas une reconnaissance tant soit peu périlleuse, sans que *Bel-Etoile* ne fût de la petite fête; et, licites ou non, ces petites fêtes se renouvelaient souvent.

Une aventure entre cinquante.

Le 5e dragons était alors au camp de Famars, près de Valenciennes. Bel-Etoile, au retour d'une reconnaissance et séparé de son peloton par les besoins du service, se trouve inopinément en face d'une patrouille composée de trois hussards autrichiens. Cinquante pas, à peine, le séparent des Kaiserlicks, qui mettent l'éperon au ventre de leurs chevaux et, le sabre haut, chargent le malheureux dragon. Mais Bel-Etoile connaissait la tactique autrichienne qui consistait à ne se servir du sabre que par le tranchant de la lame, tandis que la cavalerie française n'employait presque exclusivement que la pointe. Immédiatement, il met pied à terre; de la carabine qui tenait lieu aux dragons de second pistolet, il abat l'un des cavaliers; puis, passant le bras gauche dans la bride de son cheval, il force la bête à présenter le flanc pour diviser les deux autres assaillants; alors, tandis que l'un lui décoche un formidable coup d'espadon savamment évité, il glisse sous le sabre du second et renverse le hussard avec six pouces de fer dans la poitrine; puis, sautant en selle sans même réclamer le secours de l'étrier, il charge à son tour le troisième cavalier, et, avec le pistolet sur la gorge, le force à mettre bas les armes (1).

Mais, si conquérir est bien, conserver est mieux !... Et Bel-

---

(1) Lors de la réorganisation des corps en 1791, les fusils avaient été retirés aux dragons qui, comme on sait, formaient, à l'origine, un corps destiné à combattre aussi bien à pied qu'à cheval: ils ne leur furent rendus officiellement qu'en 1796; mais, par tradition, et surtout par insuffisance d'équipement, puisque la plupart des escadrons de cavalerie ne possédaient qu'un pistolet au lieu de deux pour chaque homme, il était d'usage au 5e dragons de munir chaque cavalier, envoyé en reconnaissance, d'une carabine qui lui tenait lieu du second pistolet réglementaire. C'est à cette précaution que le dragon Laurent Réaux dut évidemment la vie, ou tout au moins de n'être pas fait prisonnier en la circonstance critique dont il ne se tira que grâce à son courageux sang-froid.

Etoile n'était pas homme à laisser sans profit si belle prise. En véritable maquignon, il accouple les trois chevaux effarés ; sur celui de tête, il fait monter son prisonnier et, botte à botte, le pistolet à deux pouces de l'oreille du hussard, il fait au camp une rentrée triomphale.

Un cheval de prise valait de quatre à cinq louis.

Etant donnée la générosité de Bel-Etoile, nous laissons à penser si l'escadron, auquel appartenait le nouvel arrivé, fêta joyeusement cette prouesse qui, dit-on, donna naissance à cette boutade en cours pendant toutes les guerres de l'empire :

> A trois houzards,
> A tous égards,
> Un beau dragon
> Dame le pion...!

— A trois houzards de Barco, s'empressaient d'ajouter nos hussards français, en rappelant les fameuses charges du 5ᵉ dragons à Boussu, à Kaiserslautern et à Wattignies.

Mais Bel-Etoile n'est qu'aux débuts de la carrière.

Dès le 6 mars, son régiment quitte le camp de Famars ; l'armée de Belgique est mise en échec et le 5ᵉ dragons doit couvrir sa retraite. Il bivouaque le 6 au soir, et le lendemain occupe Wellen, puis il atteint Hougaerde le 9 ; et, le 15, il prend position auprès de Jodoigne en rejetant les Autrichiens sur la rive gauche de la Petite-Geete. Le 16, il revient à Tirlemont, où se trouve un corps de troupes autrichiennes qu'il parvient à déloger de ses positions, et le combat dure jusqu'à sept heures du soir. Le lendemain, c'est le village de Neerwinden qu'on attaque ; deux fois ce village est pris et perdu ; il reste enfin aux mains des Français qui ne se retirent que devant l'incendie allumé par l'ennemi. Le général Dumouriez félicite le 5ᵉ dragons : et le 23 mars, le régiment entre en vainqueur à Bruxelles.

Mais au prix de quels efforts...!

« Nous montions à cheval tous les jours à quatre heures du matin, dit Bel-Etoile, et nous n'en descendions souvent qu'à huit heures du soir ; rentrés dans nos cantonnements, nous dormions le bras passé dans la bride de nos chevaux afin d'être prêts à sauter en selle à la première alerte ; souvent, aux avant-postes, le sommeil nous terrassait à tel point que ce n'était que la chute brusque et douloureuse sur la terre gelée qui nous tirait de la prostation où nous jetaient la fatigue et le manque de vivres...! Mais bah! on se secouait, on remontait à cheval, et alors, gare aux Kaiserlicks...! Ah! les pauvres b...! Leurs généraux, très méthodiques, n'étaient pas habitués à notre manière de faire la guerre, qu'ils qualifiaient de sauvage; presque toujours, nos attaques les surprenaient en formation; aussi, nous croyaient-ils bien supérieurs en forces; de là, le grand nombre de prisonniers que nous ramenions, surtout dans les petits combats partiels où il n'était pas rare de voir un simple cavalier français ramener jusqu'à trois Autrichiens Un seul prisonnier ne comptait guère. Il m'arriva bien, la veille de la bataille de Wattignies, de rapporter un officier blessé qui, étant mort à l'hôpital d'Avesnes, quelques jours plus tard, fut reconnu pour le neveu du prince de Cobourg, généralissime de l'armée autrichienne : ce fut cette seule qualité du prisonnier qui attira l'attention sur cette capture (1). »

Dans les derniers jours d'avril, quatre escadrons du 5e dragons revinrent au Quesnoy pour se refaire de leurs pertes; le 1er et le 2e escadrons, dont faisait partie Laurent Réaux, restèrent jusqu'au 1er juin à l'armée du Nord; ils attaquèrent Saint-Saulve, Saultain et Curgies, puis firent retraite sur le camp de Famars, *ayant perdu la moitié de leur effectif et presque tous leurs chevaux*. Au mois d'août, l'armée du Nord se mit en pleine retraite, et les Autrichiens poussèrent des pointes jusqu'à Péronne et Saint-Quentin. « La cavalerie française pouvait à peine opposer 2000 hommes à l'ennemi qui avait plus de 300 escadrons et 30,000 sabres. » (2).

Au mois de septembre, le 5e dragons reçoit des renforts, et en même temps l'ordre de se diriger sur Mons-en-Puelle pour faire un service d'avant-poste; une grand'garde, établie au village de Capelle, se trouve cernée par la cavalerie ennemie; elle se fait jour, le sabre à la main, mais le lieutenant qui la commande est tué dans la mêlée; au combat de Blaton, l'escadron de Bel-Etoile reprend deux pièces de canon dont les

---

(1) Ce fait est consigné en l'historique du 5e dragons, par M. le lieutenant Saint-Just.

(2) Mémoires sur les opérations des généraux Custine et Houchard, pendant les années 1792 et 1793.

Autrichiens s'étaient emparés et revient au camp avec plusieurs prisonniers ; le 13 septembre, le 5ᵉ dragons culbute un régiment hollandais, entre avec lui dans le village de Menin, le traverse au galop et pousse jusqu'à Courtray où il s'empare de dix-huit pièces de canon et de tous les bagages. Malgré ces brillants faits d'armes, la situation générale était des plus critiques ; faute d'hommes et de vivres, l'armée était obligée à une série d'opérations de détail qui énervaient le soldat et l'épuisaient en efforts stériles quoique toujours sanglants (1).

Mais, au mois d'octobre, Jourdan, à la tête de 40,000 hommes, arrive au secours de l'armée du Nord, et gagne la bataille de Wattignies. L'espoir renaît dans tous les cœurs.

« Depuis Famars, nous n'avions, en réalité, fait que battre en retraite, dit l'intrépide Bel-Etoile, nous allions donc pouvoir reprendre l'offensive. » Effectivement, à Thuin, à Merles, à Grandreng, à Lobbes, au passage de la Sambre, en une foule d'autres rencontres, l'armée donne de nouvelles preuves de sa constance et de sa valeur. Et quelles preuves !... « Lorsque nous arrivâmes au bord de la Sambre, on reconnut qu'elle n'était point guéable ; l'armée n'avait pas d'équipages de ponts ; il nous fallut faire des passerelles avec des voitures et des chariots attachés avec de gros arbres qu'on abattit sur le bord de la rivière et qu'on recouvrit de planches, de poutrelles et de boiseries arrachées un peu partout... La seule journée de Grandreng, particulièrement glorieuse pour la France, coûta 4,000 hommes à l'armée. »

Le 5ᵉ dragons se distingue notamment dans la fameuse charge de Boussu, le 26 avril 1794, qui, définitivement, rejette les Autrichiens au delà de la Sambre, et le 14 mai, à la prise de Thulin, qui est le prélude de la glorieuse bataille de Fleurus, restée dans l'esprit du courageux Bel-Etoile comme l'un de ses plus chers souvenirs militaires, de même que le siège

---

(1) Mon grand'oncle, si plein de respect et d'admiration pour Marceau, pour Jourdan — son général, son Dieu, — pour Kléber, pour Bonaparte, ne manquait jamais d'accoler au nom du général Charbonnier, qui commandait alors, l'épithète « d'incapable ». Pourtant la Convention, en sa séance du 28 mai 1794, décréta, par acclamation, que l'armée du général Charbonnier avait bien mérité de la patrie. Il faut donc attribuer la rancune du vieux soldat à l'impétuosité de son caractère qui lui faisait prendre pour de l'incapacité, l'impossibilité où se trouvait son général de ne pouvoir prendre l'attitude offensive, faute d'hommes, de vivres et de chevaux. — Il est bien difficile d'écrire l'histoire.

de Luxembourg, qui s'ensuivit, en est demeuré l'un des plus néfastes.

Laissons lui, d'abord, raconter la bataille de Fleurus qui fut donnée le 26 juin :

« Nous n'étions là, du 5ᵉ dragons, que deux compagnies postées sur la Sambre, aux têtes de pont de Tamine et de Ternier ; dès quatre heures du matin, tous nos hommes étaient à cheval ; mais les Autrichiens nous avaient précédés, car depuis longtemps on entendait le canon sur la droite de l'armée. A six heures, l'action était engagée sur toute la ligne, quatre-vingts pièces de canon crachaient la mitraille ; la division des Ardennes, écrasée par des forces supérieures, se replie en désordre pour repasser la Sambre aux ponts dont nous avions la garde ; le général Marceau arrive, ventre à terre, désespéré de la fuite de sa division ; il rallie les plus braves ; notre chef d'escadrons, sur les ordres d'un aide de camp du général Lefèbvre, nous fait mettre sabre au poing ; nous encadrons la troupe de Marceau, et la danse commence. Quelle danse !... Elle dura bien jusqu'à six heures du soir et, probablement nous en aurions payé les violons, si notre brave Jourdan n'avait fait donner à temps l'infanterie de réserve et sabrer par la cavalerie légère les canonniers autrichiens sur leurs pièces. La nuit mit fin au combat ; les chevaux ne tenaient plus debout et, nous mêmes, étions épuisés de fatigue et de besoin. Le lendemain matin, l'armée constata que les Autri-chiens avaient perdu plus de 15,000 hommes et nous avaient abandonné 50 pièces de canon. »

De lui, personnellement, Bel-Etoile ne dit mot ; cependant, un coup de sabre, dans la mêlée, a fendu son casque et si bien attaqué le cuir chevelu que, quarante ans plus tard, la cicatrice en était encore visible. Mais toute blessure qui ne couchait pas son homme sur le champ de bataille était alors quantité négligeable ; deux jours après, le modeste héros était à cheval et partait avec son régiment pour Trèves, puis rejoignait l'armée de la Moselle où, du mois d'août jusqu'au milieu de septembre, le général Moreau manœuvra de façon à rejeter les Autrichiens sous Coblentz. Cette ville tomba au pouvoir des Français le 23 octobre ; et, le 1ᵉʳ novembre, Moreau sentant l'insuffisance du corps d'armée laissé devant Luxembourg, détacha, pour le renforcer, la 7ᵉ division, commandée par le général Lebrun, et dont faisait partie le 5ᵉ dragons.

Bel-Etoile apprécie de cette façon la part que prend son régiment aux opérations du siège de cette ville :

« La victoire de Fleurus semblait devoir nous ouvrir un nouvel horizon de gloire ; toute la Belgique était à nous ; le pays de la Meuse au Rhin restait seul à conquérir ; nous étions pleins d'enthousiasme et de résolution. Quoi de plus enviable, en effet ? Un bon cheval entre les jambes, une lame solide au poignet et la plaine devant soi … Au lieu de cela, la Convention nous envoie donner du nez contre les murailles de Luxembourg. Misère de moi ! pendant tout l'hiver (1794-1795) nous restons là, immobilisés, rongeant notre frein, pendant que l'artillerie fait mine de ronger les murailles. Par ci, par là, il y a bien quelques coups de sabre échangés et des pointes en pays ennemi ; mais qu'est-ce que cela, pendant que les *autres*, à l'armée du Rhin, se battent tous les jours et poussent jusqu'en Bavière ?... »

Cependant le 5ᵉ dragons a bien encore ici quelques beaux faits à son actif : la charge de Kaiserslautern, la prise de quatre pièces de canon, une reconnaissance au cours de laquelle deux compagnies de dragons, se trouvant en face de 1,500 hommes d'infanterie et de 400 cavaliers autrichiens, chargent l'ennemi avec tant d'impétuosité qu'ils le mettent en déroute et ramènent de nombreux prisonniers…!

Mais ce qu'il faut à Bel-Etoile, c'est la rase campagne, la grande guerre, le combat de tous les jours !... Bonaparte, en Italie, va bientôt fournir un aliment à son activité.

Au mois de mars 1796, le 5ᵉ dragons qui, après la reddition de Luxembourg et de Mayence, avait été envoyé en garnison à Marseille et à Aix, pour réprimer quelques tentatives d'insurrection, rejoignit l'armée de Bonaparte dans les montagnes de la Rivière de Gênes. Dès le 5 avril, il fait partie d'une reconnaissance dirigée sur Cairo ; le 10, il assiste à la bataille de Montelegino, et le 14, à celle de Millesimo dans laquelle Bonaparte bat le général Provera. Le lendemain, le régiment occupe Carcare et reçoit l'ordre de se porter dans la plaine qui, au devant de Cairo, se trouvait commandée par des redoutes, que les Autrichiens avaient élevées sur les hauteurs de Dégo.

Pendant que le 75ᵉ de ligne, avec de l'eau jusqu'à la ceinture, passe la rivière qui coule au bas du village et attaque, avec ses deux bataillons, le centre et la gauche de la position, le 5ᵉ dragons passe également la rivière à gué et charge les Autrichiens sur la droite. Après quatre heures de combat acharné, grâce à une charge héroïque, les redoutes sont prises et les pièces d'artillerie enlevées.

L'ennemi est mis en déroute et poursuivi plus d'une lieue.

Bel-Etoile ramène au camp trois Autrichiens qu'il a faits prisonniers..., mais son cheval est blessé au garrot par le poids de pièces d'argenterie... *trouvées* dans le pillage d'un château.

— Bel-Etoile, je te ferai fusiller, gronde amicalement le général de Beaumont.

Par une récente proclamation, le général Bonaparte menaçait bien de faire passer par les armes tout auteur d'exactions ; mais que demander à des soldats mal vêtus, mal nourris, qui, en quinze jours, avaient remporté six victoires, pris vingt-et-un drapeaux, cinquante-cinq pièces de canon, conquis la partie la plus riche du Piémont, et auxquels le futur conquérant, montrant, du haut des Alpes, ces plaines et ces villes magnifiques, avait tacitement dit : — Ceci appartient à votre courage.

A cinq jours de là, l'armée force le camp retranché de Ceva, et Bel-Etoile, pour racheter son escapade, rapporte, blessé et prisonnier, un officier sarde, couché en travers de sa selle.

— Bel-Etoile, lui dit à nouveau le général, tu crèveras ma cavalerie... Je serai obligé de te faire fusiller, ajouta-t-il en souriant, pourtant tu devrais être sous-officier depuis longtemps.

Incontinent, il le porte à l'ordre du jour.

C'était l'époque où des officiers, comme le futur général Lasalle, traversaient, avec leur escadron, un corps d'armée autrichien pour aller déposer un bouquet sur la fenêtre de quelque belle Italienne, dont les beaux yeux leur avaient incendié le cœur. Bel Etoile n'avait donc garde d'être fusillé. Mais, trois jours après, le 5ᵉ dragons, débouchant dans la plaine de Mondovi, est attaqué vigoureusement par le régiment piémontais des *Dragons du Roi*. C'était le 22 avril 1796. Malgré son infériorité numérique — car le 5ᵉ dragons n'a plus que 120 chevaux — et malgré la fatigue d'une longue marche, les Français acceptent le combat. La charge s'exécute avec furie ; un chef d'escadrons, deux capitaines, un sous-lieutenant et bon nombre de sous-officiers et de soldats sont blessés ; les charges néanmoins se succèdent ; enfin, l'ennemi faiblit et bat en retraite !... Les débris du 5e dragons se rallient et se comptent : *il manquait quarante-sept hommes*, presque la moitié des cavaliers engagés !...

Parmi les blessés ramassés sur le champ de bataille, se trouva l'intrépide Bel-Etoile.

Evacué sur la France et admirablement soigné à l'hôpital militaire d'Aix, il fut envoyé dans ses foyers avec un congé de convalescence. La feuille de route, fort curieuse, porte la date du 30 floréal de l'an IV (19 mai 1796) et l'indication des longues et douloureuses étapes, accomplies par le « convalescent », Laurent Réaux, tantôt en diligence, tantôt par le coche d'eau, parfois même sur la voiture d'un roulier, en passant par Lambesc, Villefranche, Avignon, Orange, Pierrelatte, Montélimart, Valence, Lyon, Mâcon, Tournus, Chalon, Auxerre, Joigny, Sens, Montereau, Melun, Corbeil, Paris et Saint-Germain-en-Laye. Le blessé arriva à Maule le 30 prairial, un mois après sa sortie de l'hôpital.

Mais la joie de retrouver la famille, de revoir les amis, le pays natal, était assombrie par le regret d'avoir quitté cette autre famille, le régiment ; puis, il y avait une revanche à prendre sur ces « Royal-Dragons » que, dans son mépris des divisions géographiques, Bel-Etoile assimilait aux Kaiserlicks de Wattignies et de Fleurus. Aussi, le congé de convalescence n'était point expiré que, déjà, Bel-Etoile songeait à reprendre le chemin de l'Italie.

Il avait fallu tout un mois au blessé pour revenir au pays ; dix-sept jours lui suffirent pour rejoindre l'armée ; il brûlait les étapes.

A la mi-décembre (1796) Bel-Etoile arrive à Vérone et s'informe de son régiment. Le 5e dragons, sous les ordres de Masséna, est aux avant-postes devant le fort de Saint-Michel, défendu par une importante garnison autrichienne. Il y court, et son arrivée est fêtée comme le fut le retour de l'enfant prodigue au foyer paternel.

Pendant sa convalescence, le régiment s'était distingué à la prise de Pizzighetto ; il était entré le premier dans la ville de Pavie ; il était à la prise de Milan, à la bataille de Castiglione, au passage du Mincio, à Primolano, à Arcole !... Et, au fur et à mesure que se déroulent tous ces beaux récits, Bel-Etoile sent croître davantage sa rancune contre les Kaiserlicks. La main lui démange !... Ah ! les Autrichiens n'ont qu'à bien se tenir !... Mais il est un trait qui peint bien la bonté de cœur de ces rudes soldats : l'une des premières questions de Bel-Etoile est pour s'informer du cheval qu'il montait à la néfaste journée de Mondovi, — bonne et brave bête avec laquelle il avait fait la longue étape de Luxembourg à Gênes. Elle a comme lui survécu à ses blessures et se trouve montée par l'un des soldats nouvellement arrivés du dépôt. Bel-Etoile se fait conduire au peloton ; il embrasse la pauvre bête comme il eût fait d'un enfant, il lui parle, il la caresse et ne la quitte qu'après avoir obtenu du jeune soldat la promesse d'un échange contre le cheval qui va lui être donné.

Bel-Etoile est d'ailleurs vite remonté et équipé ; il rentre en possession de son cheval de Mondovi, et dès les premiers jours de janvier, il a repris son service.

Le 9 du même mois, il fait partie d'un détachement qui, aux avant-postes, surprend un corps ennemi, le culbute et le poursuit jusqu'à Caldiéro. Mais le lendemain, les Autrichiens prennent leur revanche et surprennent à leur tour les postes français ; le 5ᵉ dragons saute en selle et tout le régiment charge en colonnes de peloton ; il culbute l'infanterie, met en fuite les détachements de cavalerie qui l'appuient, et s'empare d'une pièce de canon qu'il ramène au camp avec 300 prisonniers. Quatre jours après, le 5ᵉ dragons est encore à l'avant-garde ; ses premiers pelotons chargent sur les grand'gardes ennemies, les sabrent vigoureusement et les poursuivent jusque dans leur camp. Le 27 janvier, au combat d'Avio, les dragons français font encore 200 prisonniers !...

Enfin, les Autrichiens se mettent en retraite, et la division Joubert, à laquelle on adjoint le régiment de Bel-Etoile, reçoit la mission de suivre l'ennemi en opérant dans les gorges du Tyrol.

Elle marche sur la ville de Trente, rencontre les Autrichiens à Roveredo et les met en fuite ; elle les atteint de nouveau au château de Pietra, où elle leur inflige des pertes sérieuses ; enfin, le 1ᵉʳ germinal (21 mars 1707) elle livre bataille à l'armée autrichienne auprès de Lavis, lui prend deux drapeaux, trois pièces de canon et lui fait quatre mille prisonniers; le 5ᵉ dragons en ramène huit cents pour son compte personnel. Le lendemain, au combat de Tramin, six cents prisonniers et deux pièces de canon tombent encore aux mains de l'armée française. A Klausen, deux jours après, la compagnie dont fait partie Bel-Etoile enfonce un escadron des *Dragons de Toscane* et l'intrépide cavalier s'y distingue d'une façon toute particulière en se portant, à la tête de quelques camarades, au secours de son capitaine désarçonné, qu'il dégage, remet en selle et ramène dans les lignes françaises en même temps que six dragons toscans auxquels l'endiablé Bel-Etoile avait fait mettre bas les armes. Signalé au général Joubert pour ce fait qui était le corollaire de cent autres, Laurent Réaux est alors proposé pour un *sabre d'honneur* qui lui est décerné deux mois plus tard par le général Bonaparte (1).

Chaque semaine, chaque jour presque, amenait ainsi quelque rencontre nouvelle.

A Brack, le 28 mars, le 5ᵉ dragons ayant le général Dumas à sa tête, charge vigoureusement les Autrichiens qui, à la fin de la journée, ont encore quinze cents hommes hors de combat; à Mühlbach, le surlendemain, l'ennemi est encore battu sur tous les points et laisse deux mille hommes aux mains des Français.

Aussi quel superbe dédain de la mort! Quel amour même du danger! « *On se faisait beau* le matin d'une bataille comme au jour d'une revue, disait Bel-Etoile ». Et, quand au mois d'octobre, est signée la paix avec l'Autriche, ce n'est pas à cause des fatigues qui vont cesser, des privations auxquelles elle va mettre un terme, que cette paix est favorablement accueillie au 5ᵉ dragons, mais « parce que les chevaux sont fourbus et que les hommes commencent à porter des bottes trouées ».

Des bottes trouées!... Volontiers Bel-Etoile eût cédé son

---

(1) Décret du 12 Prairial an V. — Cette arme fort belle et ayant conservé une partie de sa dorure, porte en petite écriture anglaise cette simple inscription :
L'an V de la République,
à l'armée d'Italie, ce sabre a été donné
au cavalier Laurent Réaux, dit Bel-Etoile,
du 5ᵉ régiment de dragons.
Honneur-Bravoure.

sabre d'honneur contre une paire de bottes neuves... certain qu'il était de pouvoir le reconquérir à la première bataille!...

Mais le traité de Campo-Formio, signé le 17 octobre, était définitif et, en affranchissant l'Italie de la domination autrichienne, abandonnait à la France la Belgique et la Lombardie. Le 5ᵉ dragons resta en Italie jusqu'à la fin de l'année 1797. Désigné pour coopérer à l'expédition d'Angleterre, il partit alors d'Adria le 1ᵉʳ ou le 2 janvier 1798, et arriva à Lyon dans les premiers jours de février.

Il était rendu à Caen le 7 mars suivant.

Cependant les forces humaines ont leurs limites et le vaillant Bel-Etoile, que n'avaient pu abattre ses cinq blessures, se vit un beau jour terrassé par la fièvre et les rhumatismes contractés aux nuits du bivouac et douloureusement développés par le voisinage humide des prairies normandes et du bord de la mer. Incapable alors de pouvoir suivre ni rejoindre son régiment lorsque celui-ci fut envoyé, au mois de juin suivant, sur la frontière belge, le valeureux dragon dût accepter d'abord un congé de convalescence puis un congé définitif qui le renvoya dans ses foyers (1).

L'invasion de 1814 le trouva impuissant à venger l'humiliation subie par la France. Mais pendant les Cent-Jours, l'ancien soldat voulut patriotiquement reprendre du service ; la patrie n'était-elle pas en danger comme en 1792...? Ne pouvant plus combattre, au moins voulait-il, en faisant fonctions d'instructeur, préparer des soldats pour la France.

Soldat, il l'était jusqu'au fond de l'âme et le fut jusqu'à sa mort. On se rappelle qu'au lendemain de la sanglante insurrection de juin 1848, au même jour, à la même heure, une panique encore inexpliquée passa comme un vent de folie sur tous les environs de Paris. — « Les insurgés, disait-on, se répandaient en bandes armées dans les campagnes ; ils étaient aux portes du... village voisin !... Et de Paris jusqu'à Tours,

(1) Ne pouvant supporter la voiture de poste à cause des souffrances que lui faisaient endurer les cahots de la route, le convalescent dut, au premier relais, acheter de ses deniers un âne sur lequel, grelottant de fièvre, il accomplit le trajet de Caen à Maule.

(2) Mon grand-oncle, au régiment, avait toujours porté les cadenettes et le catogan : cette coiffure n'ayant été supprimée dans l'armée qu'après sa mise à la retraite, il continua de porter longs ses cheveux, qu'il avait fort beaux, et qui, lorsque je le connus, tombaient en boucles blanches et soyeuses jusque sur ses épaules.

la sinistre nouvelle vola de bouche en bouche, faisant plisser les fronts des plus braves et frissonner les cœurs les plus fermes. La garde nationale de Maule prit les armes et... attendit. Seul, l'octogénaire Laurent Réaux n'avait rien perdu de son sang-froid. Enfourchant son cheval de labour, et sur l'épaule une lance improvisée, il partit en reconnaissance. Au déclin du jour, il reparut calme, ses longs cheveux blancs se jouant sur son cou. — Mes enfants, il n'y a pas plus d'insurgés sur les routes que d'Autrichiens dans la plaine. Laissez-moi quatre hommes et un tambour, je ferai battre le rappel s'il est besoin. Commandant, faites rompre les faisceaux. »

L'ancien dragon fit patriotiquement la veillée des armes et le rappel ne fut pas battu.

Tel il avait vécu, tel en 1856 mourut le vieux soldat, fidèle à la devise *Honneur et Bravoure*, gravée sur le sabre d'honneur mérité par quarante combats, vingt batailles rangées, cinq blessures et douze campagnes !...

II

LE LIEUTENANT BOURGEOIS

C'étaient de rudes hommes, ces fils de paysans qui, comme le lieutenant Philippe Bourgeois, pouvaient inscrire sur leurs États de services : campagnes de 1792, 1793, an III, an IV, an V, an VI, an VII, an VIII, an IX, an XII, an XIII, an XIV, 1806, 1807, 1808, 1809, 1810, 1811, 1812, 1813, 1814, 1815 !...

Vingt deux années de guerre aux armées du *Nord*, de *Sambre-et-Meuse*, de *Rhin et Moselle*, d'*Allemagne*, des *Côtes de l'Océan*, d'*Espagne*, de *Portugal*, du *Corps d'observation du Jura* !

Et de quel patriotisme étaient donc animés ces soldats, dont l'avancement était cependant si lent? Car, engagé volontaire le 21 août 1791, en même temps que son compatriote *Bel-Etoile*, c'est seulement le 6 floréal de l'an VI que Louis-Philippe Bourgeois obtint les galons de brigadier, et le 11 août 1806 qu'il fut nommé maréchal-des-logis; trois ans plus tard, il conquiert l'épaulette de sous-lieutenant, et c'est le 19 juin 1813 qu'il est élevé au grade supérieur.

Pourtant! quelle carrière mieux remplie?

C'est à Valmy, le 20 septembre 1792, que Bourgeois reçoit le baptême du feu; il est alors incorporé au 3ᵉ bataillon des *Volontaires de Seine-et-Oise*. Au mois de février 1793, lors de la réorganisation des corps, il passe au 20ᵉ régiment de chasseurs à cheval (1); il est à l'*armée du Nord* et prend part aux combats meurtriers de Thuin, de Merbes, de Grandreng et de Lobbes; il est au passage de la Sambre, au siège et à la prise de Charleroy, à la bataille de Fleurus; puis son régiment passe à l'*armée de Sambre-et-Meuse;* et, sous les ordres de Marceau, il assiste à tous les combats qui se donnent sur l'Ourthe, sur l'Ayraille et sur la Roëhr, — combats qui mettent aux mains des Français trente-six drapeaux autrichiens que, dans la séance du 22 brumaire 1794, Pajol, aide de camp du général Kléber, vient apporter à la barre de l'Assemblée nationale.

L'année suivante transporte le 20ᵉ chasseurs à l'*armée de Rhin-et-Moselle*.

Bourgeois assiste au siège et à la prise de Mayence; il prend part aux opérations qui ont eu lieu autour de Manheim et de Heidelberg; il se bat ensuite sur le Necker; il est au passage du Rhin, au combat de Frankenthal, à l'affaire de Biberach, aux combats de Freudenstadt, de Rothensol, de Nereshcim, de Friedberg, de Mainbourg, de Zell, de Prück, à la défense de

---

(1) Un décret de l'Assemblée nationale, du 21 février 1793, versa tous les éléments des bataillons de volontaires dans les troupes régulières; et, comme il y avait surtout urgence à renforcer la cavalerie, les régiments de chasseurs et de dragons furent portés de quatre à six escadrons. Or. suivant un vieux registre de l'emplacement des troupes en 1793, — manuscrit chargé de ratures et de surcharges, — on voit que le 20ᵉ régiment de chasseurs fut augmenté de divers détachements provenant de l'ancienne « Légion du centre ». D'où il y a lieu de conclure que Louis Bourgeois et Laurent Réaux, enrôlés de la même époque, avaient jusqu'alors continué de servir ensemble; et... ensemble faisaient, depuis quelque temps déjà, le service de cavalerie à la légion du Centre lorsque furent dissoutes les légions républicaines composées comme on le sait, de fantassins, de cavaliers et d'une batterie d'artillerie.

Kehl ; il passe successivement à l'*armée d'Allemagne*, à l'*armée de Mayence* et à l'*armée du Danube*; il se bat à Ladenbourg, à Offenbourg, à Pforzheim, à Bruchsal, à Wiesloch, à Erbach, à Sonderbrück, à Dellmensingen ; il est à la bataille de l'Iller, au blocus d'Ulm, où capitulent 40,000 autrichiens, à la victoire de Hohenlinden, qui laisse aux mains des Français 10,000 prisonniers et 100 pièces de canon ; il est encore aux combats de Neumarkt, de Frankenmarkt et de Wœchlabruck ; enfin, le 29 décembre de l'année 1800, il arrive sous les murs de Vienne, après quarante combats, deux grandes batailles et sept années de campagnes ininterrompues.

Et quelles campagnes !...

Au siège de Mayence, l'armée bivouaqua pendant tout l'hiver dans des trous de cinq à six pieds de profondeur : le manque de vivres et les maladies firent perdre la moitié des troupes et presque tous les chevaux. Au début de la campagne de 1795, le 20ᵉ chasseurs comptait 647 hommes et 578 chevaux; il ne présentait plus à l'effectif que 200 cavaliers au mois de novembre. A la fin du siège de Kehl, en 1796, le 20ᵉ chasseurs, qui avait été recomplété, se trouva de nouveau réduit à 250 hommes : depuis trois mois, les soldats n'avaient pas touché de solde, l'hiver était épouvantable, le pain gelait sous la tente et le bois faisait absolument défaut. A Erbach, quinze mille Français luttent pendant toute une journée contre quarante mille Autrichiens, et, grâce à l'héroïsme du 20ᵉ chasseurs, finissent par triompher, mais quatre-vingt-sept hommes de ce régiment sont mis hors de combat.

Et au milieu de cet ouragan de fer et de feu, de ces fatigues et de ces privations surhumaines, le cavalier Bourgeois *n'a cessé de se faire remarquer par sa bravoure et sa vigilance ;* il n'a pas un jour d'hôpital, pas une blessure, et toujours *il fait l'admiration de ses supérieurs par son activité et par son dévouement pour le bien de l'État* (1).

La paix de Lunéville et celle d'Amiens procurent à l'armée française une période de repos, un recueillement préparatoire à la grande campagne de 1806.

---

(1) Etat des services du lieutenant Bourgeois, certifié véritable par les membres composant le Conseil d'administration du 20ᵉ chasseurs, a Truxillos (Portugal), en août 1811.

Cette nouvelle période de gloire, c'est Iéna, c'est l'entrée à Berlin, c'est Eylau, où Bourgeois, alors maréchal des logis, est créé *Chevalier de la légion d'honneur* (1); c'est Cuttstadt, Heilsberg, Friedland, Plaffenhoffen, Amstetten ; c'est l'entrée à Vienne, c'est Essling, c'est Raab, c'est Wagram où le 20e chasseurs fait 800 prisonniers et où le sous-lieutenant Bourgeois *enlève un drapeau à l'ennemi et le vient jeter aux pieds de l'Empereur...!*

Alors fut signé le traité de Vienne, qui donna les provinces illyriennes à la France et reconstitua en sa faveur l'empire de Charlemagne depuis les rives de l'Elbe jusqu'aux bords du Garigliano : la France avait alors 130 départements.

Dans les premiers jours de mars 1810, quatre ans après avoir quitté le camp de Brest, le 20e chasseurs rentra en France et prit garnison à Strasbourg d'où il fut mis en marche, le 1er avril suivant, pour Orléans et Nantes, après avoir servi d'escorte à la nouvelle impératrice Marie-Louise, que le prince de Neufchâtel venait, au nom de l'Empereur, d'épouser solennellement à Vienne, et qui faisait alors son entrée en France. Le régiment, à cette occasion, avait été pourvu d'un équipement complètement neuf, et le sous-lieutenant Bourgeois inaugurait son nouvel uniforme : schako de feutre noir sans visière, avec flamme aurore et plumet noir et écarlate ; dolman

---

(1) Après la bataille d'Eylau, l'Empereur accorda « quatre aigles de la Légion d'honneur » aux officiers, et quatre aux sous-officiers et soldats du 20e chasseurs. Le maréchal des logis Bourgeois fut l'un des sous-officiers décorés. Le brevet qui lui en fut expédié postérieurement est même assez curieux par sa forme.

Division des Dépêches

N° 19812

LÉGION D'HONNEUR

Paris, le 1er octobre 1807.

Le Grand-Chancelier à Monsieur Bourgeois, membre de la Légion d'honneur, maréchal des logis au 20e régiment de chasseurs à cheval.

L'Empereur et Roi, en Grand-Conseil, vient de vous nommer membre de la Légion d'honneur.

Je m'empresse et je me félicite vivement, Monsieur, de vous annoncer ce témoignage de la bienveillance de Sa Majesté Impériale et Royale et de la reconnaissance de la Nation.

(Signé) « Lacépède ».

P.-S. — Je vous invite à prêter, devant le président de la Cour ou du Tribunal les plus voisins, le serment prescrit par la loi, où à m'envoyer signé de vous, celui dont je joins ici la formule.

vert tressé de blanc à cinq rangs de boutons, parements et liserés aurore ; ceinture verte et aurore avec glands de même couleur ; culotte hongroise verte avec ganses d'argent et bandes blanches ; bottes à la hussarde plissées sur le coup-de-pied et bordées d'un galon d'argent; gants à la Crispin ; sabretache soutachée d'argent et pendante de deux pieds au côté gauche ; enfin, pour compléter ce séduisant uniforme, une pelisse écarlate, avec fourrures noires ou blanches, selon l'escadron, se jetait négligemment sur l'épaule (1).

Les quatre escadrons du 20ᵉ chasseurs se trouvent réunis à Nantes le 12 du mois de mai ; mais, dès le 1ᵉʳ juillet suivant, le Colonel reçoit l'ordre de mettre en route pour l'Espagne les 3· et 4· escadrons, sous les ordres du commandant Vérigny.

Le sous-lieutenant Bourgeois fait partie de cette expédition remplie d'escarmouches incessantes, de lâches embuscades, d'assassinats sans noblesse ; à chaque pas, l'officier, plus encore que le soldat, est exposé, sans trêve ni repos, aux dangers les plus imprévus et dont l'une des victimes devait être le brave commandant Vérigny qui, le 21 février 1812, périt assassiné à Valladolid. Pendant toute l'année 1810, le 20ᵉ chasseurs tient constamment la campagne et, chaque jour, amène quelque nouvel épisode, glorieux souvent, meurtrier toujours. Au commencement de l'année 1811, le régiment, dont l'effectif est considérablement diminué, se trouve renforcé du 2ᵉ escadron, venu de Nantes à marches rapides. Il passe à l'armée de Portugal et cueille de nouveaux lauriers à Guarda, à Fuentès-de-Onoro, au combat de Cacérès et à la bataille d'Altafulla, où deux escadrons de chasseurs, l'un du 20·, l'autre du 29·, chargèrent si vigoureusement la cavalerie espagnole que celle-ci, malgré toute sa bravoure, ne put tenir devant l'élan des Français et fut mise en telle déroute que toute l'artillerie ennemie fut enlevée et que plus de deux mille hommes restèrent sur le champ de bataille ou furent faits prisonniers.

Le sous-lieutenant Bourgeois était passé le 5 décembre 1811

---

(1) Voir l'« Historique du 20ᵉ chasseurs », par le lieutenant Aubier. — Précédemment, le 20ᵉ chasseurs ajoutait à ce brillant uniforme la coquetterie d'une chevelure comportant la queue poudrée avec deux longues tresses qui pendaient le long des joues et se terminaient par un petit morceau de plomb en ruban.

au 13ᵉ chasseurs ; il y fut promu lieutenant le 19 juin 1813 [1].

Mais cette guerre que les Français faisaient dans la Péninsule était si ingrate et si pénible que chacun aspirait à rentrer en France. L'armée repassa les Pyrénées à la fin de cette même année de 1813, et abandonna totalement l'Espagne qui avait coûté à la France 200,000 hommes tués ou morts dans les hôpitaux. L'intrépide Bourgeois en revint sain et sauf, prêt à affronter de nouveau la mort, qui, toujours était passée à côté de lui sans même l'effleurer.

Le 13ᵉ chasseurs avait perdu presque la moitié de son effectif; il est désigné pour faire partie du corps d'observation du Jura, non pour y prendre un repos pourtant bien nécessaire, mais pour recommencer une lutte nouvelle et plus acharnée, car cette lutte a pour but de défendre la patrie elle-même contre deux invasions successives, 1814 et 1815 : c'est Brienne, c'est Montmirail, c'est Vauchamps, c'est Fleurus, où déjà Bourgeois s'est battu en 1794, enfin c'est la lutte décisive que suit la grande défaite avec les six cent mille hommes qui envahissent la France pendant vingt ans victorieuse.

Le lieutenant Bourgeois quitta alors le service militaire et revint au foyer paternel prendre un repos bien mérité (2).

Toutefois, lorsque la révolution de 1830 fit de nouveau flotter le drapeau tricolore que nos vétérans avaient montré dans toutes les capitales de l'Europe, le vieux guerrier sentit se ranimer toute son ardeur patriotique et, quand le suffrage de tous les citoyens formant la compagnie de la Garde nationale de Maule, réunie à celles des communes voisines, l'appela à prendre le commandement du bataillon, le vaillant Bourgeois n'hésita pas un instant à revêtir de nouveau l'uniforme.

Et c'est l'un des plus chers et des plus lointains souvenirs de mon enfance que celui de ces revues trimestrielles où les

---

(1) Les 3ᵉ et 4ᵉ escadrons du 20ᵉ chasseurs passèrent le 5 décembre 1811 au 13ᵉ chasseurs, dont ils devinrent les 7ᵉ et 8ᵉ escadrons ; au 20ᵉ chasseurs, le sous-lieutenant Bourgeois faisait partie du 3ᵉ escadron. Le 12 avril suivant, les anciens escadrons incorporés au 13ᵉ chasseurs enfonçaient deux carrés portugais, ramenaient 1,500 prisonniers et s'emparaient de quatre drapeaux (V. Historique du 20ᵉ chasseurs).

(2) Un nouveau brevet de chevalier de la Légion d'honneur, confirmant celui du 1ᵉʳ octobre 1807, fut expédié par les ordres de Sa Majesté le roi Louis XVIII au lieutenant Bourgeois, alors en retraite, le 18 août 1819.

détachements de soldats-citoyens venus de toutes les communes environnantes : Marcil, Montainville, Les Alluets, Herbeville, Bazemont, Nézel, Aulnay, se réunissaient à Maule sur la grande place du Marché et s'en allaient prendre possession du beau drapeau frangé d'or qui était déposé dans la salle des séances de la municipalité mauloise : un frisson patriotique courait sur la foule des spectateurs, sur le front des vieux soldats et jusqu'au plus profond de nos entrailles, à nous autres, turbulents écoliers, quand, entouré du vétéran Laurent Réaux et du porte-fanion Jacques Renault, le commandant Bourgeois de sa belle voix militaire commandait le *salut au Drapeau...!*

Chauvinisme, diront peut-être nos jeunes *fin de siècle*? Ah! que non pas, Messeigneurs! Amour du pays, respect de nos fastes locaux, apothéose de nos gloires nationales [1].

Et je l'assure, — j'avais huit ans alors, et je revois encore la scène comme si elle était d'hier, — quand, le 6 novembre 1844, dans la vénérable église de Notre-Dame de Maule, fut prononcée par l'un des sergents de la garde citoyenne l'oraison funèbre du vieux soldat, il n'était pas un cœur qui ne battît d'une douloureuse émotion, pas une paupière qui ne fût sincèrement mouillée au récit des campagnes de celui que la mort venait de toucher du doigt après l'avoir, dans cinquante combats, respecté pendant un quart de siècle !... Le soleil de la Saint-Martin, filtrant à travers les vitraux de l'église, venait mettre un nimbe d'or à la grosse croix de la Légion d'honneur placée sur le cercueil ; et, dans ce lumineux rayon, il semblait

---

(1) Ce chauvinisme, en tout cas, serait de meilleur aloi que le... patriotisme singulièrement tiède de cet officier de l'armée territoriale qui écrit, à la date du 19 février 1892, cette lettre rendue publique par les journaux du même jour :

« Beaucoup de territoriaux sont dans les affaires. Dans les maisons « d'importance moyenne, le patron est obligé de s'occuper lui-même de ses « échéances. Sa présence en ce moment spécial du mois est toujours utile, « souvent indispensable. Le jour d'échéance presque partout en usage est « celui de la fin du mois. Or, les périodes d'appel englobent toujours cette « date si importante pour la majorité des Français qui travaillent.

« Pourquoi ne commencerait-on pas les périodes d'instruction dans les « premiers jours du mois ? Chacun ayant satisfait à ses engagements quit- « terait sa maison le cœur plus léger, n'ayant plus l'esprit assiégé de « préoccupations aussi graves.

« Agréez, etc. « Un Officier de territoriale. »

Or, il s'agit ici d'un service très bénin de treize ou de vingt-huit jours, ce qui est loin des vingt-deux campagnes fournies par le brave commandant Bourgeois, — 1792 et 1892 !...

voir passer toute l'épopée de la Révolution et de l'Empire vécue par le glorieux mort : Jemmapes, Wattignies, Arcole, Marengo, Austerlitz, Iéna, Eylau, Friedland, Wagram, La Moskowa... ! Puis graduellement, la céleste vision s'effaça, les tambours voilés de crêpe firent entendre leur roulement funèbre, et, sur le cercueil du commandant passa l'ombre de Leipzik et de Waterloo !.. (1)

III

LE TROMPETTE JACQUES RENAULT

Jacques Renault qui, aux obsèques du commandant Bourgeois, portait encore allègrement ses soixante et un hivers et montrait vaillamment, sur son vieil uniforme du premier Empire, l'aigle de la Légion d'honneur qu'il avait conquise à Lutzen, n'était qu'un *conscrit* aux yeux de ses deux anciens compagnons d'armes.

---

(1) Extrait de l'état des services de Louis Bourgeois, lieutenant à la sixième compagnie du 20ᵉ régiment de chasseurs à cheval :

« Ce brave militaire a fait toutes les campagnes depuis 1792, sans
« aucune interruption jusqu'à ce jour. Il s'est toujours conduit avec hon-
« neur et distinction. Il a toujours été animé dans l'activité de son service
« du plus grand zèle et dévouement, il a toujours défendu le bien de
« l'État avec l'intrépidité d'un loyal et vaillant soldat, et n'a cessé de se
« faire remarquer par sa bravoure et sa vigilance dans les différents
« grades qu'il a occupés et dans toutes les campagnes qu'il a faites, notam-
« ment à Wagram, où il a pris un drapeau à l'ennemi, qu'il remit lui-
« même à Monseigneur le Maréchal Oudinot, sous les yeux de Sa Majesté.
« L'honneur et la bravoure ont toujours été son guide (sic) ».
« Donné à Truxillo au mois d'août 1811

« Les membres du Conseil d'administration des escadrons de
« guerre à l'armée de Portugal ·

        Vérigny,   Wassard, Lejeune, Lasalle,
   chef d'escadrons   capitaines
     Boussard, Labassée,   Lelorrain,
       lieutenants   sous-lieutenant

Le commandant Vérigny, dont le nom figure parmi les signataires de ce rapport, est cet officier qui périt assassiné à Valladolid, le 21 février 1812.

Un conscrit de l'an XIII...!

Ses états de service ne sont pas moins brillants toutefois que ceux de ses aînés : 1805, 1806 et 1807 enregistrent ses campagnes à la *Grande-Armée* ; 1808 et 1809 le trouvent à l'armée d'*Allemagne* ; 1810, 1811 et 1812 le transportent en *Espagne* ; 1813 le ramène à marches forcées aux bords du *Rhin* et le fait assister avec la nouvelle *Grande-Armée* à tous les combats contre la Prusse et l'Autriche coalisées, jusqu'au jour où l'étoile des braves, la croix de la Légion d'honneur, cette sublime ambition et cette suprême récompense des vaillants, lui est donnée par le grand Empereur.

Quel enseignement que la vie de cet humble !

Né à Maule, le 29 septembre 1783, d'une pauvre famille de laboureurs, il avait été incorporé le 1er thermidor de l'an XIII dans le 75e régiment d'infanterie, composé des trois bataillons de cette fameuse demi-brigade qui fièrement inscrivait sur son drapeau la devise que le général Bonaparte lui avait décernée après la bataille de Caldiéro : LA 75ᵉ ARRIVE ET BAT L'ENNEMI.

Ce régiment était en réorganisation au camp d'Ambleteuse.

Quelques jours après son arrivée, le 3 août 1805, Jacques Renault assiste émerveillé à la revue, que passe l'Empereur, des 100,000 hommes destinés à opérer la descente en Angleterre. « Six corps d'armée, répartis dans les camps d'Ambleteuse, de Boulogne, de Vimereux et d'Etaples, sont rassemblés sur une seule ligne présentant une étendue de plus de trois lieues. Au fond de la vallée, est dressée la tente impériale qu'ombragent les drapeaux conquis en Italie et les étendards pourprés que Bonaparte a rapportés d'Egypte ».

Comme dans une apothéose, l'Empereur, entouré d'un état-major tout chamarré de broderies et constellé de décorations, apparaît au *conscrit* que son chef de peloton a prudemment placé en troisième ligne et « qui fait de son mieux pour suivre les mouvements qu'il voit exécuter à ses camarades ». Lui aussi, le pauvret, le vermisseau, il voudrait pouvoir ainsi escorter le grand homme, porter un habit brodé d'or ; et, dans un rêve extatique, il entrevoit cette belle croix de la Légion d'honneur placée, par la main de l'Empereur, sur sa capote de gros drap et il entend le héros, le demi-dieu, lui dire face à face : Fusillier Renault, je suis content de toi... !

Aussi, comme le chétif conscrit se promet de mordre à l'école de peloton et..., qui sait, peut-être, un jour, gagnera-t-il une bataille ?

Cette revue, en effet, doit avoir une énorme influence sur la carrière de Jacques Renault. Déjà « il connaît l'école de soldat, il sait charger son fusil en douze temps, déchirer réglementairement la cartouche, amorcer savamment le bassinet et relever le silex » ; il ambitionne de bientôt savoir mettre genou à terre pour être placé au premier rang dans la formation d'un carré et recevoir ensuite l'ennemi au bout de sa baïonnette !...

Tout d'abord, il a la joie d'être compris au nombre des soldats désignés pour l'expédition d'Angleterre et, déjà, se trouve marquée la place que sa compagnie occupera sur le vaisseau pendant la traversée.

Mais l'Empereur apprend tout à coup qu'une formidable coalition de l'Autriche et de la Russie vient de se former contre la France.

Sans hésitation, le grand stratège donne l'ordre de porter l'armée dans la vallée du Danube pour battre les Autrichiens avant que les Russes n'aient eu le temps de les joindre. Deux bataillons du 75· sont désignés pour faire partie du 4· corps, commandé par le maréchal Soult, tandis que le 3· bataillon doit rester à Boulogne pour la défense des côtes.

Jacques Renault est tout fier de faire partie du bataillon de guerre. Il est de petite taille, mais il est robuste et courageux. Rompu dès l'enfance à toutes les fatigues, il supporte vaillamment les longues marches et se montre, en toute occasion, sinon l'égal, du moins l'émule des vieux troupiers qu'il égaie par sa bonne humeur. Les étapes sont pénibles, mais qu'importe !... Habilement dirigées, les opérations amènent la capitulation d'Ulm, qui livre à la France 40,000 prisonniers et d'immenses approvisionnements. C'est le premier combat auquel prend part le petit soldat. L'armée se dirige ensuite sur Vienne et, chemin faisant, Jacques Renault assiste à une scène qui laisse dans son âme une ineffaçable impression :

« Le maréchal Ney, envoyé dans la vallée supérieure de

l'Inn pour en chasser l'archiduc Jean, retrouva dans les arsenaux de la ville d'Innsbrück, tombée en son pouvoir, deux drapeaux que le 75· avait perdus pendant la dernière guerre. « Cette prise était depuis longtemps pour le corps le motif d'une affliction profonde ; ces braves soldats savaient que l'Europe n'avait point oublié leur malheur, quoiqu'on ne pût en accuser leur courage. Le maréchal Ney décida que ces drapeaux seraient rendus avec pompe aux soldats qui les avaient si vaillamment défendus. Pendant la cérémonie, les larmes coulaient sur les joues de tous les vieux militaires ; et les jeunes conscrits se sentaient fiers d'avoir servi à reprendre ces enseignes, enlevées à leurs aînés par les vicissitudes de la guerre » (1).

Jacques Renault prend part, quelques jours après, au sanglant combat de Hollabrünn ; puis le 75ᵉ continue la marche qui devait le conduire à Austerlitz.

Dans cette mémorable journée, le corps d'armée dont fait partie notre modeste héros, est l'un de ceux qui se prodiguent le plus ; ce 4· corps met hors de combat 8,000 ennemis, fait 10,000 prisonniers, enlève à la baïonnette 120 pièces de canon et conquiert 40 drapeaux.

« Dans cette journée, dit le maréchal Soult, il n'est pas un régiment qui n'ait fourni au moins trois charges à la baïonnette, pas de soldat qui ait hésité un seul instant, pas un blessé qui ait demandé à être conduit à l'ambulance et ne criât en avant à ses camarades restés valides...! » Le drapeau du 75· régiment ajoute le nom d'AUSTERLITZ à celui de ses précédentes victoires, et, le 10 décembre 1805, il entre triomphant dans la capitale de l'Autriche.

Alors, de sa grosse écriture, que le magister du bourg, le vénérable père Chavin, aura peine à déchiffrer, Jacques Renault annonce à ses parents « son arrivée, sain et sauf, dans la belle ville de Vienne » et il leur raconte « les émerveillements » qu'il a ressentis depuis son départ du pays et pendant cette campagne qui vient de s'ouvrir et, déjà, compte autant de victoires que de combats.

---

(1) Historique du 75· régiment d'infanterie, par le capitaine Jérôme, ancien lieutenant du 75ᵉ.

Mais dès le 15 janvier 1806, le régiment quitte les environs de Vienne pour revenir camper, d'abord à Mittereau, puis à Tettenweis, en Bavière, où, le 9 octobre de la même année, lui parvient la nouvelle de la déclaration de guerre du roi de Prusse…! Le 75⁰ reprend alors le chemin de l'Allemagne et, sept jours seulement après son départ, il se couvre d'une nouvelle gloire à la bataille d'Iéna.

Bientôt, il fait son entrée à Berlin pour aller prendre ensuite ses quartiers d'hiver sur la Vistule.

Le 6 février 1807, a lieu le combat de Hoff, où 2,000 Russes restent sur le champ de bataille. Deux jours après, s'engage la terrible bataille d'Eylau, où quatre cents pièces de canon vomissent à la fois la mitraille. La bataille dure deux jours. Elle coûte encore 27,000 hommes à la Russie ; et le 75ᵉ régiment, — celui de Jacques Renault, — s'y distingue d'une façon particulière ; mais, comme tous ceux qui ont pris part à ces terribles journées, *il a la moitié de son effectif hors de combat.* Néanmoins, il reprend sa marche en avant et se met à la poursuite de l'ennemi qui opère sa retraite sur Kœnigsberg. La fortune continue d'être favorable au conscrit de l'an XIII : il n'a pas une blessure. Aussi, fait-il allègrement son entrée avec le régiment dans la ville de Kœnigsberg, au mois de juillet suivant, après avoir pris part, dans l'intervalle, à la bataille d'Heilsberg et au sanglant combat de Karschau.

Heureux, plein d'espoir et de patriotisme, Jacques Renault écrit de nouveau à sa famille « n'ayant pu s'acquitter de cet agréable devoir pendant son très court séjour à Berlin » : il faut au jeune conscrit une solennité, un grand évènement *pour lui mettre la main à la plume*, c'est-à-dire, le camp de Boulogne, Austerlitz, l'entrée à Vienne, Iéna, Magdebourg, Eylau, l'entrée à Berlin, et la prise de Kœnigsberg « qui procure à l'armée des approvisionnements considérables ».

L'année suivante, le 75⁰ régiment quitte les bords de la Vistule pour se rendre en Espagne.

C'était au mois de juillet, l'ordre de route portait Paris dans son itinéraire ; Jacques Renault profite de cette circonstance pour venir embrasser ses parents et montrer aux amis son bel uniforme de *voltigeur* : habit bleu à collet jonquille avec plastron et retroussis de drap blanc agrémentés d'un passepoil garance ; cet habit, ouvert sur la poitrine, laissait voir le gilet, de même couleur que le pantalon qui était de drap blanc et enfermé dans de hautes guêtres noires ; le schako tronconique et largement évasé dans sa partie supérieure était de feutre noir avec pourtour et lourdes tresses en galon jonquille ; le grand plumet vert et bouton d'or, qui le surmontait, achevait, avec les épaulettes de même couleur, de donner au jeune voltigeur un aspect des plus martiaux. (1)

Tout le monde à Maule lui fait fête ; deux jours après, il rejoint son régiment (2).

Au mois d'octobre, le 75ᵉ passait la frontière et se dirigeait sur Vittoria. Le mois n'était pas achevé, que l'armée espagnole subissait une première défaite à Zornora, laissant 1,800 hommes sur le champ de bataille. Huit jours plus tard, le 7 novembre 1808, un nouveau combat, livré près de Gijano, donne encore la victoire à la division Sébastiani, dont faisait partie le 75ᵉ, et lui ouvre le chemin de Madrid, où Jacques Renault, ainsi qu'il résulte d'une nouvelle lettre adressée au pays, célèbre joyeusement le premier jour de l'année 1809. Mais il faut bientôt remettre sac au dos ; le régiment a comblé ses vides par l'arrivée du 3ᵉ bataillon, venu de Lille à marches forcées ; et, le 27 mars, l'armée espagnole subit encore à Ciudad-Réal une sanglante défaite.

Une accalmie se produit.

Cependant, l'Angleterre et le Portugal s'avancent au secours des Espagnols et les trois armées combinées présentent un effectif d'au moins 75,000 hommes. Une première rencontre a lieu le 28 juillet, près de la ville de Talaveira. « Le choc fut terrible ; les Français étaient de beaucoup inférieurs en nombre ; mais, en dépit des difficultés du terrain, coupé par des ravins profonds, malgré les fossés et les abattis d'arbres établis par l'ennemi, les Français restèrent maîtres du champ de

---

(1) D'après un décret du 18 février 1808, les régiments d'infanterie furent organisés à cinq bataillons ; les quatre premiers, formés de six compagnies, dont une de grenadiers et une de voltigeurs, furent désignés sous le nom de bataillons de guerre : le cinquième bataillon, celui du dépôt, comprenait seulement quatre compagnies de fusiliers et de chasseurs.

2) Les lundis et vendredis, d'après l'Annuaire statistique de Seine-et-Oise, une « guinguette » conduite par le père Demay, faisait le service de Maule à Versailles, à raison de « cinquante sols » par place : elle descendait au « Comte de Toulouse », rue du Commerce, d'où une « gondole » à huit places transportait les voyageurs à Paris pour 30 sous. Puis, qu'étaient 40 kilomètres pour un troupier qui avait déjà deux fois traversé l'Europe !...

bataille ». Le 11 août suivant, l'armée espagnole, forte de 40,000 hommes avec 40 bouches à feu, est de nouveau vaincue à Almonacid, et les trois bataillons du 75ᵉ, joints à un bataillon du 58· et à deux bataillons d'infanterie légère, décident du succès de la journée en forçant la droite des Espagnols qui s'enfuirent en désordre, laissant aux mains des généraux français 4,000 prisonniers, 35 pièces de canon et plusieurs drapeaux.

Un grand événement se produit dans la carrière de Jacques Renault, et il s'empresse d'en informer les parents et les amis : il est nommé « trompette » du régiment, et c'est de Madrid qu'est datée sa lettre ; Jacques Renault n'écrit que « lorsqu'il a pour garnison l'une des capitales de l'Europe ».

Au mois de janvier 1810, il part avec les trois compagnies de grenadiers et de voltigeurs de son régiment, qui sont désignées pour accompagner, sous les ordres du roi Joseph, le 4· corps, destiné à la pacification de l'Andalousie. Il revient à Madrid au mois de novembre et prend jusqu'à la fin de 1812 un repos bien mérité.

A cette époque, le 3· bataillon du 75ᵉ, dont faisait partie le trompette Jacques Renault, est désigné pour rentrer en France, où plutôt est appelé à « cueillir de nouveaux lauriers ». Car, dès le 15 avril suivant, il fait partie du 3· corps d'armée, placé sous les ordres du maréchal Ney, pour marcher contre la Prusse et l'Autriche, de nouveau alliées à la Russie.

Parti de Hanau le 26 mars 1813, il arrive à Wurtzbourg le 5 avril et, le 29, il franchit la Saale un peu au-dessus de Weissenfels. En débouchant dans la plaine qui s'étend au devant de Lutzen, le 3· corps est assailli par la cavalerie de Wintzingerode. Le bataillon du 75·, déployé en tirailleurs, soutient le premier choc et permet au reste de l'armée de se former en carrés par brigades. Accueilli par un violent feu de mousqueterie, l'ennemi bat en retraite, et les cinq divisions du maréchal Ney prennent possession de quelques villages, dont le plus important est celui de Kaya, autour duquel va se donner trois jours plus tard la fameuse bataille de Lutzen, où le 75· se couvre d'une nouvelle gloire, due surtout à la brillante conduite du trompette Jacques Renault :

« C'est le 2 mai 1813, presqu'à la fin de la journée.

« L'armée française est inférieure en nombre. Les troupes, qui sont en ligne, se trouvent impuissantes à contenir l'ennemi et commencent à se débander. Napoléon ordonne au comte Lobau de se mettre à la tête de la division de réserve et de prendre l'offensive. L'instant est décisif. Lobau se met en marche. La division se précipite sur la garde prussienne, l'aborde à la baïonnette, et la repousse. Mais les coalisés font un nouvel effort. Les Français faiblissent à leur tour. Presque tous les officiers du 75·, dans cette énergique attaque, sont tombés sur le champ de bataille. Blessé, entraîné dans la déroute de son bataillon qui, deux fois déjà, a tenté d'enfoncer un carré ennemi, Jacques Renault, de l'appel strident de son clairon, rallie autour du drapeau les débris des régiments avec lesquels le 75· forme brigade ; (1) ...alors, par une sublime inspiration, sonnant crânement la charge, il entraîne à sa suite dans une attaque désespérée tout ce qui reste d'hommes valides des bataillons décimés. On aborde de nouveau à la baïonnette les positions ennemies. Le clairon sonne toujours la marche en avant. Un formidable cri de *Vive l'Empereur* retentit. La ligne de fer devant laquelle sont tombés précédemment les officiers du 75· est rompue... On touche à la victoire !... Mais le vaillant trompette est atteint d'une nouvelle blessure. Il tombe, et se relève aussitôt !... Désespoir ! il ne peut avancer ; sa blessure est au pied ! Néanmoins, son clairon continue de pousser les hommes au combat et, sans souci de sa vie qui s'échappe avec son sang qui coule, Jacques Renault sonne, sonne toujours... jusqu'au moment où, du côté de l'ennemi, un cri de rage et de sauve-qui-peut fait changer l'appel désespéré du petit trompette en un chant de victoire !...

— « Il y a vingt ans, s'écrie Napoléon, que je commande des armées françaises, et je n'ai pas encore vu autant de bravoure et de dévouement ! »

Et il attache sa propre croix sur la poitrine du trompette Jacques Renault qu'on rapporte à l'ambulance avec le Colonel du 17·, le Chef de bataillon du 43·, et presque tous les Officiers de ce 3· bataillon du 75·, qui laissait sur le champ de bataille plus de la moitié de son effectif. (2)

Cette dernière charge avait été d'autant plus efficace, que

---

(1) C'étaient le 4· bataillon du 43· et le 17· régiment de ligne.

(2) Le brevet en fut expédié au vaillant trompette le 14 juin suivant, et sa solde de retraite se trouva liquidée le 17 décembre de la même année.

l'armée française, depuis la campagne de Russie, manquait absolument de cavalerie : « C'est une bataille d'Egypte, avait « dit l'Empereur au début de la journée ; nous n'avons pas de « cavalerie, mais avec de l'artillerie, une infanterie française « doit savoir se suffire ».

Jacques Renault avait instinctivement réalisé la pensée du grand capitaine qui, le lendemain, dans son Bulletin de victoire, plaçait la bataille de Lutzen au dessus des batailles d'Austerlitz, d'Iéna, de Friedland et de La Moskowa.

Pour le petit conscrit de l'an XIII, le rêve du camp de Boulogne était devenu une réalité !...

Ne pouvant continuer un service actif, Jacques Renault revint alors au pays natal, où, entouré de l'estime et du respect de tous, il termina sa carrière le 21 novembre 1869.

Et ce n'est pas sans une patriotique émotion que nous revoyons au fond de nos souvenirs l'énergique figure de ce vétéran de nos grandes guerres quand, aux jours de réjouissances nationales, en la compagnie d'autres vieux soldats comme lui, revenus en leurs foyers, et sous la présidence du caustique Bel-Etoile, il revivait les glorieuses années passées à l'ombre du drapeau et racontait dans son langage imagé les péripéties sanglantes de la dernière charge du 75· qui, à Lutzen, justifiait une fois de plus la devise de l'intrépide régiment :

Le 75· arrive et bat l'ennemi !...

Pour introduire une note moins sévère, le président Bel-Etoile ne manquait jamais d'émettre quelque doute sur l'efficacité de la « charge héroïque ». Aussi, pas une de ces fraternelles agapes ne se terminait sans que le vaillant trompette, chatouilleux à l'excès, ne s'écriât dans un superbe accès de colère, habilement amené par la verve narquoise du vieux dragon :

— Tiens, vois-tu, Bel-Etoile, j'ai conservé mon sabre comme tu as gardé le tien ; et,... si tu n'étais mon *ancien*, nous irions nous aligner derrière les fossés !

Avec le plus grand sérieux, les assistants réconciliaient les deux braves, qui juraient ensuite leurs grands dieux que jamais armée n'avaient possédé meilleur soldat que l'adversaire de l'instant précédent.

Mais, d'année en d'année, se sont éclaircis les rangs de la glorieuse phalange ; l'un après l'autre, ils sont allés dormir leur dernier sommeil, ces survivants de la Grande Armée ; seul, le capitaine Dauthenay, un autre enfant du pays, dont nous allons retracer la carrière, a connu la douleur de voir la France humiliée à son tour par ces mêmes Allemands qui tant de fois avaient vu chez eux nos armées victorieuses.

IV

LE CAPITAINE D'AUTHENAY

A l'époque même où l'intrépide Bel-Etoile rentrait en ses foyers, blessé et victime de tant de nuits passées au bivouac, un autre enfant du pays, plein de jeunesse et d'entrain, quittait la maison paternelle et s'en allait, à son tour, « prendre du service. »

C'était Jacques « Dauthenay » qui, vingt-cinq ans plus tard, devait revenir en sa ville natale avec les épaulettes de capitaine, la croix de Saint-Louis et l'aigle de la Légion d'honneur.

Né à Maule le 5 août 1778, le futur officier appartenait, par son père, à une ancienne famille de noblesse peu fortunée. Sa mère, Marie-Anne Ozanne, était une femme de grande intelligence et d'un rare bon sens (1) ; on citait dans la contrée — chose extraordinaire, en effet, pour l'époque, — ses connaissances techniques dans le toisé et le cubage des bois ; l'activité et la droiture dont elle faisait preuve dans l'exercice du petit commerce de son père, qui dirigeait un atelier de sabotier dans

---

(1) Les familles D'Authenay et Ozanne ont laissé à Maule des descendants et des collatéraux dans les familles Dupuis, Donnelet, Renault. Un jugement du tribunal civil de Versailles maintint, le 6 juillet 1830, à la famille D'Authenay sa particule, en modifiant légèrement l'orthographe de son nom, qui s'inscrivit : D'Authenai.
(Registres de la municipalité de Maule).

la forêt de Rambouillet, étaient proverbiales. C'était elle qui avait achevé l'éducation de ce fils déjà pourvu, par les Pères de l'Oratoire, d'une bonne instruction élémentaire, et qui avait préparé instinctivement son avenir en façonnant son âme aux choses élevées, en même temps qu'elle l'armait pour le combat de la vie en la ramenant par la puissance du raisonnement aux combinaisons les plus pratiques et les mieux justifiées.

Jacques Dauthenay se présentait donc infiniment mieux préparé pour l'avancement que ses compatriotes.

Son courage devait faire le reste.

Enrôlé à la 23ᵉ demi-brigade d'infanterie, Jacques Dauthenay s'en fut, au mois de décembre 1798, rejoindre le corps d'armée du général Masséna qui opérait dans les cantons helvétiques. Tout d'abord, le jeune soldat se fait remarquer par sa correction et par son exactitude militaire — qualités auxquelles viennent se joindre, lors des premiers combats, son intrépidité raisonnée et son courage natif; il est bientôt nommé caporal.

L'armée française enregistre pendant la campagne de 1799 deux brillantes victoires remportées à Zurich, par Masséna, et à Bergen, par Brune; ce sont les débuts militaires du jeune Dauthenay. Mais, à ces premiers succès, succèdent bientôt des revers : les Autrichiens reprennent l'Italie et la frontière du Var même est menacée.

A ces nouvelles, Bonaparte quitte brusquement l'Egypte.

Les armées de Suisse et du Rhin, destinées à combattre l'Allemagne, sont alors réunies en un seul corps dont le général Moreau accepte le commandement. Alors, Dauthenay prend part à toutes les opérations de cette campagne qui, commencée au mois d'avril de l'année 1800 ne se termine que l'année suivante par le traité de Lunéville assurant à la France la possession de toute la rive gauche du Rhin. Et cette admirable campagne d'Allemagne c'est Stockach, c'est Engen, c'est Biberach, c'est le passage de l'Iller, c'est Dellmensingen, c'est la prise d'Ulm, c'est l'entrée à Munich, c'est la marche sur Haag; enfin, c'est la grande et décisive bataille de Hohenlinden qui coûte aux Autrichiens 10,000 prisonniers, 6,000 hommes hors de combat et 100 pièces de canon... !

Partout, ainsi que le constatent ses États de service, le

jeune Dauthenay se fait remarquer par son entrain, par son courage et par son patriotisme. Il conquiert les galons de sergent et, pendant la période de paix qui succède à dix années de guerre, il tient tour à tour garnison sur la frontière de Suisse et dans les provinces alpines. En l'année 1805, il est désigné pour faire partie de l'*armée d'Italie*. L'année suivante, il passe en Dalmatie et y accomplit les trois campagnes de 1806, 1807 et 1808 qui se terminent par la paix de Tilsitt et la création du royaume de Westphalie en faveur de Jérôme Bonaparte, le plus jeune des frères de Napoléon.

Mais, bientôt, croyant avoir à se plaindre de plusieurs infractions faites au traité de Presbourg signé en 1805, l'Autriche déclare de nouveau la guerre ; et, le 9 avril 1809, les hostilités recommencent.

La 23ᵉ demi-brigade, devenue le 23ᵉ régiment d'infanterie depuis 1804, quitte alors la Dalmatie sous les ordres de Marmont, et rejoint, à marches forcées, l'*armée d'Allemagne*, dont elle rencontre les premiers coureurs, le 11 juin, à peu de distance de Brück (1). Les engagements de Karako et de Popa préludent à la fameuse bataille de Raab que gagne l'*armée d'Italie* qui, le 5 juillet, rallie enfin l'*armée d'Allemagne*.

Dès lors, Napoléon jugea le moment décisif ; et, le lendemain était donnée la bataille de Wagram où, de part et d'autre, 50,000 hommes étaient mis hors de combat. Pendant cette campagne, dont le succès est dû particulièrement à la rapidité des mouvements de concentration de tous les corps d'armée français, le sergent Dauthenay, à peine guéri d'une blessure reçue au cours de la campagne précédente, se distingue « par sa bravoure et sa vigilance » ; il donne à tous l'exemple d'une

(1) Ce fut précisément un peloton du 20ᵉ chasseurs, envoyé en reconnaissance par le général Lauriston et commandé par le lieutenant Bourgeois, qui signala l'approche de l'armée du vice-roi, dont on n'avait pas de nouvelles depuis douze jours. Cet épisode se trouve ainsi consigné dans les souvenirs du commandant Bourgeois : « Un chasseur du 20ᵉ, qui était
« en avant du peloton, aperçut de loin un autre chasseur qui, à cause de
« la distance, lui paraissait être un houzard autrichien, mais qu'il reconnut bientôt pour un cavalier français ; c'était en effet un chasseur du
« 9ᵉ qui, faisant partie de l'armée d'Italie, était envoyé en quête de l'armée
« d'Allemagne ; et, bien que ces deux soldats ne se fussent jamais connus,
« l'émotion qu'ils éprouvèrent réciproquement, en reconnaissant qu'ils
« étaient Français tous deux, les jeta dans les bras l'un de l'autre, et à
« cinq cents lieues de la patrie ils s'embrassèrent en pleurant de joie ».

incroyable énergie pendant les marches pénibles à travers un pays coupé de ravins, auquel succèdent de grandes plaines poudreuses où les pas du soldat soulèvent d'épais nuages de poussière, plus insupportables encore que la fatigue suscitée par le terrain montagneux.

Et cependant l'intrépide petit sergent laissait loin, bien loin derrière lui, par delà les monts, une idylle tendrement ébauchée !...

Blessé, il avait été recueilli, en Dalmatie, par une famille d'honnêtes laboureurs, et soigné, avec le dévouement d'une sœur de charité, par une jeune fille dont il avait d'abord remarqué la grâce, puis subi le charme. Mais l'ordre de départ était venu brusquement interrompre le rêve caressé ; et, si le jeune français avait, sans hésitation, suivi le drapeau du régiment, ce n'avait pas été sans un cruel serrement de cœur que s'étaient faits les adieux !...

Heureusement, les batailles d'Essling et de Wagram décident du sort de l'Autriche ; elle est obligée d'accepter la paix, et l'empereur François Ier cède à la France les provinces illyriennes.

Daulhenay reprend alors avec son régiment le chemin de la Dalmatie, devenue province française. Il est nommé sous-lieutenant le 11 avril 1811 ; et, quinze jours après, son mariage est célébré avec la jeune dalmate, Marie-Catherine Schilini.

Une année s'était à peine écoulée que la déclaration de guerre à la Russie venait imposer au jeune officier une nouvelle séparation, plus cruelle encore que la première, car l'épouse était sur le point d'être mère !... Mais ce temps était une époque d'abnégation. Tout était grand, les sentiments et les choses. On se battait pour mériter et pour maintenir à la France le titre de grande nation. L'armée, elle-même, portait le nom de *Grande Armée*, et elle allait s'attaquer au colosse du Nord...

Quelle campagne !..

Forte de 400,000 hommes, l'armée française arrive le 24 mai 1812 sur les bords du Niémen. En face d'elle, deux armées russes sont concentrées à Wilna et à Slonim ; le Niémen est franchi et l'Empereur se porte sur Vilna ; les armées russes font leur jonction à Smolensk ; les fatigues, les maladies et le manque de vivres obligent l'Empereur à s'arrêter à Witepsk, pour donner à ses troupes un repos nécessaire ; à la fin de juillet, l'armée française avait déjà perdu 100,000 hommes, non par le feu de l'ennemi qui se retirait constamment devant elle, mais par les privations d'une longue marche dans un pays dévasté et abandonné par ses habitants. La chaleur lourde et pesante du jour était brusquement suivie, le soir, d'une température glaciale ; la plupart des blessés succombaient rapidement ; la mortalité ne tarda pas à devenir effrayante.

Néanmoins, le 18 août, a lieu la bataille de Polotsk, qui inflige à l'armée russe une perte de 4,000 hommes et de vingt pièces de canon. L'armée française, pleine d'espoir et de résolution, marche en avant, franchit le Dnieper et arrive à Smolensk. Le 7 septembre, la sanglante victoire de La Moskowa lui ouvre la route de Moscou. Elle y entre huit jours après. Mais les Russes, pour arracher aux Français leur conquête, mettent le feu à la ville et transforment la capitale de l'Empire en un amas de ruines

Quel désastre !...

Il faut regagner en toute hâte les frontières de France, à travers un pays déjà ruiné par le passage des armées, et aux approches d'un hiver qui s'annonçait comme terrible : on n'était cependant qu'au 15 octobre !...

Les évènements se succèdent alors de plus en plus tristes ; les revers s'accumulent avec une rapidité extraordinaire ; les effectifs de l'armée se fondent ; son admirable organisation disparaît ; bientôt les régiments ne se composent plus que de débris de compagnies, réunis sous le commandement de l'officier le plus valide. C'est alors que la force d'âme du lieutenant Dauthenay se montre réellement à la hauteur des circonstances ; il sait merveilleusement allier les deux qualités essentielles d'un bon commandement : la fermeté et la bienveillance. Grâce à cette entente, à cette autorité qui subjugue et entraîne le soldat, il peut garder ses hommes dans la main ; et, lorsqu'après *quarante-deux jours de marche*, ce qui restait de la magnifique grande armée arriva sur les bords de la Bérézina, le 23ᵉ régiment, guidé plutôt que commandé par Dauthenay, fut l'un de ceux qui purent, sans trop d'encombre, franchir cette rivière de si triste et si désolante mémoire.

Car on connaît les horreurs dont s'entoura ce sanglant épisode ; on sait comment se précipita vers les bords du fleuve l'arrière-garde française, quand apparurent derrière elle les armées de Wittgenstein et de Platoff, dont les boulets vinrent fouiller ses rangs, et comment la bousculade horrible, qui s'ensuivit, amena la rupture de l'un des ponts et précipita dans les eaux glacées des milliers de victimes !...

Tout ce qui put s'échapper « de cette Josaphat de notre grande armée » continua sur Vilna sa pénible retraite, harcelée tous les jours par des nuées de Cosaques et fauchée par l'artillerie de l'ennemi. Pendant ces longs jours de détresse, les débris du 23ᵉ régiment, soutenus par l'indomptable énergie de leur jeune chef, continuèrent de lutter contre des forces cent fois supérieures et contre un ennemi plus terrible encore : *l'hiver.*

« — Quelle lamentable chose, racontait plus tard le capitaine Dauthenay avec de grosses larmes dans les yeux, ce qui nous restait d'hommes encore en état de marcher formait une colonne qui, péniblement, s'étendait sur une longueur d'une dizaine de lieues ; il y avait là des soldats qui n'avaient pas mangé depuis vingt-quatre heures, et qui néanmoins s'étaient remis dans le rang ; mais, souvent, ces malheureux égarés, par la faim et la souffrance, se couchaient sur le bord de la route et refusaient d'avancer ; il nous fallait alors, et pour qu'ils ne devinssent pas les victimes des Cosaques ou du froid, les faire relever et continuer la marche en leur mettant la baïonnette aux reins jusqu'au moment où défaillants, transis, déjà moribonds, ils s'abattaient comme une masse et ne se relevaient plus....!

Lorsque notre malheureuse armée, jonchant ainsi sa route de cadavres, parvint, dans les premiers jours de janvier, sur les bords de la Vistule, il ne restait plus des 400,000 hommes qui, six mois auparavant, avaient franchi le Niémen, que 30,000 soldats en état de porter les armes : le régiment de Dauthenay qui, cependant jusqu'à la dernière heure, était resté compact et discipliné, *ne comptait plus que cent soixante-sept hommes.*

La campagne de 1813 allait cependant offrir à l'Europe étonnée le spectacle de nouveaux et prodigieux efforts ; car, dès le mois d'avril, Napoléon reparaît en Allemagne à la tête d'une nouvelle armée. Elle est composée de jeunes soldats et de vieilles troupes rappelées d'Espagne. Avec elle, l'Empereur gagne les batailles de Lutzen, de Bautzen et de Dresde, mais elle est bientôt mise en péril par la criminelle défection des Prussiens et des Saxons, et refoulée de proche en proche par l'écrasante poussée de l'ennemi qui la force à rétrograder jusqu'au Rhin.

Sur ses pas, les alliés passèrent ce fleuve le 1er janvier 1814 pour se répandre, à travers la Champagne, jusqu'aux rives de la Seine, de l'Aube et de la Marne.

Affecté en qualité de lieutenant au régiment d'Illyrie, Jacques D'Authenay s'en va défendre les frontières d'Italie et y conquiert les épaulettes de capitaine. A Turin, il a le bonheur de retrouver sa jeune femme qui, pendant ces jours d'amertume, a mis au monde une fille dont les sourires et les enfantines caresses font au brave soldat oublier momentanément tous ses maux après avoir, pendant toute la longue absence, soutenu le courage défaillant de la mère. (1)

Mais l'abdication de l'Empereur et le retour des Bourbons mettent fin à la campagne de 1814 et rappellent en France le capitaine Dauthenay.

Une ordonnance du 12 mai de cette même année fixa la composition de chaque régiment à trois bataillons de six compagnies et prescrivit un tiercement entre les capitaines, en même temps que la création de trois capitaines de première classe en dehors des capitaines de grenadiers. En exécution de ces dispositions, Dauthenay se trouva porté au premier rang de la classe et, en cette qualité, lors de la rentrée de Napoléon pendant les Cent-Jours, il prit part à la campagne de 1815, si malheureusement close par la défaite de Waterloo.

Le 3e régiment d'infanterie légère, auquel appartenait alors le capitaine Dauthenay, se trouva frappé, comme beaucoup d'autres, par l'ordonnance royale du 30 août qui « voyant dans l'existence de l'ancienne armée une menace pour la tranquillité du royaume », renvoya dans leurs foyers les hommes en congé provisoire et mit les officiers en demi-solde.

Toutefois, au mois de décembre de l'année suivante, le capitaine D'Authenay fut rappelé à l'activité et, avec son grade, se

---

(1) Cette enfant, nommée au baptême Louise-Catherine, épousa dans la suite un officier français, M. Antoine-Louis Carde, qui mourut le 24 janvier 1864, chef de bataillon en retraite et officier de la Légion d'honneur; Louise-Catherine d'Authenay mourut le 27 janvier 1882, à l'âge de 70 ans; son fils, M. Louis-Oscar Carde est actuellement sous-préfet à Miliana, en Algérie.

trouva affecté à la *Légion départementale de la Charente-Inférieure.*

Ces légions, qui remplaçaient les anciens régiments, avaient été constituées de toutes pièces avec des éléments divers, n'ayant avec ceux des anciens corps aucune corrélation ; elles comprenaient deux bataillons d'infanterie de ligne, un bataillon de chasseurs à pied, une compagnie d'éclaireurs à cheval, et une autre d'artillerie, avec trois cadres de compagnie de dépôt. Au mois de février 1819, elles reçurent une nouvelle répartition ; enfin, le 23 octobre 1820, la dénomination de régiment vint remplacer celle de légion : D'Authenay devint capitaine au 24° régiment d'infanterie de ligne.

En cette qualité, il fit, en 1822, partie du corps d'observation des Pyrénées, et l'année suivante, fut désigné pour prendre part à l'expédition d'Espagne : la première de ces deux campagnes lui valut la croix de la Légion d'honneur, et la seconde celle de chevalier de Saint-Louis.

Au mois d'avril 1832, le capitaine D'Authenay, ayant à son actif trente-quatre années de service aux armées d'*Helvétie*, du *Rhin*, d'*Italie*, de *Dalmatie*, d'*Allemagne*, de *Russie*, de *Saxe*, de *France*, des *Pyrénées* et d'*Espagne*, prit une retraite bien méritée et se retira en ses foyers, laissant dans l'armée le souvenir d'un officier « sérieux, instruit, énergique, calme dans la décision, et doué d'un courage à toute épreuve mis au service d'une remarquable intelligence ».

Il mourut le 18 décembre 1873, âgé de 95 ans ; sa femme l'avait précédé dans la tombe.

V

UNE ÉCOLE D'AUTREFOIS

Peu de temps après la Révolution de 1830, alors que commençait à se dessiner cette grande évolution en matière d'enseignement public qui donne aujourd'hui de si brillants résultats, un jeune instituteur, tout frais émoulu des nouvelles méthodes pédagogiques, venait fonder à Maule une maison d'éducation libre qui ne devait pas tarder à acquérir une certaine notoriété.

Cet établissement répondait assez bien, en effet, aux besoins de l'époque; son programme présentait, à côté des études purement classiques dont le latin et le grec étaient alors l'élément principal, un ensemble complet d'enseignement primaire supérieur qui constituait une instruction large, solide et bien propre à former des chefs d'industrie, de bons commerçants et des agriculteurs distingués. Son directeur était l'un des meilleurs élèves de l'école normale de Versailles; aux connaissances exigées pour l'obtention du brevet d'instituteur, il joignait, grâce à d'excellentes études préalables, des notions suffisamment étendues pour préparer à l'admission dans les lycées ceux des jeunes gens qui désiraient se présenter aux écoles du gouvernement. Sévère pour lui-même, travailleur acharné, il demandait à ses élèves une entière réciprocité et, sur la porte de son institution, il aurait pu, sans vanité, inscrire cette épigraphe : *Ecole du Devoir*.

La somme de travail fournie par cet instituteur, aidé de sa jeune femme, peut, en effet, sembler aujourd'hui prodigieuse aux promoteurs de la journée de huit heures et aux Jérémies du surmenage intellectuel.

Invariablement, — hiver comme été, — le docte *professor* était sur pied dès quatre heures du matin ; il commençait sa journée...(Voile toi la face ô Université !...) par l'approvisionnement matériel de la maison, sciant lui-même le bois, montant le charbon, tirant l'eau au puits. — besogne déjà considérable car l'institution dépassa bientôt cinquante élèves, dont la moitié, fils de gros fermiers de la plaine, de commerçants du bourg, de meuniers de la vallée, étaient nourris et couchés dans l'établissement ; et, pendant que l'époux faisait sa classe, la femme gouvernait seule aux fourneaux.

A cinq heures précises, avait lieu le réveil des élèves ; à six heures, commençaient les études, interrompues à sept heures par un frugal, — très frugal déjeûner, — le prix annuel de la pension était, je crois, de 300 francs. De huit heures à onze heures, se tenait une classe très sérieuse à laquelle assistaient tous les externes. Après le déjeûner, pendant que les élèves mettaient consciencieusement en pratique les préceptes de l'école de Salerne, et, comme M Jourdain à l'égard de la prose, faisaient, sans s'en douter, de sérieuse gymnastique par leurs jeux variés, le maître cultivait le jardin potager, greffait ses rosiers dont la collection était fort belle, bouturait ses géraniums, et expérimentait l'art de se faire des rentes par l'élevage de lapins domestiques : l'excellent homme appelait cela *son heure de repos.*

La classe reprenait de une heure à quatre heures, puis se continuait de cinq à six, par un cours très attachant de botanique, de chimie, de physique ou de géométrie descriptive. Enfin, de sept à huit heures, après le dîner, avait encore lieu une étude libre pendant laquelle le maître, sur le ton d'une fine et familière causerie, tenait éveillée l'attention de ses jeunes auditeurs par une conférence sur les grands faits de l'histoire, par des récits de voyage ou des souvenirs personnels. La promenade même du jeudi était consacrée à quelque excursion tout à la fois instructive et attrayante : tantôt une étude géologique avait lieu aux faluns de Montainville ; une exploration archéologique se faisait dans la plaine d'Andelu ou aux roches de Pierrelu ; une recherche botanique avait pour théâtre les grands bois des Alleux ou les bosquets de la Garenne ; et, de temps à autre, les sources et les cacasdes du château de La Falaise devenaient le but d'une promenade pittoresque.

Le grand talent du directeur était de rendre facile et attrayant ce travail si pénible et si rebutant pour des enfants qui, dès l'âge de six ans, commençaient les déclinaisons latines pour continuer ces fatigantes études pendant neuf ou dix ans, — car on commençait alors en *neuvième* —. Les récompenses étaient surtout entre ses mains un puissant stimulant ; de-ci, de-là, quelque taloche atteignait bien un retardataire, mais, à cette époque, cela ne tirait point à conséquence et, à une heure de retenue, une bonne *colée* paraissait préférable.

Faut-il s'étonner que de cette école, si intelligemment dirigée, et dans la prospérité de laquelle la ville de Maule elle-même, redevenue comme au moyen-âge le centre intellectuel de la contrée, puisait des éléments fructueux pour son commerce, son industrie, son marché, soit sortie toute une génération de jeunes hommes instruits, robustes et admirablement préparés pour la lutte de la vie ou pour parfaire, dans un établissement d'ordre supérieur, l'instruction dont les germes lui avaient été si libéralement distribués...?

Ils sont nombreux, en effet, ces élèves, aujourd'hui chefs de famille, qui sortent de l'*Institution Charlier*.

A leur tête et par ordre de mérite, vient se placer le Général Villain qui acheva, croyons-nous, ses études au lycée Louis-le-Grand, et auquel nous consacrerons une étude spéciale; puis s'assirent sur les mêmes bancs :

Prudent Néel qui, après avoir été, à l'égal de notre vénéré maître, l'un des premiers instituteurs de France, est aujourd'hui Directeur honoraire de l'Ecole municipale de Rueil, Membre du Conseil supérieur de l'enseignement, Officier de l'Instruction publique et Chevalier de la Légion d'honneur;

Louis-René Barbu, qui fut Lauréat du Grand Concours universitaire de Paris, Prix d'honneur du collège de Versailles, Officier d'Académie, et dont la nomination au grade de Chevalier de la Légion d'honneur a été la récompense hautement méritée des services rendus au pays pendant la guerre franco-allemande;

Henri de Saint-Clair qui, après avoir achevé ses études de droit, entra au ministère des affaires étrangères pendant les premiers mois de l'année 1867 et fut successivement Attaché à la Direction des fonds, Attaché de 1ʳᵉ classe au Bureau du départ et de l'arrivée des correspondances, puis désigné le 17 septembre 1870, pour faire partie de la délégation du ministère des affaires étrangères à Tours et à Bordeaux. Il reprit au cabinet du ministre, le 25 mars 1871, ses fonctions au Bureau du départ, fut nommé sous-chef de ce bureau le 1ᵉʳ février 1880, chef de bureau deux ans plus tard, et Chevalier de la Légion d'honneur le 7 juillet 1885, — digne récompense de sa vigilance, de sa discrétion et des services rendus pendant l'exercice de ses délicates fonctions. Henri de Saint-Clair est, en outre, Chevalier de l'ordre du *Medjidié*, de Turquie, Officier de l'ordre du *Lion et Soleil*, de Perse, Commandeur des ordres de *Kong-Poi*, de Chine, de *Bolivar*, du Vénézuéla et du *Nichan-Iftikar*, de Tunisie.

Jules Renaudot, statuaire distingué, Médaillé des diverses expositions ; Thivet-Rapide, Délégué cantonal du IX⁰ arrondissement de Paris, Officier d'Académie ; Georges Réaux, lieutenant au 134ᵉ régiment d'infanterie, Officier d'Académie. Chevalier de l'ordre royal du Cambodge et de l'Ordre équestre de Saint-Marin, sortent également de l'Ecole de Maule, avec quantité d'autres élèves qui, pour n'être pas arrivés à un aussi brillant résultat, n'en ont pas moins acquis une belle situation dans le commerce, dans l'industrie ou dans l'agriculture.

Nous-même, s'il nous est aujourd'hui accordé d'occuper une modeste place dans cette glorieuse phalange de la Chevalerie moderne, nous en reportons tout le mérite à l'éducation première qui nous a été donnée, et c'est avec un sympathique respect, avec une profonde reconnaissance, que nous saluons le Maître qui a si sagement guidé nos premiers pas et dont, à cinquante ans de distance, nous admirons encore les méthodes rationnelles, l'enseignement clair et pratique, et le grand esprit de novation.

Note de l'Éditeur : M. Emile Réaux nous paraît ici trop s'effacer dans un rôle contre lequel protestent et ses travaux et les résultats acquis. On ne doit pas, en effet, oublier, qu'indépendamment de l'*Histoire de Maule*, publiée en 1866, il a successivement fait paraître : l'*Histoire du comté de Meulan*, la *Chronique de Saint-Léonard-du-Couldray*, la *Seigneurie de Mézy*, l'*Histoire des Trois Villes des Mureaux*, les *Ponts fortifiés*, la *Seigneurie de Bouafle-en-France*, le *Marquisat d'Ecquevilly*, la *Seigneurie de Flins*, la *Seigneurie de Chapet*, la *Châtellenie d'Aubergenville*, les *Seigneuries d'Evêquemont*, de *Tessancourt*, de *Hardricourt*, de *Gaillon*, de *Vaux-sur-Meulan*, sans compter une foule d'articles de critique, d'histoire ou de politique militante. M. Emile Réaux est aujourd'hui Chevalier de la Légion d'honneur et Officier d'Académie ; Chevalier des ordres militaires du *Christ*, de Portugal, et de la *Couronne de Chêne*, de Hollande, Officier de l'ordre du *Nichan-Iftikar*, de Tunisie, et du *Libertador*, de Vénézuela ; Commandeur de l'*Ordre Equestre de San-Marino*, Membre de plusieurs Sociétés savantes, et Consul Général de la République de Saint-Marin à Paris.

VI

LE GÉNÉRAL VILLAIN

L'un des meilleurs élèves de l'institution Charlier et celui de ses enfants dont la ville de Maule peut, à juste titre, se montrer le plus fière, est le général Villain.

La carrière de notre ancien condisciple fut, en effet, des plus brillantes.

Merveilleusement doué pour l'étude, en même temps que pour l'action, Émile Villain, s'il n'était devenu l'un de nos meilleurs officiers généraux, eût pu faire aussi bien un grand artiste ou un remarquable ingénieur : son père, qui exerçait à Maule la profession d'horloger, l'avait, au sortir du collège, initié à la pratique de son art, et les rouages les plus délicats n'avaient déjà plus de secrets pour le jeune apprenti, de même qu'une grande disposition naturelle lui donnait en matière de dessin un coup de crayon des plus délicats, et nous surprendrons moins le lecteur que le général Villain lui-même, — si jamais ces lignes tombent sous ses yeux, — en rappelant que la vue de la tour de Maule, publiée dans ce livre, est la reproduction fidèle d'un dessin exécuté par le futur officier et qui nous a été donné par lui quelques jours avant son départ pour le régiment.

Car, tout en ajustant engrenages et échappements, le jeune apprenti, pourvu d'ailleurs de ses diplômes de bachelier, rêvait à d'autres destinées !...

On était au lendemain de la Révolution de 1848 ; aux luttes sanglantes de l'intérieur, momentanément apaisées, avaient succédé de graves rumeurs de guerre avec l'étranger ; en Italie, l'intervention armée de la France était imminente et, dans l'air, flottait une vague odeur de poudre. Émile Villain, qui atteignait sa dix-huitième année, sentit alors se décider sa vocation : il serait soldat. Engagé volontaire le 27 février 1849, et admis, l'année suivante, à suivre les cours de l'Ecole militaire spéciale de Saint-Cyr, il était, le 1ᵉʳ octobre 1852, nommé sous-lieutenant au 2ᵉ régiment de zouaves — un régiment de héros.

Deux campagnes en Afrique mirent en lumière les qualités militaires du jeune officier : nul, en effet, ne sait mieux exercer cette discipline qui, à la fois ferme et paternelle, subjugue le soldat et fait obtenir de lui tout ce qu'on est en droit d'en attendre comme dévouement ; nul, non plus, ne possède un courage plus calme qui, dans l'ivresse du combat, comme à l'heure du danger, laisse au chef responsable la complète disposition de ses moyens et la spontanéité de la décision.

La guerre d'Orient, la bataille de l'Alma et le siège de Sébastopol le virent avec le 2ᵉ zouaves aux premiers rangs de notre vaillante armée. A ses côtés, tomba, frappé d'une balle en plein front, un autre enfant du pays, le sergent-major Pérol !... Grièvement blessé lui-même dans une attaque de nuit contre une redoute de l'armée russe, le sous-lieutenant Villain fut, sur le champ de bataille, promu au grade supérieur.

Un congé de convalescence, qu'il vint alors passer à Maule, apprit au glorieux blessé combien sa ville natale lui portait de sympathique admiration.

L'année suivante, guéri de sa blessure, il prit une part des plus brillantes à la grande expédition contre la Kabylie. Blessé de nouveau le 10 juillet 1857, dans un service d'avant-poste au camp de l'Oued-Kharmès, il fut nommé capitaine au mois de novembre suivant. C'est en cette qualité qu'il prit part à la guerre d'Italie : Palestro, Magenta et Solférino couvrirent l'armée française d'une nouvelle gloire et valurent au capitaine Villain la croix de chevalier de la Légion d'honneur.

La guerre du Mexique ne devait pas tarder à offrir au jeune officier de nouveaux succès et de nouveaux dangers. A la bataille de Puebla, le 5 mai 1862, il reçut un coup de feu à la tête et, à peine guéri, reprit si brillamment son service, qu'au mois de novembre suivant, il était promu officier de la Légion d'honneur et nommé grand dignitaire de l'ordre mexicain de Notre-Dame de la Guadalupe. Rapatrié en 1865, le capitaine

Villain fit, de nouveau, campagne en Afrique, où, à la fin de décembre 1867, il conquit les épaulettes de chef de bataillon.

La guerre contre l'Allemagne le trouva major au 5ᵉ régiment d'infanterie de ligne. Promu, le 13 novembre 1870, lieutenant-colonel du 56ᵉ, il fit en cette qualité la pénible et malheureuse campagne de France, donnant à tous, avec son expérience des choses de la guerre, l'exemple du courage pendant l'action, du stoïcisme pendant la défaite et de la plus patriotique résistance quand tant d'autres, déjà, désespéraient du salut de la patrie.

Nommé colonel le 7 février 1871, et appelé au commandement d'une brigade, il fut, quelques jours après, placé à la tête des troupes chargées de la garde de l'Assemblée nationale, — fonction particulièrement délicate et dans laquelle le colonel Villain sut apporter infiniment de tact, de courtoisie, et en même temps une grande fermeté.

Maintenu dans son grade par la Commission de revision, pour prendre rang du 16 septembre 1871, le colonel Villain fut nommé général de brigade le 18 octobre 1879.

Il était commandeur de la Légion d'honneur depuis le 10 février 1876.

Promu général de division au mois de février 1885, il se vit appeler, trois ans plus tard, au commandement du 9ᵉ corps d'armée, et nommer, l'année suivante, Grand-Officier de la Légion d'honneur. «Sous les ordres d'un tel chef, disait le Ministre de la guerre en signant sa promotion, les troupes se feront toujours avantageusement remarquer. »

Au général Villain, on peut, en effet, appliquer le jugement porté par M. Thiers sur le maréchal Macdonald : « Expéri-
« menté, froid, sachant se faire obéir, bon manœuvrier, et
« l'un des hommes les plus intrépides qui aient paru dans nos
« armées ».

Avec de tels hommes, la vieille cité mauloise peut envisager le passé avec un légitime orgueil et jeter sur l'avenir un regard plein d'espoir.

FIN

TABLE DES MATIÈRES

TABLE DES MATIÈRES

Avant-Propos. 1

Le Fief de Maule

La cité gallo-romaine. 11
Le bourg mérovingien. 17
Le manse abbatial. 21
Etat des personnes. 28
Redevances et services. 34
Les premiers seigneurs. 39

Les Barons de Maule

Origine. 47
Garin-le-Vieux 52
Le domaine patrimonial 58
Ansold-le-Riche. 65
Clementia et Animis 69
Notre-Dame-de-Maule. 72
Pierre de Maule. 76
Le prieuré de Maule. 81
Les biens du prieuré. 85
Le château-fort. 88
Mort de Pierre Ier. 93
Les Maule d'Ecosse. 96
La conquête des Deux-Siciles. . . . 102
Les Maule aux croisades. 105
Robert de Paris. 109
La bataille de Ramla. 114

TABLE DES MATIÈRES

La cérémonie d'investiture. 116
Le prieuré de Saint-Léonard. 124
Le testament d'Ansold II. 127
Pierre-le-Batailleur. 133
Voyage en Palestine. 137
Roger de Maule. 143
Pierre III et ses collatéraux. 148
Guillaume de Maule. 153
Jehan de Maule. 155
Guillaume II. 159
Pierre IV et Guillaume III. 161
Pierre V. 167
Les Maule-Garancières. 172
Robert de Maule. 176
Les Morainvilliers. 178
Louis de Morainvilliers. 180
Jehan de Morainvilliers. 190
Guillaume de Morainvilliers. 197
Robert de Harlay. 201
Nicolas de Harlay. 203
La terre de Maule. 211
La famille de Bullion. 214
Les Pères de l'Oratoire. 218
Le Legs de Bullion. 224
La famille de Logivière. 230
Le dernier baron. 233
Le cahier des Plaintes. 236
Abus et Privilèges. 250
L'Emigration. 253
Pillages et Désordres. 264
Retour de l'Emigration. 269
Les Riquet de Caraman. 271

Les Maule de Panmure

Origine. 275
Le champion de l'Ecosse. 279
Le siège de Bréchin. 282
L'alliance royale. 284
L'Héritage de Bréchin. 287

TABLE DES MATIÈRES

Le Chevalier aveugle.	289
Robert de Panmure.	290
Le dévouement des Maule.	294
Les Comtes de Panmure	296
L'Etoile des Maule.	300
L'Edit de confiscation.	303
L'Héritage des Maule.	307
Les Maule de Boath.	311
Les Maule-Plainval.	312

La chevalerie moderne

Le Volontaire de 1791.	317
Le lieutenant Bourgeois.	353
Le trompette Jacques Renault.	340
Le capitaine d'Authenay.	349
Une école d'autrefois.	356
Le général Villain.	361

FIN

DU MÊME AUTEUR :

Histoire du comté de Meulan,
La Seigneurie de Mézy,
Les Trois Villes des Mureaux,
La Seigneurie de Bouafle-en-France
Les Ponts fortifiés,
La Seigneurie de Tessancourt,
La Chronique de Saint-Léonard-du-Couldray,
La Seigneurie de Chapet,
La Châtellenie d'Aubergenville
La Seigneurie de Gaillon,
Le Marquisat d'Ecquevilly,
Les Seigneuries d'Evêquemont,
de Hardricourt,
et de Vaux-sur-Meulan.

www.ingramcontent.com/pod-product-compliance
Lightning Source LLC
Chambersburg PA
CBHW050420170426
43201CB00008B/473